Une maison à Amalfi

Elizabeth Adler

Une maison à Amalfi

Traduit de l'anglais par Florence Schneider

ÉDITIONS FRANCE LOISIRS

Titre original : *THE HOUSE IN AMALFI*
publié par St. Martin's Press, New York.

Ce livre est une œuvre de fiction. Tous les personnages et les événements de ce roman sont le fruit de l'imagination de l'auteur ou utilisés fictivement.

Édition du Club France Loisirs,
avec l'autorisation des Éditions Belfond

Éditions France Loisirs,
123, boulevard de Grenelle, Paris.
www.franceloisirs.com

© Elizabeth Adler 2005. Tous droits réservés.
© Et pour la traduction française Belfond, un département de place des éditeurs, 2006.
ISBN : 2-7441-9699-1

*Pour mon merveilleux Red, pour mon Jerry adoré,
qui n'apparaissent pas dans ce roman !*

La vie n'est pas accordée à l'homme pour l'éternité.
C'est un privilège, et nous devons user sagement
du temps qui nous est imparti.
À chacun de nous de faire ce qu'il peut de son existence.

MIFUNE

1

Depuis deux ans je vis seule, sans même la compagnie d'un chien ou d'un chat pour troubler ma solitude. À en croire mon amie d'enfance Jammy Mortimer, je deviens bizarre.

— Ça ne peut pas faire de bien d'être aussi souvent seule ! me dit-elle avec sa brusquerie habituelle. Tu finiras comme ces obèses excentriques qui passent leur vie barricadées chez elles. Tu n'ouvriras plus ta porte à personne, pas même à moi !

Bien entendu, Jammy a tort : pour elle ma porte restera toujours ouverte et en ce qui concerne mon poids, j'ai encore minci ces derniers mois. Je suis débordée par mon travail, par conséquent il m'arrive de sauter des repas. Ma profession d'architecte paysagiste consiste à embellir les demeures des autres, plus précisément à décorer leurs jardins. Je crée des espaces tantôt petits et parfumés, tantôt sauvages et alambiqués, mais toujours sublimés par le mouvement de l'eau – frémissement d'un ruisseau sur un lit de galets, fontaine toute simple… J'adore recouvrir les surfaces nues de choses vivantes : herbes, fleurs et arbustes. Mais ce que j'aime par-dessus tout ce sont les arbres.

11

Je me suis souvent demandé de quoi le monde aurait l'air sans eux.

À présent je le sais : il ressemblerait à mon existence, vide et stérile depuis que mon mari, Alex, s'est tué dans un accident de voiture, il y a deux ans. Pour la seconde fois de ma vie, j'ai perdu un homme que j'aimais dans des circonstances tragiques. La première fois c'était mon père, mort dans un mystérieux naufrage alors que j'avais à peine dix-sept ans.

Je suis convaincue que la disparition soudaine d'un être aimé est un traumatisme dont on ne se remet jamais. Sans compter l'horrible perspective de devoir vivre sans lui… Mon époux était mon amour, mon meilleur ami, mon compagnon.

— Tu dois te ressaisir, la vie continue ! me rabâchaient mes amis quelques mois plus tard.

J'ai essayé de les écouter. Je me suis remise à travailler. Mais voilà, j'ai perdu le goût de m'amuser.

Et maintenant je suis là, dans mon appartement de Chicago, une tasse de café refroidi à la main. Depuis le vingtième étage, j'ai vue sur le lac à la surface grisâtre et battue par les vents… Et je songe au bonheur en m'efforçant de me rappeler les sensations qu'il procure. Sur la petite terrasse, mes ficus nains tremblotent dans la brise glacée. Ils me font soudain penser aux citronniers si choyés de la côte amalfitaine, que l'on séquestre en hiver dans des serres douillettes pour les libérer au printemps, lorsque leur spectaculaire floraison répand dans l'air un parfum à couper le souffle.

Et tout à coup je pense à mon père, qui m'avait prénommée Lamour en hommage à sa belle mais fantasque arrière-grand-mère, native de La Nouvelle-Orléans. Et je me rappelle le temps où il m'avait emmenée vivre avec lui à Rome tandis qu'il travaillait sur son roman.

« Ce sera forcément un best-seller », m'assurait-il. Comment aurait-il pu en être autrement quand il l'écrivait dans une ville où l'histoire, la culture et le sexe étaient partout ? À vrai dire, il n'avait pas prononcé le mot *sexe*. Je n'avais que sept ans… Je crois qu'il lui avait préféré le terme *sensualité*, bien que sa signification m'échappât sans doute aussi. Or, plus tard, à mon grand étonnement – car à mes yeux mon père était avant tout mon père –, le livre eut effectivement un succès retentissant. Ce qui ne contrebalançait qu'en partie, précisait-il, les souffrances dans lesquelles l'avait plongé son écriture.

Là encore, je ne saisissais pas bien le sens de ses paroles, vu qu'il me semblait passer le plus clair de son temps assez joyeusement au bar de la piazza voisine…

À peine avions-nous débarqué de l'avion et affronté la lumière aveuglante de l'été romain que mon père, Jonathan Boyland Harrington, originaire d'Atlanta, en Géorgie, me pria de l'appeler Jon-Boy au lieu de « papa ». J'imagine qu'il espérait ainsi me donner le sentiment d'être plus adulte. Et que cela mettait davantage l'accent sur l'écrivain qu'il était que sur le père célibataire, rôle qu'il jouait depuis l'époque où, me prenant sous son aile, il avait quitté ma mère parce qu'elle ne songeait, d'après lui, qu'à « se soûler et faire la bringue ». Là encore, je ne savais pas trop ce que « faire la bringue » signifiait. Mais, malgré mon jeune âge – j'avais trois ans –, j'étais parfaitement consciente que ma mère buvait.

— Je ne ferai jamais la bringue, Jon-Boy, lui assurai-je ce jour-là, à l'aéroport de Rome.

Il m'adressa alors ce sourire en biais et ce haussement de sourcils qui le rendaient si beau, et répliqua :

— Je n'en doute pas, ma fille. Ce n'est pas une façon de se comporter pour les femmes italiennes.

J'en déduisis également que, à compter de ce jour, je devrais me considérer comme une Italienne – du moins tant que nous vivrions en Italie.

Nous n'habitions pas l'un de ces palazzi Renaissance qui exhibent leurs façades sculptées dans les plus belles rues de Rome, et où des intérieurs riches en parquets, boiseries, dorures et miroirs abritent depuis des siècles les Romains fortunés, mais le dernier étage d'un bâtiment en crépi équipé d'une plomberie vétuste et d'installations électriques dangereuses, situé à Trastevere – qui était encore, à l'époque, un quartier populaire, avec son dédale de rues tortueuses et secrètes, ou plutôt de ruelles composées de hautes maisons étroites, serrées les unes contre les autres. La pierre grise et ancienne laissait voir, par endroits, différentes couches de crépi coloré appliquées au fil des siècles. Toujours du linge pendait aux fenêtres – des tricots de corps impeccables, des nappes multicolores et des draps blancs comme neige. Sur les toits en terrasse, des plantes et des arbustes rachitiques jaillissaient parmi les antennes de télévision. Les ruelles sentaient le chat, le café fraîchement moulu, la lessive et la pierre chauffée par le soleil brûlant. Et, pour une fillette de sept ans autorisée à arpenter librement ces ruelles pavées et ces places, c'était le paradis.

Mon nouveau voisinage était loin d'être raffiné. Mais il était chaleureux, au sens latin du terme. Rien n'aurait pu différer davantage du quartier où j'avais vécu jusque-là, avec ses rues résidentielles, ses pelouses bien entretenues et, dans l'air, l'odeur du pop-corn et de l'herbe fraîchement tondue. Les odeurs de Rome étaient pour moi nouvelles et excitantes.

Ma ruelle s'appelait vicolo del Cardinale, bien que je doute fort qu'un véritable cardinal en robe rouge ait jamais vécu dans les parages. Peut-être s'y était-il aventuré un jour et le nom était-il resté. Je descendais en général de bonne heure et, depuis mon vicolo, j'adressais des signes de la main à mes nouvelles amies, qui se montraient aux fenêtres de leurs minuscules cuisines. Parfois je les croisais qui revenaient du marché, auquel cas je savais que je m'étais réveillée tard ce jour-là.

La rumeur selon laquelle je n'avais pas de mère avait vite circulé. Me voyant souvent seule, les femmes du quartier veillaient sur moi et se préoccupaient toujours de savoir où j'allais. Mais elles désapprouvaient que je ne fréquente pas l'école élémentaire et que Jon-Boy se charge lui-même de m'instruire. N'empêche qu'elles l'aimaient bien. Comment aurait-il pu en être autrement ? Il était le charme personnifié et trouvait toujours le temps d'échanger quelques mots avec elles.

Avec leurs robes noires, leurs chaussures plates et leurs bons visages ridés, ces vieilles femmes étaient toutes des grands-mères pour moi. Je mangeais des pâtes maison dans leurs cuisines, j'admirais les photos de leurs grands fils et de leurs « véritables » petits-enfants, et je promettais de toujours bien me conduire afin d'épouser un homme semblable à ceux des clichés et de donner un petit-fils à Jon-Boy.

— Ça le remettra dans le droit chemin, disaient-elles en hochant la tête, satisfaites d'avoir trouvé une solution si simple à nos problèmes de famille.

Ah, si les choses avaient pu se passer ainsi…

Le matin, quand je mettais le nez dehors, après m'être aspergé le visage et brossé les dents en toute hâte, j'éprouvais une enivrante sensation de liberté jamais ressentie jusqu'alors. Mes cheveux nattés à la va-vite retombant entre mes épaules, je remontais la ruelle obscure en suivant l'odeur délicieuse du café et des brioches au sucre, jusqu'à déboucher sur la place animée et ensoleillée.

Le marchand de journaux avait déjà ouvert son kiosque et une camionnette livrait les journaux du matin et les magazines de sport qui semblaient, avec les revues de mots croisés, constituer l'essentiel de son stock. Juste au-delà se trouvait le café Marchetti, avec ses petites tables et ses chaises qui produisaient sur le sol aux pavés irréguliers un affreux raclement chaque fois qu'un client s'asseyait. Quelques hommes étaient déjà accoudés au comptoir. Un pied sur la barre de cuivre, ils feuilletaient les quotidiens du matin en buvant des tasses de café noir.

En face, dans sa petite cabane en bois, Adriana, la fleuriste, à peine visible derrière un amoncellement de fleurs multicolores, me saluait d'un geste de la main. Abandonnant brièvement mon cap – le café –, je faisais un rapide crochet et elle plaquait un baiser sur ma joue. Puis elle piquait un œillet rose dans ma tresse et me demandait d'un ton inquiet quand j'allais commencer l'école, comme tous les autres enfants. Je m'empressais de la rassurer : Jon-Boy me donnerait un cours de mathématiques, plus tard dans la journée. Évidemment, c'était faux. Jon-Boy n'avait guère plus de connaissances en la matière qu'un gamin de sept ans. Et pour gérer un budget il ne valait pas mieux. Mais cela c'est une autre histoire.

Je repartais aussitôt, m'arrêtant seulement pour jeter un œil à la haute porte de bois, surmontée d'un fronton classique et d'un petit crucifix vert-de-grisé, de la petite église à façade plate. Son apparente banalité dissimulait un intérieur surprenant, décoré d'ors et de fresques, éclairé par la flamme vacillante des cierges. Je n'entrais pas, préférant me diriger vers le bar où m'attendaient café et cornetto, le petit déjeuner italien par excellence. Au bout de deux mois à peine, je me considérais déjà comme italienne.

— *Buongiorno*, Angelo.

Je posais les deux pieds sur la barre de cuivre et m'accoudais au bar. Puis je ramenais ma tresse sur mon épaule, en mordillais l'extrémité, et souriais de mon sourire de fillette de sept ans, à qui manquaient une ou deux dents.

Angelo était âgé d'une trentaine d'années. De forte carrure, il avait un cou épais, une figure carrée, de beaux yeux marron foncé, des cils longs et raides comme ceux d'une vache et une tignasse hirsute. Il arborait en permanence une barbe de trois jours, qui mettait en valeur l'éclat de ses grandes dents blanches.

J'entretenais avec Angelo une sorte de flirt, le tout premier. À vrai dire, j'ignorais ce qu'était le flirt avant mon arrivée à Rome. Là, attablée près de Jon-Boy dans les cafés, j'avais pu observer comment des femmes jolies et élégantes ralentissaient le pas en l'apercevant, lui souriaient du coin de l'œil, puis tournaient la tête pour lui adresser un long et langoureux regard, le plus éloquent que puissent échanger un homme et une femme. Je mettais en pratique mes connaissances nouvellement acquises auprès d'Angelo et, comme le font la plupart des Italiens avec les enfants, il s'en amusait et se laissait volontiers embobiner – je crains d'avoir perdu la main, hélas.

— *Ciao bella*, disait-il en prenant mon argent et en me remettant un *scontrino* – un reçu – que je lui redonnais en échange de mon petit déjeuner : c'est ainsi que ça marchait en Italie.

Angelo, qui savait ce que je prenais, était déjà devant la machine sifflante et crachotante d'où sortait mon cappuccino. Il couronnait généreusement mon café de mousse de lait, qu'il saupoudrait abondamment de chocolat en poudre, puis il le poussait devant moi sur le comptoir. Il s'emparait du plus appétissant des cornetti, l'enveloppait dans une petite feuille de papier sulfurisé et me le tendait. Après les glaces italiennes et les vraies pizzas romaines, le cornetto était ce que je préférais au monde. J'adorais mordre dans la viennoiserie croustillante et sentir le cœur de crème pâtissière sous mes dents et ma langue, tandis que mon tee-shirt se couvrait de sucre glace. Je buvais alors une longue gorgée de cappuccino, essuyais du revers de la main ma bouche couverte de croissant et de chocolat en poudre, et adressais un large sourire à mon héros.

— Super ! m'exclamais-je, oubliant mon italien tant mon plaisir était grand.

— Super, répétait-il.

J'éclatais de rire car, venant de sa bouche, le mot faisait un drôle d'effet.

— *Ecco*, alors, tu fais quoi aujourd'hui ? demandait-il, parlant à dessein un italien simplifié.

— Je vais au marché de campo dei Fiori acheter de la salade pour le repas de ce soir, répliquais-je en tapotant la poche de mon jean où j'avais glissé l'argent, consciente de l'importance de ma tâche. Je vais acheter de la salade, du fromage et du jambon. Et du pain, bien sûr.

— Mais... tu ne devrais pas être à l'école ?

Cette question, je savais qu'elle hanterait tout mon séjour à Rome. Je l'esquivais d'un haussement d'épaules. Mais je commençais tout de même à m'inquiéter. Et si la police venait me chercher ? Et si l'on me traînait devant le directeur de l'école, sous le regard de tous les autres enfants ? En pensant à une telle humiliation je restais bouche bée, et ce n'était pas très joli à voir quand j'avais la bouche encore pleine de cornetto. Mais Angelo se contentait de sourire et tapotait mon épaule maigrichonne.

— Eh, du moment que tu es heureuse, profites-en, *piccolina* ! disait-il. N'oublie pas, la vie est courte !

Et il poussait vers moi un second cornetto, avec un clin d'œil signifiant « cadeau de la maison ». Puis il allait s'occuper des autres clients massés autour du comptoir, impatients de recevoir leur shoot matinal de caféine.

Celle-ci se répandait déjà dans mes veines, rendant ma démarche encore plus bondissante tandis que je dépassais la pizzeria Vesuvio – ma préférée –, me frayais un chemin dans un dédale de rues familières et passais d'un trottoir à l'autre en me faufilant entre les voitures, qui, à Rome, ne s'arrêtent jamais pour personne.

Je restais quelques instants dans un coin du campo dei Fiori, à observer la place grouillante de monde. Les stands recouverts d'auvents arboraient de hautes piles de fruits et de légumes aux coloris éclatants, dont le parfum me chatouillait les narines. Un nuage de guêpes bourdonnait au-dessus des pêches et un

19

brouhaha de voix féminines flottait dans l'air. D'élégantes Romaines vêtues de jupes courtes dévoilant leurs longues jambes examinaient les petites courgettes en fleur et les champignons d'un gris-brun soyeux du même œil expert que les grands-mères harnachées de noir – rien ne pouvait les contenter, hormis la perfection.

À côté des étalages de fleurs qui entouraient la fontaine centrale, celui d'Adriana faisait pâle figure. Les glaïeuls dominaient le tout, du haut de leurs longues tiges ; des seaux regorgeaient de roses nacrées ; les rangées de lys d'un blanc-vert vous captivaient par leur odeur à plusieurs mètres de distance ; il y avait aussi les sempiternelles violettes dans leurs minuscules paniers. J'en prenais toujours un bouquet pour ma chambre. Plus un unique lys, que je présenterais à mon père à la table du dîner, une fois que j'aurais joliment disposé dans des assiettes la salade, le jambon et le fromage – avec un verre de frascati, son vin blanc favori. Ce serait un geste d'amour, la preuve que nulle autre fille, avant moi, n'avait autant aimé son père.

Une brusque rafale de vent répandit sur la terrasse les feuilles du ficus, ce qui me ramena soudain à Chicago, à cette soirée glaciale. Soudain je réalisai que tout ce que j'avais ressenti, ces matins-là, à Rome – les rayons du soleil sur ma nuque, mes cheveux nattés se soulevant au rythme de mes pas, le sourire éclatant d'Angelo, la saveur du cornetto dans ma bouche, le baiser inquiet d'Adriana et le sentiment d'importance qu'il me donnait, l'odeur des lys de campo dei Fiori… – n'était autre que cette insaisissable émotion que l'on nomme le bonheur.

Je l'ignorais encore, à cette époque-là à Rome, mais le *véritable* bonheur restait encore à découvrir. Je ne le connaîtrais que l'année suivante, lorsque Jon-Boy m'emmènerait vivre avec lui dans la maison d'Amalfi. L'endroit où, dix ans plus tard, il mourrait en de si mystérieuses circonstances.

2

Le silence de mon appartement fut rompu par le bourdonnement de l'interphone dans l'entrée. Arrachée à mes rêveries, je sursautai et fis gicler le café froid.

— Oh, zut ! m'exclamai-je en cherchant un mouchoir en papier pour essuyer l'accoudoir du fauteuil en tissu chenillé.

Je courus décrocher.

— Oui ?

Le soupir de Jammy me sembla faire écho aux rafales du dehors.

— Ici la Terre... Me recevez-vous, planète Zéro ? dit-elle de sa voix flûtée, inchangée depuis l'enfance.

Je soupirai moi aussi, sachant pourquoi elle était là et ce qu'elle allait me dire... pour la énième fois. Jammy n'était pas du genre à renoncer.

— C'est bon, monte ! répliquai-je d'un ton résigné.

— Je ne monte pas. C'est toi qui descends. Je t'emmène boire un verre et dîner. Pas de protestation... je me fiche bien de ce que tu portes. Contente-toi d'enfiler un manteau par-dessus ton survêtement. On va juste chez l'Italien d'à côté.

— Mais il n'est que cinq heures et demie, protestai-je en jetant un coup d'œil à l'horloge de la cuisine. Je ne peux pas boire à cette heure-ci.

— Tu connais le vieux dicton, il doit bien être six heures quelque part. Allez, mets du rouge à lèvres, passe un manteau et descends tout de suite ! Sinon je vais faire la causette à Serge, et tu sais qu'il a horreur de ça. C'est à toi qu'il en voudra, et pour le calmer tu seras obligée de lui donner une grosse enveloppe à Noël ! Alors magne-toi, ma grande !

Mon soupir se mua en éclat de rire. Serge, c'était le concierge, un Russe de la vieille garde. Il évitait de parler anglais, même s'il vivait depuis quarante ans aux États-Unis. Dire qu'il avait un caractère difficile serait un euphémisme. Il était arrivé dans l'immeuble bien avant moi et n'en partirait pas de sitôt. Avec lui, mieux valait donc se montrer conciliante.

Je retirai mon pantalon de survêtement (Jammy me connaissait par cœur !) pour enfiler un jean, un col roulé et une paire de bottes. Je me mis un peu de brillant à lèvres et me regardai dans le miroir. Je n'étais vraiment pas belle à voir – grande, et tellement maigre que je nageais dans mon jean. Les yeux cernés, les joues creusées… ma longue tignasse noire et bouclée avait bien besoin d'une bonne coupe de cheveux. Bref, Dracula en col roulé. Je m'attachai les cheveux avec un élastique en haussant les épaules. Quelle importance ? De toute façon, personne ne me regarderait.

— Tu fais peur à voir ! s'exclama Jammy lorsque je sortis de l'ascenseur.

— Merci, répliquai-je en jetant sur mes épaules une veste en jean bordée de fausse fourrure. Un compliment, ça fait toujours plaisir !

— Je n'avais pas envie de sortir, déclarai-je, la mine renfrognée. Ce froid me fiche le cafard et je n'ai même pas envie d'aller boire un verre.

Jammy leva un bras pour m'empêcher de poursuivre sur ce terrain-là.

— Merde, alors, Lamour Harrington ! Si moi je ne peux pas te dire ce que je pense, je me demande bien qui le fera.

Ses grands yeux bleus brillaient de colère.

— Très bien, tu as raison, répondis-je en me tournant pour la serrer dans mes bras. Mais quelle femme a envie d'entendre qu'elle fait peur à voir ?

— Je ne sais pas, mais toi tu as *besoin* de l'entendre. Et aussi besoin d'aller boire un verre.

Jammy glissa un bras sous le mien et nous descendîmes la rue à grands pas, baissant la tête pour nous protéger du vent tandis que nos cheveux volaient en tous sens. Les jambes de Jammy étaient aussi longues que les miennes. Depuis le jour où Jon-Boy, qui vivait ses premiers mois de père célibataire, nous avait transférés lui et moi dans une banlieue bourgeoise et où j'étais devenue la voisine de Jammy, nous avions toujours été les deux plus grandes de la classe.

Nous habitions à Evanston, dans une vieille rue aux maisons ornées de paniers de basket et cernées de pelouses jaunissantes. La nôtre, la plus petite de la rue, était attenante à celle des Mortimer et de leurs trois enfants. Jammy avait mon âge et nous devînmes immédiatement les meilleures amies du monde.

Chez elle il y avait tout ce qui manquait chez moi : une mère au foyer qui passait son temps à préparer du pâté en croûte, des macaronis au fromage ou des sandwiches à la confiture et au beurre de cacahuète, et il y avait aussi un tas de boissons lyophilisées aux fruits que nous avions le droit de préparer nous-mêmes. Lorsque l'été arrivait, Mme Mortimer confectionnait des confitures et des gelées par cuves entières, maniant la cuillère en bois et l'écumoire tandis qu'un parfum sucré se répandait dans toute la rue et nous faisait saliver. C'est de *jam*, confiture, que Jammy tirait son surnom, car elle passait son temps à lécher les cuillères et avait toujours le visage barbouillé de confiture. C'est ainsi que Jamie devint Jammy.

Évidemment, cette banlieue résidentielle ne pouvait faire le bonheur de mon artiste de père. C'est pour moi qu'il s'y était installé, pensant que ce serait l'endroit rêvé pour une enfant. Il avait raison. Or, contrairement à ce qu'il croyait, il s'était trouvé que lui aussi avait tout à y gagner : le foyer Mortimer devint aussi le mien, ce qui le déchargea de ses devoirs de père et lui donna tout le loisir de retrouver ses petites copines et ses vieux copains de fac avec qui il pouvait parler livres et musique – et aussi, bien sûr, de se consacrer au roman qu'il rêvait d'écrire un jour. Il enseignait l'anglais à la fac, et quand il n'était pas à la fac on le trouvait généralement au café du coin, en train de griffonner dans un bloc-notes. Pour lui, la parole écrite devait l'être vraiment. *Écrite*. À la main. Il trouvait que le texte manuscrit faisait bien meilleur effet que le texte tapé à la machine.

Je passais de plus en plus de temps chez les Mortimer. Je dormais chez eux plusieurs jours par semaine, parfois même la semaine entière. Alors, le jour où mon père annonça qu'il comptait prendre une année sabbatique, voire deux, et s'installer en Italie pour écrire son roman, et qu'il m'emmenait avec lui, les Mortimer furent horrifiés.

J'étais bien sûr inquiète à l'idée de vivre dans un pays lointain, où je n'avais pas de petits camarades et où les gens ne parlaient même pas ma langue. Mais d'un autre côté je me réjouissais de constater que mon père ne pouvait envisager de partir sans moi.

Deux ans plus tard, lorsque nous fûmes de retour à Evanston, Jammy et moi renouâmes le fil de notre amitié comme si nous n'avions jamais été séparées. Puis, lorsque Jon-Boy retourna seul vivre en Italie, je devins membre à part entière de la famille Mortimer. Mon père revenait chez nous deux fois par an, mais je n'allais jamais le voir en Italie, trop occupée que j'étais par l'école. Je le vis pour la dernière fois lors de la cérémonie de remise des diplômes, à la fin de ma dernière année de lycée.

Jammy est une sœur pour moi, autant qu'une amie. Nous nous sommes épaulées dans les moments les plus sombres de notre adolescence – Jammy était la reine du mélo. Les premiers petits copains, les amants volages…, les classiques histoires de filles. Elle m'avait aidée à surmonter mon désespoir après la mort de Jon-Boy dans d'affreuses circonstances – son voilier avait été pris dans une tempête, au large d'Amalfi, et il avait tout bonnement « disparu ». J'avais dix-sept ans et je me préparais à entrer à l'université. Les Mortimer étant déjà ma seconde famille, je restai chez eux.

Le service funèbre eut lieu dans la cathédrale d'Amalfi, beau bâtiment du XIXe siècle à la façade mauresque à mosaïque. Mais je n'y assistai pas, refusant dans les premiers temps d'admettre la mort de

Jon-Boy. C'est Frank Mortimer qui y alla pour me représenter.

Dans la petite maison que Jon-Boy avait acquise – j'imagine – avec une partie des recettes de son roman, nous avions passé de si joyeux moments que, même des années après sa mort, je ne supportais toujours pas d'en évoquer le souvenir. Je n'ai jamais pu me décider à retourner à Amalfi afin d'y affronter mes « fantômes ».

Jammy et moi n'avons aucun secret l'une pour l'autre. C'est pourquoi elle est seule à savoir à quel point le second drame de ma vie – la mort d'Alex – m'a affectée. Elle était près de moi quand je me suis effondrée. Elle m'a ramassée à la petite cuillère. Des semaines durant, elle est restée à mon côté, expliquant à son mari qu'il faudrait qu'il se débrouille seul quelque temps parce c'était moi qui avais le plus besoin d'elle. Et Matt, le meilleur des hommes, avait rétorqué : « Vas-y, bébé, fais tout ce que tu peux pour elle. »

Et la voilà qui revient à la charge, pour me secouer et m'arracher à mon cafard et à la petite vie bien réglée que je me suis fabriquée. Une vie bien jalonnée, où il n'y a pas de place pour le plaisir – parce que j'ai oublié ce que c'était et que cela m'est désormais bien égal. Et puis, après avoir perdu les deux hommes que j'aimais, je ne veux pas risquer de souffrir à nouveau en retombant amoureuse. Ma vie suit son cours. J'ai mon travail, et cela me suffit.

Jammy m'entraîna dans des petites rues abritées du vent soufflant depuis le lac, et nous parvînmes devant une petite trattoria abusivement nommée Tre Scalini. C'était le nom d'un restaurant autrefois très célèbre de la piazza Navona. Nous y allions souvent, avec mon père, afin de déguster leur fameuse *granita*, glace pilée parfumée au café noir, mélangée à de la crème fouettée.

— C'est bizarre ce que la nourriture peut susciter comme souvenirs, dis-je en me hissant sur le tabouret du bar, à côté de Jammy.

En voyant son regard perplexe, je me contentai de hocher mollement la tête. Elle prit les devants et commanda deux gin-vermouth avec chacun deux olives au roquefort. Le barman ajouta de la glace pilée à nos cocktails, qu'il secoua au shaker façon James Bond.

— Je me souviens du véritable Tre Scalini…

— À Rome, évidemment.

Jammy s'accouda au comptoir. Elle écarta les boucles blondes de son visage et me jeta un regard en coin qui trahissait son exaspération :

— Je te jure, tu te prends vraiment pour une Italienne. À croire que tu n'as jamais vécu ailleurs que dans cette vieille ville. Ah, et aussi à… ça s'appelle comment, déjà ?

— Amalfi, dis-je en détournant la tête, froissée par sa réflexion. Et je t'assure que cet endroit n'a pas grand-chose à voir avec l'original.

— Si c'est tellement extraordinaire, pourquoi tu n'y retournes pas ?

Elle s'appuya sur les deux coudes et fixa rageusement le miroir derrière le bar.

Je levai mon verre à l'adresse de son reflet, faisant mine de porter un toast.

— À une longue et heureuse amitié !

Elle se tourna vers moi et me foudroya du regard.

— Tu sais quoi, Lamour Harrington ? Tu es en train de devenir une vieille garce pitoyable. Je ne comprends pas ce que j'ai bien pu te trouver. Si je m'écoutais, je partirais et je te laisserais plantée là !

L'espace d'une minute, je demeurai estomaquée. Puis je répliquai :

— Tu ne serais pas la première. Tu te souviens de Skeeter Malone ? Il m'avait larguée pour Melanie Damato au bal de fin d'année.

— On l'appelait Melanie Tomato. Elle avait des nichons gros comme ça, à treize ans ! On était toutes vertes de jalousie.

— Toi, au moins, tu as rattrapé le retard, dis-je en jetant un coup d'œil à son décolleté pigeonnant. Moi je n'ai pas eu cette chance-là.

Nos regards se croisèrent dans le miroir, et nous éclatâmes de rire.

— De toute façon, ce Skeeter Malone était un salopard ! Te faire un plan pareil…, fit-elle remarquer, toujours loyale après tout ce temps.

— Ouais, mais il a fini par les épouser, quelques années plus tard, ces nichons, dis-je.

Je bus une bonne gorgée de gin-vermouth, ce qui me fit tousser et monter les larmes aux yeux.

— Tu verrais à quoi ils ressemblent, maintenant ! lança Jammy, et nous repartîmes d'un fou rire digne des deux lycéennes que nous étions alors. Tu sais combien d'années ont passé ?

Je secouai la tête.

— Je préfère ne pas le savoir.

Je bus une autre gorgée, du bout des lèvres cette fois-ci, et saisis une olive du bout des doigts.

Jammy me regarda d'un air désapprobateur.

— Maman t'aurait donné une tape sur la main si elle t'avait vue faire ça.

— Et elle aurait eu raison. J'ai dû perdre mes bonnes manières avec tout le reste.

— Tu n'as rien perdu, Lamour, dit Jammy d'un ton sérieux tout à coup. Si ce n'est ton passé. Tu n'as – nous n'avons – que trente-huit ans. On a encore plein de choses à vivre.

Je contemplai mes olives en silence.

— Le problème, Jammy, c'est que je préfère le passé au présent.

Elle ne trouva rien à répliquer, et m'observa en sirotant son cocktail.

— Avant que tu ne sonnes chez moi, repris-je, j'étais en train d'essayer de me rappeler quel effet ça faisait d'être heureuse. Je pensais à ces journées à Rome, avec Jon-Boy. J'ai retrouvé la petite fille que j'étais, libre de ses mouvements dans un univers nouveau et passionnant où j'avais partout des amis. J'ai retrouvé la chaleur du soleil sur ma nuque, respiré l'odeur de la fleur piquée dans mes cheveux, revu Angelo – mon premier amour – et son sourire éclatant. J'ai retrouvé le goût du cornetto, de la mousse du cappuccino sur mes lèvres, et le parfum des lys de campo dei Fiori.

Je levai la tête et la regardai.

— Et tu sais quoi, Jammy ? J'ai réalisé que dans ces moments-là j'étais réellement heureuse.

Pleine de compassion, elle posa une main sur mon bras.

— Mais tu as dû ressentir le même bonheur quand tu as épousé Alex, supposa-t-elle. Vous avez vécu six ans ensemble. Vous vous aimiez, quand même, non ?

Je me concentrai sur la question et convoquai le souvenir d'Alex. Plus petit que moi, musclé, son regard intense devenait presque noir lorsqu'il me faisait l'amour.

Son souffle sur ma joue, lors de notre première nuit, son corps imposant sa cadence à la mienne.

— Oui, bien sûr que j'aimais Alex, répondis-je à voix basse. Mais l'amour et le mariage imposent des règles de conduite. À Rome, j'étais libre comme l'air.

Nos regards se croisèrent une fois encore dans le miroir, et j'avalai nerveusement une autre gorgée de gin-vermouth. Jammy se faisait violence pour ne pas répliquer ce qui s'imposait de toute évidence : puisque j'avais retrouvé ma liberté, qu'est-ce qui m'empêchait de retrouver ce bonheur-là ?

— Mangeons, se contenta-t-elle de dire plus diplomatiquement.

Nous nous laissâmes glisser des sièges de bar et nous dirigeâmes vers une table pour deux, tout contre la vitrine.

Une barre de laiton soutenait des rideaux en vichy rouge et blanc, dissimulant en partie la nuit maussade, bien que la partie supérieure de la vitrine fût à présent mouchetée de gouttes de pluie. Pourtant, l'atmosphère du petit restaurant était des plus douillettes. Un four à pizza rougeoyait à l'arrière-plan et les odeurs de sauce bolognaise et de chipolata mettaient l'eau à la bouche. Je commandai une bouteille de chianti – présentée dans une flasque enveloppée de paille tressée, comme celles que nous buvions en douce à l'université, avant de les utiliser comme bougeoirs. Je ne me souviens pas en avoir jamais vu chez nous, à Rome, étant donné que Jon-Boy ne buvait que le frascati du cru.

Je commandai des lasagnes et Jammy des spaghettis à la bolognaise. Chacune goûta le plat de l'autre, avec des exclamations de plaisir. Nous en étions à notre deuxième verre de vin lorsque Jammy lança sa bombe.

— Matt et moi avons l'intention de faire un voyage en Italie cette année, dit-elle d'un ton des plus décontractés. On aimerait bien que tu nous accompagnes.

Je reposai ma fourchette et la fixai droit dans les yeux.

— Ça ne viendrait pas de te traverser l'esprit à l'instant, par hasard ?

— Bien sûr que non, rétorqua-t-elle en relevant la tête et en me défiant du regard.

Je fis tourner mon verre entre mes doigts et l'observai, tandis qu'elle se tortillait sur sa chaise.

— Oh, mais c'est qu'on a le nez qui s'allonge ! lançai-je avec un grand sourire, et nous repartîmes dans un fou rire.

— Nom de Dieu, Lamour, c'est trop bon de t'entendre rire à nouveau. Je ne sais pas si je vais réussir à le supporter.

Ses longues boucles blondes lui retombèrent sur les yeux et, dans un geste familier, elle les repoussa avec impatience sur le côté.

— Oh, et puis si j'ai menti, quelle importance ? J'ai une bonne raison pour ça. Imagine que Matt et moi ayons vraiment décidé de partir, tu accepterais de venir ?

Elle semblait si sérieuse, si sincère, qu'elle me rappela la petite fille qu'elle avait été. Cela me ramena à ma propre enfance, à l'Italie et à ce bonheur que mes pensées m'avaient fait revivre quelques heures plus tôt. Je songeai à Jon-Boy et à la petite maison dorée d'Amalfi, avec ses merveilleux jardins dévalant la falaise jusqu'à la mer turquoise.

— Je viendrais peut-être…, dis-je, soudain tentée si j'étais certaine de retrouver ce bonheur-là.

Folle de joie, Jammy me saisit la main, par-dessus la table.

— Qui ne tente rien n'a rien, ma grande. On ne sait jamais ce qui peut arriver.

Je réfléchis une seconde, puis j'encaissai.

— On ne sait jamais…, répétai-je. Je te promets d'y songer.

Mais alors qu'elle levait son verre de rosé avec le souhait que nos projets de voyage deviennent réalité, mon souhait, à moi, m'apparut comme une évidence : que l'on me rende Jon-Boy et Alex.

3

Jammy

À son retour chez elle, après le dîner, Jammy trouva son époux, Matt, affalé sur le canapé recouvert de chintz, avec Bramble, leur vieux labrador noir, vautré à ses pieds. Les yeux fermés, Matt écoutait les Rolling Stones sur leur chaîne réglée à plein volume.

— On a dansé sur ce morceau le soir où on s'est rencontrés, tu te souviens ? lança Jammy.

Elle tapota le dos de Bramble, se laissa tomber sur les coussins, et enfouit sa tête dans l'épaule de Matt. Il lui glissa un bras autour du cou, l'attira tout contre lui, et déposa un baiser sur ses cheveux emmêlés par le vent.

— Je ne savais pas que tu t'en souvenais, dit-il, et elle perçut la joie contenue dans sa voix.

— Tu n'as pas idée du nombre de choses dont je me souviens, répliqua-t-elle d'un ton si lugubre qu'il éclata de rire.

— Où veux-tu en venir exactement, Jammy chérie ?

— Eh bien, je me souviens qu'on n'a pas fait de voyage de noces.

Il s'écarta d'elle.

— Tu vas donc m'en vouloir toute la vie ? Je n'étais qu'un étudiant en commerce fauché. Tu le savais quand tu m'as épousé. Et tu étais une pauvre étudiante en art de dix-neuf ans, dit-il en fronçant les sourcils, l'air soupçonneux. Pourquoi remettre ça sur le tapis, Jammy ? Tu as une idée derrière la tête, je le vois bien.

Elle lui opposa un sourire trop radieux pour être honnête, et il grommela.

— Tu sais que je n'ai pas de secrets pour toi.

— Alors, crache le morceau. Je peux tout entendre.

— Nous partons en voyage en Italie cette année. Toi et moi. Et Lamour.

— Lamour ? Elle vient avec nous en voyage de noces ?

— Ce n'est pas notre voyage de noces. C'est un voyage « d'après-deuil » de Lamour.

Matt ferma les yeux et enfonça la nuque dans le coussin fleuri. Jammy le guettait d'un air inquiet. Elle devinait qu'il réfléchissait à ses paroles, et qu'il n'était pas très content.

— Nous connaissons, toi et moi, la seule solution pour que Lamour surmonte son deuil, finit par répliquer Matt. Tu dois lui dire la vérité au sujet d'Alex.

C'était la réponse que Jammy avait redouté d'entendre.

— Je n'en serai jamais capable, rétorqua-t-elle d'une voix étranglée. Ça la tuerait, j'en suis sûre.

— À moins que ça ne la ressuscite.

Jammy se redressa et le fixa. Elle soutint son regard franc, puis flancha et détourna la tête.

— Je ne veux pas être son bourreau, marmonna-t-elle en pressant la main de Matt.

Il porta à ses lèvres celle de sa compagne.

— Jammy, mon amour, as-tu jamais songé que tu pourrais être sa *libératrice* ? Parle-lui. Après, nous verrons bien si elle est prête à nous accompagner en Italie.

Elle décela une brèche dans le raisonnement de Matt.

— Tu veux dire que si je parle à Lamour et qu'elle dise « oui », on part en Italie ?

Matt étouffa un rire dans les boucles de Jammy.

— Dire que j'étais sûr de remporter ce round !

Mais Jammy pensait toujours à Lamour. Elle était terrifiée à l'idée de lui révéler la vérité au sujet d'Alex.

— J'aurais préféré que ce soit le cas, murmura-t-elle. Franchement, j'aurais préféré.

4

Jammy

Serge, le concierge, aussi revêche qu'à son habitude, prenait tout son temps pour appeler Lamour
par l'interphone, tandis que Jammy trépignait d'impatience – au point de ne pas même le gratifier d'un
sourire conciliant. Va te faire foutre, Serge, fulminait-
elle en silence. J'ai plus important à faire que de te
distraire !

— Mme Harrington dit que vous pouvez monter,
madame Haigh, déclara-t-il avec sa solennité habituelle.

Le remerciant d'un bref signe de tête, Jammy se précipita dans l'élégant ascenseur décoré de miroirs et
appuya sur le bouton du vingtième étage.

Il donnait directement dans l'entrée de l'appartement – pour les deux amies, ce détail symbolisait le
comble du luxe, à l'époque du mariage de Lamour avec
Alex Monroe. Après tout, elles étaient toutes deux
issues d'une banlieue modeste, et n'avaient jusque-là
pas encore dépassé le stade des appartements en location – eux aussi modestes. Lamour prétendait avoir
mis un an ou deux à s'habituer à Lake Shore Drive.

Mais qu'il lui avait fallu s'y faire – entre autres raffine-ments – parce qu'elle avait épousé un « homme de bien ». « Un homme riche », rectifiait Jammy en son for intérieur, vu qu'à ses yeux Alex ne possédait pas grand-chose, humainement parlant, du moins.

— Salut, s'écria-t-elle, se dirigeant vers le long séjour et ses dix mètres de baies vitrées donnant sur le lac. Sa surface, calme ce soir-là, était illuminée par le rose du couchant.

À peine pénétrait-elle dans l'intérieur lisse et mini-maliste de Lamour que Jammy remettait aussitôt en question son propre foyer plein de coins et de recoins, décoré à la façon d'un ranch.

— Pourquoi j'ai envie de tout refaire chez moi chaque fois que je viens ici ? grogna-t-elle en serrant Lamour dans ses bras. De balancer tous les bibelots et de remplacer le chintz à fleurs par du cuir noir ?

Une étincelle brilla dans les yeux de Lamour et elle sourit.

— Du moment que c'est du cuir italien…

— Tu penses toujours à l'Italie, hein ?

Jammy se laissa tomber sur le canapé en cuir brun – italien, bien entendu ! – de Lamour et grogna en constatant qu'il n'était pas tendre avec son arrière-train.

— Il faut vraiment qu'ils soient si durs ?

— Oui, sinon, ils ne seraient pas aussi beaux.

Lamour s'agenouilla sur le petit tapis noir, devant la table basse ovale au centre de laquelle trônait un bou-quet d'anémones dans un vase rond en verre. Elle prit le shaker en argent massif et versa le gin-vermouth sur les glaçons, dans les verres – avant d'y ajouter trois olives.

— Ça devient une habitude, dit Jammy en prenant le verre.

Mais elle se redressa en remarquant l'expression de Lamour.

— C'est que j'ai besoin de rassembler mon courage…, dit soudain celle-ci. Pour te dire que…

— Tu ne viens pas en Italie, c'est ça ? demanda Jammy, achevant la phrase à sa place. Je le savais ! Je savais que tu dirais ça. C'est pourquoi il faut que je te parle.

Elle rejeta ses boucles en arrière et jeta à Lamour un regard anxieux.

— En fait, j'ai quelque chose à te dire… il y a une chose qu'il faudrait que tu saches.

Lamour parut surprise. Puis son visage s'assombrit :

— Oh, non, ne me dis pas que l'étudiante a des ennuis ?

Jammy avait dix-neuf ans lorsqu'elle avait épousé Matt. À vingt ans, elle était déjà mère. Aujourd'hui, leur fille faisait ses premiers pas à l'université, loin de chez eux, et toute cette liberté lui montait à la tête.

— Je préférerais presque ça, rétorqua Jammy.

Évitant de croiser le regard de Lamour, elle avala une petite gorgée de gin-vermouth.

— Bon Dieu, ça m'a l'air drôlement grave.

— Ça l'est, Lam. Et je te jure que je ne sais pas par où commencer.

Lamour se releva et vint s'asseoir près de sa meilleure amie.

— C'est bon, dit-elle en lui tapotant la main, dans un geste réconfortant. Tu peux *tout* me dire, tu le sais.

— Le problème, c'est que j'aurais dû te le dire il y a des années, seulement je n'avais pas envie d'admettre la vérité. C'est au sujet d'Alex.

Lamour eut l'air déconcerté.

— Qu'est-ce que tu pourrais me révéler au sujet d'Alex que je ne sache déjà ?

Jammy sembla inhaler tout l'air de la pièce pour prendre le courage de lancer :

— Il te trompait, Lamour. Alex avait une maîtresse.

Il y eut un silence stupéfait. Lamour retira sa main.

— Tu es folle ou quoi ? Pourquoi tu me dis ça ? Ah, je sais… Tous les moyens sont bons pour m'arracher à mon chagrin, c'est ça ? Et tu crois y parvenir en me racontant que mon mari était un salopard infidèle ?

— Une vérité n'empêche pas l'autre. J'ai voulu te **secouer** et te redonner goût à la vie. *Et* c'était un salopard.

Lamour regardait Jammy avec un tel mépris que cela lui retourna l'estomac.

— C'est vraiment affreux de ta part, Jammy, dit Lamour. Affreux de salir la mémoire de mon mari. C'était un brave homme et un mari merveilleux…

— Il te trompait, Lam. Il allait te quitter pour une autre.

— Tu es *méprisable*, Jammy Mortimer, dit Lamour d'une voix tremblante de rage contenue, mais Jammy était déterminée, et rien, désormais, n'aurait pu l'arrêter.

— Le soir où Alex a trouvé la mort dans cet accident de voiture, il s'apprêtait à rejoindre l'autre femme. Son numéro figurait parmi les derniers appelés sur le téléphone portable d'Alex, tout comme celui de Matt – mais pas le tien. C'est donc elle que la police a avertie en priorité. Lorsqu'elle est arrivée sur les lieux, Matt était déjà là. D'après lui, elle était effondrée. Elle disait qu'Alex était son fiancé, qu'ils étaient censés se marier à l'automne. Matt m'a juré qu'elle portait à la main gauche un diamant gros comme le rocher de Gibraltar. Il s'est senti obligé de lui dire qu'il y avait déjà une épouse – *toi* – qui l'attendait chez lui. Au début, elle a refusé de le croire. Puis, quand elle a entendu Matt renseigner la police à ton sujet, elle a compris que c'était vrai. Mais après tout, Alex était mort, et cela n'aurait servi à rien que vous vous affrontiez, elle et toi. Elle a fait ce qu'il y avait de mieux à faire : elle est partie, et n'a jamais cherché à te contacter. Elle a tout de même gardé la bague, précisa Jammy d'un ton songeur. On ne peut pas lui en vouloir...

Lamour se leva avec effort, regarda un long moment par la fenêtre, le regard vide. Puis elle fit volte-face et, balayant la table basse d'un brusque geste du bras, envoya valser les verres, le shaker et les anémones. Sans dire un mot, elle piétina rageusement les verres et les olives, réduisant le tout en bouillie sur le tapis noir. Elle donna un violent coup de pied dans le shaker, qui vint heurter la baie vitrée avec un bruit sourd.

De longues mèches brunes et bouclées s'étaient échappées de son bandeau et partaient dans tous les sens autour de son visage lorsqu'elle se tourna vers Jammy.

— Je t'en prie, va-t'en ! dit-elle d'une voix méconnaissable, grave et cassante. Va-t'en, Jammy Mortimer, et ne remets plus jamais les pieds ici ! Tu n'es pas mon amie.

5

Jammy

Jammy pleurait si fort en arrivant chez elle qu'elle avait peine à voir la route. La voiture était un 4 × 4 Lincoln Aviator – que Matt trouvait trop grande pour elle, Jammy étant habituée à la petite Volvo qu'elle conduisait depuis des années. Elle effectua une manœuvre trop brusque pour entrer dans le garage et gémit en entendant le raclement du rétroviseur contre le mur.

— Merde, oh merde ! Il manquait plus que ça.

Toujours secouée de sanglots, elle se glissa hors du véhicule. Bramble aboya en signe de bienvenue. Autrefois, chaque fois qu'elle sortait, le chien guettait le bruit de la voiture et courait l'attendre devant la porte de la buanderie. À présent qu'il était âgé et presque sourd, il lui arrivait souvent de ne pas l'entendre arriver. Mais ce soir il était là, comme s'il avait pressenti qu'elle était malheureuse. Le chien lui lécha la main d'un air soucieux, et elle ne put retenir un sourire à travers ses pleurs.

Matt aussi attendait Jammy sur le seuil, soucieux devant son visage baigné de larmes.

— J'imagine que lui parler d'Alex n'a pas eu l'effet escompté.

Jammy resta figée, incapable de bouger.

— Elle n'a pas voulu me croire. Elle a dit que c'était affreux de ma part, de salir la mémoire de son mari parfait. Elle m'a dit : « Va-t'en ! » Si encore elle m'avait dit : « Fiche-moi le camp ! » ou « tire-toi ! » Mais elle avait une totale maîtrise d'elle-même, c'était bizarre. Sauf quand elle a envoyé valser les gin-vermouth et écrasé les olives sur son impeccable tapis noir. Nom de Dieu, il n'y a pas un poil de chat dans cet appartement ! Il n'y a pas de vie là-dedans, Matt. Mais j'aime Jammy, et voilà que j'ai foutu en l'air notre amitié à cause de ce connard d'Alex. Matt, oh, Matt, qu'est-ce que je vais faire à présent ?

— Viens ici, mon cœur.

Il la prit gentiment par la main et l'entraîna dans la cuisine. Bramble trottait près d'eux, d'un pas inquiet. Jammy poussa un long soupir, réconfortée par son univers familier et par Matt qui l'entourait de son bras.

— Attendre, Jam, c'est tout ce que tu peux faire, dit-il tendrement. Attendre qu'elle ait digéré la vérité. Attends de voir comment elle réagira alors.

6

Lamour

Lorsque Jammy referma la porte derrière elle, le claquement résonna dans l'appartement. Puis le silence revint. Un silence dur, affreux. À part moi, il n'y avait rien de vivant alentour – et encore, seul le faible battement de mon cœur signalait que j'étais vivante.

Mon Alex adoré n'avait pas pu me trahir. Je ne cessais de me répéter cela, tandis que d'énormes gouttes ruisselaient sur mes joues et imbibaient l'oreiller. Alex m'aimait ; aucun doute là-dessus. Entre nous, il n'y avait jamais eu un mot de travers. Qui plus est, s'il y avait eu une autre femme, je l'aurais su. Mais en étais-je aussi sûre ?

Oh, fichue Jammy... Qu'elle aille au diable ! Comment avait-elle pu me mettre ces idées dans la tête ? Alex était le mari idéal. Nous menions une existence de rêve. Mais... était-ce vraiment le cas ?

L'ombre d'un soupçon passa sur mes beaux souvenirs. Je me rappelai, avec une précision terrible, toutes les fois où Alex avait dû s'absenter « pour affaires » ; les soirs où il m'appelait pour m'annoncer qu'une fois de plus il rentrerait tard à la maison ; les coups de téléphone auxquels il répondait par de laconiques « oui » ou « non » ; sa manie de retourner au bureau dans la soirée, pour aller chercher des documents oubliés là-bas. Mon sang se figea lorsque je réalisai que tout, dans le comportement d'Alex, désignait l'homme qui a une aventure clandestine.

Je me levai et arpentai mon élégant séjour. Puis je me figeai devant la baie vitrée et contemplai vaguement le panorama si familier. Je me remémorai notre joie, lors de notre installation. « L'une des plus belles vues de Chicago », m'avait fièrement fait remarquer Alex, lorsqu'il m'avait fait visiter les lieux. Il avait acheté l'appartement sans attendre que je l'aie vu, ce qui m'avait contrariée au début. « Mais, de toute façon, je savais que ça te plairait, avait-il dit. Comment pourrait-il en être autrement ? C'est le top du top, et c'est exactement ce qu'il te faut. »

Il avait raison, bien entendu. À croire qu'il ne se trompait jamais. Où peut-être était-ce moi qui ne doutais jamais de lui ? J'étais passionnée par mon métier d'architecte paysagiste, et Alex par sa profession d'agent immobilier. Je le laissais prendre toutes les décisions, me contentant de les approuver. Il m'interrogeait rarement au sujet de mon travail, et était très discret sur le sien – sauf pour dire qu'il était très pris par une grosse affaire qu'il s'apprêtait à conclure. Alex paraissait toujours occupé « à conclure de grosses affaires ». C'est pourquoi j'avais été stupéfaite de découvrir, à sa mort, qu'en réalité nous n'étions pas riches. Il n'y avait pas d'argent dans les caisses. Notre seul bien, c'était l'appartement, au nom d'Alex, mais il était grevé par deux hypothèques substantielles. Je savais que mon mari était un brasseur d'affaires, et je me rendis donc à l'évidence qu'elles ne devaient plus être florissantes au moment de sa mort. Néanmoins, nous avions toujours eu un certain train de vie – fréquentant les grands restaurants, portant de beaux vêtements. Du moins Alex… Faire les boutiques n'était pas ma tasse de thé. Et puis quand je travaillais, c'est-à-dire les trois-quarts du temps, je portais un jean, un sweat-shirt ou un tee-shirt et des bottes en caoutchouc.

Je possédais deux ou trois bijoux vaguement précieux : ma bague de fiançailles, un joli diamant de trois carats choisi par Alex – plutôt modeste car, selon lui, quelque chose de plus gros aurait été trop voyant sur mes mains fines et délicates. J'avais aussi les boucles d'oreilles en diamants que je portais chaque jour et auxquelles j'étais tellement habituée que je ne les remarquais plus ; la montre Cartier modèle Tank que m'avait offerte Alex pour mon anniversaire ; et un collier en or serti de diamants de chez Tiffany. Pour une femme prétendument fortunée, ce n'était pas grand-chose, je m'en rends compte aujourd'hui.

En fait, Alex ne m'offrait plus rien – pas même un bouquet de fleurs – depuis un bout de temps. Un an, peut-être davantage, si ma mémoire est bonne.

Le désespoir me gagna de nouveau. Impossible qu'Alex ait eu l'intention d'en épouser une autre… Je *refusais* d'y croire. Je repensai à notre rencontre : il avait croisé mon regard dans une salle pleine de dames d'un certain âge devant lesquelles je venais de donner une conférence sur l'art du jardinier paysagiste. Alex n'y avait pas assisté. Il sortait d'un meeting d'hommes d'affaires qui s'était tenu dans le même hôtel, et avait surpris les dernières minutes de ma conférence en passant devant la porte ouverte.

— Je vous ai trouvée formidable, avait-il dit en me fixant de ses yeux sombres. Je m'appelle Alex Monroe. Et je sais qui vous êtes. Vous accepteriez de boire un verre avec moi ?

Je l'avais suivi au bar. Il avait commandé du champagne, et c'est ainsi que tout avait commencé. Sans un accroc, jusqu'à sa mort. *Jusqu'à présent.*

Lasse, je m'étendis de tout mon long sur le canapé italien en cuir, en poussant un faible gémissement. Jammy avait raison. Il était trop dur. Le confort sacrifié aux apparences. Mon foyer me ressemblait-il vraiment ? Était-ce Alex qui avait fait de moi cette femme-là ?

Confuse, je me redressai. Je restai longtemps assise sur le beau mais inconfortable canapé, à regarder par la baie vitrée la nuit tomber. À regarder les lumières scintiller sur le lac, preuve qu'il y avait des gens pour qui la vie continuait. Pas pour moi.

Mon désespoir eut raison de ma perplexité et je fondis à nouveau en larmes. J'étais véritablement seule.

En dépit de l'inconfort du canapé, je réussis tout de même à m'endormir, car je me réveillai à l'aube, les membres engourdis, les yeux gonflés, la tête envahie par le doute.

Je me levai, pris une douche, m'habillai et me rendis au commissariat du coin.

Je n'avais jamais lu le rapport de police de l'accident. Je n'avais pas eu le courage d'affronter, noir sur blanc, les détails d'une réalité que je me refusais à accepter. À présent, il fallait que je sache.

L'aimable agent de service rechercha les informations disponibles sur son ordinateur, et m'en imprima une version. Selon le rapport, aucun autre véhicule n'était impliqué dans l'accident. Alex avait simplement dérapé sur la route mouillée et percuté un arbre. Lorsque la police m'avait enfin avertie, il était déjà mort, et l'ambulance transportant son corps se dirigeait vers l'hôpital. Le nom et l'adresse de Matt figuraient sur le rapport, de même que ceux d'une femme désignée comme sa « fiancée » dans la liste des « proches ». Mon nom avait été ajouté plus tard, avec la mention « épouse ».

Je savais, désormais, que Jammy avait dit vrai. La mort d'Alex n'avait rien de mystérieux. Le seul mystère, ç'avait été sa vie. Et je ne voulais plus rien en savoir.

J'avais le sentiment d'avoir comme une boule de glace dans la poitrine. Mes amis Jammy et Matt avaient tenté de me protéger, afin que je n'apprenne jamais que mon mari me trompait. Ils s'étaient attendus à ce que je m'effondre, mais pensaient que je finirais par m'en remettre – lentement, cela va sans dire – et par reprendre une existence normale. Au lieu de quoi, j'avais passé deux années à pleurer un homme qui avait été sur le point de me quitter pour une autre femme.

Avoir été trompée vous empoisonne vite l'esprit et le cœur : je commençais à douter de chaque instant passé avec Alex.

Je me remis à songer à cet état insaisissable qu'on appelle le bonheur, à Jon-Boy et à Rome… Et à ma maison d'Amalfi, trop longtemps négligée. À la nécessité de faire enfin face aux fantômes du passé.

Je me hâtai de regagner mon appartement. J'étais décidée à changer de vie. Je téléphonai à l'agence immobilière et demandai que mon appartement soit mis en vente – et que la transaction ait lieu au plus vite. Puis j'appelai Jammy.

— Quand est-ce qu'on part pour l'Italie ? demandai-je.

7

Lamour

Nous voici donc à Rome, juste Jammy et moi. J'avais presque eu le sentiment de redevenir enfant, en descendant de l'avion, puis en circulant dans la Ville éternelle – parmi les monuments, les vieux bâtiments, les avenues grandioses et l'enchevêtrement de ruelles engorgées par la foule et les voitures. Cette ville, je sais pourquoi je l'aime autant : partout ailleurs, ou presque, il vous faut aller au musée pour découvrir l'histoire du lieu. Mais à Rome, l'histoire est partout. Dans les rues où de gigantesques statues en ruine gisent depuis des siècles au même endroit. Dans les *fontanelle*, les fontaines publiques sculptées dans les murs de pierre – d'où jaillit l'eau provenant des aqueducs construits par les Romains de l'Antiquité. Dans les sept collines qui composent la ville et dans les vieilles églises à la décoration souvent somptueuse, signée par les artistes les plus prestigieux. Dans certaines églises à la simplicité trompeuse – où viennent encore se recueillir les habitants du quartier –, on reste parfois bouche bée lorsqu'on a la surprise d'y découvrir une statue de Michel-Ange, une fresque de Raphaël, une mosaïque de Torriti ou une fontaine du Bernin. L'histoire est aussi dans les grandes places, telle la piazza Navona, constamment surélevées au cours des siècles afin de parer aux inondations – mais jusqu'au XVIIIe siècle, en hiver, on profitait des intempéries et du gel pour les utiliser comme patinoires. À Rome, on a toujours l'histoire sous les yeux – le dôme de Saint-Pierre, les vieux platanes aux troncs massifs qui ombragent les rues, ou encore les bars et les cafés légendaires au brouhaha incessant. Je vous jure que l'air de Rome a quelque chose d'enivrant qui rend votre pas plus vif – comme quand j'étais gosse et que chaque coin de rue promettait de nouvelles merveilles.

Matt, hélas, n'avait pu nous accompagner – des rendez-vous d'affaires qu'il n'avait pas pu prévoir, avait-il prétexté. À vrai dire, je crois plutôt qu'il voulait que je parte seule avec Jammy à la recherche de mon passé. Il était également sceptique quant à mon désir d'en savoir plus sur la mort de Jon-Boy.

Avant le départ, il m'avait passé un bras autour des épaules et m'avait glissé d'une voix douce :

— Écoute, Lam… Ça fait combien d'années ? Vingt ans ? Regarde les choses en face. Jon-Boy a simplement commis une grosse erreur. Il est sorti en bateau et l'orage l'a surpris. Je sais pas… il avait peut-être bu… quelques verres de grappa de trop…

Et il avait haussé les épaules, renonçant à me convaincre. J'avais beau savoir que Jon-Boy avait un faible pour la grappa, et qu'il pouvait lui arriver d'en abuser, je ne l'avais jamais vu soûl. Et il ne mettait jamais le pied sur un bateau.

Mais pour l'heure, Jammy et moi nous trouvions à l'hôtel d'Angleterre, ancien palais reconverti en 1850 en un hôtel au mobilier ancien et à l'atmosphère intime, situé dans la via Bocca di Leone, au cœur du quartier commerçant le plus chic de Rome.

— C'est drôlement pratique !

Ainsi Jammy exprima-t-elle sa satisfaction en sirotant son premier espresso romain dans le restaurant de l'hôtel, bizarrement nommé Les Salons du Jardin Romain.

Épuisées par le vol que les retards habituels avaient rendu interminable, nous montâmes dans notre jolie chambre. À peine douchées, nous nous mîmes au lit. Presque aussitôt, les ronflements de Jammy me parvinrent aux oreilles – je me souviens qu'enfant elle ronflait déjà. Quant à moi, j'étais incapable de trouver le sommeil. Mon excitation et mon appréhension étaient trop grandes. Allai-je retrouver le Trastevere que j'avais connu ? Ou bien le temps avait-il embelli mes souvenirs, comme c'est si souvent le cas ?

Trop d'années avaient passé pour que je puisse espérer revoir mes « grands-mères ». Je me demandais qui habitait désormais notre appartement. Si je frappais à la porte et si j'expliquais que j'avais vécu là, nos successeurs me permettraient-ils de revoir les lieux ? Histoire de respirer l'air que nous avions respiré ensemble, Jon-Boy et moi. De sentir l'odeur de renfermé de cet immeuble très ancien et plutôt délabré, qui ne manquerait pas de raviver bien des souvenirs.

Impossible de dormir. Je mourais d'impatience. Par ailleurs, c'était seule qu'il me faudrait entreprendre ce retour en arrière. Je me levai, m'habillai en hâte et, après avoir jeté un dernier coup d'œil à Jammy – qui dormait à poings fermés –, je descendis l'escalier et déboulai dans la rue étrangement silencieuse.

C'était l'heure du déjeuner, et Rome marquait une trêve de deux ou trois heures. Sur la piazza di Spagna, où je hélai un taxi pour me rendre à Trastevere, ne traînaient que les sempiternels jeunes « routards » chaussés de tennis.

J'avais bu deux espressos coup sur coup. Dans le taxi qui me rapprochait de mon ancienne demeure en se frayant un chemin dans les rues étroites et embouteillées, mon émotion grandissait. Lorsque enfin il me déposa à l'entrée du vicolo del Cardinale, je plongeai mes regards dans la ruelle ombragée et déserte et demeurai quelques instants paralysée. Un homme grand et mince sortit de l'un des immeubles. Sans jeter un seul regard de mon côté, il se dirigea à grands pas vers la piazza. J'eus un serrement au cœur. Avec ses longs cheveux et sa démarche heurtée, on aurait presque dit Jon-Boy, s'élançant une fois de plus à ma recherche alors que j'étais partie dans une de mes expéditions solitaires.

Après ça, à chaque coin de rue, il me sembla apercevoir le fantôme de mon père… une vision fugace, une ombre. Et je vis aussi la petite maigrichonne à queue-de-cheval que j'avais été, parcourir en sautillant la ruelle dans laquelle je marchais à présent, à la recherche de mon passé.

Je lançai un coup d'œil plein d'espoir aux vieilles fenêtres de cuisine, mais elles n'étaient plus là pour me saluer, les « grands-mères » affectueuses. Et les bâtiments au crépi écaillé qui, de mon temps, abritaient une demi-douzaine d'appartements avaient été ravalés et transformés en de coquettes demeures équipées d'élégantes portes en bois. Les poignées en bronze poli brillaient de mille feux et un interphone avait remplacé les vieilles sonnettes. Plus de cordes à linge tendues d'une fenêtre à l'autre. Et, sur les pergolas des toits, des cubes de plastique aux fleurs parfaitement calibrées avaient remplacé les vieux pots de terre pleins de plantes flétries.

J'eus peine à reconnaître mon ancienne demeure. Elle était peinte en rose bonbon, avec un liseré vert foncé. J'examinai les noms des habitants. Je n'en connaissais aucun. Je reculai de quelques pas et levai les yeux vers le dernier étage, avec ses hautes fenêtres à volets et son minuscule balcon en fer forgé : j'y passais des heures pendue à la balustrade à guetter l'arrivée de Jon-Boy, en espérant qu'il reviendrait dîner. Parfois il venait, et c'était la joie. Parfois il ne venait pas et, assise sur ce balcon, je mangeais seule mon sandwich sans cesser de l'attendre. Et, me rappelai-je soudain non sans surprise, c'est ainsi que cela se passait le plus souvent. On aurait dit que je passais les trois quarts du temps à attendre Jon-Boy.

J'avais mangé d'innombrables assiettes de spaghettis chez l'une ou l'autre des « grands-mères », qui venaient m'arracher à mon balcon en maugréant en italien. Elles parlaient trop vite pour que je comprenne, mais je savais qu'elles pestaient contre Jon-Boy, contre le fait qu'il m'ait laissée seule. Une fois de plus. Et combien de fois Jon-Boy était-il enfin venu me chercher et avait-il accepté leurs critiques de bonne grâce, en les embobinant avec l'éclat de son sourire et de son regard brun doré ?

— *Bene, bene*, disait-il. *Si la piccolina è mio tesoro, mia bambina… Si è una preciosa, chiaramente, signora, ed io l'adoro… Va bene*, et me voilà, je suis tout de même venu la chercher.

Elles finissaient par sourire à contrecœur et le *tesoro* – le trésor – était rendu aux soins affectueux de son vagabond de père. J'en riais, car je savais que ses paroles étaient sincères, qu'il reviendrait toujours, et qu'il ne cesserait jamais d'être là pour me protéger.

Et, des années plus tard, voilà qu'un chat tigré me fixait depuis mon balcon en fer forgé, avec des airs de propriétaire. Et effectivement, désormais l'endroit lui appartenait. Il n'y restait aucune trace de Jon-Boy ou de moi.

J'émergeai sur la place ensoleillée et constatai avec soulagement que le kiosque à journaux était toujours là, de même que la baraque de la fleuriste. La pizzeria Vesuvio – sans doute la meilleure de Rome – se trouvait encore au coin de la rue. Mieux encore, le café Marchetti n'avait pas bougé, même si sa façade était recouverte d'une peinture rouge sombre et brillante et les tables de la terrasse ombragées par d'élégants parasols blancs.

Je jetai un coup d'œil au kiosque à journaux, que tenait désormais un jeune homme dont le regard ne s'attarda pas sur la touriste américaine que j'étais. Une femme beaucoup moins âgée avait remplacé Adriana, et lorsque je m'enquis auprès d'elle de l'ancienne fleuriste, elle me répondit, avec un haussement d'épaules, qu'elle ne connaissait personne dans le coin. En souvenir du bon vieux temps, j'achetai un œillet rose que je piquai dans ma chevelure et me dirigeai, pleine d'appréhension, vers le café Marchetti.

Les hommes qui se tenaient devant le comptoir – hommes d'affaires ou ouvriers – me jaugèrent, comme les hommes italiens ont coutume de le faire. Je souris et, de manière experte, me frayai un chemin avec de souriants *scusi, scusi, permesso*.

Je ne vis pas Angelo derrière le bar, mais un jeune homme. Il me jeta un rapide coup d'œil en passant un coup de chiffon sur la céramique du comptoir, juste devant moi.

— *Signora ?*

— *Cappuccino, per piacere*, répondis-je. *E un cornetto.*

Il écarquilla les yeux, puis prit une expression sceptique. Jamais un Italien n'aurait eu l'idée de boire un cappucino après onze heures du matin. Quant aux cornetti, ils étaient réservés au petit déjeuner.

D'un rapide coup d'œil, je vis que beaucoup de choses avaient changé. La machine à café avait l'air du tout dernier modèle en date, et des tables à hauteur de comptoir avaient été rajoutées. Le menu, inscrit à la craie sur une grande ardoise derrière le bar, proposait désormais un plat de « pâtes du jour » et des salades, ainsi que de la soupe et d'appétissants sandwiches généreusement garnis de jambon, de salami, de mortadelle, de fontine et de pecorino. Autrefois, la terrasse était toujours à moitié vide, car cela coûte plus cher de manger assis. Désormais, elle était prise d'assaut par les touristes prêts à payer davantage pour reposer leurs pauvres pieds épuisés par la marche. Je souris lorsque me parvint aux oreilles le crissement familier des chaises métalliques sur la pierre.

Un deuxième homme, plus jeune que le premier, à la taille enserrée dans un tablier blanc, allait et venait entre les tables, portant des carafes de vin et d'énormes sandwiches. Derrière le comptoir, le jeune homme fit glisser vers moi mon cappuccino. Les yeux clos, je me pénétrai de l'odeur familière du café. Puis je bus une gorgée qui me ramena des années et des années en arrière. Je redevenais la petite fille perchée sur la barre de laiton du bar, le nez barbouillé de chocolat en poudre et de mousse de cappuccino. La petite fille qui flirtait avec Angelo…

— *Ciao bella.*

Au son de la voix familière d'Angelo, je rouvris grand les yeux.

— C'est bien toi, n'est-ce pas ? Lamour Harrington ?

Il tendait la main vers moi. Son sourire était si amical, si bienveillant que la joie m'envahit aussitôt.

— Bon retour, *cara.* Pourquoi avoir attendu si long-temps ?

Je serrai sa main dans les miennes. C'était presque trop beau pour être vrai ! Bien sûr, ses cheveux avaient grisonné ; son visage hâlé était plus large et sillonné de rides ; et ses dents n'étaient sans doute pas aussi grandes, blanches et brillantes que dans mon souvenir. Mais ses yeux et ses longs cils étaient les mêmes, et c'est avec ce chaleureux regard marron qu'il m'accueillait aujourd'hui, comme il n'avait jamais manqué de le faire.

Toujours sous l'effet du choc, je bredouillai :

— Angelo… j'avais huit ans quand vous m'avez vue pour la dernière fois… Comment diable m'avez-vous reconnue ?

Il haussa les épaules.

— Quelle autre femme aurait l'idée de se mettre un œillet rose dans les cheveux et de commander un cappuccino et un cornetto à l'heure du déjeuner ?

Il sourit et me tendit la fameuse viennoiserie dans son petit carré de papier sulfurisé.

— De plus, continua-t-il, tu es aussi jolie aujourd'hui que tu l'étais alors, quand tu n'étais qu'une malheureuse piccolina qui hantait cette place à la recherche de son papa, et qui errait comme un chat de gouttière dans les rues de Trastevere.

— Mais je ne me suis jamais sentie malheureuse. J'avais mes amis... vous tous... tous les gens du quartier.

Je refusais d'admettre que le passé n'était pas aussi beau que le souvenir que j'en avais gardé.

— *E allora*, le quartier a changé. Ça vaut peut-être mieux comme ça. Du moins, c'est ce que prétendent mes fils, mais moi-même, je n'en suis pas si sûr. Les gens qui vivaient dans ce quartier, c'était comme une seule et même famille. Ils me manquent. À présent, la plupart de mes clients sont des touristes. Je gagne plus d'argent, mais...

Il soupira, haussa à nouveau les épaules et ajouta, une nuance de regret dans la voix :

— Je préférais la vie d'avant.

Je frottai mes lèvres couvertes de chocolat en poudre et me léchai le doigt.

— C'est exactement ce que nous étions, Angelo. Une grande et heureuse famille.

Il me regarda comme s'il cherchait à me mettre en garde.

— Je t'en prie, cara, ne va pas chercher ce qui n'existe plus. N'oublie pas qu'il faut toujours s'adapter. À présent, Lamour, parle-moi un peu de toi. Tu es mariée ? Tu as des enfants ?

Devant son sourire plein d'espoir, je détournai les yeux.

— J'ai été mariée, dis-je. Il est mort.

Mon laconisme racontait mieux ma triste histoire que n'auraient pu le faire tous les mots. Angelo plissa les yeux, pris de pitié pour moi.

— Ma pauvre petite, dit-il en me tapotant gentiment la main. Je suis vraiment désolé.

— Ça va.

Suivit un silence embarrassé. Je baissai les yeux, et fixai ma tasse de café.

— Tu sais que j'ai épousé Adriana ? reprit enfin Angelo. Tu te souviens d'elle ? La fleuriste. Ça va lui faire plaisir d'avoir de tes nouvelles. Eux, ce sont nos fils, dit-il en désignant les deux jeunes hommes affairés. Ce sont de braves garçons, et nous espérons devenir bientôt grands-parents.

Il se retourna vers moi et plongea ses yeux dans les miens.

— Ç'aurait peut-être été plus facile si tu avais eu des enfants, *carina*. À travers eux, la vie continue.

Je secouai la tête et l'œillet rose tomba sur le sol.

— Heureusement, je n'en ai pas eu.

Le regard perçant d'Angelo enregistra mon expression, et je sus qu'il voyait à quel point j'avais été malheureuse.

— Eh bien, mon petit, dit-il en passant du coq à l'âne. Ton père, le *dottore*, a fini par devenir un grand homme, même si on s'inquiétait tous de le voir te négliger ainsi.

Je ne pus réprimer un sourire en l'entendant appeler Jon-Boy « dottore », titre que les Italiens accordent à tous les lettrés.

— Être négligée a ses avantages, dis-je. J'étais la gamine la plus libre de Rome. Libre d'aller où bon me semblait, de faire tout ce qui me passait par la tête…

— Toujours toute seule…, fit remarquer Angelo.

Il se garda d'ajouter « et ça n'a pas changé », mais je le lus dans ses pensées.

— Je visite Rome avec une amie, dis-je, sur la défensive. Nous venons à peine d'arriver. Elle était fatiguée, mais la prochaine fois je l'emmènerai.

Le bar se remplissait de plus en plus, et Angelo allait devoir s'y remettre. La vie continue, songeai-je en ramassant mon sac et en ramenant mes cheveux en arrière.

— À demain, Angelo ! m'exclamai-je, en commençant à me frayer un chemin parmi la foule des clients – alors que je savais fort bien que je ne reviendrais pas.

— Attends !

Je fis volte-face.

— Tu as oublié ton cornetto.

Je le pris, le remerciai avec un sourire et gagnai la sortie, bousculant les clients amassés à l'entrée.

De retour sur la via del Corso, j'arrêtai un taxi, m'engouffrai à l'intérieur, et pris une bouchée du cornetto, à la saveur si familière.

Je m'étais lourdement trompée. Rome, ma Rome à moi, avait changé. Jon-Boy avait disparu, et ma « famille » aussi : la grand-mère, les voisins… mes amis.

À regret, je pensais que les gens avaient raison de dire que l'on ne retrouve jamais ce que l'on a quitté.

8

Lamour

Jammy avait insisté pour que je fasse avec elle les boutiques de la via Condotti – les plus chics de Rome. Par chance, la rue en question était située à deux pas de notre hôtel.

— Il va falloir que tu fasses quelques frais de relookage ! dit-elle en jetant un coup d'œil désapprobateur à mon tee-shirt noir, mon pantalon noir et mes confortables chaussures noires à talons plats.

À vrai dire, en examinant mon reflet, je constatai que ma garde-robe ne différait pas tellement de celles de mes « grands-mères italiennes » d'autrefois. En observant les Romaines élégantes et sexy qui paraissaient porter les derniers modèles griffés, je me sentis une fois de plus ébranlée dans toutes mes certitudes.

Depuis que j'avais découvert la vérité au sujet d'Alex, j'avais perdu tout amour-propre. Il ne me restait plus rien hormis mon travail ; et encore pouvais-je m'estimer heureuse de m'être assez bien débrouillée de ce côté-là.

Je contemplai les vitrines Gucci d'un œil sombre.

— S'il me suffisait de changer de vêtements pour découvrir qui je suis vraiment.

— Évidemment que ça ne suffit pas, concéda Jammy, avec sa loyauté habituelle.

Mais en examinant mon reflet dans la vitrine, je songeai qu'il n'y avait rien d'étonnant à ce qu'Alex eût désiré me quitter pour une autre.

— Tu dirais qu'elle était séduisante ? demandai-je.

Jammy n'eut pas besoin de me faire préciser de qui je parlais.

— Je suppose que oui, mais pas plus que toi et moi les jours où on est en beauté.

Elle me donna un petit coup de coude dans les côtes pour m'arracher à mes sombres pensées.

— Pourquoi ne pas nous occuper de nous, aujourd'hui ? Et voir quel émoi on est capables de susciter dans la population masculine romaine ? ajouta-t-elle avec un sourire malicieux sans doute destiné à m'encourager, et, bras dessus, bras dessous, nous partîmes à l'assaut de la via Condotti.

Ce soir-là, j'invitai Jammy chez Fortunato, le restaurant de la via del Pantheon où Jon-Boy m'avait emmenée fêter mon huitième anniversaire. Jon-Boy semblait toujours manquer d'argent en ce temps-là. Et comme il pensait rarement aux vêtements ou autres détails pratiques de ce genre, je n'avais pas grand-chose à me mettre sur le dos. Si bien que je m'étais retrouvée affublée d'un pull trop petit et d'une vieille jupe trop courte en tissu écossais – la seule que je possédais. Mais je portais tout de même des tennis neuves d'une blancheur aveuglante.

On était alors en hiver, et il faisait un froid de canard. Mon père et moi avions pris une table à l'intérieur, parmi les effluves de sauces et d'épices et près du superbe buffet d'antipasti. Mais ce soir-là, avec Jammy, nous occupions une table en terrasse et, par cette chaude soirée de début d'été, nous admirions la vue sur le merveilleux dôme du Panthéon. Je n'avais plus grand-chose à voir avec la petite fille de huit ans qui fêtait son anniversaire en guenilles... Je portais une nouvelle robe sans manches en soie couleur corail, dont le décolleté en « V » laissait entrevoir un somptueux soutien-gorge en dentelle La Perla, que Jammy et une vendeuse très persuasive m'avaient ordonné d'acheter car, à les en croire, il faisait des miracles pour ma petite poitrine. La vendeuse, avec un air entendu, m'avait lancé : « Il est très sexy, non ? » et son sourire avait fait pencher la balance. J'espérais donc bien paraître séduisante, avec mon décolleté révélant le rouge de la dentelle et avec mes pieds longs et fins chaussés de mules à talon en daim rouge qui m'avaient coûté la peau des fesses.

Une séance efficace chez le coiffeur avait réussi à discipliner mes longues boucles noires, qui flottaient maintenant autour de mes épaules avec une légèreté inhabituelle. En souvenir d'Adriana, j'avais piqué une fleur dans ma chevelure. Je commençais à me sentir *un peu* romaine. Mais même si ça me remontait le moral d'être en beauté, intérieurement j'étais toujours la même femme, blessée et peu sûre d'elle.

Jammy quant à elle était ravissante, avec une robe bleue qui mettait ses yeux en valeur – d'ailleurs, les hommes portaient sur elle un regard admiratif.

— C'est ici, chez Fortunato, que Jon-Boy a fait de moi une gastronome, lui dis-je, pendant que le serveur ouvrait la bouteille de frescobaldi chianti que j'avais commandée. C'est ici que j'ai mangé ma première huître.

— Et tu as trouvé ça bon ?

Jammy, affamée comme toujours, s'était déjà jetée sur le pain tout en étudiant le menu. Je me demande où elle met toute cette nourriture. Elle est aussi mince aujourd'hui qu'à dix-sept ans.

— Plus ou moins, mais je préférais le risotto aux cèpes. J'adorais l'arôme fumé des champignons sauvages. J'avais des goûts très raffinés pour une gamine.

— À vrai dire, je serais contente de te voir manger n'importe quoi, répliqua Jammy en me jaugeant des pieds à la tête. Bien que je doive reconnaître que tu es drôlement belle ce soir !

Elle sourit et leva son verre.

— À toi, ma chérie ! lança-t-elle. Et à ton retour parmi les vivants.

En trinquant et en buvant une longue gorgée du vin moelleux et fruité, je me sentis ragaillardie. Je levai les yeux et surpris le regard d'un homme, deux tables plus loin. Un homme mûr, plein d'assurance, de forte carrure et impeccablement vêtu. Beau, qui plus est. Il sourit et me porta un toast, avec un petit salut de la tête.

J'esquissai à mon tour un sourire et détournai la tête, gênée. J'avais oublié ce goût du flirt chez les Italiens. Je songeai, bien entendu, que moi ou une autre... Les Italiens flirteraient avec n'importe qui, sauf avec leur mère.

— Je n'ai pas rêvé, n'est-ce pas ? demanda Jammy, radieuse. Ce type te fait du gringue ?

Je haussai les épaules avec nonchalance.

— Bien sûr que non... Il m'a juste... souri.

— Hum hum…

Jammy n'en croyait pas un mot. Elle jeta un nouveau coup d'œil à sa table. L'homme était avec un groupe, plongé dans une grande discussion. Il m'avait déjà oubliée.

— Il est vraiment pas mal ! commenta Jammy en s'attaquant avec enthousiasme à son assiette de fettuccine enrobées de beurre et de parmesan fraîchement râpé. Oh, mon Dieu ! grogna-t-elle avant d'aspirer une longue bouffée d'air. C'est exactement comme les macaronis au fromage de maman.

Dans un éclat de rire, je lui dis qu'elle aurait dû avoir honte, que ces pâtes n'avaient rien de commun avec les plats prêts à réchauffer que lui servait sa mère.

— Et mon plat est à tomber raide ! dis-je en prenant une bouchée de risotto aux cèpes qui raviva mille souvenirs.

Heureusement, songeai-je, certaines choses n'avaient pas changé.

Après les pâtes, nous poursuivîmes avec une brème grillée – le meilleur poisson qu'on puisse imaginer – et une simple salade verte. Et, pour finir, une glace encore plus simple : pistache pour moi, et chocolat, bien sûr, pour mon amie, américaine jusqu'au bout des ongles.

Une fois le dîner fini, nous traînâmes à table, alanguies et repues, à siroter de la grappa dans de minuscules verres à liqueur. Je me renversai nonchalamment sur ma chaise, plissant le nez tandis que la grappa me coupait le souffle. Je croisai les jambes, levai les yeux vers le ciel nocturne, et poussai ce qui avait tout l'air d'être un soupir de bonheur. Saisis le bonheur là où il se trouve ! me dis-je. Dans ce joli restaurant avec sa vue sur le Panthéon caressé par la lueur de la lune. Dans la douceur de l'air nocturne, avec les Romains qui se livrent à la promenade du soir, tenant un enfant d'une main et un cornet de glace de l'autre. Dans l'air de violon provenant de Dieu sait où, non loin de là… Dans la lueur de la lampe, dans les fleurs, dans le vin rouge, dans la compagnie d'une vieille amie.

Les yeux mi-clos, je levai le pied et fis osciller ma mule à talon.

— *Mi scusi, signora…*

Rouvrant les yeux, je me trouvai face au bel homme qui m'avait porté un toast. Je le regardai bêtement, ne trouvant absolument rien à lui répondre. Mon aptitude enfantine à flirter m'avait bel et bien quittée.

Il hocha poliment la tête à l'intention de Jammy – qui le buvait des yeux – et nous pria une nouvelle fois d'excuser son intervention…

— Signora, dit-il en se penchant de façon à être entendu de moi seule. Je n'ai pu m'empêcher de remarquer la façon dont vous avez balancé votre pied, et sa cambrure lorsque vous avez fait osciller cette ravissante mule rouge. C'est l'une des plus jolies choses qu'il m'ait été donné de voir. Je suis ce qu'il convient d'appeler un connaisseur en matière de beauté et je dois vous dire, bella signora, que vous avez le plus adorable pied de Rome.

— Merci, parvins-je à articuler, stupéfaite, tandis qu'il me souriait.

Puis il se redressa, me baisa la main, dit *buona notte* et s'éloigna.

Jammy le suivit du regard, l'air soupçonneux.

— Qu'est-ce qu'il t'a dit ?

— Il trouve que j'ai de beaux pieds, répondis-je avec un sourire modeste.

— Quoi ! s'exclama-t-elle, rouge d'indignation. C'est quoi, ce type ? Un genre de pervers ?

— Non, non. C'est un connaisseur en matière de beauté. La cambrure de mon pied lui a plu.

Je me sentais soudain très bien. Je baissai les yeux sur mes longues jambes pâles, sur mes pieds fins, sur les ongles corail dépassant des coûteuses mules rouges. Je compris que l'Italien avait simplement eu l'intention de me révéler que je lui avais procuré – en toute innocence – un moment de plaisir sensuel. En échange, il m'avait parlé de façon que je me sente féminine et sexy.

Le serveur se précipita à notre table.

— Signore, c'était le grand couturier italien Giorgio Vivari, dit-il, rayonnant, certain que ce nom nous était connu.

Et comment aurions-nous pu l'ignorer ? Il était l'égal des Valentino ou des Armani.

Je souriais encore lorsque Jammy et moi sortîmes du restaurant. Je ne le reverrais jamais, mais cet homme beau et célèbre, expert en beauté féminine, m'avait fait un compliment des plus audacieux.

En riant, je pris le bras de Jammy. Après tout, l'Italie était bien l'endroit dont j'avais besoin.

9

Lamour

Le lendemain, nous prîmes l'avion pour Naples. Nous louâmes une voiture, une petite Fiat, et partîmes sur la fameuse et angoissante corniche amalfitaine, une route à deux voies qui suit la côte en une succession de virages en épingle à cheveux. Nous dépassâmes des collines où paissaient de jolies vaches blanc cassé, ces bufflonnes dont le lait est utilisé pour la fabrication de la meilleure des mozzarellas. Nous roulâmes au-dessus de gorges et de ravins, parmi les oliveraies gris argenté. Les vignes feuillues s'agrippaient aux pentes rocheuses d'un côté de la route tandis que, de l'autre, de minuscules villages et hôtels se cramponnaient de façon encore plus précaire aux falaises dominant les rochers et la mer, plus d'une centaine de mètres plus bas.

Je gardais les yeux rivés sur la route, morte de peur, et m'efforçais d'ignorer les exclamations horrifiées de Jammy chaque fois qu'un klaxon signalait l'approche d'un nouveau dix tonnes. Elle mettait alors les mains sur ses yeux et gémissait de terreur. Je me moquais d'elle, sans quitter la route des yeux.

— Oh, tais-toi ! m'exclamai-je, et concentre-toi sur ces miroirs ronds fixés aux rochers, qui nous signalent ce qui vient vers nous.

— Ça n'arrête pas de venir ! rétorqua-t-elle. Et en ce moment, c'est moi qui me demande pourquoi je suis venue.

— Mais parce que tu es mon amie.

Je dis cela d'un ton gai, qui parut la remonter.

— D'accord, mais on peut s'arrêter bientôt ? supplia-t-elle.

— Dans cinq minutes, on est arrivées.

Je sentis son regard désapprobateur posé sur moi.

— Tu veux dire que tu sais réellement où on va ?

— Évidemment.

J'aperçus alors la pancarte signalant l'hôtel Santa Caterina, traversai un verger fleuri et arrêtai la voiture devant une bâtisse blanche toute en longueur perchée comme un diamant sur une colline verdoyante, offrant une superbe vue de la côte.

Jammy retint son souffle, visiblement aux anges.

— Oh ! s'exclama-t-elle en franchissant le seuil du ravissant hall rempli de fleurs.

À la réception, un jeune homme nous accueillit avec le sourire.

— Nous vous attendions, dit-il.

Il nous fit visiter le petit hôtel, si raffiné avec son sol carrelé et son mobilier Art déco, ses jardins pleins de charme et ses vastes vergers. Il y avait une piscine et, juste à côté, un café à toit de chaume. Depuis notre jolie chambre, on avait vue sur la mer, au-delà des arbres. Je soupirai d'aise. J'avais le sentiment réconfortant de « rentrer à la maison ».

— Je suis amoureuse, déclara Jammy, plantée au milieu de la grande chambre, tendant les bras, comme pour embrasser la totalité du décor : la spacieuse salle de bains équipée d'une immense baignoire, le balcon et sa vue paradisiaque. Le parfum des fleurs nous parvint, porté par une brise aussi caressante qu'un voile de soie.

— Quand est-ce qu'on mange ? demanda-t-elle, revenant à des préoccupations plus terre à terre.

C'est ainsi qu'après quelques longueurs de piscine puis, pour chacune, un bon bain relaxant, nous passâmes les plus beaux habits de notre nouvelle garde-robe – sans oublier les irrésistibles mules rouges – et descendîmes dîner.

Mais auparavant, j'écoutai un message de l'agent immobilier – au sujet de l'appartement. On lui avait fait une offre très proche du prix que nous avions fixé. Acceptais-je de vendre ?

Oui, mille fois oui. Bon débarras et adieu au passé ! Jammy et moi arrosâmes le fait d'être arrivées saines et sauves avec une bouteille de prosecco, ce mousseux italien qui ne fait même pas semblant d'être du champagne. Qui se contente d'être ce qu'il est : pétillant, agréable et drôle. Puis je mangeai les meilleurs gnocchis à la sauce tomate que j'eusse jamais goûtés, pendant que Jammy engouffrait pour la seconde soirée consécutive une assiette de fettuccine. Du poisson, une salade, un assortiment de fromages… Nous nous arrêtâmes avant le dessert.

Épuisée, repue, confortablement étendue dans mon lit, bercée par les ronflements de Jammy et le bruit de la mer, je songeai à mon père. À cette nuit fatale, au terrible orage, au bateau qui avait chaviré, au corps que l'on n'avait pas retrouvé…

Des années après l'accident, j'étais encore hantée par des cauchemars où je voyais Jon-Boy sombrer sous d'immenses vagues noires. Dans mes rêves, il avait les yeux grands ouverts et me fixait d'un air implorant. Il tendait les mains vers moi, je m'apprêtais à les saisir… mais, avant que j'aie pu y parvenir, il s'enfonçait dans les ténèbres.

Je me réveillais tremblante et couverte de sueur, priant pour ne plus jamais faire ce rêve. Je m'*obligeais* à ne plus penser à la mort de Jon-Boy, à ne plus en rêver. Je n'en parlais jamais à personne, sauf à Jammy bien sûr – mais même alors, je m'interdisais de lui raconter le rêve. Dieu sait comment, je parvenais à chasser l'accident de mon esprit, et à ne conserver que les souvenirs agréables. Or, à présent, j'étais là, à l'endroit où le drame s'était produit, et je commençais à m'interroger sur les circonstances de la mort de mon père.

Jon-Boy avait peur de l'eau. Il m'avait toujours dit : « Reste sur la terre ferme, mon trésor. C'est la seule chose stable, dans la vie. » Il détestait la mer. N'était pas un bon nageur. N'avait jamais, de toute sa vie, mis les pieds sur un bateau.

Dans ce cas, que faisait-il, seul sur un voilier au beau milieu de la nuit, alors que l'orage menaçait ?

Et pourquoi ne m'étais-je jamais posé ces questions auparavant ? Pour une raison évidente : je craignais la réponse. Mais je me sentais si proche de lui ces derniers temps – cela ne m'était pas arrivé depuis des années. Et le lendemain, je retrouverais la maison qu'il

71

avait achetée à Amalfi. La maison qu'il avait quittée cette nuit-là, pour ne plus jamais la revoir.

Des images de Jon-Boy me revinrent en mémoire, aussi nettes que des photographies. Grand, mince et plein de charme, sa tignasse noire retombant sur ses yeux marron, son sourire enjôleur. Il marchait à si grandes enjambées que j'avais du mal à le suivre. Dans mon souvenir, il demeurait « le jeune écrivain américain parti vivre à Rome » – *il dottore*, comme l'appelaient les Italiens, ce qui lui donnait un séduisant côté bohème. Il me souriait tendrement. Il était toujours délicat à l'égard des femmes, jeunes ou vieilles. À vrai dire, je ne me rappelle pas qu'il ait jamais prononcé une parole dure. C'était un homme sociable et ouvert, et un agréable comparse pour ses compagnons de bar.

Derrière mes paupières closes, je le vis qui me souriait encore une fois, m'adressant de la main un salut désinvolte. Je compris, à cet instant précis, l'une des raisons de ma venue ici. Faute de pouvoir le ramener à la vie, je venais découvrir ce qui s'était passé. Et comment Jon-Boy Harrington avait réellement trouvé la mort.

10

Lamour

Cette nuit-là, une fois ma décision prise, je plongeai dans un sommeil sans rêves. Des années que je n'avais pas aussi bien dormi. Tôt le lendemain, j'expliquai à Jammy qu'il me faudrait être seule lorsque je reverrais pour la première fois la maison d'Amalfi.

Je la laissai prendre son petit déjeuner sur la terrasse ombragée, d'où l'on voyait la mer à travers le rideau d'arbres.

— Il faut vraiment qu'on parte d'ici un jour ? lança-t-elle allègrement alors que je refermais la porte.

Elle aussi était conquise.

Bien que vingt ans aient passé, chaque centimètre parcouru m'était familier tandis que je roulais sur la route de corniche étroite et sinueuse, avec la colline de Pirata d'un côté et, de l'autre, la pente verdoyante de la falaise plongeant dans la mer étincelante.

Je me garai là où Jon-Boy avait coutume de le faire, à côté de la chapelle située en bord de route – une petite grotte de pierre avec un saint de plâtre dont les mains étaient tendues en un geste de bénédiction. Je me rappelai qu'il s'agissait de saint André, saint patron d'Amalfi et protecteur des marins, dont les reliques étaient enterrées dans la crypte du Duomo. Un vase de fleurs fraîchement cueillies avait été placé devant l'autel et je me demandai, étonnée, qui s'était donné le mal de déposer des fleurs dans cette petite grotte oubliée.

Sur la colline se dressait fièrement, et ce depuis des siècles, le castello Pirata, dont l'étendard se déployait depuis la tour crénelée, affichant le crâne et les tibias croisés qui constituaient l'emblème de la famille. Derrière la grotte du saint, une clairière sableuse menait à la falaise et à la *scalatinella*, ces marches creusées à même la roche qui zigzaguaient parmi les broussailles enchevêtrées. Quinze mètres en dessous, la mer turquoise venait battre les rochers, envoyant nonchalamment des jets d'écume dans l'air transparent du matin.

Tandis que je descendais lentement l'escalier, des oiseaux quittaient leurs nids avec force pépiements et des lapins dressaient leur queue blanche avant de disparaître dans les broussailles. Et puis, je l'aperçus. Une petite maison dorée nichée dans un recoin verdoyant de la colline. Je restai plantée là, à contempler toute une partie de ma vie. On ne distinguait que la rumeur des vagues et le chant des cigales. Ma maison me fit l'effet d'être aussi solitaire que moi.

Jon-Boy m'avait dit qu'elle avait été construite dans les années vingt par le riche propriétaire du castello Pirata afin d'y loger sa maîtresse – une jolie chanteuse lyrique napolitaine. La maison était facilement accessible depuis le château, pour les deux amants jeunes et agiles, et, en même temps, située discrètement à l'écart. On avait fait sauter une partie de la roche afin de dégager de l'espace pour la demeure, qui se révéla moins grande que ne l'avait espéré la maîtresse, mais si belle que la jeune femme en tomba amoureuse et se garda de protester.

Petite et carrée, elle comportait quatre hautes portes-fenêtres au rez-de-chaussée et cinq fenêtres à l'étage. Son toit plat était surmonté d'un petit dôme dans le style mauresque, couvert de tuiles d'un bleu et d'un vert marins. De fines colonnes, torsadées comme du sucre d'orge, supportaient les voûtes qui ouvraient sur un patio ombragé et sur la véranda, à l'étage. Par une volée de marches larges et basses, on accédait à des jardins en terrasse et, plus bas, à une petite crique.

Un bruit d'eau me parvint aux oreilles, et je me rappelai qu'une cascade s'écoulait le long de la falaise, canalisée par de grosses pierres disposées avec soin. Elle serpentait dans les jardins et, ici et là, se tapissait dans l'ombre d'un beau et vieux cèdre. À mi-hauteur de la falaise se dressait un extravagant belvédère, orné d'un dôme où j'imaginais que la petite chanteuse d'opéra avait coutume de s'asseoir pour contempler le coucher de soleil en sirotant un verre de vin, comme Jon-Boy le faisait si fréquemment. Désormais, il ruisselait d'ipomées dont le bleu rivalisait avec l'éclat de la mer. En y regardant de plus près, je constatai que les vieux cèdres avaient envahi le toit de la maison et que leurs branches, tordues par le vent de nombreux hivers, avaient pris des formes fantastiques. Des bêtes sauvages avaient trouvé refuge dans les broussailles. Les volets étaient si usés que le bois avait pris une teinte argentée, et la rouille les maintenait solidement fermés. Au-dessus des fenêtres du haut, les auvents en lambeaux claquaient lamentablement sous la brise.

Je fermai les yeux pour retrouver une image gardée en mémoire pendant toutes ces années : Jon-Boy et moi, assis à cette même terrasse, les soirs d'été. Il prenait généralement un verre de vin blanc du cru, tandis que je buvais la citronnade que j'avais moi-même préparée avec les citrons cueillis sur nos arbres le matin même. À force de courir sans chaussures, la plante de mes pieds était dure comme du cuir. Ma chevelure sombre, sous l'effet du soleil, avait pris des reflets cuivrés. Sur ma peau, une fine croûte de sel témoignait de ma dernière baignade. Je sentais les odeurs mêlées de la mer, des citrons et du jasmin qui s'enroulait autour des colonnes blanches.

J'étais une véritable enfant sauvage, en ce temps-là. Il n'y avait personne pour me surveiller, personne pour me dire ce que je devais faire. J'allais me coucher quand j'étais fatiguée. Et je me levais dès que j'ouvrais l'œil, impatiente de commencer une nouvelle journée. À peine debout, je piquais droit vers la cuisine carrelée de blanc, où je me beurrais un morceau de pain sec datant de la veille ou de l'avant-veille – Jon-Boy et moi n'étions pas très doués pour les courses – avant de le tartiner de confiture de figues mûries au soleil, mielleuse et parfumée. Puis je préparais le café pour Jon-Boy, qui pouvait se réveiller à midi, et même plus tard parfois. Cela dépendait d'où il avait passé la soirée de la veille, et avec qui, bien entendu. Mais j'ignorais quasiment tout de cet aspect de sa vie.

Je me gardais bien de le réveiller ou même de jeter un œil dans sa chambre. J'avais beau être une enfant, je sentais que je n'avais pas à y aller. Je me contentais donc de l'attendre.

Il arrivait qu'une jeune et jolie fille soit avec lui, une touriste ramassée la veille à Amalfi. Verte de jalousie, je refusais de lui adresser la parole. Jon-Boy en riait, et priait la fille de bien vouloir m'excuser. Ils buvaient le café que j'avais préparé et partaient tous les deux. Je ne cherchais pas à savoir où il allait ; il ne m'en disait jamais rien, et me proposait encore moins de l'accompagner. Mais j'étais sûre qu'il ne tarderait pas à revenir. Pour moi.

Mon maillot de bain… Je m'en souviens encore parfaitement : il était rouge vif, très vieux et beaucoup trop petit. Il sentait l'été, ce maillot, et je refusais obstinément d'en changer. Je dévalais les millions de marches menant à la crique et me précipitais dans l'eau, marchant jusqu'à ce qu'elle m'arrive aux épaules. Elle était fraîche et si claire que je distinguais les dizaines de petits poissons venus avec curiosité me tourner autour des pieds. Puis je me propulsais en avant et piquais vers l'horizon, avec ce crawl rapide que j'avais perfectionné dans la piscine de l'école d'Evanston.

Il n'y avait rien de meilleur au monde. C'était un sentiment de liberté totale… Il n'y avait que moi, cette mer cristalline, et la réverbération du soleil matinal sur la surface, produisant de minuscules arcs-en-ciel dans les gouttes d'eau que je faisais gicler. J'aurais pu nager sans jamais m'arrêter, nager jusqu'à Capri…

Puis je me mettais sur le dos. En faisant la planche, je pouvais scruter la côte découpée et verdoyante. Si l'on ignorait que la maison était là, il était difficile de la remarquer. Mais je savais où diriger mon regard : à droite de la scalatinella, sous les cèdres noueux. La vision des tuiles vertes et bleues qui couvraient le dôme, des auvents à rayures vertes et des murs dorés me rassurait, et je regagnais la rive en prenant mon temps. Rêvant au jus d'oranges fraîchement pressées qui m'attendait à coup sûr, si Jon-Boy était là et s'il était seul…

11

Lamour

Je fus arrachée à ma rêverie par le bruit d'un pas
traînant. Je pivotai sur mes talons, m'attendant
presque à voir apparaître Jon-Boy. Au lieu de ça, je me
retrouvai face à un Japonais si vieux qu'il paraissait
sans âge. Une délicate barbe grise se terminant en
pointe estompait la courbe de son menton, et l'extrémité de ses sourcils gris broussailleux rebiquait vers
son crâne chauve. Il était mince et nerveux, sa peau
avait une couleur de grès pâle, et son regard serein
tranchait avec son aspect farouche. Il avait l'air d'un
faune sculpté dans un bas-relief antique, ou d'un Bacchus svelte et bienveillant, ou encore de l'une de ces
chèvres sauvages que je me souvenais d'avoir vues
gambader d'un pas assuré sur des falaises abruptes,
dans une île des environs.

Il se fondait si bien dans le décor qu'on aurait dit que
ce paysage l'avait engendré. Ce qui n'était pas faux,
d'ailleurs. Car il s'agissait de Mifune, l'homme qui avait
créé le jardin dans lequel je me tenais – des années avant
que je le découvre et en tombe amoureuse.

C'est Mifune qui m'avait transmis l'amour des plantes et des arbres, des rochers, des ruisseaux et des fontaines. Mifune qui m'avait enseigné comment les saisons agissaient sur la nature et qui m'avait conduite, sans le savoir, à devenir architecte paysagiste.

Mifune était, après Jon-Boy, la personne qui m'avait le plus influencée dans la vie. Ici, il avait été mon seul ami. Nous avions passé des heures, des jours, des semaines, et finalement deux années entières, en compagnie l'un de l'autre. Il avait façonné mon existence, avec ses paroles pleines de bon sens et de sagesse. Encore aujourd'hui, je n'entreprenais guère de projet sans penser tout d'abord à ce que Mifune aurait fait à ma place.

À le revoir dans ce jardin, dans *mon* jardin, presque trente ans plus tard, je restai muette de stupéfaction. Il me paraissait déjà si vieux autrefois ! Jamais je n'aurais imaginé qu'il soit encore vivant. Nous demeurâmes un long moment figés sur place, nous dévisageant l'un l'autre.

— Mifune, dis-je enfin. Vous n'allez certainement pas vous souvenir de moi, mais moi je ne vous ai jamais oublié.

— *Va bene, la piccola* Lamour Harrington.

Son visage parcheminé s'éclaira d'un grand sourire édenté, et ses yeux pâles pétillèrent de joie.

— C'est vraiment vous ? demanda-t-il en italien. Après toutes ces années, vous êtes revenue ?

J'aurais voulu m'élancer vers lui et le serrer dans mes bras. Mais, me remémorant sa réserve japonaise, je me contentai de m'incliner très bas, lui témoignant par ce geste le respect qu'il méritait.

— Mais, Mifune, vous m'aviez dit que vous comptiez retourner au Japon. Que vous vouliez retrouver votre vie passée, vos coutumes et votre famille...

Lui aussi inclina la tête, laissant voir le peu de cheveux qui lui restaient sur la tête.

— J'y suis retourné une fois, signorina. Mais le monde que j'avais abandonné jeune homme n'existait plus. Tout avait changé, et rien ne me paraissait réel. Alors je suis revenu. À Amalfi.

Il n'avait rien perdu de son don d'observation. En effet, remarquant l'absence d'alliance à mon doigt, il venait de m'appeler signorina.

— C'est pareil pour moi, Mifune. Mais je ne suis là que pour les vacances. Je voulais revoir ma maison d'autrefois.

Il partit d'un petit rire presque silencieux.

— Celui qui découvre cet endroit dans sa jeunesse est à jamais marqué. Il lui est impossible d'être heureux ailleurs. Vous ne vous en êtes pas encore rendu compte, piccolina ?

— Le bonheur est un art dont j'ai perdu le secret il y a des années. Je ne sais pas où je pourrais le retrouver, Mifune. Je ne sais même plus ce que c'est. Récemment, j'ai repensé à mon enfance, à Rome, avec Jon-Boy. Et je me suis dit que le bonheur résidait dans ce que je ressentais alors. Et puis il m'a amenée ici, dans cette maison, dans ce *paradiso*, et là j'ai découvert une autre sorte de bonheur, encore plus authentique.

— Le bonheur est une question de moral. Et je n'ai qu'à regarder vos yeux pour comprendre que vous l'avez perdu. La mort de Jon-Boy y est sûrement pour quelque chose. Quant au reste, je préfère ne pas vous le demander. Cela n'a plus d'importance. Ce qui compte, c'est que vous soyez revenue, que vous soyez de retour chez vous.

— J'ai besoin de retrouver Jon-Boy. Il faut que je découvre ce qui s'est passé cette nuit-là. Que je découvre comment il est mort, pour pouvoir me débarrasser de mes cauchemars et de mes fantômes.

Il acquiesça avec gravité.

— Je comprends.

Dans mon esprit, les images se mirent à défiler : ma vie à Chicago, bien remplie par mes obligations professionnelles et mes quelques amis. Alex, qui m'avait trahie. Jon-Boy et Mifune. Décidément, oui, tous mes *bons* souvenirs me venaient d'Italie.

Mon appartement avait été vendu. Je n'avais plus de foyer. J'étais seule au monde et rien ne m'obligeait à rentrer en Amérique. Mon plus grand plaisir était de faire pousser des choses, de créer des jardins à partir d'endroits a priori stériles. Comme celui-ci, où Mifune, avec mon aide, avait transformé la pente de la falaise en un merveilleux îlot de verdure. Depuis, la broussaille et les mauvaises herbes avaient envahi les terrasses, qui menaçaient de s'effondrer dans la mer turquoise. Les cèdres vert foncé qui nous faisaient de l'ombre ployaient sous le poids de leurs branches indisciplinées, et la douce maison dorée, que je percevais encore comme mienne, paraissait délabrée et abandonnée.

Tout comme moi, cette demeure avait besoin de retrouver le moral. Il m'apparut soudain que nous allions nous entraider. J'allais oublier le passé, tout reprendre de zéro, je deviendrais autonome : je ferais pousser des oliviers à flanc de coteau ; je cultiverais des citrons et des tomates ; j'exploiterais mes jardins en terrasses ; j'achèterais l'une de ces jolies bufflonnes, et confectionnerais ma propre mozzarella ; j'élèverais des poulets et consommerais des œufs fraîchement pondus, plutôt que d'aller les acheter au supermarché du coin… Malgré les risques, la perspective d'une telle indépendance m'enivrait.

— Oui, Mifune, je crois que je suis revenue pour de bon, dis-je en souriant tandis qu'une vague de véritable joie m'envahissait, pour la première fois depuis si longtemps. Je suis de retour chez moi.

12

Lamour

Je me souviens très précisément du jour où j'ai rencontré Mifune. Jon-Boy et moi étions installés dans la petite maison depuis environ une semaine. Nous nous levions tous les matins de bonne heure et nous hâtions de descendre nous baigner – c'est-à-dire que je nageais pendant que Jon-Boy me surveillait.

— Ne va pas trop loin, mon trésor ! me prévenait-il. Je ne tiens pas à devoir aller te secourir.

Bien sûr, il savait que je nageais bien – déjà à l'époque, et beaucoup mieux que lui. Et par une mer aussi calme, je ne risquais pas d'avoir besoin d'être « secourue ».

Ce matin-là, cependant, je n'avais pas reçu de réponse lorsque j'avais frappé à sa porte pour le réveiller. J'avais insisté, mais je n'avais pas ouvert la porte, comme à mon habitude. Et je savais que Jon-Boy aurait répondu, s'il avait été là. Je courus à la cuisine pour voir s'il n'était pas déjà en train de presser les oranges pour mon jus. Puis j'allai jeter un coup d'œil sur la terrasse et dans le jardin.

J'en conclus qu'il avait dû se lever à l'aube et se rendre seul au marché de Pirata, enfilai mon maillot rouge et dévalai l'escalier qui menait à la crique.

J'étais également assez perspicace pour me dire que Jon-Boy avait dû attendre que je m'endorme avant de ressortir et d'aller passer la soirée en ville. Je ne lui en voulais pas. Difficile d'attendre d'un homme en charge d'une fillette de sept ans qu'il passe son temps chez lui. Du moins, c'est ce que je pensais alors.

Du côté de la jetée, les bateaux amarrés oscillaient au rythme des vagues. Me protégeant les yeux d'une main, je scrutai les flots argentés. Le soleil émergeait des nuages, c'était une matinée parfaite. Je m'avançai dans l'eau, puis plongeai sous la surface.

Une demi-heure plus tard, je sortis des flots et, épuisée, remontai les marches d'un pas laborieux. J'avais hâte de préparer un bon café pour Jon-Boy et moi, et de me découper une tranche de délicieux pain croustillant. Mais lorsque je poussai la porte d'entrée, elle refusa de s'ouvrir. Je me pressai contre elle de tout mon poids, en vain.

J'essayai les portes-fenêtres. Elles étaient fermées de l'intérieur. Je me hissai jusqu'à la fenêtre de la cuisine, qui était elle aussi verrouillée. J'envisageai de grimper sur l'une des colonnes afin de gagner la terrasse du haut, mais renonçai, craignant de me casser le cou.

Le ciel s'était couvert, et le soleil avait disparu derrière les nuages. Recroquevillée sur les marches de la terrasse, je frissonnais dans mon maillot de bain mouillé, en songeant avec regret à ma tasse de café fumant.

— Qu'est-ce que tu fais ici toute seule, petite fille ?

Je ne l'avais pas entendu venir, ce vieil homme que je regardais non sans crainte. Déjà à l'époque, il possédait la même silhouette maigre et noueuse, le même visage ridé, le même regard étrange et pâle, les mêmes sourcils broussailleux. Il me fit l'effet d'un fantôme.

— Oh, répliquai-je en sursautant. Vous êtes un fantôme ?

Il éclata de rire.

— Pas encore, piccolina. Et toi ?

— Non.

Je l'observai avec attention. Il portait un grand arrosoir et un râteau à longues dents.

— Tu habites où ? demandai-je, pas encore totalement rassurée, et consciente que Jon-Boy n'était pas là pour me protéger.

— Dans ma chaumière, là-haut, au château.

— Oh ! m'exclamai-je à nouveau, impressionnée.

J'avais vu le château, de loin, et, dans mon imagination de gamine, je le voyais bien héberger une princesse.

— Je suis jardinier, ma petite fille. Je m'appelle Mifune.

— Mi-fu-ne, répétai-je en souriant, car les sonorités me plaisaient. Moi, c'est Lamour.

Je m'étais mise à grelotter.

— Tu devrais rentrer chez toi, Lamour. Te changer, et te réchauffer un peu.

— Mais la porte ne s'ouvre pas, dis-je. Toutes les portes sont fermées, et Jon-Boy n'est pas là.

Mifune ne me posa aucune question au sujet de Jon-Boy, et ne chercha pas à savoir comment une petite fille de sept ans avait pu être laissée seule.

— Alors viens avec moi, piccolina. Je vais t'amener aux cuisines du château. Le cuisinier va te trouver des vêtements chauds et te préparer quelque chose à boire.

Je le suivis volontiers, intriguée par cet étrange nouvel ami. Trottinant à ses côtés, je ne cessai de jacasser, et lui posai une multitude de questions. D'où venait-il ? Pourquoi était-il venu vivre ici ? À quoi ressemblait le Japon ? Quels étaient ses plats japonais favoris ?

Il s'arrêta, me prit la main et, se penchant de façon que son visage fût tout près du mien, me demanda :

— Piccolina, il t'arrive d'être silencieuse, parfois ? Eh bien, essaie. Regarde autour de toi. Contemple toute cette beauté ! Parler, ce n'est pas toujours nécessaire.

Je le regardai avec stupéfaction. Dans mon pays d'origine, les gamins parlaient tout le temps et, généralement, tous en même temps.

— Regarde ! dit Mifune.

Je regardai là où il m'expliqua avoir planté, à l'ombre des pins, des semis qui fleuriraient en été. Je vis les terriers des lapins entre les rangées d'arbres, les nids d'oiseaux sur les branches, et Mifune m'apprit le nom – anglais et latin – des fleurs que nous rencontrions. Je répétais après lui, m'étonnant qu'une chose pût avoir deux noms.

Nous marchâmes entre les pins, et suivîmes le sentier qui menait à l'arrière du castello Pirata. Là, les domestiques s'exclamèrent d'indignation en apprenant que mon père était parti en fermant la maison à clé, et que je m'étais retrouvée dehors à grelotter, vêtue en tout et pour tout de mon maillot de bain. On me trouva des vêtements – un pull trop large, un short – et j'eus droit à un chocolat chaud préparé exprès pour moi.

Ravie de cette grande aventure, je les remerciai et leur dis au revoir. Puis, suivant Mifune, je traversai dans l'autre sens les beaux jardins, que je regardais à présent d'un œil neuf.

À notre arrivée à la maison, nous trouvâmes la porte ouverte. Jon-Boy était là et me cherchait, fou d'inquiétude.

— Oh, mon Dieu, te voilà !

Il me souleva dans ses bras et me serra contre lui.

— Tu m'as fait une de ces peurs, Lamour. Quand j'ai vu que ton maillot de bain n'était pas là, et qu'il n'y avait pas trace de toi dans l'eau... Nom de Dieu !

Il me pressa plus fort et je sentis son cœur, qui battait à tout rompre. C'est alors seulement qu'il remarqua que nous n'étions pas seuls.

— Signore, dit Mifune en s'inclinant.

— Signore, répliqua Jon-Boy en lui rendant son salut.

— Je m'appelle Mifune. Je suis jardinier au château. Votre fille était seule. Il lui était impossible d'entrer dans la maison. Elle était trempée et grelottait.

Jon-Boy perçut de la désapprobation dans le ton de Mifune.

— Je vous demande pardon, à Lamour et à vous, Mifune, dit-il d'une voix polie. Je suis inexcusable...

— Mifune m'a emmenée au château, l'interrompis-je, toujours pas revenue du merveilleux épisode que je venais de vivre. On m'a donné du chocolat chaud et ces vêtements.

— Dans ce cas, dit Jon-Boy, il faut qu'on remercie Mifune.

Les deux hommes s'observèrent un instant en silence.

— Je vous remercie du fond du cœur, continua Jon-Boy. Lamour est ma petite fille, ce que j'ai de plus cher au monde.

Mifune hocha la tête.

— C'est une bonne petite, même si elle parle trop, répliqua-t-il, ce qui fit rire Jon-Boy. Je serais heureux que vous veniez prendre le thé chez moi, dans ma chaumière qui se trouve sur les terres du château. Demain, quatre heures ?

Jon-Boy répondit que cela nous ferait très plaisir.

Mifune s'inclina, nous dit au revoir et s'éloigna de son pas sautillant et silencieux. Jon-Boy me fit remarquer que son invitation avait tout d'un ordre royal, et que nous n'avions pas intérêt à refuser. L'après-midi du lendemain, Jon-Boy et moi traversâmes donc la pinède pour aller prendre le thé chez Mifune. Je portais mes vêtements les plus corrects – c'est-à-dire un short et un tee-shirt, à peine moins pitoyables que le vieux maillot rouge – et un paquet de biscuits aux amandes enveloppé dans du papier cadeau.

La maison de Mifune ressemblait à un temple japonais. Deux colonnes supportaient le fronton, au-dessus duquel le toit s'élançait pour retomber en deux ailes joliment recourbées vers le haut. Trois marches basses menaient au porche, près duquel se trouvait un petit gong en cuivre. Seuls les volets italiens en bois, destinés à protéger des tempêtes hivernales les fenêtres garnies de panneaux de papier, détonnaient avec l'ensemble.

Avec le sentiment de me trouver dans un conte de fées, je frappai le gong pour annoncer notre arrivée.

Mifune apparut sur le seuil.

— Signore, signorina, entrez, je vous en prie, dit-il avec son étrange et bref salut.

Je regardai le plancher de bambou luisant, les panneaux de papier de riz divisant l'unique pièce et les tatamis disposés autour de la table basse en son centre. C'était là tout le mobilier du lieu, à l'exception d'une longue table étroite dont Jon-Boy me révéla plus tard la nature : il s'agissait d'un autel en orme, une précieuse antiquité portant un reliquaire où brûlait une bougie, hommage à des ancêtres que Mifune n'avait jamais connus.

Le vieil homme apporta trois délicates tasses en porcelaine sur un plateau noir en bois laqué, et y versa le thé vert et fort que contenait une théière à anse de bambou. Jon-Boy et lui se mirent à discuter, tandis que je regardais autour de moi, enregistrant le moindre détail.

Je n'avais jamais vu de maison comme celle-ci, et jamais rencontré personne qui ressemblât à Mifune. Et j'étais prête à parier que je lui inspirais la même curiosité. Je l'observai en souriant, persuadée que nous allions devenir amis.

À compter de ce jour, Mifune veilla sur moi. Il semblait toujours savoir où me trouver lorsque j'étais seule. Il commença à me parler des fleurs et des plantes, de la terre où elles poussaient, de l'importance de l'eau, du soleil, de l'ombre et du vent. C'est Mifune qui, le tout premier, m'enseigna la vie. Et je n'ai à aucun moment oublié ses leçons.

13

Jammy

Jammy était vautrée sur une chaise longue, au bord de la piscine de l'hôtel Santa Caterina. Un grand chapeau de paille lui couvrait le visage et, à travers les brins ajourés, elle fixait le ciel d'un bleu paisible. On distinguait le bris des vagues sur les rochers, tout en bas, au pied de la falaise. Une mouette poussa son cri.

Elle entendit Lamour monter les marches, d'un pas léger, rapide et impatient. Un pas qu'elle aurait reconnu entre mille.

— Jammy !

La chaise longue voisine de la sienne grinça lorsque Lamour s'y laissa tomber.

— Ouais ? dit Jammy, volontairement décontractée, en priant pour que Lamour reste calme elle aussi.

— Jammy !

Sous le chapeau, Jammy eut un grand sourire.

— Quoi encore ? demanda-t-elle.

Le chapeau de paille lui fut arraché d'un geste sec et elle se trouva face au visage radieux de Lamour.

— Jammy Mortimer Haigh, arrête ton cirque ! Je sais que tu meurs d'envie de savoir ce qui s'est passé.

Jammy se redressa.

— Très bien. Il me suffit de voir ton expression pour deviner que ta journée a été bonne, dit-elle en rajustant la bretelle de son maillot de bain.

— Jammy, elle est toujours là ! Ma petite maison dorée. Bien sûr, elle a été laissée à l'abandon depuis que Jon-Boy est… parti. Elle est pas mal délabrée à présent. Et le jardin… bon, disons que le jardin et la maison ont besoin que je m'occupe d'eux. Mais surtout, Jammy, j'ai retrouvé quelqu'un de cher à mon cœur.

Jammy écouta calmement Lamour lui parler de son vieil ami et mentor, de l'état pitoyable des jardins et de la maison. Du moins, jusqu'à ce que Lamour dise :

— Et j'ai pris la décision de m'y installer. Je vais retaper la maison et travailler dur, avec Mifune, à redonner aux jardins leur allure d'autrefois. Je vais y vivre, et redevenir celle que j'étais… Je ferai pousser des légumes, j'élèverai des poulets, j'aurai même une vache…

— Tu as perdu la tête ou quoi ? demanda Jammy en se redressant sur la chaise longue. Nom de Dieu, Lamour, une vache ? Je comprends que tout ça soit excitant, mais ne t'emballe pas ! Tu ne peux pas vivre ici. Ta vie – ta *vraie* vie – est à Chicago… avec ton travail, tes amis. Tu vas t'acheter un nouvel appartement, et tu vas enfin recommencer à vivre… Tu as déjà perdu bien assez de temps comme ça.

— Je n'ai pas l'intention de rentrer, Jammy, rétorqua Lamour avec le regard brillant des convertis de fraîche date. Je vais habiter ma maison d'Amalfi. J'y vivrai en autarcie – du moins autant qu'il est possible. Enfin, je ne peux peut-être pas faire pousser des vignes sur mon bout de falaise, mais je ferai paître ma vache dans mon pré, de l'autre côté de la route…

— Et il t'est déjà arrivé d'approcher une vache ?

— Bien sûr… j'en ai vu des tas… dans des fermes, à la campagne…

— Tu es passée devant en voiture, c'est ça ?

— D'accord, tu as raison. Mais ce n'est pas pour ça que je ne peux pas apprendre… et puis, après tout, je n'en veux qu'une.

Jammy se renversa sur la chaise longue et reposa le chapeau de paille sur son visage.

— Alors comme ça, tu vas traire la vache deux fois par jour ? À cinq heures du matin, c'est ça ? Et puis à sept heures du soir. À l'heure où les gens normaux songent à aller dîner dans un bon restaurant, et à se remonter avec une bonne bouteille de vin. Eh, tu pourrais peut-être battre ton lait et faire de la mozzarella que tu irais vendre le lendemain matin, sur un étal en bord de route, avec les œufs – des œufs à deux jaunes, hein, pourquoi pas ? – qu'auront gentiment pondus pour toi tes jolies petites poules, dans leurs jolis petits nids douillets, hein ? Et bien sûr, tu prépareras aussi de la citronnade fraîche avec les citrons du jardin, comme ça tu pourras la vendre avec les œufs et la mozzarella. Sans parler des fournées de pain complet, croustillant à point, à peine sorti du four, qui se mariera à merveille avec les œufs et le fromage. Quel tableau idyllique, Lamour ! Je vois ça d'ici… Adieu, mules en daim rouge ! Adieu, jolies robes ! Adieu à jamais, vie sexuelle… parce qu'à force de te surmener, tu vas vieillir prématurément et devenir une femme aux cheveux grisonnants, en robe noire et gros godillots, qui regrettera son paisible appartement de Chicago et l'époque où elle gagnait sa vie en s'occupant du jardin des autres. Et qui gagnait drôlement bien sa vie ! Lamour. Détail que tu ne sembles guère prendre en compte dans tes projets. Tu as l'intention de vivre de quoi, au juste ? Tu n'es pas vraiment habituée à l'absence de confort.

Jammy releva son chapeau de paille et foudroya Lamour du regard.

— Tu es tellement tarte, quelquefois, Lamour. Je sais pas comment j'arrive à te supporter.

Le visage de Lamour s'assombrit, puis elle choisit de sourire.

— La maison d'Amalfi appartenait à Jon-Boy. À présent, elle est à moi. Cela ne me coûtera rien de l'habiter. Évidemment, il faudra que je travaille. Je le sais, je ne suis pas bête à ce point-là. Mais, Jammy... je trouverai un pied-à-terre à Chicago, pour pouvoir y retourner quand j'aurai des contrats. Je ne vais pas tout laisser tomber d'un coup, du moins pas avant d'être certaine de pouvoir me débrouiller ici.

Jammy fit à nouveau glisser le chapeau sur ses yeux.

— Qu'est-ce que je vais faire de toi, Lamour Harrington ? Non mais, tu peux me le dire ?

— Tu pourrais au moins jeter un coup d'œil à la maison, avant de juger, fit remarquer Lamour, d'un ton plein d'espoir. Je reconnais qu'elle a besoin d'un bon coup de peinture, et je ne parle que de l'extérieur, car je n'ai pas vu l'intérieur. Mifune doit me laisser la clé sous le pot du citronnier, devant la porte. On pourrait aller la voir demain. Tu ne voudrais pas m'accompagner, Jammy ? Je t'en prie, viens avec moi !

Le long soupir de Jammy faillit faire s'envoler son chapeau de paille.

— Tu sais bien que je vais venir, dit-elle d'un ton résigné.

Lamour laissa échapper un gloussement de joie.

14

Lorenzo

Avec Affare, son affreux chien blanc assis sur le siège voisin, Lorenzo Pirata survolait la mer aux commandes de son hélicoptère, comme s'il cherchait la ligne indéfinie où le ciel du crépuscule rencontre, à l'ouest, les flots chauffés à blanc. À sa gauche, des cordons de lumières scintillantes éclairaient les stations balnéaires de la côte amalfitaine, mettant en valeur les anses, les criques pittoresques, et les terrasses panoramiques des hôtels. Il repéra la balise rouge, au sommet du castello Pirata, et les lueurs jaunes et voilées de la minuscule ville côtière portant elle aussi le nom de Pirata. Avec un soupir de soulagement il se prépara à atterrir.

La famille de Lorenzo vivait là depuis trois siècles, et il connaissait chaque centimètre de leurs anciennes terres. Il connaissait chaque homme, chaque femme, chaque enfant de Pirata. Il veillait sur eux comme un père.

Il rentrait chez lui. Il n'existait nul endroit au monde où il préférât se trouver.

Vu du ciel, le château ocre-brun ne manquait jamais de le frapper par sa beauté étrange. Avec ses créneaux, la tour de pierre de la cour centrale faisait penser au château de Hamlet, prince de Danemark. C'était tout ce qui subsistait du château d'origine, bâti par un ancêtre dont le bon goût n'avait d'égale que la fortune. La légende voulait que cet argent eût été acquis par des actes de piraterie, d'où le nom de « Pirata ». Mais de tout cela il ne restait rien, si ce n'est la bannière à tête de mort et tibias entrecroisés, et le fait que l'entreprise familiale eût trait au transport maritime.

Au fil des décennies, on avait ajouté des ailes et des annexes recouvertes de crépi, ainsi que les jardins. Une somptueuse terrasse bordée de citronniers en pots était ornée d'une dizaine de têtes de sphinx ramenées d'Égypte au début du XIXᵉ siècle. Elles contemplaient désormais d'un air désapprobateur la vue panoramique sur la côte déchiquetée, d'une beauté à couper le souffle.

Dans la piscine d'un bleu profond et décorée de délicates arches de pierre, la surface ondula sous le vent des rotors. La jeune femme qui effectuait paresseusement des longueurs à la brasse leva les yeux et agita une main pour le saluer. Affare aboya frénétiquement. Lorenzo sourit, heureux de constater que sa fille Aurora, âgée de vingt et un ans, était revenue de Rome, où elle étudiait à l'université, pour passer le week-end en famille.

Il atterrit en douceur sur la plate-forme et demeura quelques instants immobile, laissant ses oreilles s'habituer au silence soudain. Seuls se faisaient entendre les aboiements d'Affare et le bruissement de la fontaine. Loin de l'agitation de Rome, il se sentait libéré d'un poids en retrouvant son foyer, sa petite parcelle d'univers, ce lieu qu'il aimait tant…

Précédé d'Affare, il quitta la plate-forme à grands pas, se fraya un chemin à travers un dédale de sentiers bordés de thym et grimpa deux par deux les larges marches qui menaient à la demeure, tout en retirant sa veste et en desserrant sa cravate.

C'était un homme imposant de soixante-quatre ans, d'une élégance rare. Il avait une épaisse chevelure argentée, coiffée en arrière, un nez aquilin et un menton puissant et recouvert, en cette fin de journée, d'un soupçon de barbe. Lorenzo Pirata était de ces hommes qui, par leur seule présence, inspirent attention et respect. Son charme naturel lui permettait de dominer n'importe quelle assemblée, et le cœur des femmes qui l'aimaient. Et il y en avait eu beaucoup.

Mais Lorenzo n'avait été marié qu'une fois, avec son amour de jeunesse. À la mort de sa femme, il avait compris qu'il ne pourrait jamais la remplacer et que rien ne pourrait se substituer à ce premier, ce grand amour. La vie n'en avait pas moins continué, et désormais ses deux enfants étaient grands. Homme du monde et cependant attaché à la terre, il préférait cultiver ses jardins ou naviguer sur son vieux bateau de pêche plutôt que fréquenter les somptueuses réceptions, à Rome ou à New York.

Massimo, l'intendant qui travaillait pour la famille depuis qu'ils étaient tous les deux des jeunes gens, avait entendu l'hélicoptère et ouvrait déjà l'épaisse porte de bois ornée de lourdes ferrures. Planté sur le seuil de l'immense hall rouge de style pompéien, il accueillit son maître en étendant le bras, afin que Lorenzo y jette veste et cravate, avant de monter droit à sa chambre prendre une douche.

— *Scusi, signore*, mais Mifune est ici et désire vous parler, lança Massimo.

Lorenzo se figea au pied des marches. Il fit volte-face et remarqua Mifune, qui se tenait discrètement près de la porte, les mains crispées sur son vieux chapeau de paille. Le vieil homme paraissait si frêle que Lorenzo se sentit envahi par un élan de tendresse. Il aurait voulu lui dire : « Mifune, vous n'êtes pas tenu de rester debout pour moi. Vous êtes ici chez vous, installez-vous là, dans ce fauteuil. » Mais il savait que Mifune ne se résoudrait jamais à franchir la distance entre maître et serviteur – même si Lorenzo le considérait davantage comme un membre de la famille. Le chien aboya pour accueillir son vieil ami, et Mifune se pencha pour le caresser.

— J'espère que vous allez bien, Mifune ? demanda Lorenzo, alarmé par cette visite inattendue, et par l'aspect chétif du vieil homme.

— Je vais bien, signore, je vous remercie.

La voix faible de Mifune portait peu ; Lorenzo s'avança donc vers lui, et rapprocha la tête.

— La fille est revenue, signore, déclara Mifune.

Lorenzo leva la tête. Il ferma les yeux et demeura quelques instants silencieux. Il n'avait pas besoin que Mifune lui précise à qui il faisait allusion.

— Elle a mis le temps, Mifune, répondit-il enfin.

— Elle n'est pas heureuse, signore. Elle dit qu'elle a besoin de changer de vie. Elle est venue ici pour retrouver le bonheur qu'elle a connu avec son père.

Ses yeux vitreux croisèrent le regard bleu perçant de Lorenzo.

— Et je crois qu'elle veut aussi faire la lumière sur ce qui lui est arrivé, ajouta-t-il.

Lorenzo se mit à arpenter le sol de marbre, mains derrière le dos, tête baissée.

— Je n'ai pas l'intention de lui faire bon accueil, Mifune, finit-il par dire.

Les épaules du vieillard s'affaissèrent, comme sous le poids d'une nouvelle tristesse. Il inclina la tête, sa barbe grise et éparse frôlant sa poitrine, et fronça ses sourcils broussailleux.

— Dans ce cas-là, je m'en chargerai, signore. C'est mon devoir.

Et, avec un salut, il se détourna.

Lorenzo demeura devant la porte et regarda le vieil homme descendre lentement les larges marches de pierre et se diriger vers sa chaumière, sur ce terrain qu'il habitait déjà longtemps avant sa propre naissance.

Ils se trouvaient tous deux face à un dilemme, et, pour une fois, Lorenzo ne savait que faire.

15

Lorenzo

En général, Lorenzo avait plaisir à prendre sa douche, à sentir le jet puissant délester son corps de tous les tracas d'une longue journée de travail. Mais pas ce soir. Depuis que Mifune lui avait appris le retour de la fille de Jon-Boy, il était en état de choc. Au bout de toutes ces années, il ne s'y attendait plus, et il regrettait amèrement qu'elle ne fût pas restée chez elle. À présent, il allait devoir se montrer intransigeant, et cela ne le réjouissait guère.

Il leva son visage vers le jet, le laissant tambouriner sur son front comme pour effacer les images du passé. Mais c'était impossible, et Lorenzo n'avait guère le choix quant à ce qu'il convenait de faire.

Son appartement était situé dans la vieille tour – la partie historique du château. Au rez-de-chaussée se trouvait son salon privé, aux murs tapissés de bibliothèques et de tableaux. Ces derniers, il n'en avait pas hérité, mais les avait choisis lui-même pour la seule raison qu'il en était tombé amoureux. Chacune de ces toiles lui procurait un grand plaisir et, dans la plupart des cas, il avait soutenu leurs jeunes auteurs en encourageant leur travail et en les aidant à se faire exposer dans des galeries. Quant aux livres, nombreux, alignés sur les rayonnages, il les avait tous lus – ici, pas de volumes reliés en cuir à vocation décorative.

Trois clichés trônaient sur son bureau, dans leurs cadres d'argent massif. Sur l'un, on voyait Marella, son épouse, prise en photo le jour de son mariage. Ç'avait été un mariage discret, auquel n'avait assisté qu'une petite centaine d'invités – juste la famille et les amis, Marella n'ayant jamais eu la folie des grandeurs. L'échange des vœux avait eu lieu au duomo di Sant'Andrea, la cathédrale d'Amalfi. Puis tous avaient regagné le château pour aller festoyer sur la terrasse, avec sa merveilleuse vue panoramique sur la côte amalfitaine.

Sur la photo de mariage, Marella, les yeux empreints de gravité, regardait devant elle. Sous le voile volumineux en dentelle, sa chevelure était tirée en arrière et maintenue en place par une couronne de fleurs, remplaçant l'habituelle tiare en diamants. Elle paraissait douce et très jeune. De toutes les photos d'elle, c'était la préférée de Lorenzo. La mort de Marella avait été la grande tragédie de son existence.

La photo de son fils Nico le montrait tel qu'il était : impétueux, extraverti, aimable et séducteur. Ce qu'on ne pouvait percevoir, en revanche, c'était son incapacité à assumer les responsabilités, en affaires aussi bien qu'en matière sentimentale. Son refus de travailler dans l'entreprise familiale avait blessé Lorenzo. Au lieu de laisser paraître sa contrariété, il s'était montré dur avec son fils, lui rappelant ses devoirs à l'égard de sa famille. Mais Nico avait préféré trouver sa voie par lui-même et travaillait dans la publicité et la télévision. À vrai dire, il était doué. Mais il était capable de disparaître pendant des semaines, après avoir décidé sur un coup de tête de prendre de longues vacances. Cela n'était pas du goût de ses employeurs. Et si Nico n'avait pas été le fils de Lorenzo Pirata, il aurait certainement été écarté de son poste, doué ou pas.

Sa vie sentimentale était tout aussi chaotique. Il cessait d'aimer les femmes aussi rapidement qu'il en était tombé amoureux et avait la réputation de changer de maîtresse comme de chemise. Lorenzo n'approuvait pas la frivolité de Nico ; ils s'en étaient entretenus, mais cela n'avait servi à rien. Lorenzo ne pouvait qu'espérer que son fils changerait avec le temps, qu'il finirait bien par mûrir.

Et puis, il y avait Aurora. Elle regardait l'objectif d'un air effarouché, telle une biche surprise par les phares d'une voiture. Sa beauté avait la délicatesse d'un camée, avec son ovale délicat, ses pommettes saillantes, ses grands yeux marron, et ses lèvres charnues et boudeuses. Seul Lorenzo savait que derrière cette beauté hautaine se cachait une jeune femme manquant d'assurance.

Aurora avait toujours été très dépendante. Enfant, elle passait sa vie dans les jupes de sa mère. La mort de Marella l'avait plongée dans le désespoir et dans la terreur. Aurora s'était alors frénétiquement raccrochée à Lorenzo, allant jusqu'à le supplier de ne jamais la quitter. Évidemment, il le lui avait promis. Il avait emmené ses enfants avec lui à Rome, de façon à les avoir près de lui toute la semaine. Mais tous les week-ends, ils les passaient au château, que Lorenzo considérait comme sa demeure véritable.

En grandissant, Aurora ne s'était pas débarrassée de son sentiment d'insécurité, et éprouvait un éternel besoin d'être rassurée. Aux yeux des gens de son âge, elle paraissait arrogante et effrontée, et passait pour une fille gâtée et égoïste. Ce qu'elle était, certes. Mais pour Lorenzo, une enfant apeurée tremblait sous ce vernis, et il ne faillissait pas à son devoir de protection.

Il se frictionna avec une serviette, passa un pantalon décontracté et une chemise de lin, puis descendit dîner avec ses enfants, Affare trottant sur ses talons.

Ils l'attendaient dans le petit salon qui donnait sur la terrasse. La famille s'était toujours réunie là – l'usage des somptueuses salles de réception étant réservé aux grandes soirées, à la célébration d'événements importants.

Un verre de whisky à la main, Nico contemplait le ciel nocturne, pendant qu'Aurora se prélassait dans un fauteuil en feuilletant un magazine. Ils levèrent les yeux à l'entrée de Lorenzo.

— Papa ! s'exclama Aurora, se levant pour accourir vers lui. Tu es drôlement en retard. Où étais-tu passé ?

Lorenzo la pressa si fort contre son cœur qu'elle éclata de rire. Puis il expliqua qu'il avait été retenu par son travail – un problème de dernière minute.

— Oh, j'espère que c'est résolu, dit-elle.

Lorenzo sourit devant sa mine inquiète.

— Oui, ma chérie. Tout va bien.

Aurora poussa un soupir de soulagement. Lorenzo alla saluer Nico, qui n'avait pas quitté sa place, devant la porte-fenêtre ouverte.

— Je suis content de te voir, mon fils, dit Lorenzo en le serrant contre lui.

Mais Nico ne posa même pas son verre et se contenta de tapoter l'épaule de son père. Il y avait entre eux une distance manifeste.

— On est en retard, fit remarquer Nico en jetant sur sa montre un regard insistant. On était censés dîner il y a une heure. Je dois aller à une soirée, et je n'ai pas envie de faire attendre tout le monde.

— Une soirée ? Où ça ? Avec qui ? demanda Aurora.

Nico haussa les épaules et lui rétorqua que cela ne la regardait pas.

— J'ai vu que Mifune était passé, dit-il à Lorenzo. Que se passe-t-il ? Il est malade ?

Son ton était réellement soucieux. Il connaissait Mifune depuis toujours, et voyait en lui un ami. Ce qui n'était pas le cas d'Aurora : elle avait toujours eu peur de ses yeux pâles et de son allure originale, et ne le comprenait pas comme le comprenait Nico.

Lorenzo se dirigea vers le buffet, qui faisait aussi office de bar, et se servit un Campari-soda avec des glaçons. Il ajouta une feuille de basilic fraîchement coupée – sa touche personnelle – après l'avoir frottée entre ses doigts afin d'en libérer l'arôme.

— Mifune m'a dit que la fille de Jon-Boy était arrivée d'Amérique, dit-il. Elle n'était pas revenue ici depuis sa mort et, pour être sincère, j'aurais préféré qu'elle ne revienne pas.

Nico et Aurora connaissaient l'histoire de la mort de Jon-Boy et savaient que le corps n'avait jamais été retrouvé. À présent, la venue de la fille du défunt les intriguait.

— Elle s'appelle Lamour Harrington, continua Lorenzo. Et comme je suis contraint de vous dire, à

104

mon grand déplaisir, qu'elle n'est pas la bienvenue ici, cela me faciliterait les choses que vous ne cherchiez pas à sympathiser avec elle. En fait, je préférerais que vous l'évitiez.

Nico le fixa, stupéfait.

— Tu parles sérieusement ? Qu'est-ce qu'elle a donc fait, nom de Dieu ?

— Elle n'a rien fait du tout. C'est juste que je n'ai pas envie de la voir déterrer un passé qu'il vaudrait mieux laisser enfoui. Tu as compris, Nico ? Je ne veux pas que vous la fréquentiez.

— Je me demande bien pourquoi, dit Nico sur un ton plein de sous-entendus.

Aurora leva les yeux et fixa tour à tour son père et son frère, abasourdie.

— Si papa dit qu'on ne doit pas lui parler, il a ses raisons, dit-elle, loyale.

Massimo apparut sur le seuil.

— Le dîner est servi, signore, annonça-t-il.

Lorenzo hocha la tête et invita ses enfants à le suivre sur la terrasse.

À table, le fidèle Affare couché à ses pieds, Lorenzo écouta ses enfants discuter de la semaine écoulée. Quitte à ce que l'un des deux proteste, il aurait préféré que ce fût Aurora. Mais, comme toujours, elle n'avait rien trouvé à redire à ses paroles. Parfois, Lorenzo souhaitait qu'elle se rebelle, qu'elle ne dépende pas autant de lui. Il savait que tout cela était lié à son enfance, et qu'il n'y pouvait rien changer.

— Je veux accompagner Nico à la soirée, dit Aurora.

Nico lui jeta un regard méprisant.

— Pas question.

— Pourquoi ? Papa, dis-lui qu'il doit m'emmener !

— Dis-lui que c'est une gamine trop gâtée, rétorqua Nico.

Lorenzo soupira. Les enfants mènent leur barque comme bon leur semble. Les siens ne faisaient pas exception.

— On fera une partie de backgammon après le dîner, proposa-t-il à Aurora, ne souhaitant pas la voir fréquenter les mêmes soirées que Nico. Et lorsque, boudeuse, elle fixa sur lui son ravissant visage en répétant qu'elle voulait vraiment y aller, il répliqua par un « non » définitif.

Beaucoup plus tard, après que Nico fut parti et que Lorenzo eut laissé Aurora le battre à deux reprises au backgammon, il se rendit à la tour, toujours suivi de son chien, et monta l'escalier en colimaçon qui menait à sa chambre. Austère et virile, elle ne ressemblait en rien à l'idée qu'on pouvait se faire de la chambre à coucher d'un homme fortuné. Elle était meublée d'un lit, avec des draps en lin uni, d'un fauteuil de cuir sous la fenêtre, d'un tapis indien tout simple à côté du lit, et d'une longue table où il posait les livres qu'il était en train de lire. Il y avait des poutres apparentes au plafond, des fenêtres hautes et étroites.

Lorsque Lorenzo entrait dans sa tour, il avait le sentiment de voyager dans le temps. Son ancêtre le pirate l'avait érigée avec l'or et l'argent que lui avait rapportés son activité, à l'époque où Amalfi constituait l'un des plus importants ports marchands d'Italie. Après la mort de Marella, Lorenzo avait été incapable de continuer à vivre dans la chambre conjugale, et avait préféré venir s'installer ici. L'atmosphère sobre et rustique lui convenait, et la tour était vierge de tout souvenir douloureux. Elle devint sa retraite, le lieu de paix et de recueillement où, enfin seul, il pouvait envisager l'existence sous un jour nouveau.

Nico et Aurora finiraient par hériter du château. Ce qui inquiétait Lorenzo ces derniers temps, c'est que Nico n'en était pas digne. Pour lui, cette propriété n'avait qu'un seul intérêt : lui fournir un cadre rêvé pour faire la fête avec ses amis. Il ne se souciait pas de son histoire, ni des aïeux disparus qui avaient aimé et embelli cet endroit, en y ajoutant chacun sa touche personnelle. Pour Lorenzo, au contraire, le château constituait une partie intégrante de la famille.

Il se déshabilla et passa un peignoir. Affare était déjà couché dans son panier, près de la porte. Il ajouta de l'eau dans son écuelle et alla lui chercher un biscuit. Puis il s'installa dans son fauteuil de cuir vert et, par la haute fenêtre, contempla la demi-lune et Vénus, toute proche – l'ensemble évoquant une broche en diamants dans le ciel bleu de minuit. Il se mit à songer à Mifune, dont il lui semblait, ce soir, avoir trahi la confiance. Mais il n'avait pas le choix. Il avait fait une promesse à quelqu'un, et les choses ne pouvaient se passer autrement. Dans un soupir, il ramassa un livre et s'efforça de lire. Mais il n'y parvint pas. Ses pensées le ramenaient à Lamour Harrington, et au dilemme auquel il se trouvait confronté par sa faute. Auquel il ne voyait qu'une solution possible, inévitable.

16

Lamour

Le lendemain matin, je conduisis Jammy à la maison. Je garai la voiture devant la petite statue ornée de fleurs, en souriant à la pensée que saint André semblait tendre les mains pour nous souhaiter la bienvenue. Jammy sortit et, levant les yeux vers la colline, resta figée devant le château et l'étendard bleu vif flottant au-dessus des créneaux.

— Dis-moi si je me trompe, dit-elle d'un ton incrédule. Est-ce que je vois *vraiment* un crâne et des tibias qui s'entrecroisent ? Qui habite ici, nom de Dieu ? Le marquis de Sade ?

— C'est le blason de la famille Pirata. Pirata... Comme « pirate ».

Elle me regarda comme pour me dire « Tu veux rire ! », puis fixa la pente raide et verdoyante qui s'élevait devant nous, et la falaise verte et également raide, au-dessous de nous. Pas un seul voilier pour troubler la tranquillité des flots. Qui plus est, on ne pouvait même pas apercevoir la maison depuis la route – juste les marches taillées dans la roche.

— Tu sais que tu es cinglée, hein ? dit-elle d'un ton inquiet.

Je claquai la portière. À ce bruit, des lapins détalèrent à travers la colline.

— Jam, tu es trop habituée à la ville, répliquai-je.

— Pas toi ? rétorqua-t-elle en souriant, les lapins l'ayant attendrie. Alors comme ça, c'est ici que va vivre ta vache ? demanda-t-elle en accompagnant la question d'un décourageant geste du bras en direction de la colline déserte.

Je hochai la tête.

— Bien sûr, il faudra que je lui construise une petite étable, pour la protéger du vent et de la pluie quand les nuits seront fraîches.

— Comment ça, du vent et de la pluie ? Je croyais que l'été ne finissait jamais, ici.

— Dans toute existence, il faut un minimum de mauvais temps, dis-je, me réjouissant à la pensée que, grâce aux petites pluies hivernales, il y aurait toujours de l'herbe pour ma vache. Je l'appellerai Marguerite, évidemment. Dans les livres, les vaches s'appellent systématiquement Marguerite.

— Il ne vaudrait pas mieux lui donner un prénom italien ? demanda Jammy. Après tout, elle n'est peut-être pas polyglotte, précisa-t-elle, se mettant enfin au diapason.

— Il faudra la consulter à ce sujet, approuvai-je, tandis que nous commencions à descendre la *scalatinella*.

J'entendis Jammy marmonner en m'emboîtant prudemment le pas.

— Ne me dis pas que c'est la seule façon d'accéder à la maison !

— En fait, si, c'est la seule façon.

Je tournai la tête et lui adressai un sourire. J'étais une nouvelle fois transportée dans le passé, et dévalai les marches comme la gamine habituée autrefois à les monter et à les descendre dix fois par jour.

Je franchis les dernières d'un bond, et attendis sur le petit sentier qui longeait la maison. Les vieux cèdres tamisaient la lumière du soleil, de minuscules oiseaux voletaient dans l'air bleu, et les grillons chantaient comme pour me souhaiter la bienvenue.

Jammy franchit les dernières marches en haletant.

—Je te préviens, ça a intérêt à valoir le coup !

Elle remonta l'élastique de sa queue-de-cheval et repoussa les boucles qui lui retombaient sur les yeux.

—C'est bon, je suis prête… montre-moi ! dit-elle sur un ton de défi.

— Ferme les yeux et suis-moi.

Je la pris par la main. Nous contournâmes la maison et parvînmes au patio.

— C'est bon. Tu peux regarder à présent.

Elle ouvrit tout grands les yeux. Puis, plaquant la main sur son front, elle pivota lentement sur ses talons, prenant connaissance de ma belle maison dorée, du tuilage bleu du dôme, des colonnes torsadées comme du sucre d'orge, des jardins en escalier, de la cascade, des arbres centenaires et du belvédère en marbre recouvert d'ipomées de la couleur du ciel. Au-dessous, la mer bleu-vert à reflets argent se confondait avec l'horizon.

Elle ferma les yeux et demeura figée sur place.

—Jammy ? demandai-je, craignant que la maison ne lui plaise pas.

— Tais-toi ! dit-elle. Laisse-moi savourer toute cette paix.

— Alors, elle te plaît ? Pour de bon ? répliquai-je, soulagée à l'idée de ne pas la voir s'opposer à ma décision de rester ici – mais évidemment, je me trompais.

— Je reconnais qu'elle est belle. Mais elle n'a pas été habitée depuis des décennies. Elle doit être dans un état terrible. Je parie qu'à l'intérieur c'est un champ de bataille. N'imagine pas pouvoir t'installer ici, Lamour.

— On verra bien, rétorquai-je en brandissant fièrement la lourde clé de fer que Mifune avait laissée sous le pot du citronnier. J'insérai et tentai de faire tourner la clé dans la serrure, mais celle-ci était grippée et la porte refusait de s'ouvrir. J'essayai à nouveau, sentant Jammy me guetter, anxieuse. Je savais qu'elle souhaitait que la porte ne s'ouvre pas, que nous renoncions, et que nous profitions du reste du séjour avant de reprendre l'avion pour Chicago – où nous nous mettrions en quête de mon nouvel appartement et où la vie reprendrait son cours habituel.

Je forçai encore un peu, priant pour que la serrure cède. Je mourais d'envie de revoir ma petite maison. Mais la serrure ne céda pas. Exaspérée, je trépignai en me demandant ce que j'allais bien pouvoir faire.

17

Nico

Encore ruisselant d'eau de mer et vêtu en tout et pour tout d'un caleçon de bain rouge, Nico Pirata était assis dans le cockpit de son luxueux hors-bord. Il fumait distraitement une cigarette en regardant son père peindre la coque d'un bateau de pêche en bois, vieux et décati. Comme toujours le chien était au côté de Lorenzo et, vautré dans un coin d'ombre, faisait la sieste. Pas de chien de race pour le père de Nico – Affare était un bâtard abandonné qu'il avait ramené chez lui. Depuis, Nico avait l'impression que ces deux-là ne s'étaient jamais quittés d'une semelle.

Aux yeux blasés de Nico, le bateau ressemblait aux jouets qu'il s'amusait à faire flotter dans la piscine quand il était gosse, où un vieux loup de mer à la mine patibulaire tenait la barre en plastique. Pourtant, son père tapotait ses planches écaillées avec une sorte de tendresse. L'amour de Lorenzo pour son vieux bateau était aussi grand que celui de Nico pour son étincelant hors-bord de marque Riva. Aux yeux de Lorenzo, le bateau appartenait à l'histoire de la famille. Pirata avait été, durant des siècles, un village de pêcheurs, et il tenait à ce que Nico respecte cela. Et voilà où résidait toute la différence entre le père et le fils : à Nico le culte du dernier cri et du clinquant, à Lorenzo la vénération des choses anciennes et du passé.

Nico balança sa cigarette par-dessus le garde-fou et s'étendit sur les coussins. Ce beau jeune homme de vingt-huit ans, au corps mince et hâlé par le soleil, à la tignasse blond foncé, était aussi un redoutable séducteur. Les femmes se bousculaient autour de lui, mais il n'était pas prêt à se laisser mettre la corde au cou. Du moins pas avant d'avoir rencontré la belle jeune fille de bonne famille avec qui il aurait envie de faire sa vie.

L'été commençait à peine et, des week-ends aussi relaxants que celui-ci, il y en aurait beaucoup d'autres au cours des mois à venir. Nico en profitait, comme tous les gens de sa connaissance, pour fuir la chaleur de Rome et se réfugier dans la fraîcheur du bord de mer ou à la montagne. Bien sûr, il venait généralement accompagné de quelques amis et d'une poignée de jolies filles pour ajouter du piment à l'aventure.

Nico se redressa, alluma une autre cigarette et agita mollement la main à l'adresse de son père. Lorenzo avait fini de peindre et se dirigeait vers l'ascenseur installé à l'intérieur de la falaise, dont on avait creusé la roche à l'explosif – une chose très commune dans la région. L'ascenseur le déposerait en haut de la falaise, à une trentaine de mètres au-dessus de la mer, sur le sentier qui menait au château. En observant Lorenzo – son short maculé, son pot de peinture, ses pinceaux à la main et son chien trottant sur ses talons –, Nico songea qu'on l'aurait plus facilement pris pour l'un des employés du château que pour son propriétaire.

Pourtant, même habillé d'un vieux short, Lorenzo avait de l'allure, avec sa crinière de lion, son air altier, et son corps musclé, nerveux et hâlé. Il était beau, vigoureux et – crénom de Dieu – encore capable de battre Nico lors de leur concours de nage hebdomadaire dans la baie. À vrai dire, Lorenzo avait toujours battu son fils dans tous les domaines, et c'est sans doute là ce que Nico lui reprochait le plus. La rivalité qui l'opposait à son père ne datait pas d'hier, et était l'une des raisons qui l'avaient décidé à refuser de travailler dans sa société.

L'ascenseur à parois de verre montait lentement, ramenant Lorenzo – qui n'avait pas lâché son pot de peinture – et son chien en haut de la falaise. Aux yeux de Nico, cet ascenseur était l'une des meilleures idées que son père eût jamais eues. Auparavant, il leur fallait monter et descendre d'innombrables marches de bois ancrées à la falaise par des anneaux de fer. Cet escalier rejoignait les marches de pierre menant à la petite maison inhabitée – autrefois désignée comme la Maison de la maîtresse. En jetant un coup d'œil en direction de la maison, Nico crut apercevoir une silhouette parmi la verdure. Ce devait être Mifune, venu voir l'état de son jardin : Nico savait qu'il regrettait que celui-ci ait été laissé à l'abandon. Il détourna la tête pour ne pas avoir à regarder les marches. Il avait le vertige. Depuis toujours.

Il se redressa brusquement, et balança son mégot dans la mer. Puis il tira les cordes vers lui, largua les amarres et, dans un vrombissement de moteur, traversa la baie pour rejoindre Pirata et le bar Amalfitano. Il avait le chic pour repousser les pensées désagréables en un clin d'œil.

18

Lorenzo

Lorenzo arrêta l'ascenseur à mi-hauteur de la falaise et s'avança sur la plate-forme où les marches de bois rejoignaient l'escalier taillé dans la roche. Il ne s'était plus rendu à la Maison de la maîtresse depuis des années. Mais la venue de la fille de Jon-Boy l'obligeait à aller y jeter un coup d'œil.

Il grimpa l'escalier à vive allure, toujours équipé de son pot de peinture et de ses pinceaux. Et malgré la brûlure du soleil sur son dos, et la sueur perlant sur sa peau, il préférait grimper à pied. Il aimait sentir sa force.

Parvenu au bas du jardin broussailleux, il aperçut deux femmes sur la terrasse. Une grande brune aux cheveux rassemblés en un chignon sévère et portant de grosses lunettes de soleil, et une jolie blonde paraissant vaguement mal à l'aise.

Cette serrure avait toujours posé problème, songeait-il, c'est pourquoi on laissait la porte ouverte, autrefois. Du moins, jusqu'à la mort de Jon-Boy – à la suite de quoi on avait fermé la maison à clé.

Il ordonna au chien de l'attendre, traversa les jardins à grandes enjambées et grimpa les marches menant à la terrasse. Il demeura quelques instants à observer les deux femmes, sans qu'elles l'eussent remarqué.

La brune devait être Lamour, la fille de Jon-Boy. C'était son portrait craché. Par ailleurs, Lorenzo se souvenait d'elle enfant : une sauvageonne aussi maigrichonne et longue sur pattes qu'un lévrier, aux immenses yeux noirs et à la chevelure sombre et vaporeuse. Elle n'avait pas beaucoup changé. Ils s'étaient déjà rencontrés, mais il aurait parié qu'elle ne s'en souvenait pas.

Elle s'escrimait toujours à faire tourner la lourde clé de fer, qui lui avait sans aucun doute été donnée par Mifune, mais la porte refusait de s'ouvrir.

— Fichue serrure ! l'entendit-il s'exclamer. Elle est grippée, Jammy. Elle était tout le temps grippée !

— Tant mieux, rétorqua la blonde, visiblement soulagée. C'est sûrement le signe qu'on ne devrait pas être ici. Allez, viens, Lamour. On s'en va.

— Je ne partirai pas d'ici, dit Lamour en continuant à secouer la clé dans la serrure, et en donnant une énième poussée dans la porte.

— Vous savez que vous êtes sur une propriété privée ? lança Lorenzo avec froideur.

Surprises, elles se retournèrent en lançant un petit cri, cramponnées l'une à l'autre. Les yeux écarquillés, elles le passèrent en revue des pieds à la tête – vieux short et pot de peinture compris.

— Qui êtes-vous ? demanda Lamour. Et que faites-vous ici ? ajouta-t-elle sur un ton un peu hautain, s'efforçant – Lorenzo en était bien conscient – de

116

paraître sûre d'elle : après tout, elles étaient deux femmes seules, et il les avait effrayées.

— Tout d'abord, j'aimerais savoir qui *vous* êtes, répliqua-t-il.

Bien évidemment, il le savait déjà, mais il voulait la déstabiliser.

— Forcer la porte d'une demeure qui ne vous appartient pas est sévèrement puni par la loi, en Italie, ajouta-t-il.

Lamour rougit d'indignation et le foudroya de ses grands yeux noirs.

— Nous n'avons pas forcé la porte ! rétorqua-t-elle en agitant la clé de fer au bout de son anneau. Cette maison est à moi. Elle appartenait à mon père. J'ai vécu ici lorsque j'étais enfant.

Lorenzo l'observa longuement. On aurait dit qu'il regardait un souvenir.

— J'ai connu votre père, dit-il enfin. Vous lui ressemblez.

Il pivota sur ses talons et commença à redescendre les marches.

— Je vous préviens…, lança-t-il par-dessus son épaule. Il est déconseillé de se balader par ici une fois la nuit tombée. L'endroit n'est pas sûr.

Et, après avoir sifflé son chien, il s'éloigna vivement, retraversant le jardin jusqu'aux marches, qu'il gravit avec l'agilité d'une chèvre des montagnes.

19

Lamour

Jammy et moi regardâmes l'arrogant inconnu traverser mon jardin à grands pas comme s'il était le
maître des lieux.

— Qu'est-ce qu'il a voulu dire par là, à ton avis ?
demandai-je d'un ton nerveux.

— Je crois qu'il t'a conseillé de retourner à Chicago.

— Mais pourquoi ? C'est qui ? Et d'ailleurs, pourquoi a-t-il pensé que je voulais entrer par effraction ?

— Eh bien, il ne pouvait pas deviner qui tu étais,
avant que tu le lui dises.

— Et puis il m'a mise en garde.

Je refusais de le reconnaître, mais son avertissement
me troublait. Je frémis. Cela pouvait-il être en rapport
avec la mort de Jon-Boy ?

— Quoi qu'il en soit, dit Jammy en souriant, on
peut dire que c'est un beau gars ! Tu pourrais peut-
être l'embaucher pour repeindre la maison. On dirait
qu'elle a besoin d'un bon coup de pinceau.

Mais je ne me souciais guère du physique de
l'homme. C'était ses paroles qui me préoccupaient. Je

me tournai vers la serrure désespérément grippée, et poussai un soupir.

— Oh, et puis flûte ! m'exclamai-je, soudain découragée. Viens, on va déjeuner.

Le village de Pirata n'était situé qu'à une dizaine de minutes de marche. On aurait dit un décor de cinéma, avec ses grandes maisons aux coloris pastel bordant la place du village qui datait du Moyen Âge. Au centre trônait une fontaine ancienne. Une série de fines arches de pierre dessinaient un cadre pour le rivage, comme dans un tableau. Entre les colonnes, j'apercevais la mer la plus bleue que l'on puisse imaginer et le petit port moucheté de rouge et de vert – couleurs traditionnelles des bateaux de pêche. Sur la piazza, un marchand de primeurs exposait ses fruits et ses légumes dans des caisses, à l'extérieur ; et, dans une épicerie dont j'avais gardé le souvenir, les jambons et les salamis pendaient des poutres, retenus par des crochets géants. On pouvait aussi y trouver des dizaines et des dizaines de fromages et de spécialités maison, tout droit sorties de la cuisine du propriétaire, Umberto : diverses sauces tomate, du pesto, les meilleures boulettes de viande, des gnocchis de pomme de terre et des raviolis à la pâte si fine qu'on y voyait au travers. Retrouver toutes ces odeurs suffisait à me faire saliver.

Cette épicerie proposait quantité d'autres produits fascinants, tels des machettes, des clous et des marteaux, des plats à spaghettis décorés, des couverts à salade en bois d'olivier, des presse-purée et des presse-ail, des aiguilles à coudre, des balais, des mortiers et des pilons, et toutes sortes de gadgets – et du café fraîchement moulu, bien sûr.

À l'autre bout de la place se trouvait la petite pharmacie où j'avais coutume, jadis, d'acheter des sparadraps pour mes bobos fréquents et de l'aspirine pour les gueules de bois de Jon-Boy. Juste à côté, annoncée par son cylindre à rayures, on voyait la boutique du barbier où Jon-boy allait de temps à autre se faire couper les cheveux.

Plus haut sur les collines verdoyantes se déployaient de petites rues bordées de maisons blanches aux jardinets flamboyants et, posée comme une ancre à l'extrémité de l'anse, une jolie église de pierre du Xe siècle. Au-dessous, c'était le port, avec sa rangée de vieux bateaux de pêche. L'endroit rêvé pour boire un verre au coucher du soleil.

Je laissai échapper un soupir de soulagement. Pirata avait échappé à l'invasion du tourisme de masse, vraisemblablement parce qu'il n'y avait pas assez de place pour y construire un grand hôtel. Qui plus est, la route principale était distante de quelques kilomètres de cette portion de la côte – ce qui la préservait de la circulation. Miraculeusement, le village était resté fidèle à mes souvenirs d'enfance.

— Suis-moi, dis-je à Jammy.

Sans l'ombre d'une hésitation, je traversai la place, passai sous les arches et longeai le port sur la gauche, en direction de l'ancien QG de Jon-Boy, le bar Amalfitano. Comme le café Marchetti, l'endroit était devenu un peu plus chic : un auvent bleu ombrageait les tables en terrasse et les lourdes chaises en bois d'autrefois avaient été remplacées par de nouvelles, plus confortables. Mais la même irrésistible odeur de pizza s'échappait de ses cuisines carrelées. Et du bar s'élevaient les effluves de cette bière à la pression dont Jon-Boy raffolait. Je remarquai que les carafes de vin qui apparaissaient sur la table comme par magie à peine le client assis étaient, elles aussi, restées les mêmes. Tout comme les pichets d'eau glacée et les verres pansus, de couleur verte.

Le propriétaire, quant à lui, avait changé. Jeune et pimpant, il nous accueillit en nous gratifiant d'un regard charmeur. Puis il annonça qu'il s'appelait Aldo, posa lourdement la carafe de vin sur la table, leva son crayon sur son bloc-notes et attendit que nous passions commande.

— *Buona sera, signore*, dis-je avec un sourire, avant de commander une pizza Margherita – grand modèle – et une assiette de calmars frits – double portion.

Aldo s'éloigna et reparut rapidement avec un bol de parmesan, une assiette d'olives, une autre de tomates cerises – cueillies le matin même, précisa-t-il – ainsi qu'un aïoli ail-citron pour les calmars, et un pain de campagne.

Je versai du vin dans nos verres et levai le mien afin de porter un toast.

— À ma maison d'Amalfi ! lançai-je.

— Mon Dieu, Jammy, arrête avec ça ! rétorqua-t-elle, les traits crispés par l'inquiétude. Tu ne peux pas vivre là-bas. Par ailleurs, tu n'as aucune idée des travaux nécessaires pour la remettre en état.

À la vue de mon visage radieux, elle comprit qu'elle n'arriverait à rien.

— Au moins, laisse tomber la vache ! ajouta-t-elle dans un soupir.

— Marguerite fait déjà partie de mon avenir, dis-je en goûtant le vin. Et, évidemment, il y aura aussi des poules.

Elle poussa un grognement.

— Il faut que tu rentres chez toi, Lamour, supplia-t-elle. Je t'en prie.

Elle but une gorgée de son vin.

— Il est bon, déclara-t-elle, visiblement surprise.

Aldo arriva avec une pizza embaumant le basilic, grande comme une roue de vélo, et un immense plat de calmars frits encore grésillants.

— *Buon appetito*, dit-il en nous offrant son plus joli sourire.

Dès ma première bouchée de pizza, je fus submergée par une sensation de bien-être. J'aimais cet endroit. J'aimais ce bar. J'aimais le ravissant port de pêche et la charmante piazza médiévale. J'aimais ma colline et ma petite maison dorée. J'aimais la nourriture et le vin. Bien sûr, la maison aurait besoin d'être retapée, mais j'étais impatiente de commencer les travaux, et de remettre le jardin en état, avec l'aide de Mifune. J'étais impatiente – comme je ne l'avais pas été depuis des années – de me retrouver seule et de ne devoir compter que sur moi-même. Je savais que je ne redeviendrais la femme que j'étais qu'une fois cette indépendance acquise. Et cette femme n'aurait pas besoin du soutien d'un homme prêt à la trahir.

20

Lamour

Nous eûmes vite fait un sort aux calmars, et j'entamais ma troisième part de pizza lorsque le vrombissement du moteur d'un bateau entrant dans le port nous parvint aux oreilles et détourna notre attention. Un hors-bord aux lignes pures glissait le long de la jetée de pierre. Jammy et moi observâmes le jeune homme qui le pilotait, tandis qu'il mettait nonchalamment pied à terre, nouait la corde autour du bollard et enfilait en hâte un vieux tee-shirt rose. Il passa la main dans ses cheveux blond foncé et, d'un pas sautillant, se dirigea vers nous. Enfin, pas vraiment vers *nous*... mais plutôt vers le bar Amalfitano.

— Nom de Dieu ! s'exclama Jammy en le mangeant des yeux. Cet endroit regorge de beaux mecs. Mais ils sortent d'où, au juste ?

Je n'en avais pas la moindre idée, mais je devais reconnaître que cet homme brun et doré était digne d'une apparition. Je remarquai le triangle de sueur sur le devant de son tee-shirt, et les poils blonds entremêlés dépassant de l'encolure en « V ». Son regard s'arrêta sur nous et je ressentis un peu de cette bonne vieille attirance que je n'avais plus éprouvée depuis ma rencontre avec Alex. Mais voilà que j'oubliais que je n'étais pas censée penser à lui…

L'apparition nous adressa un petit salut.

— *Buona sera, signore*, dit-il.

Dans ses yeux, je vis briller une lueur d'admiration et de convoitise. Bien sûr, je compris tout de suite que nous avions affaire à un séducteur. Pourtant, je n'eus pas la force de résister, et lui rendis son sourire. Tout comme Jammy. Nous répliquâmes en chœur :

— *Buona sera, signore.*

L'apparition s'attardait devant notre table.

—Je m'appelle Nico, dit-il. Dommage que vous ayez déjà mangé, je vous aurais invitées à déjeuner avec moi. Me permettez-vous de vous offrir un autre verre de vin ? Ou bien un verre de *limoncello*, la spécialité locale ? Ensuite, vous pourriez me parler de vous…

Jammy me jeta un petit regard en biais, qui semblait signifier : *Alors, qu'est-ce que tu attends, ma fille ?* Puis, d'une voix aimable, voire doucereuse, elle répliqua :

— Eh bien, ce sera avec grand plaisir, signore, mais nous voulons tout apprendre sur vous, également.

L'apparition prit une chaise et fit signe au propriétaire.

— Ciao, Aldo, dit Nico en lui serrant la main.

Visiblement, ils se connaissaient bien. J'en conclus que Nico était du coin. Jammy et moi acceptâmes timidement un verre de limoncello. Il arriva accompagné d'une assiette de petits gâteaux secs aux amandes. Je ne voyais pas où j'allais pouvoir caler une bouchée de plus, et je me mis à mâchouiller mon biscuit en regardant par en dessous notre nouvel « ami ».

Il leva son verre, soudain sérieux.

— À deux superbes femmes, que j'ai bien de la chance de rencontrer dans mon petit village, dit-il.

Il avait vraiment l'air d'y croire. Mais même si ce n'était pas le cas, sa déclaration ne manquait pas de charme, et lui non plus.

— Et à Nico, notre merveilleux nouvel ami ! ajouta Jammy pour combler le silence, alors que je menaçais de m'étouffer avec mon limoncello, aussi fort qu'une gorgée de tequila pure.

— Je m'appelle Jammy Mortimer. Et voici Lamour Harrington. Nous logeons au Santa Caterina.

J'eus le temps de lire la surprise sur son visage, avant qu'il me serre la main.

— Lamour, quel joli nom ! s'exclama-t-il et, pauvre idiote que je suis, je tardai à retirer ma main de la sienne.

Je lui rendis son regard enjôleur et me retrouvai à lui raconter l'histoire de mon aïeule et homonyme de La Nouvelle-Orléans.

— Qui ne devait pas valoir mieux que sa réputation, conclus-je en prenant une autre gorgée de limoncello – lequel, à ma grande surprise, me montait au cerveau comme du carburant de fusée.

— Dans ce cas, votre grand-mère avait bien raison, dit-il en souriant. Et Jammy, à qui doit-elle son prénom ? Pas à une autre arrière-grand-mère indigne ?

En gloussant, Jammy lui raconta l'histoire de son surnom.

— Ah, mais je ne me suis pas correctement présenté, dit-il. Je suis Nico Pirata.

— Oh ! s'exclama Jammy. Le crâne et les tibias entrecroisés – le marquis de Sade…

Nico sourit, mais ne me quitta pas des yeux.

— Malheureusement, tout ce que je peux revendiquer, c'est un ancêtre pirate.

Je baissai les yeux, puis les levai à nouveau vers lui. Oh, mon Dieu ! songeai-je, me voilà en train de flirter… Jammy a raison, je suis en train de devenir folle. Je bus une autre gorgée du fortifiant local et souris de plus belle.

— Vous vivez vraiment au château ? demandai-je.

— J'y passe mes week-ends, et quelques semaines en été. Je vis à Rome les trois quarts du temps.

Il fit signe à Aldo, afin qu'il nous resserve une tournée. Aldo amena la bouteille et la posa sur la table. Nico remplit une nouvelle fois nos verres à liqueur.

— Ce doit être très beau, à l'intérieur, dis-je en prenant un autre biscuit.

— C'est beau, mais j'aime mieux Rome. Votre nom… Lamour… Il me semble que je l'ai déjà entendu. Vous êtes sans doute la fille de Jon-Boy ?

J'écarquillai les yeux, et le fixai avec stupéfaction.

— Vous l'avez connu ? demandai-je d'une voix empressée. Non, bien sûr, vous devez être trop jeune…

Il haussa les épaules.

— Ici, tout le monde a entendu parler du dottore. Tout le monde l'aimait. Surtout les…

Je compris qu'il avait failli dire « surtout les femmes », mais qu'il s'était ravisé.

— Je suis venue voir la maison de mon père, expliquai-je. J'y ai vécu lorsque j'étais enfant et n'y suis pas retournée depuis sa mort.

Nico me tapota la main.

— Bien sûr, dit-il avec douceur. C'est normal que vous ayez eu envie de le faire.

Puis il nous raconta l'histoire de la maison, construite dans les années vingt pour la jolie petite cantatrice napolitaine – la maîtresse de l'homme qui était alors à la tête de la famille Pirata. Ce Pirata-là avait également une femme et cinq enfants, bien que sa malheureuse épouse passât plus de temps à Naples ou à Rome qu'au château.

— Si j'habitais le château, dit Jammy, je n'aurais jamais envie d'en sortir.

Et elle prit une autre gorgée de son limoncello. Je la regardai avec étonnement : du château, elle n'avait rien vu, hormis les créneaux et la bannière. J'en conclus que ce devait être l'effet du carburant à fusée. J'aurais voulu questionner Nico au sujet de cette lointaine nuit d'orage, et lui demander s'il savait comment était mort Jon-Boy. Mais ce n'était ni le moment ni le lieu pour ça. Par ailleurs, voilà qu'une belle jeune femme s'avançait vers nous à grands pas, visiblement très fâchée. *Ha ha,* songeai-je, *voici la petite amie courroucée…*

Elle s'arrêta devant notre table et resta plantée là, les mains sur les hanches, à jeter des regards noirs sur notre groupe et sur la bouteille à moitié vide de limoncello. Je me sentis coupable comme un gosse qu'on a surpris la main dans la boîte à biscuits. Je dois reconnaître qu'elle était superbe. Elle avait natté ses longs cheveux noirs, et portait un court débardeur blanc et un short impeccable, également blanc, qui mettait son merveilleux bronzage en valeur.

D'un geste possessif, elle posa la main sur l'épaule de Nico. Il pencha la tête et lui sourit.

— Permettez-moi de vous présenter Aurora, ma sœur, dit-il. Aurora, je te présente la signora Mortimer. Et voici la signora Harrington.

Je sentis – davantage que je ne perçus – le regard complice de Jammy. Je savais ce qu'il signifiait : *Oh, super, c'est son frère, et pas son amant.* Je suppose qu'ils en avaient eux aussi saisi la signification et je rougis, en maudissant Jammy.

— Bonjour, Aurora, enchantée de vous connaître.

Je souris et la saluai d'un signe de tête mais, pour toute réponse, elle nous toisa.

Aurora boudait, ce qui la rendait encore plus jolie.

— Nico, tu sais que papa a dit que nous ne devions pas lui parler, dit-elle en me désignant d'un mouvement de tête.

Mon regard stupéfait croisa celui de Jammy. De quoi parlait-elle donc ?

— Les interdictions de papa ne m'ont jamais empêché de parler avec une femme, répliqua Nico sans me quitter des yeux, en ignorant sa sœur qui s'éloigna d'un pas furieux.

— Veuillez excuser la grossièreté d'Aurora, dit-il. Il lui arrive de se comporter comme une enfant gâtée.

Embarrassées, Jammy et moi gardions les yeux rivés sur nos verres de limoncello. Nous refusâmes qu'il les remplisse à nouveau. Quelques instants plus tard, il ramena sa chaise contre la table.

— Jammy, Lamour, dit-il. Je suis enchanté d'avoir fait votre connaissance. Permettez-moi de vous faire visiter le château avant votre départ. Je vous appellerai à l'hôtel, afin de convenir d'un rendez-vous.

Je le regardai. Dans sa bouche, les mots « convenir d'un rendez-vous » semblaient chargés de sous-entendus.

Il prit la main de Jammy et se pencha légèrement. Puis il saisit la mienne et un léger frémissement nous traversa tous deux. Bien sûr, il était beaucoup plus jeune que moi – de dix ans, peut-être. Mais bizarrement, aujourd'hui, cela paraissait sans importance.

— J'espère vous revoir bientôt, Lamour, dit-il d'une voix douce.

Et puis, en agitant nonchalamment la main, il retourna vers le luxueux hors-bord où nous vîmes que l'attendait sa sœur.

21

Aurora

Aurora Pirata ignorait pourquoi son père leur avait interdit de parler à Lamour Harrington, mais cela ne lui importait guère. À vrai dire, le mot « interdit » était trop fort. Lorenzo leur avait simplement dit qu'il *préférait* qu'ils s'abstiennent de lui parler. Aurora était furieuse de voir son frère s'opposer de façon systématique aux souhaits de leur père. Mais, plus grave encore, le groupe paraissait bien s'amuser à son arrivée. Elle les avait trouvés en train de rire et de discuter comme de vieux amis. Elle songea, non sans jalousie, que c'était du Nico tout craché : il se liait d'amitié en un clin d'œil avec tous ceux qu'il croisait.

Ce talent-là, Aurora était loin de le posséder. En dépit de sa beauté, elle était désespérément peu sûre d'elle. Sa mère avait su comprendre ses besoins et les satisfaire, et lui avait prodigué tout l'amour et toute la tendresse possibles. Mais sa mort, alors qu'Aurora n'avait que trois ans, avait plongé l'enfant dans un gouffre de désespoir si profond que son père avait craint qu'elle ne s'en remette jamais. Les psychiatres, ainsi que l'amour inconditionnel de son père, l'avaient aidée à traverser toutes ces années longues et éprouvantes. Elle avait fini par se remettre, reportant tout l'amour qu'elle avait eu pour Marella sur Lorenzo.

Il ne fallait discerner nul complexe d'Électre dans tout cela. Son père était tout simplement le roc dont elle dépendait, la personne qui connaissait le mieux la nature de ses peurs et de sa dépression, et qui la comprenait. Aurora avait toujours eu besoin qu'on la rassure et qu'on lui témoigne davantage d'affection qu'aux autres enfants. Son père avait fait en sorte qu'il en soit ainsi. Et Nico aussi, du moins lorsqu'il y songeait. Car Nico avait tendance – comme aujourd'hui – à se disperser et à se laisser facilement distraire.

Aurora, elle, préférait la compagnie des livres et de la musique classique. Elle aimait sa famille, le château, son petit groupe d'amis et de camarades d'université de Rome. Elle étudiait les beaux-arts, dans l'espoir de devenir, un jour, conservatrice de musée. Lorsqu'elle était en forme, elle avait plaisir à organiser des dîners avec ses amis – avec eux, au moins, elle se sentait sûre d'elle. Ils parlaient art et politique et, malgré sa timidité, elle rayonnait par son intelligence. Lorsqu'elle n'était pas en forme, elle s'isolait et, souvent incapable de quitter son lit, oscillait entre le désespoir et un sombre sentiment de fatalisme.

Sa beauté était la dernière chose qui comptât à ses yeux. Elle reconnaissait qu'elle était jolie, mais ça ne changeait pas grand-chose. Elle se maquillait peu et, quoiqu'elle fût toujours bien habillée, elle était loin d'être accro à la mode. Si elle avait des petits amis, elle n'avait rien d'une allumeuse. Elle allait au cinéma et assistait à des concerts, généralement en groupe. Pour quelqu'un d'extérieur, cette fille que sa mère puis son père avaient pourrie gâtée avait quelque chose d'agaçant. Seul Nico réussissait à lui tenir tête.

— Comment as-tu pu parler à ces femmes, alors que papa t'avait demandé de ne pas le faire ? lança-t-elle d'un ton furieux, tandis que le hors-bord filait dans la baie à vive allure.

Elle était rouge de colère, mais Nico l'ignora. Il songeait encore à Lamour et Jammy. Il avait apprécié leur franchise et leur fraîcheur, leur capacité à s'amuser et à profiter du moment présent. Jetant un regard en coin à sa sœur, il soupira.

— Aurora, dit-il. Tu ne voudrais pas grandir un peu ?

Dès qu'ils furent de retour au château, elle courut raconter à son père ce qui s'était passé.

Assis dans son bureau, Lorenzo consultait le plan d'un bâtiment qui devait être construit dans le chantier naval de Caen. Il interrompit son travail afin d'écouter sa fille.

— Ne t'inquiète pas, dit-il, après qu'elle lui eut raconté comment Nico avait enfreint l'interdiction paternelle. Je vais parler à ton frère.

Avec un soupir, il la regarda s'éloigner à grands pas. Encore une fois, il aurait préféré que ce soit elle qui désobéisse, plutôt que Nico.

Mais il était clair, désormais, qu'il allait lui falloir trouver une solution, en ce qui concernait Lamour Harrington.

22

Lamour

Sur la terrasse de l'Amalfitano, Jammy poussa un soupir.

— Tu peux me dire ce qui se passe ici, avec les mecs ? ils ressemblent tous à des dieux grecs... ou plutôt... à des dieux romains... et ils sont tous un peu cinglés. Tu as peut-être ta place ici, Lamour, après tout.

J'appelai Aldo, pour qu'il nous apporte l'addition. Il me dit de ne pas me faire de souci : il avait tout mis sur l'ardoise du signor Nico. Je protestai dans mon italien hésitant. Évidemment, je ne pouvais accepter une chose pareille. Pour finir, je parvins à régler notre déjeuner, et le carburant à fusée resta sur la note de Nico. Jammy et moi gravîmes un escalier qui nous éloigna du bord de mer et qui, traversant les collines, nous ramena sur la route.

— Alors ? Tu en penses quoi ? demanda Jammy.

C'était comme lorsque nous étions lycéennes : je savais exactement ce qu'elle voulait dire par là.

— Il est... intéressant, répliquai-je.

— Et sa sœur la pimbêche ? Et le père dominateur qui refuse que ses enfants te parlent ?

Je haussai les épaules.

— Va savoir ce qui se passe ! Il faudra que je demande à Mifune.

Lorsque nous revînmes à la maison, nous le trouvâmes occupé à tailler les cèdres qui ombrageaient la terrasse avec une machette d'apparence redoutable. Je me souvins qu'il se servait toujours de machettes à la lame affûtée. Aujourd'hui encore, malgré ses forces déclinantes, il maniait l'outil avec une dextérité impressionnante.

J'avais tout raconté à Jammy au sujet de mon mentor, et voilà qu'elle s'apprêtait à le rencontrer. Il la salua avec solennité, en l'observant de son regard pâle.

— Bienvenue à vous, grande amie de Lamour.

— Merci, répondit Jammy.

— Venez avec moi, dit-il en la guidant à travers le jardin et en lui expliquant, de sa petite voix, le concept du jardin japonais.

Jammy l'écouta respectueusement, puis elle le remercia.

— Je n'ai jamais rencontré personne qui vous ressemble, Mifune, dit-elle, sans bien comprendre ce qu'il était – ou qui il était. Mais je sens que vous êtes un homme bon.

— Dans ce cas, nous ressentons la même chose, signora, répliqua-t-il.

Il la salua et se remit à la tâche.

Jammy me regarda, levant les mains vers le ciel.

— Enfin, quelqu'un de normal ! s'exclama-t-elle avec un grand sourire.

23

Lamour

En fin de soirée, je laissai Jammy à l'hôtel – en proie à un mal de tête sans doute dû à notre consommation excessive de liqueur locale – et retournai seule à la maison, munie de la burette d'huile que j'avais empruntée.

À mon grand étonnement, je trouvai Mifune assis dans la position du lotus, sur une grande dalle de pierre, à côté de la cascade. Il se leva en me voyant approcher, un sourire sur son visage fatigué.

— Mifune, je ne m'attendais pas à vous trouver ici, dis-je.

— Je viens souvent méditer ici dans la fraîcheur du soir. J'aime purifier mon esprit des excès de la journée, retrouver la paix intérieure et m'ouvrir à de nouvelles idées. Pour moi, c'est une source de créativité, comme un puits profond qui ne s'assèche jamais.

Je n'avais jamais songé à la créativité sous cet angle-là, mais cela me sembla néanmoins très clair. En balayant de son esprit les épreuves et les complications de la journée, on se retrouvait avec une ardoise propre, sur laquelle inscrire des pensées fraîches.

— Dans ce cas, il faudra que j'essaie, dis-je, comme nous montions ensemble les marches menant à la maison. J'ai l'impression que je vais devoir faire en sorte d'être très « créative » quand je commencerai ma nouvelle vie autosuffisante.

Il ne se moqua pas de moi, comme j'aurais pu m'y attendre. Il se contenta de hocher la tête.

— Tu as eu des problèmes avec la serrure, aujourd'hui, carina, dit-il.

J'écarquillai les yeux.

— Mais comment le savez-vous ?

— Le signore m'a dit qu'il vous avait trouvées ici.

— Le signore ?

— Oui, le signor Pirata ?

Je le regardai d'un air stupéfait. Alors comme ça, l'homme que j'avais pris pour un peintre était le propriétaire du château des Pirata – et le patron de Mifune ! Le petit-fils de l'homme qui avait amené Mifune – alors enfant – à Amalfi, plus de soixante-dix ans auparavant.

Mifune m'avait raconté comment cela s'était passé. Le *grande signor* Pirata effectuait un séjour au Japon. À Kyoto, il avait pu admirer le minimalisme raffiné des jardins japonais. Mifune, qui avait très tôt perdu ses deux parents, y travaillait comme apprenti d'un jardinier. Le *grande signore* avait su déceler le singulier talent de Mifune, ainsi que ses qualités spirituelles. Admiratif, il s'était arrangé pour le faire venir en Italie, afin qu'il transforme son propre jardin escarpé en une espèce d'œuvre d'art japonaise. Le garçon pensait retourner dans son pays. Mais il se passa un an, deux ans, trois ans… Il aimait tellement son travail que le temps filait sans qu'il puisse le retenir. Très satisfait de sa nouvelle « famille », il renonça à repartir.

Lorsque j'étais enfant, il arrivait que Mifune me prenne par la main et me mène au château, où il me montrait fièrement ce paysage qu'il avait mis tant d'années à élaborer. Il combinait la sobriété architecturale du style japonais avec le naturel des jardins italiens à la végétation sauvage. Les plantes aromatiques y abondaient : le thym et le romarin, la menthe et l'origan, la livèche et la citronnelle, dont les parfums vous chatouillaient les narines lorsque vous les frôliez. Des allées entières étaient bordées d'orangers et de citronniers, leurs troncs soigneusement élagués peints en blanc, leur feuillage vert foncé regorgeant de fruits aux couleurs vives. Il y avait un étang entouré de roseaux, dans les vertes profondeurs duquel les carpes koï scintillaient comme les coulées de lave du Vésuve. Sans oublier, bien entendu, ces paisibles oasis japonaises que l'on rencontrait, comme par hasard, au détour d'un chemin, en bas d'une volée de marches en marbre ou au sommet d'une colline – plates-formes arrondies, pavées de galets dont la taille et la teinte avaient été minutieusement choisies. Le résultat était une œuvre d'art où beauté rimait avec sérénité. Pour ombrager cette délicate simplicité, on pouvait trouver un arbre tricentenaire importé du Japon, une sculpture – une fine lame de métal réfléchissant les rayons du soleil – ou un modeste petit pont de bois. Et le bruit de l'eau était partout présent : le bouillonnement d'un ruisseau, le bruissement d'une cascade, le murmure d'une fontaine. Le paradis existait. Et j'avais la chance de l'avoir découvert, dans les jardins de Mifune.

J'interrompis le fil de mes pensées, pour en revenir au signor Pirata actuel. Je me rappelai son arrogance et son étrange mise en garde.

— Mifune, je n'avais pas réalisé que le peintre était le signor Pirata du château. Je crains de m'être montrée impolie avec lui.

Mifune hocha la tête, et j'en conclus qu'il était déjà au courant de notre petite « confrontation ».

— Le signore aime échapper à l'agitation du monde. Il adore passer du temps ici, à repeindre son vieux bateau, dit Mifune en désignant la baie d'un geste de la main.

Je n'étais pas encore descendue à la crique, mais voilà que je me souvenais de la petite jetée, où étaient toujours amarrés un ou deux bateaux appartenant aux Pirata. Je pensai au luxueux hors-bord de Nico Pirata et me dis qu'il devait lui aussi s'y trouver. Quel veinard que ce Nico ! songeai-je, moi qui adorais l'eau. J'avais toujours été une bonne nageuse et conservais les épaules larges, le dos musclé et les hanches étroites acquis dans l'équipe de natation du lycée d'Evanston. Une nostalgie m'envahit à tel point que je décidai, sur-le-champ, d'acquérir un petit bateau. Grâce à lui, je me baignerais au large, j'irais faire les courses à Pirata ou, allongée dans le cockpit, je pratiquerais le bronzage intégral. Je n'en revenais pas de voir ma nouvelle vie se présenter sous d'aussi bons auspices, et priai pour que tout se passe bien. J'espérais être assez forte.

Mifune me dévisagea. Je me sentis transpercée par son regard, comme s'il pouvait lire dans mes pensées.

— En ouvrant cette porte, tu libéreras le passé, dit-il d'une voix calme. Souviens-toi que cette demeure ne contient pas que ton passé, mais aussi celui de Jon-Boy.

— C'est bien ce que j'espère, répliquai-je, trépignant d'impatience.

Il me salua et je le regardai s'éloigner lentement dans le jardin, les genoux fléchis comme ceux d'un vieillard.

J'étais seule devant la maison de mon père.

24

Lamour

La porte grinça lorsque je la poussai. Les rayons obliques du soleil couchant se glissèrent dans l'embrasure pour la première fois depuis vingt ans, et une forte odeur de renfermé m'assaillit.

Je pénétrai dans le petit vestibule au sol recouvert de carreaux de terre cuite. À ma gauche, une arcade donnait sur le salon. C'était la plus grande pièce de la maison ; elle occupait la quasi-totalité du rez-de-chaussée, avec son haut plafond et ses trois portes-fenêtres donnant sur le patio. Une autre arcade, à droite, s'ouvrait sur la cuisine au carrelage blanc, où je me souvenais d'avoir dégusté certains des meilleurs repas de ma vie.

Je me dirigeai vers le salon et j'eus aussitôt le sentiment réconfortant de rentrer chez moi. En effet, je n'avais jamais eu de vrai foyer, hormis cette maison. J'avais toujours vécu en location et l'appartement de Chicago… était à Alex. Mais cette maison, ici, à Amalfi, nous appartenait, à Jon-Boy et à moi.

Je remarquai alors que ses documents traînaient

toujours sur la table en bois, devant la fenêtre, et que le canapé bleu était un peu enfoncé, aux endroits où les gens avaient coutume de s'asseoir. Il y avait un verre vide, une bouteille de vin débouchée… Tout à coup, je compris que rien n'avait été touché depuis la nuit où Jon-Boy avait été trouvé mort.

Le cœur battant à tout rompre, je grimpai les marches et pris le couloir étroit qui menait à la chambre de mon père. J'ouvris la porte et, vaguement effrayée, jetai un coup d'œil à l'intérieur. Les livres étaient rangés sur les étagères, les vêtements pendus dans l'armoire entrouverte, et le réveil de voyage Cartier qu'il avait acheté pour fêter notre départ de Rome était encore posé sur la table de nuit, dans son étui de cuir. À côté, il y avait une photo de moi, le jour de la cérémonie de remise des diplômes.

Je la pris entre mes doigts. Je me souvenais de cette journée comme si c'était hier. Jon-Boy m'avait dit qu'il devait retourner en Italie afin de commencer un nouveau roman. Il me confiait une nouvelle fois aux bons soins des Mortimer. Bien sûr, je l'avais supplié de m'emmener avec lui, mais il avait rétorqué :

— Lamour, on ne peut plus vivre en gamins irresponsables. Tu es grande, désormais. Il faut que tu ailles à l'université.

Ce qu'il entendait par là, bien évidemment, c'est que *je* ne pouvais plus vivre en gamine irresponsable. Pour lui, en revanche, ça ne posait aucun problème.

Je répliquai que je ne voulais pas aller à l'université, que je voulais venir avec lui à Amalfi. Mais il secoua fermement la tête.

— Il est temps pour toi de vivre ta vie, mon bébé.

Il ne dit pas « tout comme il est temps pour moi de vivre la mienne », mais je sais que c'est ce qu'il insinuait. Il voulait redevenir maître de son existence, sans avoir à se soucier de moi.

J'acceptai, puisque c'était lui qui posait les conditions de nos relations. Avec mon père, il fallait tout prendre : les périodes solitaires comme les périodes exaltantes. Par ailleurs, je pensais qu'il souhaitait réellement écrire un nouveau roman, et comprenais qu'il eût besoin de s'isoler. Évidemment, je me trompais. Jon-Boy n'écrivit pas de roman. J'imagine qu'il était trop occupé à vivre sa vie.

Mais, grâce à lui, je m'étais sentie belle et aimée le jour de la cérémonie de remise des diplômes.

Pour une fois, je portais une robe, et non un jean. Elle était bleu vif, avec une jupe de forme évasée. Grâce à elle, je me sentis transformée : plus adulte, plus élégante. Je portais la cape noire de cérémonie ; la toque penchait d'un côté et son gland me tombait devant l'œil droit.

Quand le principal appela mon nom fusèrent les habituels éclats de rire. Après tout, Lamour était un nom plutôt osé pour une fille de dix-sept ans – ou du moins c'était l'avis des garçons. J'étais montée sur l'estrade la tête haute, afin de recevoir mon diplôme, en retenant ma toque qui glissait. Du coin de l'œil, j'avais aperçu Jon-Boy. Il était assis avec les Mortimer, venus en force pour me soutenir. Son visage arborait un sourire radieux et il dressa le poing d'un air triomphant.

C'est sur un petit nuage que je quittai l'estrade. Ça y est, c'est fini ! Jon-Boy me passa un bras autour des épaules et dit, en me regardant droit dans les yeux :

142

— Mon trésor, tu es une beauté. Ne laisse jamais l'un de ces minables prétendre le contraire.

Puis, avec un grand sourire, il ajouta :

— Et n'oublie pas que ton père est un expert en la matière.

25

Lamour

Une fois terminées toutes les cérémonies de remise des diplômes et fêtes de fin d'année, Jon-Boy et moi allâmes dîner en tête à tête. J'étais triste car il repartait le lendemain. Il me manquerait, et avec lui la rumeur et le parfum de ces lieux exotiques : le marché de campo dei Fiori, les bateaux des pêcheurs, les pinèdes, la mer, le soleil brûlant de la côte amalfitaine, l'odeur des ruines romaines. À dire vrai, j'espérais encore l'entendre me dire : « Laisse tomber l'université et viens avec moi en Italie ! »

J'avais choisi un restaurant italien de mon quartier, pour ce « dîner de fête ». Assis l'un en face de l'autre, nous mangions en silence des pizzas Margherita dont nous savions l'un et l'autre qu'elles n'arrivaient pas à la cheville des pizzas romaines – mais que nous savourions tout de même. Jon-Boy buvait du vin, moi du Coca et, bien sûr, nous en vînmes à discuter de Rome. Je n'avais jamais vu l'appartement qu'il louait désormais, mais je savais qu'il était bien plus somptueux que notre ancien logis de Trastevere.

— Il ne te manque pas ? demandai-je.

— L'ancien quartier ? dit-il en haussant un sourcil interrogateur. Si, évidemment, mais s'il y a un truc que j'ai appris dans la vie, mon trésor, c'est qu'il faut toujours aller de l'avant. Et surtout, ne pas revenir sur ses pas. Ça ne marche jamais.

Il vit que je n'avais pas la moindre envie de le croire, et ajouta :

— Enfin, peut-être que ça vaut juste pour moi.

Il s'accouda à la table et me regarda, amusé, retirer avec les doigts les morceaux de tomate de ma pizza – ainsi que je l'avais toujours fait.

— Cela dit, il y a des choses qui ne changent pas, ajouta-t-il, un grand sourire aux lèvres.

Il leva les yeux lorsque deux femmes s'approchèrent de notre table et, stylo et bout de papier en main, lui demandèrent un autographe. Je les observai timidement, tandis qu'elles lui répétaient que son livre était merveilleux et qu'il était, quant à lui, encore plus beau que sur les photos. Je n'avais jamais pleinement réalisé que mon père était un écrivain célèbre – sans doute parce que je n'avais jamais été mêlée à cette partie de son existence. Il avait écrit son roman après mon départ, et son succès avait tout chamboulé autour de moi, mais sans me toucher. Je vivais à Evanston chez les Mortimer, pendant qu'il habitait Rome et parcourait le monde pour faire la promotion de son roman. Toujours est-il que plusieurs années s'étaient écoulées depuis, et qu'il était sur le point d'en commencer un nouveau.

Tandis que les deux femmes s'agitaient autour de lui, je buvais la scène des yeux, désireuse de profiter des derniers rayons de sa gloire. Comme il les charmait aisément ! Il était si beau, si attentif. À chaque femme il donnait le sentiment qu'à l'instant précis elle seule comptait à ses yeux. C'était une méthode qui ne manquait jamais de produire son effet. Il demanda à chacune comment elle s'appelait, puis les appela par leur prénom. Il signa les morceaux de papier et ajouta un petit message personnel, au sujet de la « rencontre au restaurant Chez Antonio ». Il les remercia d'avoir aimé son livre, leur dit qu'il ne les oublierait jamais et les renvoya à leur table, gloussantes d'émotion.

— Maintenant, elles ne sont plus seulement amoureuses du livre, mais aussi de son auteur, dis-je non sans un soupçon de jalousie, ce qui le fit rire.

— Tu es presque en âge de tomber amoureuse, toi aussi, répliqua-t-il.

Je me gardai de lui rétorquer que j'étais déjà tombée amoureuse une bonne dizaine de fois. J'avais dix-sept ans, l'oubliait-il ?

— J'imagine, répondis-je à la place. Mais je ne vois vraiment pas de qui.

Ça, c'était vrai. J'avais déjà épuisé la liste des possibilités, et il ne restait plus un seul garçon envisageable. Même chose du côté de Jammy. Nous nous préparions à entrer à la fac – moi à l'université du Michigan, et elle à l'école de design de Rhode Island – sans être encombrées de petits amis.

— Et toi, tu es amoureux ? demandai-je, soudain soupçonneuse.

Je n'avais aucune envie de me voir imposer, du jour au lendemain, une belle-mère italienne.

— Ne le suis-je pas toujours ? répliqua-t-il, me prenant la main par-dessus la table et grimaçant lorsqu'il se rendit compte qu'elle était poisseuse de sauce tomate.

Mais je perçus une lueur d'inquiétude dans son regard, et devinai qu'il me cachait quelque chose.

— Sérieusement, Jon-Boy..., insistai-je, tandis qu'il m'essuyait la main avec sa serviette.

Il me fixa d'un air grave, chose qu'il faisait rarement. Il paraissait passer son temps à rire, lorsque nous étions ensemble.

— Mon trésor, dit-il. Tu es désormais une jeune fille. Tu évolues dans un univers d'adultes, avec les responsabilités que ça implique. Il est temps de passer à autre chose, carina. Ta nouvelle vie promet d'être passionnante – l'université, les choix à faire pour ton avenir...

J'eus un serrement au cœur. Finalement il n'allait pas me demander de partir avec lui.

— Et toi, ton avenir, c'est un nouveau roman et une nouvelle femme, rétorquai-je, encore vexée d'avoir été exclue de son existence.

— Tu viendras à Amalfi pour les vacances, promit-il. La maison nous appartient désormais. Tu pourras m'aider à la retaper. Elle n'a pas changé depuis que tu y as vécu.

— Il y a de ça tellement d'années, dis-je tandis que les souvenirs m'assaillaient – comme chaque fois.

Il me dévisagea longuement.

— Tu sais que tu n'as pas du tout changé ? dit-il. Toujours les mêmes grands yeux noirs, qui cherchent à deviner mes secrets. Toujours ces boucles sombres et désordonnées. Tu es restée la petite fille d'autrefois. *Ma* fille, conclut-il en me serrant la main avec force.

J'étais si émue que ma voix s'étrangla. Mais l'arrivée des spaghettis à la bolognaise détendit l'atmosphère. Nous achevâmes notre repas en discutant du lycée et de la fac, de mes amis, des restaurants de Rome… de tout, excepté du fait qu'il m'abandonnerait le lendemain.

Sur le chemin du retour, nous nous tenions par la taille – j'étais alors presque aussi grande que Jon-Boy. Il entra pour dire au revoir aux Mortimer, et les remercier une dernière fois d'avoir veillé sur moi. Puis je le raccompagnai dans l'allée, jusqu'à sa voiture de location. Il posa les mains sur mes épaules et me regarda droit dans les yeux.

— N'oublie jamais que je suis ton père et que je t'aime, dit-il.

Puis il m'embrassa et repartit vers une nouvelle existence, dont je ne faisais pas partie.

Je ne le revis jamais.

26

J'essuyai mes larmes sur ma manche. Jon-Boy n'avait pas été là pour la cérémonie de remise des diplômes à l'université. Il n'avait jamais rencontré mon mari. Je me demande ce qu'il m'aurait dit, si ç'avait été le cas. M'aurait-il mise en garde contre Alex ? Après tout, qui était plus expert que lui en matière sentimentale ?

Je reposai la photographie sur la table de chevet où la poussière s'accumulait depuis des années.

Je humai l'air et distinguai un léger parfum masculin. J'ouvris en grand la porte de l'armoire et passai en revue les vêtements de Jon-Boy : un costume chic, une veste souple de cachemire. Ses vêtements romains – ici, il passait son temps en jean ou en short. À ma grande surprise, je découvris, pendue avec ses habits à lui, une belle robe rouge en mousseline de soie.

Évidemment, Jon-Boy avait toujours eu des femmes dans sa vie. Celle-ci avait-elle vécu ici, avec lui ? Était-il amoureux d'elle ? Était-elle à ses côtés le soir de sa mort ? Où pouvait-elle bien se trouver, à présent ?

Haletante, je courus à la fenêtre et l'ouvris toute grande, laissant le bon air du soir s'engouffrer dans la pièce pour la première fois depuis toutes ces années. Au bout de quelques minutes, je m'étais ressaisie. Je longeai le couloir et me dirigeai vers mon ancienne chambre.

L'espace d'un instant, je craignis de ne pas la reconnaître. Mais elle était telle que dans mon souvenir : une chambre toute simple aux murs blanchis à la chaux, avec des volets d'un bleu-vert passé et un lit étroit et défoncé dont la tête, en fer forgé, dessinait des arabesques. Il y avait aussi un vieux placard en bois et, sous la fenêtre, un fauteuil en piteux état. Une table supportait une lampe à abat-jour vert, le couvre-lit était soigneusement tendu sur le matelas. Ma chambre n'était jamais aussi impeccable du temps où je l'habitais. C'était alors un enchevêtrement de draps, de vêtements roulés en boule, de piles de livres, et, au milieu de tout ça, des sandwiches entamés et oubliés.

Le grand fauteuil sous la fenêtre… C'est là que j'attendais le retour de Jon-Boy, en lisant à la lueur de la lampe jusqu'à ce que mes yeux se ferment de fatigue. Rien que d'y repenser, j'avais mal. Et voilà qu'elles me revenaient à nouveau en mémoire, toutes ces heures passées à attendre Jon-Boy. Je sentis ce pincement au cœur que j'avais autrefois, à la pensée qu'il puisse ne pas revenir… J'avais refoulé ce souvenir, durant toutes ces années.

Je me répétais constamment qu'il reviendrait me chercher. Jusqu'au jour où il n'était pas revenu.

En soupirant, je me dirigeai vers mon placard. Par terre traînait mon vieux maillot de bain rouge. Je le ramassai, en examinai l'étoffe pleine de trous. Je l'avais usé jusqu'à la corde. J'avais passé certains de mes meilleurs moments vêtue de ce maillot de bain.

Je poussai la porte de la salle de bains, juste à côté. Il restait un bout de savonnette dans le porte-savon.

Des serviettes de toilette avait été laissées à sécher sur la tringle du rideau de douche. On aurait dit que Jon-Boy et sa petite amie à la robe rouge pouvaient rentrer d'une minute à l'autre.

Je dévalai les escaliers jusqu'à la cuisine. J'adorais cette pièce ; mais là, le carrelage blanc avait besoin d'un bon coup de serpillière ! Le vieux poêle à gaz aussi était sale, et les provisions de base du célibataire remplissaient encore les étagères du garde-manger.

Je restai plantée devant la table en pin bien astiquée, au centre de la pièce, dans la maison qui avait été au cœur de mon univers d'enfant. Soudain, les larmes ruisselèrent sur mes joues.

— Oh, Jon-Boy, sanglotai-je. Qu'est-ce qui t'est donc arrivé ?

— Lamour ?

Une voix m'arracha à ma torpeur.

Je levai les yeux. Nico Pirata se tenait sur le seuil. Je détournai le regard, pour qu'il ne voie pas mes larmes.

— J'étais à la crique, dit-il. J'ai amarré mon hors-bord à la jetée. Je me suis dit que vous seriez peut-être ici. Je passais juste vous saluer.

— Allez-vous-en, rétorquai-je en lui tournant le dos.

— Je suis désolé, Lamour, dit-il d'une voix calme. Je comprends ce que vous ressentez, et j'en suis désolé.

Je sentis ses mains sur mes épaules. Puis il me fit faire volte-face et m'entoura de ses bras. L'odeur salée de sa sueur me parvenait aux narines et je percevais les battements de son cœur. L'étreinte était réconfortante, et il était si beau, si vibrant, si vivant…

— Je comprends, dit-il en me caressant les cheveux. Je comprends, carina. Tout va bien se passer, maintenant. Faites-moi confiance.

J'avais oublié à quel point il était facile de tomber dans les bras d'un homme. De redevenir une pauvre créature vulnérable. *Trop facile !* me répétai-je en guise de mise en garde. Après tout, cet homme était un Pirata. Et, à cause de son père, j'ignorais si je pouvais lui faire confiance.

J'essuyai mes larmes du revers de la main. M'efforçant de paraître aussi digne que possible malgré mes yeux gonflés et mon nez rougi, je dis :

— Ça va aller. C'est juste le fait de tout retrouver exactement à la même place...

— La maison est restée fermée depuis la mort de votre père. Personne n'y est jamais venu.

Il s'écarta et me regarda, les bras croisés sur sa poitrine. L'espace d'un instant, je fus tentée de me laisser aller dans ses bras et de pleurer sur son épaule.

— Eh bien, merci d'être passé, dis-je.

Il comprit que je l'invitais à se retirer, et se dirigea vers la porte.

Dans la lumière du couchant, sa silhouette se détachait à contre-jour.

— Je pourrai vous revoir, Lamour ? demanda-t-il.

— Si votre père vous en donne la permission, répliquai-je, parvenant cette fois-ci à sourire.

Il m'adressa un signe de la main, avant de s'éloigner.

Un peu plus tard, je partis moi aussi. Je ne me donnai pas la peine de fermer la porte. On ne la fermait jamais, du temps où j'y habitais, et ce n'était pas maintenant que j'allais commencer à le faire. Je restai un moment sur la terrasse, et me laissai gagner par le charme de ma petite maison dorée. Puis je retournai à la voiture et roulai lentement vers l'hôtel, afin de raconter à Jammy tout ce qui s'était passé.

27

Lamour

Quelques jours s'écoulèrent sans nouvelles de Nico. Jammy était là depuis une semaine. Elle allait repartir le lendemain. Mais à cet instant précis, elle repeignait le plafond, perchée sur un escabeau.

— J'ai l'impression d'être Michel-Ange ! cria-t-elle. J'ai la même douleur au cou.

— Comment tu sais qu'il avait mal au cou ? demandai-je. Et, de toute façon, est-ce qu'il ne peignait pas allongé sur le dos sur une espèce d'échafaudage ?

J'étais affairée, quant à moi, à repeindre les volets en un beau bleu outremer. Nous avions choisi pour les murs un jaune pâle – la couleur de l'aube aux premiers rayons du soleil – que nous avions passé à l'éponge. Déjà, je commençais à me sentir chez moi ici.

— Dans ce cas, comment faisait-il pour que la peinture ne lui tombe pas dans les yeux ?

J'éclatai de rire.

— Oh, Jam, tu n'as pas envie de faire une pause ?

— Je ne voulais pas être la première à le proposer, reconnut-elle.

Elle descendit lourdement de l'escabeau.

— Je ne chercherai plus à marchander la prochaine fois que je ferai repeindre ma maison. Ces gars méritent chaque centime gagné.

Deux bouteilles de Coca à la main, nous allâmes nous asseoir sur les marches du perron. Nous étirâmes nos dos endoloris et respirâmes à pleins poumons cet air privé de toute émanation toxique. Nous avions commencé le matin de bonne heure, et à présent il était quatre heures. J'étais prête à arrêter là, mais Jammy était décidée à finir le plafond avant de prendre l'avion pour Chicago.

— Ça ne me plaît pas du tout de rentrer sans toi.

— Je serai tout près, répondis-je calmement. À l'autre bout du fil.

— Lam, tu es vraiment sûre de vouloir rester ? tenta-t-elle une dernière fois. Pourquoi ne pas considérer cette maison comme une résidence secondaire ? On pourrait tous venir passer l'été ici… même l'étudiante va adorer ! Je suis sérieuse, Lam. Pense aux moments qu'on pourrait passer ensemble – à manger de la pizza, à nager dans la crique, ou à se battre avec le pirate de Pirata… également surnommé le peintre de Pirata !

Elle se mit à glousser, satisfaite du surnom qu'elle venait de trouver à Lorenzo.

J'en ris avec elle et lui suggérai d'aller dîner à l'Amalfitano afin de fêter son dernier soir.

Elle me passa un bras sur l'épaule. Rapprochant son visage du mien, elle fouilla mon regard.

— Sérieusement, Lam, tu es persuadée que ton choix est le bon ?

Je hochai la tête mais, aussitôt, l'angoisse me saisit aux tripes. Tout allait bien quand Jammy était là pour me tenir compagnie : j'avais quelqu'un avec qui rire de mes brouilles avec les Pirata et du travail qui restait à faire. Mais une fois Jammy repartie, ce serait une autre paire de manches. Je me retrouverais seule sur une terre étrangère. Pas d'épaule sur laquelle pleurer si les choses se passaient mal. Pas d'amis pour veiller sur moi. Je m'obligeai à me ressaisir, me rappelant mon vœu d'indépendance. Eh, du nerf, ma fille ! Serre les dents, comme les Anglais. Tu as choisi cette voie, et à présent tu vas la suivre ! Seule.

Nous aperçûmes Mifune, qui se dirigeait vers sa dalle de méditation, et Jammy accourut à sa rencontre.

— Mifune, vous avez connu Lamour enfant, dit-elle. Je sais que vous l'aimez. Vous veillerez sur elle, n'est-ce pas, quand je serai partie ?

Mifune s'inclina.

— Votre protégée sera en sécurité avec moi, signora Haigh, répondit-il.

Jammy lui rendit son salut et le remercia, assurée que tant qu'il serait là, rien de mal ne pourrait m'arriver.

Un peu plus tard, douchées de frais, les cheveux encore humides, et très simplement vêtues de panta-courts et de tee-shirts blancs, nous profitions d'un moment de détente dans les fauteuils de l'Amalfitano, en buvant du vin blanc et en mâchouillant des feuilles de salade.

— Je regrette presque de devoir partir, soupira Jammy. Tout ça va me manquer.

— Reviens quand tu veux, dis-je d'un ton optimiste, consciente, bien sûr, qu'elle avait sa vie à elle, qui l'attendait ailleurs.

— J'amènerai l'étudiante. Elle va adorer cet endroit.

Nous avions épuisé tous les sujets de conversation et, pour la première fois, je sentis un vide entre nous.

— Jam, dis-je en prenant sa main par-dessus la table. Je te jure que si ça ne marche pas, si c'est vraiment trop dur…

Son visage s'éclaira.

— Oui ? demanda-t-elle d'une voix pleine d'espoir.

— … je ferai comme le petit cochon, quand on souffle sur sa maison… J'essaierai encore et encore et encore, ajoutai-je avec un sourire, et nous partîmes d'un nouvel éclat de rire – amies, pour toujours.

Je vis Lorenzo Pirata avant qu'il m'ait vue lui-même. Il était en compagnie d'un groupe – incluant sa fille, mais pas son fils. Aldo et les serveurs s'empressèrent de former une seule longue table en en mettant trois bout à bout, de placer devant chaque personne des sets de table en papier décorés d'un plan de Pirata et du drapeau italien, d'y disposer l'argenterie, ainsi que deux ou trois verres contenant des serviettes en papier. L'Amalfitano ne faisait en général pas de chichis. Mais le groupe était des plus chics – et leur « décontraction » ne ressemblait en rien à la nôtre. Les femmes étaient élégantes, avec leurs vêtements blancs en lin, leurs cheveux lisses et brillants et leurs bracelets en or. Les hommes également, en chemise polo, short et mocassins de qualité.

— On a de la compagnie, dis-je à voix basse.

Jammy jeta un coup d'œil par-dessus son épaule. Elle se retourna vers moi, les sourcils froncés.

— Il est sur son territoire, fit-elle remarquer en haussant les épaules.

Je vis Aldo se précipiter pour prendre leur commande, pendant que les serveurs leur apportaient des bouteilles de vin. J'évitai de regarder le groupe, préférant me concentrer sur mon verre de vin. Mais j'eus la désagréable impression que leurs regards convergeaient vers moi. Je pris une autre gorgée de vin, en m'efforçant de ne pas entendre leur conversation.

— Signora Harrington. Signora Haigh. *Buona sera.*

Lorenzo Pirata se tenait devant moi. Je levai les yeux vers lui. En face, Jammy retenait son souffle en attendant la suite.

— Bonsoir, signor Pirata, répliquai-je avec froideur.

— J'espère qu'Aldo prend soin de vous, dit-il avec un sourire. Je vous recommande les aubergines. C'est la spécialité de son épouse.

Je ne savais pas qu'Aldo avait une femme – et encore moins que c'était elle qui faisait la cuisine.

— Dans ce cas, il faut absolument que je les goûte, répliquai-je en lui rendant son sourire.

Mon ennemi a beau être un salopard, il est drôlement beau, songeai-je. Parce que de cela j'étais certaine : c'était mon ennemi.

— Eh bien, je vous souhaite à toutes les deux une bonne soirée, dit-il avant de retourner à sa table.

Consciente qu'Aurora me foudroyait du regard, j'étais décidée à l'ignorer. Les aubergines recommandées par Lorenzo étaient exquises et, généreusement enrobées de mozzarella locale, constituaient le plat le plus calorique que j'eusse mangé depuis des années – à l'exception, bien sûr, de la pizza, des calmars et du pain… Je poussai un soupir.

— Ne t'inquiète pas… Ça ne te fera pas de mal, de prendre quelques kilos, dit Jammy en commandant une seconde carafe de vin.

Évidemment, que ça ne me ferait pas de mal. Ma maigreur n'avait rien à voir avec la minceur voluptueuse des femmes assises à la table de Lorenzo.

— Comment, alors que j'étais une si jolie gamine, ai-je pu devenir ce que je suis ?

— La négligence, répliqua-t-elle.

Levant les yeux de son assiette, tout occupée qu'elle était à mettre en pièces un énorme poisson frit, Jammy m'examina d'un œil critique :

— À vrai dire, il y a des années que tu n'as pas eu aussi bonne mine. Ta coupe de cheveux est géniale, et tu as repris des couleurs. Je jurerais même que tu as pris des formes, ici et là…

— C'est à force de manger des pâtes… et j'espère que par « ici et là » tu veux dire aux bons endroits ?

— Ouais… petites, mais parfaites ! dit-elle, et nous éclatâmes de rire.

Tout allait bien se passer, je le savais.

Un peu plus tard, nous saluâmes les Pirata d'un geste de la tête et descendîmes l'escalier, bras dessus, bras dessous, pour regagner le parking. Nous fîmes halte afin de contempler le village, éclairé par les lampadaires jaunes et les guirlandes électriques, devant l'Amalfitano.

— Un vrai décor de carte postale ! fit remarquer Jammy, en désignant le clocher illuminé de la vieille église, et les arcades menant au bord de mer.

Nous nous levâmes de bonne heure le lendemain matin, fourrâmes les bagages de Jammy dans le coffre de

la voiture et démarrâmes – direction l'aéroport Capodichino de Naples. Après que Jammy eut enregistré ses
bagages, nous prîmes le temps de savourer un café et
des *sfogliatelle*, ces feuilletés sucrés fourrés à la ricotta
qui sont une des spécialités napolitaines. Je lui parlai
de la maison et lui dis que j'allais faire venir un architecte et un ingénieur pour m'assurer de la solidité des
structures, avant d'entreprendre la rénovation – bien
que j'eusse l'intention de m'attaquer très rapidement à
la remise en état des jardins.

— Avec l'aide de Mifune, ajoutai-je. Vu que personne ne sait mieux que lui ce qui se cache sous toutes
ces mauvaises herbes et toutes ces broussailles.

Et puis, un peu plus tard, je serrai Jammy dans mes
bras et nous nous dîmes au revoir. Elle s'éloigna rapidement, comme à son habitude, et disparut dans le
tunnel d'accès à la piste de décollage, ne s'arrêtant
qu'une seule fois pour me jeter un coup d'œil par-
dessus son épaule et m'adresser un signe de la main.
Elle souriait, mais je perçus de l'inquiétude dans son
regard. J'avais décidé de changer de vie et, à présent,
j'allais devoir assumer mon choix.

28

Lamour

À première vue, la maison ne nécessitait pas de grands travaux. Quant à la falaise, c'était une autre affaire. Mifune et moi avions découvert des zones érodées, là où les arbrisseaux et les broussailles avaient été élagués. Je ne pensais pas que cela puisse poser problème, car j'avais l'intention de les replanter, mais l'avis d'un professionnel me paraissait essentiel. Je fis venir un architecte de Sorrente.

Il descendit l'escalier en trottinant. C'était un homme petit et gras, aux lèvres serrées, à la fine moustache et au nez chaussé de grosses lunettes à monture noire qui lui donnaient un air d'importance. Il portait un costume noir trop ajusté, une cravate argentée et un panama. Derrière lui se tenaient deux jeunes assistants – ses larbins, visiblement – occupés à porter sa serviette, une ombrelle, et divers instruments de mesure.

— *Buongiorno*, aboya l'architecte.

Puis, d'un geste de sa main pâle, il invita ses acolytes à inspecter le terrain pour s'assurer – m'expliqua-t-il –

que tout n'allait pas dégringoler dans la mer. Puis, avec l'air de quelqu'un qui s'adresse à un domestique, il me demanda d'un ton impérieux où était *il signore*.

— *Il signore ?* répliquai-je stupéfaite, tandis qu'il s'impatientait.

— *Si, il signore*, le propriétaire de la maison. La personne qui me demande mes services.

— Mais c'est moi la propriétaire !

Il se raidit et, pour la première fois, me regarda pour de bon.

— Signora… ?

— Je suis la signora Harrington. C'est moi qui vous ai prié de venir inspecter ma propriété, dottore.

Je le gratifiai de ce titre et d'un sourire, dans l'espoir de l'amadouer. Après tout, je ne souhaitais pas me mettre à dos le conseil municipal du coin à cause d'un mauvais rapport de l'architecte sur ma propriété ; je ne voulais pas non plus avoir à débourser des fortunes dans la résolution de problèmes qui n'existaient peut-être pas. Je commençais à regretter de m'être donné la peine de faire inspecter les lieux.

L'architecte dressa la tête et, du haut de son mètre soixante, m'inspecta lentement en pinçant les lèvres.

— *Perdona, signora*, mais j'avais cru comprendre que je devais inspecter la propriété pour le signor Pirata.

Je secouai la tête et il parut très déçu d'avoir mon humble personne pour cliente, alors qu'il espérait frayer avec le *gran signore*.

— Eh bien, dottore, dis-je d'un ton ferme. Maintenant que nous avons établi que c'est moi qui paie vos honoraires, peut-être pouvons-nous commencer l'inspection de la maison.

Je le fis aussitôt entrer, et nous effectuâmes une visite-éclair.

— Tout ce que je veux savoir, c'est si les fondations sont solides, dis-je. La maison n'a pas été rénovée depuis sa construction dans les années vingt.

À peine entré, il jeta un coup d'œil au joli salon, puis à la cuisine. Et plissa le nez, dans une expression de mépris.

— Cette maison est très petite, signora. Elle a été construite pour y loger des invités, non ?

— Non, répliquai-je sèchement. C'est ma maison, et je désire vivement m'assurer que tout est en ordre, avant d'entamer des travaux.

— Hum…

Il réfléchit quelques instants, puis ressortit et appela ses employés, à qui il administra ce qui ressemblait à un interminable sermon. Je me demandai s'il n'était pas en train de leur passer un savon… Non seulement on ne lui avait pas dit qu'il ne rencontrerait pas le *gran signore* en personne, mais on l'avait fait venir de Sorrente pour voir une femme qui envisageait d'habiter une demeure visiblement destinée à des domestiques.

Il finit par se retourner vers moi.

— Mes hommes vont inspecter votre propriété. Nous vous transmettrons un rapport en temps voulu.

J'eus un serrement au cœur. « En temps voulu » pouvait vouloir dire n'importe quand, entre demain et l'année prochaine.

— Et à présent, signora, je vous souhaite une bonne journée.

Il jeta un rapide coup d'œil à sa montre, sans doute censé me signifier que je lui avais fait perdre un temps précieux, ouvrit son ombrelle et regagna la scalatinella.

Je le suivis des yeux. Pâle et replet, il était en nage et me fit penser à Dirk Bogarde errant sur le Lido dans le film *Mort à Venise*.

Je retournai à la cuisine, démoralisée. Je pris deux bières dans le vieux frigo – petit et trop faible pour garder réellement les choses au frais – et, depuis la terrasse, appelai les deux employés. J'agitai les deux bouteilles au cas où ils ne comprendraient pas mon italien hésitant. Ils me regardèrent, puis tournèrent aussitôt la tête vers l'escalier, en direction de leur patron. Il n'était plus là. Alors, avec un sourire, ils acceptèrent la bière en s'essuyant le front, soulagés.

C'était de tout jeunes hommes à la peau mate et aux yeux cernés – à force, sans doute, d'être exploités. Mais la bière les ragaillardit considérablement.

— Elle est belle, votre maison, dit celui qui avait les cheveux en brosse, avec un sourire timide.

— *Grazie signore*, je trouve aussi, répliquai-je avec modestie, mais sa réflexion m'avait touchée.

Je distinguai un bruit de pas et, pivotant sur mes talons, vis Nico descendre l'escalier d'un pas vif. Il était en maillot et, me sembla-t-il, s'apprêtait à regagner son hors-bord.

— Carina ! s'écria-t-il – en m'adressant ce grand sourire chaleureux auquel il m'était toujours impossible de ne pas répondre. Je viens de croiser un homme bizarre. On aurait dit qu'il était habillé pour un déjeuner mondain aux environs de 1927. Il se passe quoi, au juste ?

J'éclatai de rire. Sa description collait si bien à l'architecte ! Je lui expliquai qui était l'homme, lui offris une bière, et lui annonçai que j'allais devoir me remettre au travail.

— Vous ne voulez pas plutôt faire un tour en bateau ? demanda-t-il avec un regard suppliant. On pourrait déjeuner à Capri.

Je n'étais pas retournée à Capri depuis l'époque Jon-Boy.

— Mais il faut que je m'occupe de mes employés, dis-je en désignant les géomètres qui traînaient leur équipement dans le jardin, et commençaient à prendre des mesures. Qui plus est, j'avais l'intention de repeindre ma chambre.

— Allez, venez, Lamour ! Vous aurez toujours le temps de travailler. Une belle journée comme ça, il ne faut pas la laisser passer !

Je songeai avec mauvaise conscience aux pots de peinture abricot et aux rouleaux immaculés qui m'attendaient à l'étage.

— Bon… Mais eux, alors ?

— Ne vous inquiétez pas. Je m'en charge.

Je l'entendis les interpeller en s'avançant vers eux.

— *Ciao amici !*

Et je devinai qu'il n'aurait pas de mal à les charmer, et à en faire ce qu'il voudrait. Comme il devait être agréable d'être aussi sûr de soi, de savoir que les gens autour de vous sont tout prêts à vous aimer et à vous servir. *Aimer.* Le mot m'avait traversé l'esprit. Je décidai de l'en balayer et me précipitai à l'étage pour me changer – il me fallait une tenue adéquate pour une balade en bateau et un déjeuner à Capri. J'optai pour un short blanc et un dos-nu vert et ramenai mes longs cheveux en arrière à l'aide d'une pince. À tout hasard, je glissai un maillot deux-pièces dans le panier acheté chez Umberto, à Pirata, ainsi qu'un chapeau de paille, un tube d'écran total et du brillant à lèvres. En moins de cinq minutes, j'étais prête.

Nico se prélassait dans le patio. Les jeunes gens n'étaient plus dans les parages. Il me fit un grand sourire.

— Ils sont allés déjeuner à l'Amalfitano, m'expliqua-t-il. Je leur ai dit de mettre ça sur ma note.

Je secouai la tête, sceptique. Je les connaissais, ces déjeuners qui n'en finissaient pas.

— Quand vont-ils s'occuper du boulot, alors ?

— Ils ont promis de revenir demain. Je m'arrangerai avec leur chef. Je vois qui c'est. Vu le genre, il sera tout excité de recevoir un coup de fil des Pirata.

J'éclatai de rire. Bien sûr, il avait vu juste.

— Vous voilà donc libre à présent, dit-il en prenant ma main et en m'entraînant vers l'ascenseur.

Nous nous tînmes tout près l'un de l'autre, dans la petite cage à parois de verre qui descendait lentement. J'évitai de croiser son regard.

— La dernière fois que je suis allée à Capri, j'avais huit ans, dis-je, histoire de rompre le silence.

J'étais sur le point d'ajouter « c'était il y a trente ans », mais je me ravisai. Entre vingt-huit et trente-huit ans, il y avait une sacrée différence d'âge.

— Nous y voici, déclara Nico, lorsque les portes de l'ascenseur s'ouvrirent.

Il prit ma main et nous courûmes vers la jetée, où nous attendait le hors-bord.

Il m'aida à embarquer, défit la corde et sauta lui aussi dans le bateau. Celui-ci tangua sous son poids. Puis le moteur rugit et nous filâmes hors du petit port. Nous fendîmes les flots à vive allure, les cheveux au vent, la peau fouettée par les embruns. Nous longeâmes la merveilleuse côte, dépassant des petits villages secrets uniquement accessibles par la mer, de discrets hôtels construits à flanc de falaise, des grottes vert foncé, et des criques bleu azur.

C'était si beau, si enivrant. J'en riais de plaisir. Le vent emporta mon rire et ma pince à cheveux. Ceux-ci se répandirent librement autour de mon visage.

— On dirait la Méduse ! cria Nico, et je ris de plus belle.

Profiter du moment présent : au fond, c'était ça, le bonheur.

29

Une demi-heure avait dû s'écouler lorsque l'île apparut à l'horizon. Ses falaises de grès accidentées se découpaient sur le ciel bleu vif, leur sommet recouvert d'une végétation duveteuse.

— C'est magnifique ! m'exclamai-je.

— Attendez ! cria-t-il en retour, prenant ma main pour y déposer un baiser.

Je sentis mon visage s'empourprer et détournai la tête. Je n'avais pas été embrassée par un homme – ne serait-ce que sur la main – depuis très, très longtemps. Je savourai cet instant, laissant mon cœur se gonfler de joie.

— C'est maintenant qu'il faut regarder, carina !

Nico ralentit l'allure et, tournant la tête, je plongeai le regard dans la célèbre Grotta Azzurra.

La surface immobile était d'un profond bleu violacé, tacheté d'aigue-marine. Cette couleur paraissait presque irréelle.

— D'après une lointaine légende, m'expliqua Nico, un vaisseau passa par là, qui transportait de la teinture tyrienne violette – une couleur destinée aux seuls empereurs romains. Le vaisseau fit naufrage et coula dans la grotte, ce qui donna à l'eau cette merveilleuse nuance de bleu.

Je laissai glisser ma main dans l'eau et levai les yeux vers les parois irisées de la grotte, laquelle reflétait, telle une énorme opale, toutes les couleurs de la mer. Confrontée à l'extrême beauté de la nature, j'étais toujours – moi, l'architecte paysagiste – saisie par une sorte de crainte sacrée. Car seuls Dieu et le temps étaient capables de produire cela.

Soudain, Nico démarra en trombe, et nous reprîmes notre route.

Il amarra le hors-bord sur la Marina Grande, à côté d'un autre bateau tout aussi élégant. Puis, ma main dans la sienne, nous nous joignîmes aux touristes qui avaient pris place dans le funiculaire, afin de gagner la piazzetta – la place principale, toujours grouillante de monde.

J'avais oublié à quel point la petite ville était belle, avec ses maisons blanchies à la chaux, ses ruelles pavées, ses piazzas miniature et ses étroites volées de marches entre les bâtiments. Les arches ruisselaient de bougainvillées pourpres ou rose vif, et des rues tortueuses menaient aux grandes villas maures dissimulées derrière de hauts murs blancs bordés de lauriers-roses.

Nico me tenait par la main et nous nous promenions, nous arrêtant devant des vitrines contenant d'innombrables tentations – des sandales faites à la main, des bikinis, des bijoux, des robes, des sacs et des étoles de marque, ainsi que des draps de lit dans lesquels on ne pouvait que rêver de se glisser.

Je m'attardai devant la vitrine de la bijouterie Alberto et Lina, tentée par un délicat bracelet de corail.

— Pourquoi ne pas l'acheter, carina ? demanda-t-il, comme si j'étais du genre à m'acheter des colifichets hors de prix sur un coup de tête.

J'hésitai. Les fragments de corail paraissaient jaillis de l'or. La beauté du bracelet n'avait d'égale que sa simplicité.

— Peut-être plus tard, répliquai-je d'un ton léger, en le laissant m'éloigner de la tentation.

J'avais mieux à faire avec mon argent, ces temps-ci.

Nico me tenait toujours par la main, mais cela me semblait tout naturel. À vrai dire, j'adorais cela. Cette familiarité me donnait le sentiment d'être ici chez moi.

Nous allâmes dans un joli restaurant en terrasse, en retrait de la piazzetta. À La Capannina – c'était son nom – Nico fut accueilli avec enthousiasme par le patron, qui nous désigna une table (« la même que d'habitude, Nico ») sur la véranda. Au lieu de me faire face, Nico choisit de s'asseoir à côté de moi. Il me prit à nouveau la main, et je l'interrogeai du regard. Il éclata de rire et porta ma main à ses lèvres.

— Amuse-toi, carina, murmura-t-il, en me couvant des yeux.

Nous admirâmes les autres clients, élégants dans leurs vêtements de marque, aussi beaux et colorés qu'une colonie de perroquets. Nico commanda deux bellini, cocktails à base de prosecco et de jus de pêche. Nous commençâmes à les siroter et, sans même m'avoir laissée jeter un coup d'œil au menu, il me dressa la liste de ce que nous devions manger. Vu le charme de Nico, j'acceptai sans protester le rôle de la petite femme qui laisse l'homme prendre les décisions : où aller, que commander, que boire, qu'acheter... Le nez dans mon bellini, je profitais de l'instant présent, heureuse d'être dorlotée, jusqu'à ce que Nico éclate de rire sans raison apparente ; déconcertée, je lui demandai ce qui l'amusait.

— C'est qu'aujourd'hui vous n'êtes plus la même femme, répondit-il. Vous avez perdu ce côté « fichez-moi la paix, je ne veux parler à personne ». Je parierais presque que vous vous amusez.

Il me lâcha la main quand notre *insalata caprese* arriva. Les tomates et le basilic alternaient avec des feuilles de basilic hachées. La salade, inventée à Capri, tirait son nom de l'île. Mais, bien que j'en eusse mangé des milliers de fois, celle-ci différait de toutes celles que j'avais goûtées. Pour commencer, le fromage était de la burrata, proche de la mozzarella, en plus crémeux. Quant aux tomates, elles avaient dû pousser dans l'un des jardins de l'île et être cueillies le matin même, tout comme le basilic. Agrémentée d'un filet d'huile d'olive locale et de jus de citron, et relevée avec du poivre noir, cette salade avait le goût le plus frais qu'on puisse imaginer. J'aurais pu fort bien m'en contenter, d'autant plus que Nico avait repris ma main, et que nous sirotions à présent un vin rosé léger, servi glacé.

Nous souriions à n'en plus finir, discutions de tout et de rien… des autres clients, de la couleur du ciel, du fait que je devais ou non acheter ce bracelet admiré chez Alberto et Lina. Je me surpris à parler à Nico de ma vie à Chicago et de mon travail. Il devint très grave lorsque je lui racontai la mort d'Alex, quoique j'eusse la présence d'esprit de ne pas lui dire que mon défunt mari était alors sur le point de me quitter pour une autre.

— Pauvre Lamour ! s'exclama-t-il en me caressant tendrement la main. Ç'a dû être une terrible épreuve pour vous. Vous avez bien mérité ces vacances.

Puis les *linguine con lo scorfano* arrivèrent. Le plat semblait tout droit sorti d'un magazine, même si la rascasse, avec ses piquants, était quelque peu intimidante.

Je repensai à cette froide et pluvieuse soirée d'hiver que Jammy et moi avions passée dans cette trattoria de Chicago, à boire du chianti en rêvant à l'Italie. Et à présent j'étais là, avec cet homme beau et charmant, qui ne me quittait pas des yeux et dont l'unique désir au monde était visiblement de me plaire. Je nageais dans le bonheur.

— Nico, caro, te voilà enfin !

Une fille se tenait devant notre table. Sa taille mannequin était mise en valeur par une minijupe taille basse, qui laissait voir son nombril décoré d'un piercing et ses jambes somptueusement hâlées. Elle rejeta ses longs cheveux blonds en arrière et nous regarda d'un air agacé. Nico se leva.

Il lui posa la main sur l'épaule.

— Cara, dit-il d'une voix douce. Je ne m'attendais pas à te trouver ici. Je croyais que tu étais encore à Rome.

— Sans toi, je ne vois pas l'intérêt d'y rester.

Nico me jeta un coup d'œil et, marmonnant un *scusi*, l'entraîna à l'écart.

Je reposai ma fourchette. Soudain, la journée perdait tout son éclat. La fille ne se contentait pas d'être superbe ; elle avait dix-neuf ans à tout casser, et paraissait davantage qu'une amie. Me trouvant très bête, je me resservis un verre de vin, que je bus les yeux rivés sur mon assiette.

Ils étaient tous deux sur la piazza. Je vis Nico la serrer dans ses bras. Leurs jambes se touchaient, tant ils étaient proches. Il prit le visage de la fille entre ses mains et approcha ses lèvres. Pendant un moment, ils demeurèrent ainsi. Puis il l'embrassa. *Longuement*.

Quelques instants plus tard, elle se dégagea et je vis qu'elle souriait. Il lui dit quelque chose et elle s'éloigna, se retournant pour lui faire signe. Il attendit qu'elle eût disparu, et regagna la table.

— Je suis désolé, cara, dit-il, sans aucune gêne. C'était une vieille amie de Rome.

— Vous appelez ça une vieille amie ? répliquai-je plus sèchement que je n'aurais voulu. C'est une gamine.

Il me regarda, interloqué, puis éclata de rire.

— Allez, Lamour… Finissons ce délicieux déjeuner.

Il versa le reste de la bouteille dans nos verres et, d'un geste de la main, en commanda une autre.

Mais le charme était désormais rompu, et il le savait.

Nous retraversâmes la piazzetta, cette fois-ci sans nous tenir la main. De temps à autre, je sentais – plutôt que je ne voyais – son regard posé sur moi. Il resta silencieux jusqu'à ce que nous passions devant la bijouterie Alberto et Lina.

— Attendez, dit-il d'un ton enjôleur. Et votre bracelet ?

Je secouai la tête.

— Finalement, je n'en ai pas envie, répondis-je, sur le ton de l'enfant gâtée que j'aurais bien aimé être.

Je voulais redevenir cette gamine de huit ans, la fille de Jon-Boy, légère et insouciante.

Pendant le trajet du retour, nous ne nous interpellâmes pas joyeusement comme à l'aller. Nous nous contentâmes d'écouter le ronronnement du moteur et le sifflement du vent. Je m'en voulais d'avoir eu la bêtise de penser qu'un jeune homme comme Nico pouvait s'intéresser à moi, sentimentalement parlant.

Lorsque nous eûmes regagné la jetée, il amarra le hors-bord et m'aida à sortir.

— Merci pour cette merveilleuse journée, dis-je poliment, en lui tendant la main.

Il me regarda pendant un long moment.

— Tout le plaisir était pour moi, cara. Et je suis sincère.

Je ramassai mon sac en paille et m'éloignai rapidement.

— Merci encore, criai-je par-dessus mon épaule. Pas la peine de me raccompagner, je peux rentrer seule.

Je me rappelai alors la question que j'avais eu l'intention de lui poser.

— Que savez-vous au sujet de la mort de Jon-Boy, Nico ? demandai-je.

Il se figea. Puis se retourna et me regarda.

— Rien. Je ne sais rien du tout. C'est à mon père qu'il faut poser la question.

Je fis volte-face et m'en allai. Je n'en croyais pas un mot. Et d'ailleurs, pourquoi m'avait-il suggéré de poser la question à son père ?

30

Lamour

Je grimpai laborieusement l'escalier jusqu'à la maison. J'avais rompu mon serment en me laissant flatter par l'intérêt de Nico. Le voir avec la jolie fille m'avait fait retrouver la raison avant qu'il ne soit trop tard. Pour lui, je n'avais été qu'un flirt local.

J'étais trop avide d'attentions. Trop vulnérable. Et beaucoup trop âgée, de toute manière !

Sur la terrasse, je m'étendis de tout mon long sur le vieux transat. Je sentais la brûlure d'un coup de soleil sur mes épaules, et mes lèvres avaient un goût de sel – deux souvenirs de cette agréable journée. Je n'avais pas le droit de penser que Nico s'était mal comporté. Il devait connaître beaucoup de filles – toutes amoureuses de lui, bien sûr ! Que celle-ci eût été jeune et belle, c'était mon problème, pas le sien.

Je dus m'assoupir, car je ne vis pas la nuit tomber. Dans l'obscurité, je me redressai et regardai ma petite maison. Pas de lumière aux fenêtres, pas de Jon-Boy pour m'accueillir… Une terrible solitude m'envahit. Je me blottis sur la chaise longue et, les bras serrés autour des genoux et tête baissée, songeai aux merveilleux jours d'autrefois. J'avais été si certaine de pouvoir remonter le temps. À présent, je n'en étais plus si sûre.

Je regrettais que Jammy ne soit pas là pour partager mes secrets, pour me répéter, de sa voix flûtée de petite fille, que je ne pouvais pas sérieusement envisager de vivre ici. Elle avait peut-être raison, songeai-je pour la toute première fois. Mais je me repris aussitôt : je n'avais pas le droit d'être aussi bête, de tout remettre en question à cause d'un petit flirt qui avait mal tourné. J'étais folle, ou quoi ?

Je ramassai mon sac de paille et regagnai la maison. Sur les carreaux de terre cuite de l'entrée, je trouvai une enveloppe. Quelqu'un avait dû la glisser sous la porte. Je pénétrai dans le salon et allumai les lampes pour lire le message qui m'était adressé.

Signora Harrington, était-il écrit sur l'enveloppe en grosses lettres, d'une main bien assurée. Je l'ouvris et en sortis un simple feuillet de papier à lettres de couleur crème. La note venait du château et était rédigée en anglais. Je lus :

> *Chère Signora Harrington. J'aimerais que nous discutions de votre situation, relativement à la Maison de la maîtresse. Je serais heureux si vous veniez déjeuner avec moi au château vendredi prochain à treize heures. D'après ce que m'a dit Mifune, j'ai cru comprendre que vous étiez architecte paysagiste. Je serais très honoré de vous faire visiter mes jardins.*
> *Sincères salutations.*
>
> > *Lorenzo Pirata.*

Il était clair que sa politesse et son invitation à visiter ses jardins ne visaient qu'à me faire avaler une pilule plus amère : c'est de la maison qu'il désirait me parler. Elle avait appartenu à la famille Pirata, avant que Jon-Boy en devienne propriétaire, et j'avais le sentiment que Lorenzo souhaitait la récupérer. Qu'il ne voulait pas de moi dans la maison ou dans la vie des Pirata. Je décidai de lui faire vite comprendre à qui il avait affaire et griffonnai une note pour accepter son invitation. Je prierais Mifune de la lui remettre le lendemain. J'en profiterais aussi pour lui demander de quoi Lorenzo Pirata souhaitait m'entretenir – car je soupçonnais Mifune d'être au courant de tout ce qui se passait ici. Peut-être même savait-il ce qui était arrivé à Jon-Boy.

Je m'en voulus aussitôt de cette pensée. Mifune ne m'aurait pas caché la vérité. J'avais besoin de m'apitoyer sur mon sort, c'est tout.

Je mis un disque sur le vieux tourne-disque, me versai un verre de vin et me blottis sur le canapé tandis que les violons répandaient leurs notes quelque peu grinçantes autour de moi.

Ce dont j'ai *vraiment* besoin, songeai-je avec tristesse, c'est un chien…

31

Lamour

Je fus debout de bonne heure, le lendemain matin.
Et, assise devant une tasse de café et bercée par le
clapotement des vagues, j'attendis l'arrivée de Mifune.
Je savais qu'il viendrait – de toute évidence, il faisait
office de messager entre Lorenzo Pirata et moi. J'étais
déterminée à ne pas penser à Nico et à reprendre le fil
de ma vie.

Je pris la décision de repeindre ma chambre en
orange – couleur d'abricot mûr. Le petit lit de mon
enfance étant désormais trop étroit, j'en commande-
rais un nouveau, en exigeant qu'il me soit livré le plus
tôt possible. J'irais à Amalfi pour y acheter des draps
de lit bon marché mais rehaussés de belles broderies,
ainsi que d'épaisses serviettes de toilette, et un tapis
moelleux pour ma chambre. J'achèterais de nouvelles
sandales – je regrettais déjà de ne pas m'être payé
celles, faites à la main, que j'avais admirées à Capri. Et,
mieux encore, j'achèterais un bateau à moteur. Petit,
bien sûr, et peu coûteux. Ce serait mon bateau-taxi.
Je l'appellerais le *Lady Lamour*. Me rappelant à quel

point je m'étais sentie seule la veille au soir, je me dis :
« Oh, et puis zut ! Pourquoi ne pas acheter ce chien,
après tout ? »

J'avais retrouvé le sourire. Faire des courses, rien de
tel pour remonter le moral d'une femme. Je vis Mifune
s'avancer dans ma direction et l'invitai à s'asseoir et à
boire un café avec moi.

Il refusa. Je me souvins, trop tard, qu'il ne buvait
que du thé vert japonais. Il m'avait expliqué que les
Pirata le faisaient venir du Japon exprès pour lui, tout
comme d'autres condiments et spécialités japonaises
qui l'avaient aidé, au début de son séjour italien, à se
sentir moins dépaysé. Désormais, il mangeait de la
nourriture italienne, comme tout le monde, même si,
de toute évidence, il se nourrissait très peu. Il me
confia que son alimentation était presque uniquement
fournie par les légumes qu'il cultivait au château.

L'architecte avait envoyé un rapport sur l'érosion et
sur l'état de la fosse septique – mais à cette dernière je
ne voulais pas accorder une seule pensée. Quant à
l'érosion, Mifune et moi nous accordâmes pour penser
que, afin d'y remédier, la totalité du terrain devrait
être débroussaillée, puis recouverte d'une couche de
terre végétale, où nous planterions de jeunes arbres
robustes et des arbrisseaux dont les racines finiraient
par retenir le sol.

— Vous avez passé une bonne journée à Capri,
Lamour ? demanda-t-il.

— C'était très agréable. Capri est aussi belle que
dans mon souvenir – et on y trouve toujours la même
foule clinquante et cosmopolite.

— Capri était la demeure des dieux dans l'Antiquité, avant même que règnent les empereurs romains,

dit-il de sa voix à la fois faible et sereine. Cette île a toujours été un lieu mystique noyé sous une vague d'hédonisme. Ça n'a pas changé.

Il avait raison, évidemment. On prenait conscience des profondeurs cachées de Capri quand on naviguait autour de ses falaises de calcaire, et qu'on plongeait le regard dans ses innombrables grottes. On réalisait alors qu'il n'y avait pas eu de grands changements depuis l'Antiquité, et que la vie estivale qui flottait dans l'atmosphère était quelque chose de temporaire. À l'arrivée de l'hiver, l'île, enfin désertée, pourrait replonger dans le passé. Capri offrait à tous ses visiteurs précisément ce qu'ils recherchaient. Ceux qui étaient assez malins n'avaient qu'à creuser un peu pour découvrir les secrets qu'elle recelait. Ils trouvaient alors l'Antiquité, les mythes, les histoires de dryades, de nymphes et de centaures, les princes, les pirates et les nobles de la Renaissance, les sirènes et les poètes, les écrivains et autres artistes. Dans le fond, Capri ne changerait jamais.

— Et vous avez trouvé ce que vous cherchiez, chez Nico ? demanda Mifune.

Je n'avais pas besoin de lui raconter ce qui s'était passé. Il sentait que je m'étais monté le bourrichon.

— Nico est un charmant jeune homme, répondis-je avec prudence. C'est un compagnon idéal – du moins pour un après-midi.

— Pour devenir sage, il faut du temps, et aussi de la souffrance, répliqua-t-il. Votre père a connu cette forme de souffrance.

J'écarquillai les yeux, stupéfaite.

— Que voulez-vous dire ? demandai-je.

— Votre père avait le même charme que Nico. Il a aimé beaucoup de femmes. Et les femmes l'aimaient, elles aussi.

J'attendis qu'il poursuive, mais il en resta là. Je lui donnai l'enveloppe adressée à Lorenzo Pirata.

— Je la porte immédiatement au château, dit-il. Je reviendrai un peu plus tard et nous pourrons alors nous promener dans votre jardin, et discuter de son avenir.

Pour la première fois de la matinée, il sourit : un adorable sourire édenté qui ravivait l'éclat de ses yeux et de son visage, au point qu'il me semblait retrouver l'homme que j'avais connu trente ans plus tôt.

— Mais désormais, c'est vous l'artiste ! me taquina-t-il. C'est Lamour qui va enseigner les nouvelles méthodes au vieux Mifune.

— Nul ne peut vous enseigner quoi que ce soit, dis-je. Je serais honorée que vous acceptiez de prendre le thé avec moi, cet après-midi. Nous pourrions passer le jardin en revue à ce moment-là, et déterminer la marche à suivre.

Il s'inclina en signe d'acceptation et s'éloigna d'un pas hésitant, aussi discret qu'un chat. Il traversa le jardin jusqu'à l'ascenseur, car il avait fini par admettre que les marches n'étaient plus de son âge.

32

Jammy était partie depuis deux semaines. Elle me manquait. J'avais acheté un ordinateur portable mais, même si l'on peut communiquer en direct grâce aux courriers électroniques, ce n'est pas comme avoir la personne en face de soi. Trop nerveuse pour peindre ma chambre, je pris la voiture, roulai jusqu'à Pirata et m'arrêtai à l'Amalfitano. Aldo m'accueillit chaleureusement, écarta la chaise de la table où j'avais l'habitude de prendre place, et en balaya les miettes.

— Signora Lamour ? dit-il avec un petit sourire, car il m'appelait pour la première fois par mon prénom. On se connaît assez bien pour ça, maintenant, non ? Vu que vous vivez ici.

— En effet, Aldo, répliquai-je avant de commander un cappuccino et des sflogliatelle.

J'avais pris plus de deux kilos depuis le départ de Jammy – sans nul doute grâce à la quantité de pâtes que je consommais. Mes vêtements mettaient désormais en valeur les quelques rondeurs que j'avais gagnées.

Je sirotai mon cappuccino, en me mettant, comme toujours, de la mousse sur le nez. Je songeais à ce que Mifune avait dit, au sujet de Jon-Boy : qu'il ressemblait à Nico. Comme lui beau et séduisant, il suscitait l'intérêt des femmes où qu'il se trouvât. Bien sûr, je ne cherchais pas à retrouver mon père à travers Nico. Je n'aspirais qu'à un peu d'attentions : quelques compliments, un baiser sur la main…

Je saluai Aldo et roulai jusqu'à Amalfi afin d'y faire les magasins. J'arrivai assez tôt pour dénicher une place de parking et arpentai les ruelles étroites et pentues en direction du bord de mer. Dans une petite boutique obscure, je trouvai mes draps. Ils étaient en coton très doux, avec des revers brodés d'hortensias, et s'accorderaient parfaitement avec mes murs, une fois repeints couleur abricot. J'achetai une paire de tongs rose framboise, et mangeai une glace à la pistache à la gelateria du port. Son vert terreux indiquait qu'elle avait été faite avec de vraies pistaches et non avec des arômes artificiels et des colorants. Un peu plus loin, je devinai la présence d'une vieille femme nichée dans un coin, assise sur des marches. Elle vendait des œufs. De beaux œufs bruns et mouchetés, tels que mes futures poules devraient les pondre.

— Signora, dis-je. Je vais vous prendre une douzaine de ces œufs magnifiques.

Elle me gratifia d'un sourire rayonnant, en enveloppant chaque œuf séparément dans du papier journal avant de le placer d'une main délicate dans mon panier d'osier. J'eus une inspiration soudaine.

— Signora, je souhaiterais aussi acheter des poules de l'espèce qui pond ces œufs.

Son regard se fit plus perçant. Elle me dit qu'elle aurait peut-être quelques-unes de ses poules à vendre, ainsi qu'un coq, bien sûr – car chacun sait que sans coq, rien ne sert d'avoir des poules. Je l'ignorais, jusqu'à ce qu'elle me l'apprenne, mais reconnus aussitôt que j'aurais effectivement besoin d'un coq. Nous nous mîmes vite d'accord : quatre poules et un coq, pour un prix qui me paraissait raisonnable. Il fut décidé que je viendrais chercher mes poulets à sept heures tapantes le lendemain matin, au parking. Nous nous serrâmes la main, elle marmonna une bénédiction, j'emportai les œufs et remontai en voiture, direction Pirata. Au magasin général d'Umberto, j'achetai du grillage, des piquets et commandai un poulailler pour ma basse-cour.

En sortant de la boutique, je croisai Aurora. Son regard rencontra le mien, et elle me bouscula pour entrer sans même marmonner un *ciao*. Je soupirai. Il n'était pas sorcier de deviner qu'elle me classait dans la catégorie des ennemis. Je me demandai ce que j'avais bien pu faire pour susciter sa haine. Je n'avais pas de vues sur son père. Ni sur son frère. Qui plus est, l'« amour » pour un père, un frère, un membre de la famille ou un amant ne peut aller au-delà de certaines limites. Cette fille était bien la personne la moins sûre d'elle, la plus instable que j'eusse jamais rencontrée.

Je repris la route et me hâtai de regagner ma maison, où j'avais prévu de passer l'après-midi à enfoncer mes piquets dans le sol rocailleux situé derrière la maison. Dérouler le grillage autour des piquets se révéla nettement plus compliqué que je ne l'aurais cru. Je n'arrêtais pas de le déchirer mais je m'obstinais, quitte à me coincer les doigts dans la pince ou à m'érafler le coude sur le grillage. Lorsque je m'arrêtai pour contempler mon travail, je constatai que mon enclos avait une drôle d'allure : le grillage montait et descendait de façon irrégulière et les piquets penchaient dans toutes les directions. Je soupirai. Pour le moment, ça irait bien.

Je me relaxai un long moment sous la douche. Puis je mis un pansement sur mon coude écorché, m'habillai, et descendis – satisfaite d'avoir si bien employé ma journée.

Mifune arriva à l'heure du thé, coiffé de son chapeau de paille japonais. Il apportait une bouteille de saké dans un beau coffret en bois et deux tasses à saké, également en bois.

— Mifune, quelle folie ! m'exclamai-je, honorée de le recevoir pour la première fois chez moi.

Nous commençâmes par visiter le jardin, décidant des broussailles à arracher, afin d'y ramener la paix et la sérénité.

Plus tard, je fis chauffer le saké sur la cuisinière et le versai dans nos tasses en bois. Nous les levâmes afin de porter un toast.

— À nos heureuses retrouvailles, Mifune ! lançai-je. C'est la meilleure chose qui me soit arrivée depuis des années.

Je savais qu'il comprendrait que c'était sincère.

— À vous, Lamour. Et à votre futur bonheur, où que vous soyez.

Je le regardai avec surprise car, pour moi, il ne serait plus jamais question d'un autre lieu. Je comptais bien rester ici.

Le saké me rendit loquace et je lui racontai ma vie à Chicago, et ce qu'il était advenu de mon mariage.

— Avec l'amour, c'est toujours la même histoire, Mifune, dis-je d'un ton grave. On y croit, et il nous laisse en plan. Regardez ce qui est arrivé avec Jon-Boy. Je l'aimais tellement, et pourtant lui aussi m'a quittée. Il est revenu ici, a repris le cours de sa vie, et m'a dit de vivre la mienne. Franchement, est-ce que c'est une façon de se comporter pour un père ?

J'exprimais des sentiments refoulés depuis des années. Cette impression d'abandon, lorsque Jon-Boy m'avait laissée une fois de plus ; ces longues soirées passées à attendre qu'il rentre à la maison, alors que je n'étais qu'une fillette.

— Et comme vous voyez, les choses n'ont guère changé, ajoutai-je. Je suis là, de nouveau seule. C'est peut-être mon destin, Mifune, d'être une femme seule.

— Si Jon-Boy était là, il voudrait vous voir heureuse, cara, dit-il d'une voix douce. Il a aimé beaucoup de femmes, vous le savez. Mais le véritable amour de sa vie, c'était sa petite fille.

— Si seulement vous pouviez dire vrai, répliquai-je dans un soupir.

J'aurais tellement voulu pouvoir croire que j'étais au centre de son univers.

— C'est la vérité.

Mifune marqua une pause, comme s'il cherchait soigneusement ses mots. Puis il ajouta :

— Il y a une femme que Jon-Boy a beaucoup aimée. Mais, comme toujours avec lui, ce n'était pas la bonne.

— Parlez-moi d'elle, dis-je avec avidité – sentant que je tenais enfin une piste.

Là encore, il réfléchit un long moment avant de parler. Je sirotai mon saké, bercée par le bruit des vagues et, bien que dévorée de curiosité, laissai mon vieil ami prendre son temps.

— Il l'a rencontrée à Rome, dit Mifune. Elle était très belle. Elle avait de longs cheveux noirs, aussi lisses et brillants qu'une aile de corbeau, qui lui arrivaient à la taille. Elle les lavait, et puis elle s'asseyait là, sur la terrasse, pour les laisser sécher au soleil. Votre père la regardait comme s'il n'avait jamais vu pareille beauté. Il en était fou, c'était le grand amour. Et elle... eh bien, elle se plaisait en sa compagnie. C'était Jon-Boy... beau, charmant, amusant... comment ne pas se plaire en sa compagnie ? Quant à savoir si elle l'aimait... Non, je ne crois pas qu'elle l'ait jamais aimé. Ç'a été la grande erreur de votre père. Les femmes avaient toujours été folles de lui. Il n'arrivait pas à croire que celle-ci ne le soit pas. Il n'était qu'un pantin entre ses jolies mains aux ongles vernis, et ça le rendait fou.

Il acheva d'un trait sa tasse de saké et se leva. Je m'empressai de venir l'aider.

— Et puis..., demandai-je avec impatience. Qu'est-il advenu d'elle, Mifune ?

— Ça s'est terminé. Un jour elle était là, le lendemain, elle était partie. Je ne l'ai jamais revue.

— Et Jon-Boy, il l'a revue, lui ?

Il haussa ses frêles épaules, tandis que nous marchions tous deux vers l'ascenseur qui le ramènerait au château.

— Je ne peux rien dire, Lamour. Je n'étais que le jardinier. Je ne sais rien.

— Dites-moi au moins son nom, insistai-je.

Les portes de l'ascenseur s'ouvrirent, et Mifune entra. Nous nous adressâmes un salut poli. Je lui jetai un regard suppliant.

— Vous devez me le dire, dis-je. Il faut que je sache.

Mais il secoua la tête. Puis les portes se refermèrent et, arraché à ma vue, il monta droit au paradis – puisque c'est ainsi que m'étaient toujours apparus les jardins du château des Pirata. Je passai la soirée seule, à m'interroger sans fin sur la femme aux cheveux noirs que Jon-Boy avait aimée.

33

Lamour

Le lendemain matin, je me réveillai avant le lever du soleil et me trouvai sur le parking à sept heures tapantes à attendre ma cargaison de poulets. Je fis les cent pas, humant l'air matinal comme un limier, profitant de sa fraîcheur avant une chaude journée. À sept heures dix, je consultai ma montre. Ma fournisseuse était en retard, mais peut-être que les poulets étaient difficiles à attraper… À sept heures un quart je faisais encore les cent pas, me demandant si la signora qui possédait un si beau sourire et une si grande aptitude au marchandage m'avait mal comprise. À moins que ce ne soit moi qui aie compris de travers ? Avait-elle parlé d'un autre jour ? Ou de la semaine prochaine ? À part ça, qu'avait-elle pu mal comprendre ? Et si elle me présentait cinq poulets *morts*, prêts à être plumés et enfournés ? Je commençais à m'affoler lorsqu'une vieille camionnette toute crottée entra dans le parking en crachotant. Il en sortit un vieil homme au visage parcheminé, vêtu d'une salopette bleu vif et d'une casquette.

J'entendis des caquètements provenant de l'arrière du camion, et me précipitai vers lui.

— Signore, signore, c'est moi qui ai acheté les poulets, lui criai-je, avec un grand sourire.

— Si, si, signora.

Nous échangeâmes une brève poignée de main. Sa paume était dure et sèche, une vraie main de fermier.

— Et votre camion, il est où ? demanda-t-il.

Je désignai ma petite Fiat d'un geste de la main, et le vis écarquiller les yeux.

— Je pensais pouvoir les mettre sur la banquette arrière, expliquai-je.

— *Va bene, va bene*, marmonna l'homme, avant de choper deux poules à l'arrière de la camionnette.

Il les coinça sous ses bras, tandis qu'elles poussaient des gloussements assourdissants, et se dirigea vers ma voiture.

Je le suivis, saisie de panique. Je m'étais figurée que mes volailles arriveraient dans une jolie caisse. Or, voilà que j'allais devoir faire le trajet de retour avec une cargaison de poulets fermiers en liberté sur ma banquette arrière !

— Attendez, attendez, m'écriai-je en lui courant après, mais il avait déjà ouvert la portière et balancé les poules à l'intérieur.

Il claqua la portière et les volailles me regardèrent d'un air surpris, visiblement aussi déroutées que moi par le cours des événements. Comme en signe de protestation, elles soulevèrent les plumes de leur queue et déposèrent sur la banquette de nets petits tas verdâtres.

— Non, non ! protestai-je en agitant frénétiquement les bras. Sortez-les d'ici ! Sortez-les, signore ! Il faut qu'on trouve une meilleure solution.

Mon italien partait à vau-l'eau sous l'effet du stress, et le vieil homme me regardait froidement du coin de l'œil.

— OK, dit-il enfin. *Necessitan un plastico e della corda.*

Et il retourna à la camionnette, tandis que je marchais sur ses talons en protestant qu'il me fallait une cage, *una gabbia*.

Il haussa les épaules, rétorqua qu'il n'avait pas de cage. Il s'empara d'une autre poule, lui attacha les pattes avec un bout de ficelle et la posa sur le sol. Il fit de même avec une autre. Nous les regardâmes agiter énergiquement les ailes pendant quelques instants. Il tira deux sacs en plastique de la cabine de la camionnette, marmonna encore un ou deux *va bene, va bene*, et retourna à mon véhicule.

Je lui courus après. Comment allais-je pouvoir conduire, avec la banquette arrière pleine de poules battant des ailes ? Et quels dégâts allaient-elles causer dans la voiture de location ? Qu'allais-je pouvoir raconter à la dame de chez Avis ?

L'homme avait maintenant attaché les deux premières poules. Il étala les sacs en plastique sur la banquette arrière et les quatre poules restèrent là, à me foudroyer du regard, pendant qu'il allait chercher le coq.

Je perçus son cri puissant avant même que l'homme l'eût sorti de la camionnette. Il laissa échapper une autre protestation haut perchée, agita furieusement ses ailes vigoureuses et s'éleva en l'air tel un aigle, pendant que l'homme le tenait par les pattes avec sérieux. Je retins mon souffle. Et si mon coq allait se libérer, survoler les toits d'Amalfi et disparaître à tout jamais ?

Mais l'homme ramena le coq vers lui, lui ficela rapidement les pattes et le coinça, toujours caquetant, sous son bras. Il fila vers ma voiture et jeta le coq parmi les poules – qui se turent soudain –, claqua la portière, puis pivota sur ses talons et tendit la main.

— *Va bene, signora*, dit-il. *Il dinaro.*

J'avais glissé les billets dans ma poche, comme j'avais coutume de le faire quand j'allais faire les courses à campo dei Fiori pour le dîner de Jon-Boy. À propos de dîner, je demandai à l'homme ce que mangeaient les poulets.

Il me regarda, hébété.

— Ils mangent ce que mangent les poulets, dit-il. Ils se baladent librement et choisissent ce qui leur plaît, dans les haies, les champs…

Évidemment, c'est pour cela qu'on disait « élevés en plein air » !

— Très bien, bafouillai-je. Très bien.

Nous nous serrâmes à nouveau la main. Je grimpai dans mon wagon à bestiaux et démarrai, parmi les cris courroucés de mes pondeuses et de leur époux.

M. Coq s'efforça de battre des ailes en poussant un cocorico fougueux. Je jetai un coup d'œil nerveux au rétroviseur, en priant pour qu'il ne défasse pas ses liens. Sinon, ç'allait être un remake des *Oiseaux* d'Hitchcock ! J'imaginais déjà le gros titre dans le journal :

LE CORPS D'UNE AMÉRICAINE RETROUVÉ DANS UNE VOITURE DE LOCATION, DÉCHIQUETÉ PAR DES POULETS.

Il fallait que je m'arrête à Pirata, pour leur acheter de la nourriture chez Umberto. Pas question d'élever ces poulets « en plein air ». Ils se feraient la belle et trouveraient le moyen de voler jusque chez eux – me laissant seule et désemparée. Non. Ils resteraient dans leur nouvelle basse-cour jusqu'à ce qu'ils se soient habitués aux lieux et qu'ils aient compris qu'ils y étaient désormais chez eux.

— Umberto, lançai-je, haletante, car je venais de descendre à vive allure la scalatinella qui allait du parking – situé au-dessus de la ville – à la piazza. J'ai besoin de nourriture pour les poules.

Umberto ressemblait à un boxeur retraité, avec son nez cassé dans sa jeunesse et jamais remis en place, son regard noir et son physique baraqué. Il avait une cinquantaine d'années et, comme quasiment tout le monde à Pirata, il avait hérité de l'affaire de son père. Je priai pour qu'il ait de la nourriture pour volaille dans les profondeurs obscures de sa caverne d'Ali Baba.

— *Ai, signora*, il vaut mieux laisser vos poules se promener en liberté, dit-il franchement. Les œufs seront magnifiques, vous en aurez peut-être même avec deux jaunes.

Je lui expliquai rapidement la situation. Il réfléchit quelques instants.

— *Scusi, signora, scusi*, marmonna-t-il avant de disparaître dans l'antre de son royaume.

Plantée sur le seuil, je jetai des coups d'œil mal assurés en haut, vers le parking, craignant d'apercevoir des poulets en fuite. Bien sûr, comme toute personne sensée, j'avais baissé un peu la vitre afin qu'ils n'aient pas trop chaud.

Umberto émergea en époussetant un grand sac en papier, sur lequel je pus lire : *Nourriture pour perroquets*.

— C'est tout ce que j'ai, signora, dit-il. Ça fera peut-être l'affaire, en attendant. Plus tard, vous pourrez appeler le magasin d'aliments pour animaux, afin qu'ils vous en livrent.

— Pour *perroquets*, vous croyez que…

Umberto haussa les épaules.

— Les oiseaux sont des oiseaux, signora, il y a pas de différence, dit-il avec un sourire.

Je payai, en espérant qu'il avait raison, et remontai les marches pour retrouver ma voiture et ma volaille.

34

Lamour

Ce n'est qu'une fois parvenue à la statue de saint André qu'il m'apparut que j'allais devoir me débrouiller seule pour transporter mes poules et mon coq en bas de la scalatinella. Je jetai un coup d'œil à la banquette : ils étaient là, gloussant toujours. Mais personne dans les parages à qui demander de l'aide.

Je respirai un grand coup – ce qui n'était pas la meilleure chose à faire dans ce véhicule qui empestait la crotte de poule – et, haletante, sortis de la voiture et claquai la portière. Je pris cette fois quelques bouffées d'air pur et fixai un plan d'attaque. Je décidai qu'il serait plus commode de sortir mes volatiles un à un. J'entrouvris la portière arrière, glissai la main à l'intérieur et saisis un paquet de plumes. La poule poussa un cri perçant et me donna de violents coups de bec sur la main. Je la lâchai et claquai la portière. Puis je regardai ma main rougie – je ne saignais pas, mais ça faisait tout de même un mal de chien !

— Sales bêtes ! m'exclamai-je, furieuse cette fois-ci. Je suis une femme de tête, et je ne vous laisserai pas prendre le dessus !

Je plongeai à nouveau la main à l'intérieur, m'emparai d'une poule, la tirai dehors et la coinçai sous mon bras, comme l'avait fait le vieux bonhomme.

Sa force était bien supérieure à ce que j'aurais pu attendre d'une aussi petite bête. Tout le temps où nous descendîmes les marches, la poule se débattit à coups de pattes, d'ailes et de bec. Je la balançai dans son nouvel enclos, coupai la ficelle autour de ses pattes, refermai la porte de l'enclos, que je verrouillai à l'aide d'un bout de fil de fer tordu. Nerveuse, je vérifiai ma serrure improvisée. La poule demeura, plumes ébouriffées, là où je l'avais posée, bizarrement silencieuse. Je me hâtai donc de monter les marches pour aller en chercher une deuxième.

Je refis mon manège trois fois et j'eus bientôt quatre poules dans l'enclos, qui se taisaient en attendant la suite, c'est-à-dire l'arrivée du boss – car le coq était le boss, aucun doute là-dessus.

Je demeurai plantée devant la voiture à regarder le volatile, qui faisait des bonds en agitant les ailes, en poussant des cris courroucés, et en se soulageant de temps à autre sur la banquette. Je me demandai, furieuse, d'où il sortait tout cela. Décidant que j'avais eu ma dose, j'ouvris la portière toute grande, je saisis le coq par le cou et le tirai.

Il poussa un cri à réveiller les morts, mais je refusai de céder. Le coq ne céda pas non plus : plantant ses pattes griffues sur la banquette, il tint bon.

— Allez, viens, petit salopard, sors de là ! marmonnai-je, décidée à ne pas le laisser gagner ce bras de fer.

— Puis-je vous aider ? demanda une voix.

Faisant volte-face, je me retrouvai nez à nez avec Lorenzo Pirata. Un affreux chien blanc était assis à ses pieds, qui fixait mon coq avec avidité.

— Je n'aime pas voir une femme se battre avec un coq, dit-il avec un petit sourire amusé. Qui plus est, quand c'est le coq qui a le dessus.

Il était impeccable : short bleu, chemise blanche en lin, mocassins en daim valant visiblement une fortune. Il semblait tout droit sorti d'une publicité dans un magazine de mode italien : *Ce que l'homme d'âge mûr portera cet été*. Alors que moi j'étais en sueur, embarrassée, couverte de plumes et de crotte de poulet.

Je repris mes esprits. Après tout, c'était l'homme qui avait interdit à ses enfants de m'adresser la parole, et avec qui je devais déjeuner le lendemain afin de discuter de « ma maison ». Je ne pouvais bien évidemment pas lui faire confiance.

— Merci, mais je crois pouvoir me débrouiller, répliquai-je froidement, essayant de paraître aussi digne que peut l'être une femme engagée dans une lutte sans merci avec un coq.

— Il faut l'attraper en lui plaquant les ailes, dit Lorenzo.

Joignant le geste à la parole, il ouvrit la portière et maîtrisa aussitôt le coq.

— Toute leur force est dans les ailes, m'expliqua-t-il, en sortant l'oiseau – désormais silencieux – de la voiture. Maîtrisez cette force, et ils savent qu'ils sont battus. À présent… je vous le mets où ?

Je désignai la falaise.

— Derrière la maison. J'ai fabriqué un poulailler.

Il descendit prestement les marches, suivi par son chien. Le sac de nourriture pour perroquets à la main, je m'élançai sur leurs talons. Je les précédai afin d'ouvrir la petite porte du grillage. Lorenzo sortit un couteau de sa poche, coupa la ficelle retenant les pattes du coq, et le jeta dans l'enclos. La bête se redressa dans un grand gonflement de plumes, avant de se retrancher derrière son harem caquetant, impatiente de redorer son ego.

— Cette bête va vous donner du souci, dit Lorenzo Pirata en regardant, les bras croisés sur la poitrine, ma « nouvelle famille ». Et puis, pourquoi avoir choisi des Rhode-Island ?

Je fixai ma basse-cour, déconcertée.

— Je n'ai jamais entendu parler des Rhode-Island, avouai-je. Tout ce que je voulais, c'était de beaux œufs frais.

— C'est plus simple de les acheter au marché, répliqua-t-il, visiblement amusé. Et les poules auront besoin d'un vrai poulailler où pondre leurs œufs. De toute façon, il vaut mieux les laisser se promener en liberté.

— Je leur ai acheté de quoi manger, dis-je en soulevant le sac, stupéfaite d'être réellement en train de discuter avec le pirate de Pirata.

Cette fois-ci, il éclata de rire.

— Umberto vous a vendu de la nourriture pour perroquets ! s'exclama-t-il. Ne vous faites pas de souci. Je vais vous faire apporter de véritables aliments pour volaille. Vous ne voudriez pas les tuer avant qu'elles vous aient pondu quelques œufs, non ?

— C'est vrai, concédai-je en rougissant. Merci.

Ce n'était pas si simple, d'être une femme indépendante.

Il resta là à me regarder, les bras croisés. Gênée, je retirai une plume collée à ma joue.

— Je suis surprise que vous m'ayez aidée, signor Pirata. Après tout, vous avez demandé à vos enfants de ne pas m'adresser la parole.

Il m'observa d'un air grave, pendant un long moment. Je remarquai à quel point ses yeux étaient bleus. Grand, carré d'épaules, il donnait une impression de puissance. Il était très séduisant et, sans nul doute, pleinement conscient de son pouvoir de séduction. Les femmes devaient lui courir après, tout comme elles couraient après son fils.

— J'en suis désolé, dit-il enfin. J'ai eu tort.

Je hochai la tête, en me demandant toujours pourquoi il avait défendu à ses enfants de me parler.

— Je me réjouis à l'idée que vous veniez déjeuner demain, ajouta-t-il.

Je répondis que je m'en réjouissais moi aussi.

— Bonne chance avec les poulets, dit-il. Je vous fais tout de suite descendre la nourriture.

Et il remonta les marches d'un pas vif, suivi de son affreux chien. Il me parut aussi beau de dos que de face.

« La beauté, ce n'est pas ce qu'on est, c'est ce qu'on fait… », avait coutume de répéter la mère de Jammy chaque fois que nous nous extasiions sur la beauté des types craquants de l'équipe de foot. Nous supposions que ça voulait dire qu'ils avaient intérêt à être aussi beaux intérieurement qu'ils l'étaient extérieurement – et que s'ils se comportaient mal avec nous, ça allait barder. J'aurais bien voulu que Mme Mortimer soit là, à présent.

Abandonnant mes volatiles, je retournai à l'avant de la maison. J'étais en nage, sale et épuisée. Et il me fallait encore nettoyer ma voiture souillée. Je soupirai. Et puis, zut ! J'étais trop fatiguée.

Je me laissai tomber sur une chaise, et contemplai la vue bleue et apaisante, au-dessous de moi. Je perçus alors le vrombissement d'un moteur et vis le hors-bord se propulser dans la baie, Nico à la barre. Il ne leva même pas les yeux vers la maison et je me dis qu'il avait déjà oublié la femme plus âgée que lui qui l'avait amusé pendant quelques heures la veille.

Mais j'aperçus alors, sur la table, un petit paquet. Dessus on pouvait lire : ALBERTO E LINA, CAPRI. Dans le coffret se trouvait le joli bracelet de corail que j'avais admiré.

Un sourire se dessina sur mes lèvres. Non, Nico ne m'avait pas oubliée.

35

Lamour

Ç'avait été tellement éprouvant pour moi, le premier soir, de trouver la chambre de Jon-Boy exactement comme il l'avait laissée, que je n'y avais pas remis les pieds depuis. À présent, comme approchait le moment de déjeuner avec Lorenzo Pirata, « pour discuter de la situation », je décidai de retourner y jeter un coup d'œil, à la recherche d'éventuels documents relatifs à la maison.

J'avais laissé les fenêtres ouvertes, et l'air frais avait chassé les odeurs de renfermé. J'avais plus que jamais le sentiment que Jon-Boy pouvait entrer dans la pièce d'une minute à l'autre.

Des rayonnages, occupant le mur sur toute sa hauteur, croulaient sous les livres. Près de la fenêtre se trouvait un joli secrétaire que je n'avais pas remarqué l'autre soir, et cela m'étonna. Cette fois-ci, comme j'avais les idées plus claires et qu'on était en plein jour, je remarquai qu'il s'agissait d'une antiquité – italienne, sans doute, et du XVIIIe siècle – qui valait probablement très cher.

Dessus étaient posés un tas de papiers et une tasse, avec l'inscription : *Souvenir de Sorrente*, dans laquelle il rangeait des stylos de couleurs différentes. Il changeait chaque jour de couleur. De cette façon, disait-il, il savait toujours exactement où il en était dans son récit.

Je m'assis sur sa chaise. Une simple chaise de salle à manger empruntée en bas, et jamais ramenée. J'ouvris le premier tiroir et vis un bloc-notes jaune dont plusieurs pages étaient couvertes de son écriture en pattes de mouche, deux ouvrages de référence et un vieux dictionnaire en piteux état datant de ses années d'étudiant. Et un journal intime, à couverture de cuir bleu marine.

Je le fixai. Il contenait sans doute tout ce que je désirais savoir, mais je répugnais à violer l'intimité de mon père – et Dieu sait qu'il n'y a rien de plus intime qu'un journal. Néanmoins, il fallait que je sache ce qui s'était passé au cours des mois précédant sa mort. Avec réticence, je lus les premières lignes.

Rome 1er janvier. Pas fermé l'œil de la nuit – pour la seconde fois consécutive. Il s'est mis à neiger à minuit, de grands flocons cotonneux, constellant le ciel comme des ornements de cristal, se mêlant aux feux d'artifice, scintillant dans la lueur des réverbères, et fondant sur la langue comme pour faire passer nos excès de champagne. « C » en mousseline de soie rouge, enveloppée de fourrure, son visage dépassant du grand col comme un joli petit renard – ou plutôt renarde. Nous nous sommes rencontrés à la soirée archibondée d'Orlando, au Palazzo Rosati-Contini – rien n'est trop beau pour

Orlando, ça vaut aussi pour les femmes. Arrivé ici de mauvaise humeur, après une énième scène épouvantable avec « I ». Je ne m'attendais à rien... et voilà que je me suis retrouvé à raccompagner la renarde chez elle. On savait tous deux très bien ce qui nous attendait au terme de cette promenade dans les rues entre-temps désertées de Rome. Mais après quarante-huit heures sans sommeil, à essayer d'éviter les disputes et les crises avec « I » – sans parler de la bringue et de l'alcool consommé... –, je craignais fort de ne pas être à la hauteur.

2 janvier. Six heures du soir. « C » est une femme incroyable, et d'une beauté... Elle est même parvenue à séduire l'écrivain fatigué que je suis, et à me donner le sentiment que j'étais le seul homme dans sa vie. Si seulement c'était vrai ! À présent, je crois bien que je suis amoureux. Une drôle de façon de commencer l'année. Soudain, la vie est belle.

Je refermai le journal. Je n'aurais pas dû le lire. Je ne souhaitais pas connaître les détails de la vie sentimentale de Jon-Boy. Je restai assise là un moment, indécise. Toute sa vie était dans ce cahier. Il *fallait* que je le lise. Je le rouvris et cherchai les dernières lignes. Elles étaient datées du 30 octobre, la veille de sa mort.

« I » est passée ; j'en suis sûr. À mon retour de l'Amalfitano, j'ai remarqué que des choses avaient été déplacées. La lampe du secrétaire était allumée, un tiroir ouvert, la porte de l'armoire entrebâillée. Elle n'a pas pris la robe de mousseline rouge de « C », mais je sais qu'elle l'a vue. Qui sait ce qu'elle en a conclu ? Je suppose qu'il vaudrait mieux que

*je ferme la porte d'entrée à clé, mais ça ne se fait
pas, ici. Par ailleurs, je ne voudrais pas qu'elle
puisse jamais trouver porte close. J'ai découvert
malgré moi que l'amour ne meurt jamais tout à fait.
Je me soucie encore d'elle, et pourtant, je suis fou
de « C ». Peut-être le seul véritable amour est-il
celui que nous donnons à nos enfants innocents.
Voilà une pensée que je devrais constamment avoir
en tête. Et si je prenais l'avion pour Chicago, à
Noël, pour faire une surprise à Lamour, la vraie
femme de ma vie ?*

Les dernières pensées de Jon-Boy avaient donc été
pour moi. Je posai la tête sur le secrétaire et, les yeux
fermés, m'imaginai mon père en train de les écrire.

— Moi aussi, je t'aime, Jon-Boy, murmurai-je.

Je replaçai le journal intime dans le tiroir, que je
refermai à clé. Je ne supportais pas l'idée de fouiner
davantage ; j'avais le sentiment que ce n'était pas bien.
Je me dirigeai vers l'armoire, sortis la robe et la tins
devant moi. Ses plis dégageaient un parfum, une odeur
raffinée que je ne parvenais pas à identifier. La mousseline de soie avait un tomber très souple, et sur l'éti-
quette cousue main, on pouvait lire GIORGIO VIVARI.
C'était le couturier que j'avais rencontré à Rome, celui
qui m'avait complimentée sur la beauté de mon pied !
J'en conclus que « C » n'était pas seulement belle et
sexy. Elle devait aussi être dépensière. Bien au-delà
des moyens de Jon-Boy. Je savais que, presque sitôt
perçus, les droits d'auteur de son premier roman
avaient été dilapidés.

Je n'avais jamais bien compris comment. Certes, il
louait un somptueux appartement dans l'un de ces

palazzi de Rome tellement au-dessus de nos moyens lorsque j'étais enfant. Et, bien sûr, il avait acheté cette maison, le refuge où il avait l'intention de se retirer pour écrire son prochain roman. Je me demandai qui de « C » ou de « I » avait mis un terme à ses projets. Je disposais de moins de détails au sujet de « I », mais d'après les éléments consignés dans le carnet, elle était la maîtresse délaissée, et les femmes jalouses étaient capables de commettre des actes fous ; tout le monde sait cela.

N'avais-je pas moi-même connu les affres de la jalousie quand Jammy m'avait appris la trahison d'Alex – bien qu'il fût mort ? J'avais ressenti l'humiliation d'avoir été trompée, rejetée pour quelqu'un d'autre. J'avais éprouvé de la colère. Qui sait ce que j'aurais été capable de faire si j'avais tout découvert du vivant d'Alex ?

Cependant, je n'aurais jamais pu le tuer. Je me serais plus volontiers jetée du balcon. *Échec* est un mot terrible, surtout en amour.

La sonnerie perçante du téléphone italien m'arracha à mes pensées. Je me précipitai dans ma chambre pour décrocher.

— Où est-ce que tu étais ?

Je souris en entendant la voix de Jammy.

— Quelque part dans le passé. Je lisais le journal intime de Jon-Boy.

— Ce n'est pas bien, de lire le journal de quelqu'un.

— Je le sais. Crois-moi, j'ai mauvaise conscience. Mais je me suis dit que ça m'éclairerait sur sa situation à ce moment-là, que je trouverais peut-être un indice…

— Et tu as trouvé ?

— Je sais juste qu'il y avait une femme dans sa vie, belle, sensuelle, dépensière…

— Ça n'a rien de surprenant, quand on a connu Jon-Boy.

— Ouais, mais il y avait une autre femme. Il l'avait quittée, et je crois qu'elle était jalouse.

Jammy poussa un grand soupir, qui semblait signifier « Ça suffit, assez parlé de Jon-Boy ».

— Et si on parlait de toi ? Où en est ta vie sentimentale, avec tous les beaux Italiens qui t'entourent ?

— Je suppose que tu fais allusion aux Pirata ? Je suis allée à Capri avec l'un d'eux hier et je déjeune avec l'autre demain.

— Capri ? Comme c'est excitant ! Raconte-moi tout, ma grande.

Je lui fis donc le récit de ma journée passée avec Nico, lui dis à quel point il était charmant et d'une compagnie agréable. Je lui parlai aussi du bracelet.

— Mais…, déclarai-je enfin.

Je l'entendis rire, à l'autre bout de la ligne.

— Avec les hommes, il y a toujours un « mais ». Depuis le temps, tu ne t'en es pas encore rendu compte ? Et l'autre Pirata, alors ? Le peintre qui ne voulait pas que tu parles à sa progéniture ?

Je lui relatai l'épisode des poules, et comment Lorenzo m'avait prêté main-forte.

— Il m'a présenté ses excuses pour avoir demandé à Aurora et Nico de ne pas m'adresser la parole, expliquai-je. J'ai été sensible au fait qu'il reconnaisse avoir eu tort, Jammy. Enfin… un homme dans sa position… il aurait pu simplement me dire de retourner à mes affaires et de ne pas m'approcher de sa famille.

— C'est sûr, répliqua Jammy d'un ton pensif. Alors je me demande bien ce qu'il veut…

Je lui dis qu'il m'avait invitée à déjeuner pour discuter de la maison.

— Ah, enfin la vérité ! s'exclama-t-elle. Et à ton avis, il veut quoi, Lamour ?

Je répondis que, même si l'idée me déplaisait, il voulait sans doute récupérer sa maison et me voir disparaître de la vie des Pirata.

— Tu peux toujours revenir ici, dit Jammy avec un tel manque de compassion que j'éclatai de rire.

Je lui demandai des nouvelles de Matt et de l'étudiante, et promis de la rappeler tout de suite après le déjeuner du lendemain, afin de lui faire un compte-rendu détaillé.

Lorsque je redescendis, je trouvai un homme planté devant la porte d'entrée ouverte.

— Le signor Pirata vous envoie la nourriture pour volaille, signora, m'informa-t-il d'un ton courtois.

Il porta les deux énormes sacs dans ma cuisine. Je le remerciai, le chargeai de transmettre mes remerciements au signor Pirata, et lui donnai un pourboire. Il souleva poliment sa casquette et se retira.

J'ouvris rapidement l'un des sacs, y plongeai une casserole et me hâtai d'aller trouver mes poules. Alignées en rang d'oignons, elles avaient passé le bec au travers du grillage et paraissaient furieuses. Lorsque j'ouvris la porte, le coq avança vers moi en se pavanant. Je leur lançai de la nourriture et claquai la porte. Puis je remplis la casserole d'eau au robinet du jardin, la poussai à l'intérieur et refermai encore une fois la porte. Je m'assurai que le fil de fer était bien enroulé autour de mon verrou de fortune, et les laissai gratter le sol et picorer joyeusement la nourriture.

Peut-être étaient-ils tout simplement affamés, songeai-je. Une fois qu'elles auraient mangé, les poules seraient satisfaites et se blottiraient dans leurs nids de paille, où elles commenceraient à pondre des œufs.

Je contournai la maison jusqu'à la terrasse. Le joli bracelet en corail était toujours sur la table. Je l'enfilai en faisant tourner mon poignet et en pensant à Nico. Il m'avait dit qu'il semblait fait tout exprès pour moi. Mais, bien sûr, je ne pouvais accepter qu'il me l'offre. J'allais tout de suite faire un chèque, et demander qu'on le porte au château. Secrètement, j'étais tout de même très touchée. Peut-être avais-je un faible pour Nico Pirata, et peut-être avait-il un faible pour moi ? Certaines histoires d'amour avaient débuté avec moins que ça.

36

Lamour

Je choisis mes habits avec soin, pour mon déjeuner
d'affaires avec Lorenzo Pirata, car il s'agissait bel et
bien d'un déjeuner d'affaires. Je ne pouvais guère imaginer que c'était mon charme qui m'avait valu cette
invitation. Ce capitaine des pirates vivait dans les
hautes sphères, contrairement à ses ancêtres, et ne
s'abaissait sans doute pas à s'intéresser à moi.

J'enfilai une jupe achetée avec Jammy à Rome. À
vrai dire, j'avais été conquise par la couleur – un beau
vert pomme – plus que par la jupe, car je m'étais toujours sentie plus à l'aise en pantalon. Je passai un tee-
shirt assorti et les sandales rose framboise dégotées à
Amalfi. J'avais l'air d'un esquimau au citron vert, mais
il était trop tard pour changer. Je coiffai mes boucles
rebelles en un petit chignon serré – ça faisait plus professionnel –, ornai mes oreilles d'anneaux d'or et ter-
minai par un soupçon de parfum au chèvrefeuille. Je
m'étais déjà maquillée – très peu, comme à mon habitude : une touche de blush rose, du rouge à lèvres,
un peu de mascara. Je me demandai pourquoi je me

donnais tant de peine pour un homme qui, visiblement, n'éprouvait même pas de sympathie pour moi.

J'étais sur le seuil lorsque le bracelet de Nico me revint en mémoire. J'allai le chercher et l'enfilai. Après tout, le pirate ne savait pas que c'était son fils qui me l'avait offert.

Mifune m'attendait sur la terrasse, pour m'escorter jusqu'au château. Ajustant mes grandes enjambées sur sa démarche plus hésitante, je lui dis à quel point j'avais hâte de revoir ses jardins.

— Je suis désolé de ne pas vous y avoir amenée plus tôt, cara, dit-il, mais ils ne m'appartiennent pas et je ne peux pas vous y inviter sans autorisation.

Je le fixai, stupéfaite.

— Mifune, vous voulez dire qu'on vous a interdit de me faire visiter vos beaux jardins ?

— *Interdit* n'est pas le mot, Lamour. On m'a juste suggéré que ce ne serait pas très avisé.

Cela m'avait tout l'air d'un euphémisme par lequel Pirata entendait la même chose. En fulminant, je longeai le chemin bordé de cèdres qui traversait la petite oliveraie – laquelle fournissait à la famille une huile de qualité supérieure, également distribuée dans des boutiques de Londres ou de Rome. Nous nous arrêtâmes quelques instants pour admirer le pont de bois formant une arche au-dessus du bassin à carpes ; les poissons orange remontèrent à la surface, espérant que nous allions les nourrir.

Je me rappelais si bien ces jardins que j'aurais pu en dessiner le plan. Mais je n'étais pas là pour mon plaisir, et nous accélérâmes le pas, sur l'allée de gravier entourée d'herbe. Un hélicoptère attendait sur sa plate-forme, au-dessous de la maison. Je me dis que le pirate devait être sacrément riche pour disposer d'un tel joujou.

Mifune me quitta au pied des larges marches de pierre.

— Ne prenez pas trop à cœur tout ce que vous entendrez aujourd'hui, me dit-il avec douceur. Les choses ne sont pas tout à fait ce qu'elles paraissent.

À peine avait-il fait cette remarque énigmatique qu'il s'éloigna, et je restai seule à me creuser la tête pour essayer de comprendre ce qu'il avait bien pu vouloir dire.

Un domestique en livrée tenait ouverte la porte massive. Il me dit qu'il s'appelait Massimo.

— *Buona sera*, lançai-je, avant de pénétrer dans le bastion du pirate.

Je promenai mon regard sur le grandiose hall d'entrée, peint de cette merveilleuse teinte ocre rouge que l'on voit dans les fresques antiques. Des nuages et des chérubins ornaient le plafond bleu pâle et, sur les murs, des appliques dorées semblaient pouvoir accueillir une centaine de bougies. Le sol était dallé de marbre noir et blanc, et deux escaliers d'albâtre parfaitement symétriques se rejoignaient au centre de la pièce, en une galerie à balustres.

Impressionnée, je franchis, à la suite de Massimo, une porte à deux battants – jusqu'à un grand salon. Aussi vaste que le hall, il possédait d'immenses fenêtres drapées de rideaux de soie, et paraissait être resté longtemps inutilisé.

— Bienvenue au castello Pirata, signora Harrington, lança Lorenzo Pirata derrière moi.

Je me retournai vivement. Il tendit la main et je la pris, car on m'avait appris à être polie même avec mes ennemis. Il était comme toujours impeccable, avec son allure majestueuse, ses yeux d'un bleu perçant et son épaisse chevelure argentée. Un homme fort capable de se révéler – je le savais – redoutable. L'affreux chien blanc était toujours à ses côtés, mais ne vint pas me tendre la papatte.

— Vous avez une merveilleuse demeure, signor Pirata, dis-je.

Il hocha la tête.

— Je vous remercie, même si le mérite ne m'en revient pas. Le château a été érigé par ma famille, et j'ai simplement eu la chance d'en hériter. C'est ma femme qui s'est chargée de la décoration de cette pièce, néanmoins, et je trouve qu'elle a fait un travail remarquable. Vous ne trouvez pas ?

Je me demandai pourquoi j'avais occulté l'idée qu'il puisse y avoir une épouse. Aussitôt me vint l'image d'une épouse-trophée blonde et sculpturale, absente car occupée à dépenser l'argent de Lorenzo.

— Absolument remarquable, concédai-je en passant en revue les canapés de brocart et les tapis en soie, les lampes dorées et les petites tables-vitrines remplies de beaux objets ciselés.

Ça ne collait pas du tout avec ma première vision de Lorenzo, dans son short maculé de taches de peinture.

— Que puis-je vous offrir à boire ? demanda-t-il, tenant à la perfection son rôle d'hôte. Que diriez-vous d'un verre de champagne ?

En invitée modèle, je répondis :

— Oui, merci. Dès qu'on ouvre une bouteille de champagne, j'ai l'impression que c'est jour de fête, dis-je, m'efforçant désespérément de faire la conversation.

Le pirate des temps modernes sourit, et reconnut qu'il n'y avait rien de mieux.

Je m'assis du bout des fesses dans un fauteuil tendu de brocart d'or et Lorenzo me fit face sur un canapé.

— Comment vont vos poulets ? demanda-t-il.

— Oh, mon Dieu, j'oubliais de vous remercier pour la nourriture ! m'exclamai-je, honteuse. C'est tout de même grâce à vous que je ne les ai pas empoisonnés avec des graines pour perroquets ! J'ai l'impression qu'ils se portent bien. Du moins, ils ne protestent pas trop. Cela dit, je reconnais que je n'ose pas encore entrer dans le poulailler. J'ai une peur bleue de ce coq !

Il éclata de rire, et je remarquai les plis au coin de ses yeux. Il changeait du tout au tout lorsqu'il riait, paraissant plus abordable. Ce doit être un homme intéressant, me dis-je, quoique je n'aurais certainement jamais l'occasion de m'en assurer.

— Joli chien, mentis-je, lorsqu'il vint me renifler les mollets. Il s'appelle comment ?

— Oh, je vous en prie, soyez sincère ! s'esclaffa Lorenzo. C'est le chien le plus laid que vous ayez jamais vu, pas vrai ? Il s'appelle Affare – c'est-à-dire « bonne affaire », parce qu'il ne m'a pas coûté un sou. À part la note du vétérinaire qui a dû le soigner. Je l'ai trouvé dans la rue, à côté de mon bureau. J'ai remarqué qu'il était là tous les jours. Il maigrissait à vue d'œil. Et puis, il a dû se faire renverser par une voiture, car un matin, je l'ai trouvé en sang avec une patte et des côtes cassées. Personne ne voulait d'un chien aussi laid. Il m'a regardé, je l'ai regardé…

Il haussa les épaules.

— Qu'est-ce que vous auriez fait à ma place ? Je l'ai adopté.

— Et il vous a adopté, dis-je, surprise d'être aussi touchée par son récit.

Mes yeux se posèrent à nouveau sur Affare, couché aux pieds de son maître. La bonne affaire flairait l'air de sa longue truffe blanche. Sa queue atrophiée était ramenée sous lui ; il avait des yeux minuscules, une gueule allongée, le poil blanc et rêche et les pattes trop courtes. Il fallait une sacrée imagination pour le trouver beau, mais j'en déduisis que c'était sa beauté intérieure qui avait dû conquérir le grand Lorenzo Pirata.

— *Perdona, signore*, le déjeuner est servi, lança Massimo depuis le seuil.

Nous le suivîmes dans une salle à manger presque aussi grande que la pièce que nous venions de quitter et dont les murs étaient de couleur vieil or. Elle comportait une grande cheminée de marbre sculptée à chaque extrémité, et une longue succession de portes-fenêtres au travers desquelles j'entraperçus une large terrasse, où une rangée de têtes de sphinx dominaient la vue panoramique sur la côte. La longue table pouvait accueillir une vingtaine d'hôtes au moins, et nos deux couverts, installés en bout de table, paraissaient bien solitaires.

Lorenzo tira ma chaise en arrière, m'invitant à m'asseoir.

— On se croirait à Buckingham Palace ! m'exclamai-je, sur le ton d'une gamine de huit ans – et non celui de la femme moderne et mondaine que j'étais censée être.

Mais le pirate sourit et me dit que j'exagérais peut-être un peu. Il ajouta que lui et les siens faisaient rarement usage de ces pièces – sauf pour les vacances, à

Noël, dans des occasions particulières, ou lorsqu'ils donnaient de grandes soirées. Il avait pensé que j'aurais plaisir à les voir.

— Merci, dis-je. Je suis impressionnée. Je n'ai jamais vu un endroit pareil – alors vous imaginez, y déjeuner…

Massimo nous servit un plat de pâtes : de minuscules raviolis farcis à la chair de crabe, dans une sauce crémeuse. C'était succulent et je le dis, me régalant malgré moi.

— Je suis heureux de constater que vous appréciez la bonne cuisine, dit le pirate. À vous regarder, on ne s'en douterait pas.

— Vous me trouvez trop maigre ? répliquai-je d'un ton froissé.

Je regrettai aussitôt mes paroles. Mais elles l'amusèrent.

— Je vous trouve très belle, Lamour Harrington, déclara-t-il, me prenant totalement au dépourvu.

Je m'attendais à tout sauf à ça.

Dieu sait comment, je recouvrai mes esprits.

— Mon père me l'a toujours dit, mais, bien sûr, c'était mon père. Je ne l'ai jamais cru, ajoutai-je.

— Tous les pères trouvent leurs filles belles, rétorqua Lorenzo.

Cela me rappela Aurora, et je complimentai Lorenzo sur la grande beauté de sa fille.

— J'aimerais tellement qu'elle en soit plus consciente, fit-il remarquer, alors qu'une domestique en robe bleu pâle et tablier blanc venait débarrasser nos assiettes vides.

— Vous parlez comme tous les pères de la terre, dis-je. On dirait qu'ils ne sont jamais prêts à céder leur fille à un autre homme.

— Vous avez sans doute raison, approuva-t-il en nous reservant du vin, tandis que Massimo apportait le plat suivant : des scampi visiblement délicieux, dans une sauce au vin blanc, aux échalotes et à l'ail.

— C'est le paradis ! dis-je, soudain désinhibée, en prenant une autre gorgée de vin.

Je commençais à m'amuser. Mes yeux croisèrent ceux du pirate, par-dessus mon verre. Il souriait.

J'en étais à mon troisième verre de vin, et tout allait bien. Je me penchai vers lui, le coude sur la table, tenant mon menton d'une main.

— Qu'est-ce que vous trouvez drôle ? demandai-je, en le regardant droit dans les yeux.

— Vous êtes vraiment unique en votre genre.

— Dans quelle catégorie ? Homme, femme, ou animal ?

— Oh, femme, aucun doute là-dessus ! répliqua-t-il en riant franchement, cette fois-ci.

La domestique emporta nos assiettes vides et Massimo fit une nouvelle entrée, avec une salade et un assortiment de fromages sur une planche en bois à bordure d'argent. J'eus la présence d'esprit – trop tardive, me sembla-t-il – de refuser un énième verre de vin. Je m'en voulais d'avoir si facilement abandonné ma réserve, alors que nous n'avions même pas encore abordé la partie « affaires » du rendez-vous. Je refusai le fromage.

— Que diriez-vous de prendre le café sur la terrasse ? suggéra Lorenzo. J'aimerais vous faire admirer la vue.

Ladite terrasse aurait pu contenir plusieurs fois ma petite maison. Elle faisait le tour du château, décrivant une immense courbe. Des pergolas à colonnes de pierre ruisselant de chèvrefeuille, de jasmin et de bougainvillée rose vif y répandaient leur ombre. Un étroit bassin faisant miroir la longeait sur plus d'une trentaine de mètres. Au-dessus s'élevaient des jets d'eau, comme dans le célèbre bassin de l'Alhambra, à Grenade. Des tables et des fauteuils confortables avaient été disposés à l'ombre des auvents à rayures et sous les pergolas feuillues. Des jeux de société – un plateau de backgammon et un échiquier avec des pions en argent – et des livres traînaient çà et là. L'architecte paysagiste que j'étais appréciait qu'on ait pu créer des espaces de détente aussi charmants dans un cadre aussi grandiose. On aurait dit un salon en plein air et, de toute évidence, la famille y passait beaucoup de temps.

Penchée au-dessus de la balustrade, je contemplai la vue splendide sur la baie de Salerne, la côte sinueuse et verdoyante et la mer aigue-marine qui se perdait dans le bleu du ciel.

— Je voudrais tendre la main et caresser cette vue, dis-je à Lorenzo Pirata, qui m'avait rejointe. Juste pour m'assurer que ce n'est pas une peinture en trompe l'œil.

— Même à Hollywood, on ne pourrait pas faire aussi beau, ajouta-t-il – mais c'est moi qu'il regardait, et non la vue.

— Et tous ces sphinx ? Comment ont fait vos ancêtres ? Ils ont envoyé un vaisseau pirate en Égypte ?

Il éclata de rire et concéda que c'était ce qu'ils avaient sans doute fait. Les sphinx provenaient effectivement d'Égypte et, à sa connaissance, avaient été achetés par son arrière-arrière-grand-père, longtemps avant que le pillage des objets d'art égyptiens et grecs soit à la mode.

— Un reçu a été conservé dans les archives de famille, dit-il. Je ne me souviens plus exactement de la somme payée, mais elle était bien inférieure à la valeur réelle. Par conséquent, je pense qu'on pourrait appeler ça un acte de piraterie.

Massimo servit le café. Nous le bûmes sans cesser de contempler la baie où mon père s'était noyé un soir de tempête. À présent, l'air était à peine agité d'un souffle d'air et la mer luisait, plate comme un miroir.

— Je n'ai jamais vu de tempête ici, déclarai-je. C'est comment ?

Il haussa les épaules.

— Très italien. Spectaculaire, déchaîné : le tonnerre, les éclairs, le gémissement du vent qui tourbillonne en emportant les arbres et les toitures, et qui dévaste tout sur son passage. Heureusement, il n'y en a pas très souvent. Et en général, uniquement en hiver.

Je regardais la mer, mais je sentais ses yeux fixés sur moi.

— Mon père est mort dans une tempête comme celle que vous avez décrite.

— Je me souviens. C'était une grosse tempête, survenue très tôt dans l'année.

— Vous connaissiez mon père ?

Il hocha la tête.

— Oui, je connaissais Jon-Boy. Nous avions un arrangement relatif à la maison.

— Oh oui, la maison, fis-je en me rappelant la raison de ma présence ici.

— Mon épouse connaissait elle aussi votre père. Elle aimait beaucoup son roman. Je me souviens qu'elle disait que c'était une véritable fenêtre ouverte sur l'âme de l'auteur.

— Votre femme avait raison. C'est exactement ça.

Je me retournai vers lui. Dans d'autres circonstances, songeai-je, j'aurais pu m'intéresser à cet homme. J'aurais pu désirer mieux le connaître afin de découvrir ce qui se cachait sous son apparence lisse et courtoise. Des tempêtes et des volcans grondaient-ils en lui, où n'était-il qu'un play-boy qui passait sa vie à la surface des choses ? Je le regardai dans les yeux, et refusai de le croire. Bizarrement, et bien qu'il fût mon ennemi, je voulais croire que le charme n'était qu'une façade et que, sous le vernis social, il y avait un homme, un vrai – qui n'aimait rien tant que retaper son vieux bateau de pêche en compagnie de son chien.

— J'aimerais rencontrer votre épouse, dis-je.

— Marella est morte il y a dix-sept ans. Aurora n'avait alors que trois ans.

Je m'en mordis la langue.

— Oh, je suis désolée.

— Vous ne pouviez pas le savoir, rétorqua-t-il d'un ton plus vif. Bien sûr, Jon-Boy est l'une des raisons pour lesquelles je vous ai fait venir aujourd'hui.

— Seulement l'une des raisons ? répliquai-je, car je savais bien qu'il ne faisait que se montrer poli – pour ne pas dire charmant – avant de lancer la bombe et de me demander de lui revendre la maison.

— Il y en a deux. La première, c'est que je voulais déjeuner avec cette femme qui rêve d'élever des poulets fermiers, et dont j'ai énormément apprécié la compagnie. La seconde est plus sérieuse, j'en ai peur.

— Vous n'êtes pas le seul. Je n'ai aucune idée de ce que vous voulez me dire, mais je sens que ça ne va pas me faire plaisir.

217

Il leva les bras et, les paumes tournées vers le haut, haussa les épaules.

— Je n'ai pas le choix. Et puis, ce n'est pas la fin du monde, ajouta-t-il d'un ton soudain plus cassant – au point qu'il ne paraissait plus le même homme. Mais il faut que vous le sachiez, Lamour. Vous avez fait une grosse erreur en revenant à Amalfi. Bien sûr, je comprends que vous ayez voulu revoir le lieu où vous avez vécu enfant, et été heureuse avec votre père. C'est pourquoi je vous ai permis de rester et je me suis tu. Du moins, jusqu'à maintenant.

Je levai les mains.

— Stop ! Stop ! Vous dites que vous m'avez *permis* de rester ? De quel droit me demanderiez-vous de partir ? La maison appartenait à mon père. À présent, elle est à moi.

Nous étions face à face.

— Je suis désolé, Lamour, mais la maison n'appartenait pas à Jon-Boy. Il nous la louait. Et le bail a expiré à sa mort.

Mes jambes se dérobèrent sous moi. Je me laissai tomber sur une chaise. La maison que je considérais comme mon foyer, mon seul véritable foyer, ne m'appartenait pas. Jon-Boy m'avait pourtant dit qu'elle était à nous, qu'il avait l'intention d'y vivre toujours. Lorenzo Pirata voulait-il me déposséder d'un bien qui m'appartenait ? Et si c'était le cas, dans quel but ?

— Il vaudrait mieux que vous retourniez à Chicago. Profitez de la fin de votre séjour, et reprenez le fil de votre existence. Après tout, Amalfi n'offre pas tellement de possibilités, pour une étrangère qui y vit seule.

Je me relevai d'un bond, soudain hors de moi. Pour qui diable se prenait-il, pour me sermonner comme ça,

218

et me dire ce que j'avais à faire, comme à une gentille petite fille ? Qu'il aille au diable ! Par ailleurs, cette affaire était plus suspecte qu'elle n'y paraissait.

— Vous voulez que je parte d'ici, dis-je en m'efforçant de ne pas élever la voix. Et moi je voudrais savoir pourquoi. Quel est votre secret, Lorenzo Pirata ? Qu'est-ce que vous me cachez ? Est-ce que ça a un rapport avec la mort de mon père ? L'homme qui avait la phobie de l'eau et des bateaux, au point de n'avoir jamais navigué ? L'homme qui est censé être parti en bateau dans la tempête, et n'être jamais revenu... Est-ce que vous y êtes pour quelque chose, signor Pirata ? Ou est-ce que j'imagine des choses, comme les *femmes* ont paraît-il coutume de le faire ?

Affare se dressa sur ses pattes et grogna doucement.

— Je suis désolé, Lamour, répliqua Lorenzo d'un ton calme. Mais c'est comme ça.

— Vous ne me parlez que de ce que vous voulez bien me parler, rétorquai-je. Mais je vais vous dire quelque chose, signor Pirata. Je ne partirai pas. J'ai bien l'intention de rester ici. Et je me fiche de tous les documents légaux et avocats de haut vol que vous pourrez me balancer à la figure !

Je quittai la terrasse à grands pas et regagnai la maison, consciente qu'il ne me quittait pas des yeux. Sur le seuil, je fis volte-face. Planté là où je l'avais laissé, il me regardait toujours.

— Oh, et merci pour ce merveilleux déjeuner, dis-je, polie jusqu'à la fin.

Mme Mortimer aurait été fière de moi.

37

Je retirai mes sandales neuves et dévalai la scalatinella, jusqu'à la maison. À partir de maintenant, je marcherais pieds nus, comme quand j'étais gamine. La plante de mes pieds s'endurcirait, et moi avec.

Je me précipitai à l'intérieur, abandonnant dans mon sillage mes vêtements habillés. À l'étage, je passai un vieux short et un tee-shirt, et regardai autour de moi, indignée.

C'était ma chambre, ma maison, mon foyer. Personne ne me chasserait jamais d'ici. Pour me prouver que j'étais chez moi, j'ouvris le pot de peinture abricot, m'emparai d'un rouleau et commençai à repeindre les murs.

Je ne m'arrêtai qu'à sept heures pour faire une pause et prendre une douche chaude afin de soulager mon dos endolori. Puis je déambulai nerveusement dans le jardin, dressant mentalement la liste de tout ce qui avait besoin d'être fait – en me promettant de cesser de remettre les choses à plus tard, et de commencer le sauvetage dès le lendemain.

J'entendis le coq pousser son cri. Trop fort, comme toujours. Évidemment, c'était l'heure du dîner. Les poules, blotties sur le sol, me regardaient de travers. M. Coq, quant à lui, s'élança d'un air menaçant vers le grillage. J'eus un mouvement de recul. Avais-je réellement besoin d'un coq ? Je n'avais toujours pas compris si, oui ou non, on pouvait obtenir des œufs sans la présence d'un coq – la vie sexuelle des poules n'étant décidément pas mon fort.

J'ouvris la grille et balançai la nourriture dans l'enclos. En voyant mes poules se jeter dessus comme des prisonniers affamés, j'eus mauvaise conscience. Je dus reconnaître, pour la énième fois, que je ne connaissais rien aux volailles. Et rien aux vaches non plus, soit dit en passant. Néanmoins, les vaches étaient censées être des animaux placides et pacifiques. Peut-être aurais-je dû commencer avec Marguerite, et non avec ces farouches volatiles !

Les poulets s'étant momentanément calmés, je retournai à mes travaux de peinture, décidée à mener à bout au moins l'une de mes entreprises. Il était plus d'une heure du matin lorsque je m'arrêtai enfin, les bras perclus de crampes.

La chambre empestait la peinture. Je descendis donc, après m'être douchée.

Le vieux canapé me sembla idéal pour mon corps las, comme s'il en avait conservé l'empreinte. Je dormis à poings fermés, oubliant Lorenzo Pirata. Mais il était là, au centre de mes pensées, lorsque j'ouvris l'œil quelques heures après.

Je me demandai ce que Jon-Boy m'aurait conseillé de faire. Je répugnais à feuilleter de nouveau son journal intime, mais j'avais besoin de savoir s'il s'y trouvait quelque élément au sujet de l'achat de la maison, et de l'endroit où se trouvait l'acte de vente.

J'enfilai un peignoir, me rendis dans sa chambre et m'assis devant le beau secrétaire : sculpté de volutes et de coquillages, il convenait à merveille à une villa en bord de mer. J'imaginais qu'il l'avait repéré dans la vitrine de l'une de ces lugubres boutiques d'antiquités napolitaines. Peut-être dans l'une de ces ruelles pavées où des hommes moustachus et menaçants étaient tapis dans l'ombre, prêts à s'attaquer au premier touriste imprudent ayant quitté les sentiers battus. Bien sûr, Jon-Boy ne les craignait pas le moins du monde. Nous avions souvent passé des soirées entières à arpenter ces ruelles en ayant soin de guetter les entrées sombres des immeubles – moi, un cornet à la main et le visage barbouillé de crème glacée, et lui, la cigarette aux lèvres. Je me rappelais un lustre terne qui l'avait séduit, avec ses boutons de rose en bronze et ses couronnes de laurier peintes.

— Ce sera parfait pour ta chambre à coucher, *tesoro*, m'avait-il dit.

J'avais fait la grimace et l'avais traité de fou. Tout ce que je voulais, moi, c'était une lampe à abat-jour vert, comme celle qu'il avait sur sa table.

— D'accord, avait-il déclaré. Mais on fait un marché : je t'achète une table et la lampe en question, et tu travailles, pour changer. Après tout, il ne faudrait pas que tu sois ignorante, à ton retour chez les Mortimer, pas vrai ?

La mention de mon retour m'avait serré le cœur. Mais alors, Jon-Boy m'avait adressé son fameux regard en coin, et souri – et j'avais compris qu'il s'agissait d'une simple plaisanterie. Toutefois je promis, et il m'acheta la table et la lampe. Pendant deux semaines, je fis semblant d'étudier l'histoire et la conjugaison des verbes italiens, alors que je passais le plus clair de mon temps à regarder par la fenêtre en rêvant de liberté et de baignades à n'en plus finir. Jon-Boy travaillait dur à l'écriture de son roman à la table du rez-de-chaussée – car, à l'époque, il ne possédait pas ce luxueux secrétaire.

J'ouvris le premier tiroir et sortis son journal intime. Puis je m'assis et m'efforçai de trouver la force de le lire, redoutant les révélations que je pourrais y trouver.

Tergiversant, je farfouillai dans les tiroirs. J'y trouvai des notes pour son roman jamais écrit. Et puis, à ma grande surprise, je tombai sur un chapitre entier. Il traitait d'une enfant venue vivre à l'étranger qui s'émerveillait de tout ce qu'elle découvrait. L'enfant n'était autre que moi, de toute évidence. Et le père, c'était Jon-Boy.

Dans le chapitre en question, il se décrivait comme un homme aimable mais irresponsable. Un nomade ne tenant pas en place, toujours en quête de nouveautés propres à l'inspirer : une nouvelle ville, un nouveau vin, une nouvelle femme. La seule constante, dans son existence, était l'enfant, sans laquelle – écrivait-il à la fin du chapitre – sa vie eût été dénuée de sens.

Je suis un homme sans identité. Un raté. Les enfants nous possèdent, et nous avons beau nous tortiller et nous débattre, ils ne nous lâchent jamais. C'est cela, le véritable amour.

Je reposai le texte. L'homme que j'avais cru fort, invulnérable ; l'homme que j'imaginais maître de ses actions et de son monde, cet homme avouait qu'il n'existait que par le regard de sa fille.

Je restai un long moment à penser à lui. J'aurais voulu qu'il soit là, afin que je puisse lui dire qu'il n'était pas un raté – ni dans son travail, ni dans sa vie, ni dans sa façon d'aimer. J'aurais voulu lui dire qu'il avait été pour moi le meilleur des pères et que pour rien au monde je n'aurais renié le temps passé avec lui en Italie – que c'était l'épisode qui avait déterminé toute mon existence.

Je remis le chapitre dans le tiroir. Je n'avais plus le cœur à lire ses confessions. Au lieu de cela, je me rendis à Pirata, m'achetai une faux chez Umberto, puis revins m'attaquer au jardin.

Je travaillai d'arrache-pied pendant les jours qui suivirent, comme pour me convaincre – et convaincre Lorenzo Pirata, par la même occasion – que c'était *ma* maison et que je comptais bien y rester, ainsi que je l'avais annoncé.

Je débroussaillai, creusai la terre et la fertilisai. J'arrachai à mains nues les mauvaises herbes et, au contact des épines, récoltai force piqûres et éraflures. Enfoncée jusqu'aux genoux dans l'eau du bassin de la cascade, j'en retirai les algues. Je débarrassai le belvédère des belles ipomées qui l'étouffaient, puis le passai au jet d'eau et, agenouillée sur un escabeau, grattai des décennies de poussière incrustée.

J'avais oublié à quel point le belvédère était charmant, avec ses proportions idéales, ses jolies colonnes et son dôme de mosaïque bleue. Je me précipitai en ville afin d'y acheter deux jolies chaises en fer forgé et une petite table pour l'apéritif. Je les plaçai dans le belvédère et fêtai seule, ce soir-là, le travail accompli, avec une bouteille de prosecco et un coucher de soleil de rêve.

Ensuite je m'attaquai, à l'aide de ma faux, à l'enchevêtrement de lauriers-roses et de bougainvillées

224

pourpres qui empiétait sérieusement sur la terrasse – ce qui me causa de nouvelles ampoules et nécessita des pansements supplémentaires. Et là, j'eus la plus belle des surprises.

Sous la masse des fleurs qui bordaient la terrasse, je découvris un long banc carrelé. Les carrelages, faits main, provenaient vraisemblablement de Vietri, une ville côtière. Le fond bleu cobalt faisait ressortir un motif de branches de citronniers, d'oliviers, de rayons de soleil, de vagues bleues couronnées d'écume argentée. On y voyait même le château perché sur sa colline, sa bannière flottant au vent comme lorsque la famille y était en résidence. Et mon adorable petite maison y était elle aussi représentée, avec son dôme et ses arches, entourée de cèdres et de fleurs roses. Rien ne manquait, pas même la cascade et la dalle de méditation.

J'en avais le souffle coupé. C'était une œuvre d'art, baroque et raffinée, pleine de courbes élaborées, de volutes et d'images ravissantes. Je me rappelai avoir vu un banc semblable lorsque Jon-Boy et moi avions visité l'hôtel San Pietro de Positano. Je savais qu'il avait dû coûter une petite fortune, et en déduisis qu'il l'avait acheté avec la manne de ses droits d'auteur, avant que celle-ci ne s'épuise. Non seulement le banc était magnifique, mais il confirmait mon sentiment que la maison lui appartenait. Jon-Boy lui-même n'aurait pas commandé quelque chose d'aussi cher pour une maison qui n'aurait pas été la sienne.

Je taillai légèrement les arbrisseaux en fleurs de façon qu'ils encadrent le banc sans éclipser la vue. Puis je pris les mesures du banc pour les coussins – en

toile jaune pâle, et garnis d'un passepoil bleu cobalt –
que je comptais faire fabriquer par des artisans locaux.

Je m'installai sur mon banc, emplie d'un sentiment
de satisfaction. Je m'autoproclamai propriétaire de la
maison. J'avais commencé à remettre mon jardin en
état. J'avais repeint ma chambre et commandé un nouveau lit. J'avais également commandé un réfrigérateur,
et l'employé de l'entrepôt de gaz butane devait venir
inspecter ma cuisinière. À Pirata, j'avais trouvé un
ramoneur de la vieille école qui avait promis de nettoyer ma cheminée, afin que je puisse faire des feux
une fois l'hiver venu. Je me réjouissais d'avance à
l'idée d'écouter crépiter les flammes et de les voir
danser dans l'âtre pendant que la mer, au-dehors,
viendrait s'écraser contre les falaises.

Mais ma plus grande réussite, c'était de ne pas avoir,
de toute la semaine, accordé la moindre pensée à
Lorenzo et à ses manigances. J'avais mené ma barque
sans l'aide de personne. Voilà comment je souhaitais
que les choses se passent.

C'est alors que Nico fit sa réapparition.

38

Lamour

— Comment va, cara ?

Nico dévala les marches et surgit devant moi. Assise sur mon merveilleux banc en carreaux de Vietri, je m'accordais une pause au milieu de mes travaux.

Il ne pouvait pas tomber plus mal. J'avais chaud, j'étais épuisée et en nage. J'avais de la terre sous les ongles, des pansements sur mes ampoules, et mes cheveux étaient attachés en une triste queue-de-cheval. Je devais paraître cent ans – ou, du moins, mon âge.

— Je ne sais pas, répondis-je sèchement. Je suis trop fatiguée pour y réfléchir.

— Pauvre fille.

Il se laissa tomber près de moi, sur le banc, mais je me refusai à tourner la tête vers lui. Je sentais qu'il étudiait mon profil et, mal à l'aise, je ramenai en arrière des mèches de cheveux humides. Il me saisit une main et, après avoir desserré mon poing, se mit à l'examiner.

— Qu'est-ce que c'est ? s'écria-t-il, horrifié. Que vous est-il arrivé ?

Je haussai les épaules.

— Pas grand-chose, j'ai juste travaillé dur.

— Mais vous n'en aviez pas besoin. Mifune a une équipe d'employés qui travaille dans nos jardins. Il vous aurait envoyé quelqu'un, pour faire le gros boulot. Cara, vous n'êtes pas faite pour abattre des arbres ; il y a des tas d'occupations plus dignes d'une femme aussi charmante que vous.

Je lui jetai un regard en biais. Ses compliments étaient si absurdement exagérés que je faillis éclater de rire.

— Laissez-moi vous arranger ça, dit-il.

Mais je secouai la tête.

— C'est ma maison, en dépit de ce que peut penser votre père, et c'est à moi de m'en occuper, répliquai-je d'un ton ferme.

Ignorant mes paroles au sujet de son père, il prit un ton enjôleur :

— Dans ce cas, acceptez au moins de dîner avec moi ce soir. On pourra parler de votre bracelet.

Cela m'amadoua un peu – après tout, son geste avait été si charmant, si généreux, bien que je ne puisse m'empêcher de me demander ce qu'il attendait en retour. Je me dis que j'étais trop cynique et, retrouvant mes bonnes manières, le remerciai.

— Mais vous n'auriez vraiment pas dû, ajoutai-je. Et c'est pourquoi je vous ai envoyé le chèque…

— … que voici ; je vous le rends.

Il posa le chèque sur le banc, entre nous.

— Je vous en prie, c'était un cadeau. Faites-moi plaisir.

Je croisai son regard suppliant. Comment y résister ? Et puis, flûte, pour quelle raison ? Être en guerre avec le père ne m'interdisait pas de m'amuser avec le fils !

— Très bien, j'accepte de dîner avec vous. À une condition : c'est moi qui invite.

À ces mots, il s'esclaffa.

— Ah, les femmes américaines et leur indépendance ! s'exclama-t-il. Cara, jamais une Italienne n'aurait idée de dire une chose pareille.

— C'est à prendre ou à laisser.

Il hocha la tête.

— Très bien, je prends.

Je le laissai déambuler dans le jardin et inspecter mes travaux de la semaine, pendant que je prenais une douche, me lavais les cheveux et passais quelque chose de relativement seyant. Le vent se chargerait de sécher mes cheveux. Cette fois-ci, nous prîmes la décapotable rouge vif de Nico et, la capote ouverte, gravîmes à une vitesse ébouriffante la route qui mène à Ravello.

Nous nous retrouvâmes dans le fastueux et réputé hôtel palazzo Sasso. Nico piqua droit vers le bar, qui avait l'air d'être un lieu de rendez-vous pour le beau monde et où on le connaissait visiblement bien. J'admirai les femmes chic et couvertes de bijoux en regrettant un peu de ne pas m'être vêtue plus élégamment.

Nico saluait des gens comme de vieux amis, en prenant la peine de me présenter, cette fois-ci, et en se comportant de façon très convenable, me sembla-t-il. Puis il m'entraîna vers une table à l'écart et commanda une bouteille de champagne.

— C'est une habitude de la famille ? demandai-je.

— Pourquoi cette question ?

— J'ai déjeuné avec votre père l'autre jour. Et il a lui aussi ouvert une bouteille de champagne.

Nico écarquilla les yeux, l'air déconcerté.

— J'espère que vous avez passé un bon moment.

229

Je voyais bien qu'il faisait un effort pour ne pas me demander pourquoi, au juste, j'avais déjeuné avec son père. Je lui racontai notre entrevue.

Il nous resservit du champagne.

— Tout cela ne me concerne pas, commenta-t-il plutôt sèchement. Je ne suis pas au courant.

Puis, me regardant, il ajouta :

— Tout ce que je sais, c'est que je veux que vous restiez.

Le champagne me mettait de bonne humeur.

— Ne vous inquiétez pas, caro. Je n'ai pas l'intention de m'en aller, répliquai-je – ce qui le fit rire.

— Cet hôtel vous plaît ?

D'un geste, il désigna les halls de marbre, les bouquets somptueux, les impeccables serveurs en livrée, les ascenseurs en verre et la cascade.

Je haussai les épaules.

— Il y a pire, j'imagine, répondis-je, et nous éclatâmes de rire à nouveau.

Il me prit la main et me glissa à l'oreille :

— Tout cela peut être à vous, Lamour. Nous pourrions prendre une suite et passer du temps ici, vous et moi. Je vous comblerais d'attentions, je vous couvrirais de pétales de rose et de baisers. Je vous ferais l'amour comme un dieu…

Il dépassait tellement les bornes que je ne pouvais qu'en rire.

— Non merci, pas ce soir. Une autre fois, peut-être.

— Très bien, répliqua-t-il vivement, comme s'il s'attendait à mon refus et que cela fît partie du jeu. Dans ce cas, emmenez-moi dîner.

Il m'entraîna vers la voiture, nous redescendîmes la colline et nous arrêtâmes dans un restaurant tout simple, appelé le Cumpa Cosimo, fondé trois siècles plus tôt.

Le patron connaissait Nico – comme tout le monde –, et bien que l'endroit fût bondé il nous trouva une table. Nous nous assîmes sous un haut plafond voûté, et l'on nous servit des escalopes de veau sauce citron et de copieuses pâtes maison. C'était exactement le genre de plat qui me rappelait pourquoi j'aimais tant vivre en Italie.

— Où pourrait-on mieux manger qu'ici ? demandai-je en remplissant à nouveau mon assiette.

Nico rit de me voir dîner de si grand appétit, jusqu'à ce que je sois trop embarrassée pour continuer.

— Vous êtes très sexy quand vous mangez.

— Je n'ai jamais pensé que la nourriture pouvait être sexy.

— Bien sûr que si. Qu'y a-t-il de plus sensuel que le vin et la nourriture ? Pique-niquer d'un morceau de pain et de fromage sous un arbre avec un verre de chianti, c'est déjà sensuel. Carina, vous avez trop l'habitude des McDonald's et autres fast-foods, et de ne vous alimenter que pour satisfaire une faim immédiate. La bonne bouffe est aussi là pour satisfaire les sens !

J'avais l'impression de fondre des pieds à la tête, tandis que nous nous regardions. Cet homme aurait pu charmer les animaux, et faire perdre la raison à plus d'une femme. Mais pas à moi, me dis-je en détournant les yeux et en m'efforçant de recouvrer mes esprits.

Sur la route du retour, il conduisit lentement, grâce à Dieu. Nous redescendîmes la colline jusqu'à mon saint protecteur. Nico coupa le moteur et nous restâmes quelques instants à écouter le souffle du vent dans les arbres et le chant des grillons. J'avais l'impression d'être une lycéenne sur le point de sortir avec le play-boy local dans sa décapotable rouge. Nico ne me quittait pas des yeux. Il prit mon menton dans sa main, tourna mon visage vers lui. Puis il se pencha vers moi, les yeux mi-clos, cherchant ma bouche. Je sentis son souffle tiède sur ma joue, le parfum citronné de son eau de toilette me parvint aux narines… Je me laissai aller… J'allais succomber… Je me ressaisis juste à temps et, posant un doigt sur ses lèvres, empêchai le baiser.

Il soupira.

— Vous êtes une femme très contrariante, Lamour, vous savez. Vous donnez tous les bons signaux… et puis vous vous ravisez. Pourquoi ? C'est juste un baiser entre amis.

— Dans ce cas, vous pouvez me donner un baiser amical… ici, répliquai-je en tapotant ma joue.

Il le fit, et nous en rîmes tous deux.

— J'ai passé une si belle soirée, Nico, dis-je.

C'était sincère : il m'avait fait oublier tous mes soucis.

Il voulut me raccompagner jusqu'à ma porte, mais je ne le laissai pas faire. Plus tard, je me demandai si j'avais craint de ne pas pouvoir résister une deuxième fois à ce baiser… puis à un autre… et puis… Ça valait mieux comme ça.

39

Lamour

Le lendemain matin, l'esprit plus clair, j'envisageai la possibilité que Lorenzo eût dit vrai, et que Jon-Boy n'eût pas acheté la maison. Je ruminai cette pensée en buvant mon café tout en regardant une flottille de voiliers glisser dans la baie, poussés par un petit vent vif qui agitait les feuilles des oliviers et faisait voler mes cheveux.

La seule façon de m'en sortir, c'était de proposer à Lorenzo d'acheter la maison. Je lui dirais qu'il n'aurait qu'à fixer le prix, et que je ne marchanderais pas. Je soupirai. Je savais qu'il refuserait. Lorenzo ne voulait pas de moi dans les parages, et j'étais sûre que ça avait à voir avec Jon-Boy. Et, bien que l'idée de me plonger dans son journal intime me répugnât, je savais que c'était là que résidait mon seul espoir de découvrir quelque chose.

Il me fallut encore une heure, et une bonne dose de caféine, pour me décider à monter l'escalier, entrer dans sa chambre et ouvrir le tiroir qui contenait son journal. Même alors, je ne pus me résoudre à rester assise devant son secrétaire, à l'endroit où il l'avait tenu. Je l'emportai donc dans le jardin, en espérant que la lumière du soleil et la brise dissiperaient les « fantômes » qui pouvaient s'y trouver.

À l'ombre du paisible belvédère, je passai la main sur la belle couverture de cuir bleu foncé, m'imaginant mon père en train de choisir le cahier dans une luxueuse boutique romaine. Il avait toujours aimé les objets coûteux. Le réveil de voyage Cartier, par exemple, nous étions pauvres quand il l'avait acheté. « Ce n'est pas simplement ce que l'on achète, m'avait-il expliqué, alors que nous étions plantés devant les vitrines étincelantes de chez Cartier. C'est la façon dont on est traité. Ici, tu es toujours un *tesoro* – un petit trésor –, et moi, je suis systématiquement un "gentleman". »

Je buvais ses paroles, comme à mon habitude, en souriant poliment à la vendeuse – même s'il me manquait des dents –, en mâchant nerveusement le bout de ma queue-de-cheval, et en priant pour que Jon-Boy eût assez d'argent pour payer le réveil. Ce devait être le cas ce jour-là, puisque nous repartîmes avec – et il se trouvait encore aujourd'hui sur sa table de nuit. Je n'avais jamais oublié sa leçon sur l'art du shopping.

En feuilletant les pages à liseré doré, je découvris que les inscriptions devenaient rares après le premier mois, où il avait décrit son coup de foudre pour « C » et mentionné la malheureuse « I » – la femme dédaignée. Le journal reprenait en avril, avec un seul paragraphe.

Ma vie a changé. Je vis comme dans un rêve, je suis l'amant qui attend éternellement que sa maî-

tresse l'appelle. Lorsqu'elle ne le fait pas, je suis au désespoir. Comment est-ce possible ? Comment puis-je lui permettre de régenter ainsi ma vie ? La réponse est simple. J'ai envie d'elle. J'ai besoin d'elle. Il faut que je sois près d'elle, que je croise son regard à l'autre bout de la pièce, dans une soirée, comme cela s'est passé le premier soir, lorsque nous nous sommes reconnus et que nous sommes allés l'un vers l'autre. Sans l'ombre d'une hésitation, sans attendre. Nous sommes simplement partis et, la main dans la main, avons traversé Rome sous la neige pour parvenir à l'appartement et au lit où nous avons fait l'amour.

J'ai toujours eu le sentiment d'être un homme correct, et certainement pas le genre à courir après la femme d'un autre. Mais cette fois-ci, je n'ai pas eu le choix. C'était le destin et mon sort était scellé. Bien sûr « C » a sa vie à elle, avec ses obligations mondaines et son mari qu'elle refuse d'abandonner, et je suis donc condamné à attendre qu'elle puisse me voir. Je fais les cent pas dans mon appartement en l'imaginant avec d'autres hommes, en train de flirter, de séduire comme elle seule en est capable. Mon esprit ne fonctionne plus sur deux niveaux séparés, comme c'était le cas lorsque j'écrivais mon roman. Je pouvais alors me détacher de la réalité, faire abstraction du contexte, et m'immerger dans la vie des personnages que je créais. Je n'ai plus dans ma tête de personnages de fiction à rendre « réels ». Ils ont disparu, en même temps que toute pensée rationnelle.

Ma pauvre « I » s'inquiète. Je le vois à son regard, à cette minuscule ride qu'elle a toujours entre les yeux, et aux trop grands efforts qu'elle fait pour être silencieuse lorsque je suis assis à mon bureau. Elle se déplace comme une petite souris qui craint de recevoir le coup de griffe du gros méchant chat. Et c'est exactement ce que je suis devenu. Est-ce que je l'aime encore ? Je me suis posé cette question un millier de fois depuis le mois de janvier, et je crois que la réponse est oui. Je la serre dans mes bras, je la réconforte, il nous arrive même de faire l'amour, mais c'est fini. Je suis démuni devant la puissance de « C ». Bientôt, il faudra que j'affronte « I » et que je lui dise adieu, mais je ne veux pas la faire souffrir. Parfois, je me dis qu'il serait plus simple d'agir en lâche et de la laisser parvenir à la conclusion que c'est fini – lui laisser la dignité de prendre la décision de partir.

« C » vient tout juste d'appeler. Je la verrai ce soir. Elle donne une réception en l'honneur d'un célèbre auteur italien qu'elle voudrait me présenter. Je lui ai demandé pourquoi, vu qu'elle ne pouvait qu'être au courant de la soirée, elle ne m'avait pas invité plus tôt. Sans préciser que l'auteur avait remporté un prix prestigieux et jouissait d'une réputation bien supérieure à la mienne, elle s'est bornée à me répondre qu'elle n'avait pas pensé que ça puisse m'amuser. Et que, par ailleurs, c'était son mari qui donnait la soirée, et pas elle. Avais-je tout de même envie de venir ? Attiré par la promesse de ce qui pourrait venir après, je lui ai répondu que je viendrais, bien évidemment.

Mon père était visiblement fou amoureux de « C », mais je n'étais pas certaine que ce fût réciproque. Du moins, jusqu'à ce que je lise le passage suivant, daté du lendemain.

« C » s'est montrée si possessive hier soir, passant le temps accrochée à mon bras et m'éloignant instamment des autres (belles) femmes, en dépit du fait que son mari était là à l'observer, comme toujours. Je soupçonne que « C » l'a déjà trompé, bien qu'elle jure ses grands dieux que non. Le célèbre auteur italien a été mis sur un piédestal, loué, applaudi, pendant que je restais à l'arrière-plan avec mon verre de vodka (la boisson de « C », à laquelle elle a fini par me convertir), rempli sitôt vidé, à me soûler lentement. J'avais honte de me montrer, vu que j'ai cessé de pratiquer mon art, de poursuivre mon rêve, d'aller vers quoi que ce soit… Je me suis demandé comment cela pouvait continuer ainsi et je me suis dit qu'il fallait que ça s'arrête : dès le lendemain, je serais de nouveau dans mon bureau, j'aurais chassé « C » de mon esprit, et je n'aurais plus rien en tête que les personnages-encore-à-créer de mon prochain roman, attendant que je leur donne une âme. Il y a un aspect quasi divin dans ce que je fais – donner naissance à des êtres dont je suis seul à contrôler l'existence. Si seulement je pouvais exercer le même contrôle sur la mienne.

Plus tard, lorsque les gens ont enfin fini par s'en aller, « C » m'a cherché des yeux, comme elle le fait toujours. Elle a hoché la tête et souri et, à ce signal, j'ai salué les gens présents et j'ai hâtivement parcouru les rues pluvieuses, jusqu'au petit appartement que j'ai loué tout près. Une heure plus tard elle est arrivée, dans un bruissement de soie, toute *dégoulinante de pluie, ses lèvres sensuelles esquissant déjà un sourire. La radio diffusait du Cole Porter, son parfum se répandait dans la pièce et la flamme des bougies vacillait. Elle était dans mes bras, et je ne pouvais rien demander de plus. Plus rien n'importait, hormis « C » et le moment présent.*

Je refermai le journal, gardant un doigt sur la page, car je savais que j'allais devoir en reprendre la lecture. Je poussai un soupir qui venait du fond du cœur. Jon-Boy avait été emporté par l'amour, la fascination ou le sentiment qu'il portait à « C », la mystérieuse inconnue. Mais son esprit était tiraillé. Jusque-là, son travail occupait le premier plan. C'était sa raison d'être. Sans cela, il était devenu un pion entre les belles mains tyranniques de « C ». Et la malheureuse « I », la femme qu'il était sur le point de bannir de son existence ? Elle ne comptait plus, il n'y en avait que pour « C ».

Je feuilletai les autres pages, mais la plupart étaient vierges. À croire que Jon-Boy n'était même plus capable de tenir son journal. Ah, si… il y avait d'autres notes. En octobre, le mois où il avait trouvé la mort. Et là, j'eus la surprise de tomber sur mon prénom.

S'il n'y avait pas Lamour, je dirais que tout bonheur m'a abandonné. Mais quand je reçois ses lettres ou que j'entends sa voix au téléphone, mon cœur se serre et je me surprends à sourire. J'ai peut-être eu tort de la laisser. Je ne lui ai jamais demandé ce qu'elle ressentait. Je me disais que tout devait bien se passer avec les Mortimer, qui l'aiment comme si c'était leur fille. Ce que je n'ai jamais pleinement réalisé, c'est que les autres auront beau l'aimer, je suis son père et mon amour compte plus que tout. Dans les premières années, c'était moi et Lamour contre le monde entier. Le succès m'a fait abandonner cet univers-là, et à présent je le regrette. Comme la vie était simple alors, comme tout allait de soi. Désormais, je suis déchiré, et incapable d'écrire... Le seul bonheur qui me reste, ce sont les souvenirs du temps que nous avons passé ici, elle et moi, dans la maison d'Amalfi. Cette semaine, peut-être, ou la semaine d'après... je l'appellerai et je lui dirai : « Eh, Lamour, pourquoi ne pas venir me rejoindre ? Rattrapons le temps perdu ! Redevenons ceux que nous étions alors, toi et moi, dans notre maison. » Pendant un temps, du moins, car je sais qu'à la fin il faudra que je cède la place à un beau jeune homme qui la rendra bien plus heureuse que son cinglé de père. Et que tout sera bien comme ça.

C'était la dernière entrée. Je refermai le journal, remontai à l'étage et remis le cahier sous clé, dans le tiroir. J'étais désespérée qu'il n'eût pas passé ce coup de téléphone. Comme nos vies auraient été différentes s'il l'avait fait !

40

Lamour

Je décidai de faire parvenir une note à Lorenzo, par l'intermédiaire de Mifune, où je le priais de m'excuser de m'être montrée si grossière, et mettais mon attitude sur le compte du choc et de la tristesse. Je lui exprimais ensuite mon désir d'acheter la maison où nous avions vécu, mon père et moi, insistant sur ce que cela représentait à mes yeux. Puis, me rappelant que Lorenzo n'aimait pas trop me voir dans les parages, je précisai que mes activités professionnelles me contraindraient à passer plusieurs mois par an à Chicago. Je croisai les doigts en attendant sa réponse.

Une semaine s'écoula. Mifune me dit que Lorenzo n'était pas au château et que Nico lui-même semblait s'être absenté. Il me manquait : ses visites inopinées, nos excursions en ville, son chic pour me changer les idées et me faire rire…

En attendant, je négligeais la maison. Mais je ne m'avouais pas battue et, pour le prouver, je me rendis à la marina de Sorrente que m'avait recommandée Mifune, et m'achetai un bateau. Il avait dix ans – c'est tout jeune pour un bateau, me dis-je, confiante – et était juste assez grand pour me contenir moi-même, plus un passager et les courses. Au premier essai, le moteur hors-bord me parut un peu grippé, mais il finit par émettre un vrombissement satisfaisant et je m'élançai comme une flèche à travers la marina bondée, récoltant, de la part des autres navigateurs, des coups de klaxon et des regards noirs. Je fis repeindre mon petit bateau dans ma nuance de bleu favorite, et inscrire le nom « Lady Lamour » en lettres dorées soulignées de noir, de façon qu'il se détache bien.

J'avais brûlé mes vaisseaux, côté finances. Mais, fidèle aux enseignements de Jon-Boy en matière d'achats, je profitai de chaque instant de la transaction. J'eus même plaisir à payer. Je me dis que cela m'obligerait à retravailler afin de gagner davantage d'argent. En attendant, j'espérais que le pécule tiré de la vente de l'appartement suffirait à couvrir l'achat de la maison d'Amalfi. À supposer que Lorenzo Pirata rentre un jour et accepte ma proposition…

41

Une autre semaine s'écoula sans que je reçoive de réponse de Lorenzo. Je ne dis rien à Mifune. Lorsque nous travaillions ensemble au jardin, je le sentais qui m'observait, et voyais bien qu'il me comprenait. Il savait pourquoi j'avais besoin de la maison, et ce que je recherchais. Cela me réconfortait, car j'étais sûre qu'il m'aiderait, d'une façon ou d'une autre, à le découvrir.

— Patience, cara, me répétait-il, tandis que je déambulais nerveusement. Un jour, tout cela s'arrangera.

J'aurais aimé avoir la même conviction.

Entre-temps, mon nouveau réfrigérateur n'avait toujours pas été livré. Ni ma machine à laver ni mon sèche-linge. Puis arriva une lettre péremptoire de l'architecte, un nouveau rapport concernant cette fois les problèmes que posaient les fondations de la maison, à l'arrière, là où elle prenait appui sur la falaise. Un devis astronomique était joint, qui dépassait de beaucoup la somme mentionnée lors de l'inspection.

De plus, mes poules n'avaient toujours pas pondu un seul œuf. Elles se jetaient sur la nourriture, puis se retiraient dans leur poulailler pour piquer un roupillon, pendant que M. Coq arpentait le périmètre de leur cage tel un gardien de prison – lâchant de temps à autre son cocorico, histoire de me montrer qui était le boss.

Il allait falloir que je rende leur liberté à ces fripouilles : peut-être qu'elles se décideraient alors à pondre. Mais à la pensée d'affronter M. Coq, le courage me manquait, et je remis mes plans de libération à plus tard.

Sur aucun front je ne marquais de progression. Tout était suspendu à la réponse de Lorenzo.

Néanmoins, le charme de ma petite maison continuait à opérer, tandis que je luttais pour la remettre en état. Et puis, par une belle matinée ensoleillée, un camion vint livrer mon équipement électroménager. Deux hommes robustes, en bleu de travail, apparurent en haut de la scalatinella. L'un portait le lave-linge, l'autre le sèche-linge. Je les regardai, incrédule, descendre les marches en se déplaçant latéralement, leurs bras puissants supportant les machines. Je vis le deuxième homme louper une marche, vaciller dangereusement sur le côté puis, sans lâcher le sèche-linge, tomber sur son ami qui, à son tour, bascula en avant. Pour se protéger, il eut le réflexe d'agiter les bras et, ce faisant, lâcha le lave-linge, qui s'effondra au pied de l'escalier. Après avoir élégamment ricoché, le sèche-linge l'y rejoignit.

Les deux hommes se redressèrent et s'époussetèrent, tandis que mes appareils gisaient au bas des marches.

— *Scusi, perdona, signora…*, dirent-ils en se relevant et en s'examinant pour voir s'ils étaient éraflés ou blessés. Vous auriez un pansement ?

— Un pansement ? hurlai-je.

Je retrouvais enfin ma voix, après qu'ils m'avaient coupé le sifflet.

— Vous voulez un pansement ? Vous avez vu mon nouveau lave-linge ? Il est fichu ! Et le sèche-linge aussi !

Ils tournèrent la tête vers les tristes carcasses.

— *Calma, calma, signora*, tout se répare, dit l'un d'eux d'une voix qui se voulait réconfortante.

— Réparer ? Vous voulez *réparer* ce tas de ferraille ? Non, je vais devoir appeler votre patron.

Ils remontèrent les marches pendant que je faisais les cent pas, en me demandant anxieusement qui allait payer la note – je craignais fort que ce ne soit moi. Cinq minutes plus tard, ils reparurent en haut de la scalatinella, chargés du réfrigérateur.

— Arrêtez ! Arrêtez ! m'écriai-je en agitant frénétiquement les bras. Vous n'avez pas une petite grue ou un truc du genre, pour l'amener au bas des marches ?

— *Ah, si, si, signora*, répliquèrent-ils.

En grognant quelque chose, l'un des deux hommes abandonna son extrémité, laissant l'autre crouler sous le poids du réfrigérateur.

Je fermai les yeux. À ce régime, je serais vite ruinée.

L'autre livreur revint avec une grue beaucoup trop petite. Sans cesser de marmonner, ils hissèrent le réfrigérateur dessus. Je retins ma respiration, tandis qu'ils descendaient les marches une par une jusqu'à la terrasse. Je respirai un grand coup. OK, j'aurais au moins un frigo. Je les conduisis devant la porte d'entrée, en prenant soin de leur signaler la marche. Tandis qu'ils lui faisaient passer le seuil, je vis mon nouveau réfrigérateur osciller sur la gauche. Puis sur la droite. Puis sur la gauche… Je me précipitai contre lui, m'efforçant désespérément de le stabiliser… en vain. Il se renversa. Sur mon pied, cette fois-ci.

— Ouille ! articulai-je en sautant en arrière, le visage crispé par la douleur. Regardez ce que vous avez fait !

— *Perdona, signora*, dit le plus robuste, d'un ton grave. Mais c'est votre faute. Vous n'auriez pas dû intervenir. Nous maîtrisions parfaitement la situation…

Il était inutile de discuter. Je savais que j'allais devoir régler cela avec le patron du magasin d'électroménager. Pendant ce temps, mon réfrigérateur malmené était transporté à la cuisine. Il trônait là, écaillé et cabossé. Mais au moins, il fonctionnait, une fois branché. J'avais presque l'impression de bien m'en tirer.

Je dis au revoir à cette main-d'œuvre indigne de confiance et sautillai jusqu'à la salle de bains, afin d'immerger mon pied endolori dans la baignoire remplie d'eau froide – car, bien sûr, je n'avais pas encore de glaçons. J'examinai mon pied enflé avec amertume. Rien, *absolument rien* ne marchait dans ma vie. Et, cette fois-ci, Nico n'était même pas là pour écouter mes misères.

Mais quelqu'un d'autre était là : Aurora Pirata.

42

Elle était assise sur le banc, devant ma porte, les jambes croisées, la tête rejetée en arrière et les bras étendus sur le dossier carrelé. Que cette fille puisse ignorer sa beauté me dépassait ! Elle aurait pu faire la couverture de *Vogue*.

Je lui lançai un bonjour à la fois prudent et surpris.

— Ciao ! répondit-elle en hochant la tête.

— Je suis étonnée de vous voir ici, Aurora, dis-je, car elle ne se donnait pas la peine d'entamer la conversation ni d'annoncer la raison de sa présence.

— Je suis venue vous dire que je vais demander à mon père de me donner cette maison, bafouilla-t-elle.

Je soupçonnais que c'était chez elle un signe de nervosité. Mais, dans de tels moments, elle semblait à deux doigts de la folie.

— Je vais lui dire que je la veux. Comme ça, quand je serai mariée, j'aurai mes enfants ici. Il me la donnera, vous le savez, Lamour. Il ne peut rien me refuser.

Mon sang ne fit qu'un tour. J'en avais plus qu'assez, d'Aurora et de son père.

— Très bien, répliquai-je sèchement. Dans ce cas, je vous fais cadeau de la nouvelle machine à laver et du nouveau sèche-linge. Ils sont là, au bas des marches. Ou vous n'aviez peut-être pas remarqué ? Et prenez aussi ces fichues poules, tant qu'on y est.

— Quelles poules ? demanda-t-elle d'une voix si douce que ma colère se brisa net.

Je lui jetai un regard sceptique, mais elle paraissait sincèrement intéressée.

— J'élevais des poules quand j'étais petite fille, dit-elle, prise d'un soudain enthousiasme. Enfin, ma mère et moi. Elles étaient blanches, et les poussins étaient adorables. Je sais parfaitement comment on s'en occupe.

— Génial. Comme ça, celles-là ne vous poseront pas de problèmes, rétorquai-je, imperméable à cette douceur inattendue.

— Oh.

Elle sembla si blessée que je la plaignis, en dépit de ma colère. Cette fille était aussi instable qu'une boule de mercure. Je ne pouvais pas suivre ses humeurs. Mais je gardais présent à l'esprit qu'elle ne m'aimait pas, et souhaitait me voir partir.

— Et puis, je suis sûre que vous avez raison, en ce qui concerne votre père. Ce serait étonnant qu'il vous refuse quoi que ce soit.

Elle se leva, dans un mouvement vif et gracieux qui me coupa le souffle. La voyant, si fine et si élégante, se tenir devant moi et me regarder avec tristesse, je songeai qu'elle aurait fait une merveilleuse danseuse classique.

— Je vous remercie de m'avoir écoutée, dit-elle avec une sorte de dignité discrète.

Je la suivis des yeux tandis qu'elle s'éloignait, et la vis s'arrêter et fixer l'électroménager fichu. Puis elle remonta lentement la scalatinella – afin, j'imagine de regagner le château. Elle avait manifestement tout oublié des poules.

Je me dis que mes chances d'être un jour propriétaire de la petite maison venaient encore de s'amenuiser.

43

Incapable d'attendre plus longtemps la réponse de Lorenzo, je décidai d'aller le voir. Massimo apparut sur le seuil.

—Je vais voir si Monsieur est disponible, dit-il.

Je patientai dans le hall d'entrée rouge pompéien, examinant les tableaux jusqu'au retour de Massimo, qui m'annonça que le signore était prêt à me recevoir. Mais au lieu de me conduire dans le salon, il me fit redescendre les marches et contourner la terrasse, jusqu'à la tour de pierre.

Je me retrouvai seule dans une pièce tapissée du sol au plafond d'étagères couvertes de livres. De longues et étroites ouvertures avaient été pratiquées en hauteur, dans les murs de pierre. L'affreux chien vint me lécher la main en agitant la queue, ce qui me fit fondre.

Lorenzo descendit l'escalier.

—Je vous en prie, asseyez-vous, Lamour, dit-il avec chaleur.

Il portait son vieux short taché de peinture et une chemise polo rouge, mais cela n'enlevait rien à sa classe. Il me parut sincère lorsqu'il dit :

—Je sais pourquoi vous êtes là, Lamour. Je suis désolé de ne pas vous avoir répondu plus tôt, mais j'étais en voyage d'affaires – d'abord New York, puis Paris…

Il haussa les épaules.

— … mais je suis heureux d'être de nouveau chez moi.

Il se cala dans son fauteuil en cuir, derrière son bureau, et fit tourner un stylo entre ses doigts.

—J'ai apprécié votre lettre, dit-il d'un ton amical. Mais je crains de ne pas pouvoir revenir sur ma position. Je ne peux pas vous vendre la maison.

Devant mon expression bouleversée, il ajouta :

—Je suis désolé, Lamour. Ce n'est vraiment pas possible. Mais je vous souhaite de profiter pleinement de la fin de votre séjour.

Fallait-il que je sois bête pour m'être mise dans une situation pareille ! Un seul pas nous séparait, et nous nous dévisagions. Je regrettai brusquement que lui et moi ne soyons pas du même bord, car je le trouvais intéressant, et unique en son genre.

—Je ne sais pas quand je partirai, dis-je. Si je pars. Et si ça doit faire de nous des ennemis, eh bien, tant pis.

Lorenzo baissa la tête en signe d'acceptation. Il me raccompagna à la porte.

— Au revoir, Lamour Harrington, dit-il.

Il me sembla déceler sur son visage une pointe de tristesse. Mais elle disparut si vite que j'en doutai aussitôt.

— Au revoir, répliquai-je d'une voix étranglée.

Et je dévalai le sentier pour regagner la petite maison qui ne m'appartenait plus.

44

Lorenzo

Plus tard ce soir-là, seul en sa demeure, Lorenzo Pirata se sentait tiraillé. Le visage bouleversé de Lamour restait gravé dans son esprit. Il ne s'était pas attendu à la voir si vulnérable, et n'avait pas prévu de lui faire aussi mal.

Il aperçut Mifune, qui s'affairait au jardin, à demi dissimulé sous son chapeau de paille de forme conique, qui semblait désormais trop grand pour sa frêle silhouette. Comme chaque fois qu'il voyait le vieil homme, Lorenzo éprouva un vif élan de tendresse pour lui – cet homme qui le connaissait mieux que personne ne l'avait jamais connu, à l'exception de son épouse, Marella. À vrai dire, il n'y avait rien que Mifune ignorât, et c'est pourquoi Lorenzo, ce soir-là, alla le trouver.

— *Buona sera*, Mifune, dit-il. Vous voulez bien vous asseoir avec moi un moment ? J'ai besoin que nous discutions.

Mifune s'assit près de lui, sur un banc de pierre en bordure du sentier. Affare se coucha aux pieds de

Lorenzo, attentif au moindre mouvement de son maître.

— J'ai dit à Lamour que je ne pouvais pas lui vendre la maison. Ça l'a bouleversée. Je n'avais pas réalisé à quel point elle y tenait.

— Pour Lamour, cette maison n'évoque que de bons souvenirs, signore. Elle lui rappelle les plus beaux moments de sa vie. Ç'a été un choc pour elle d'apprendre qu'elle n'appartenait pas à Jon-Boy. Mais elle croyait tout de même que vous accepteriez qu'elle l'achète. Soyez honnête, signore : si Jon-Boy était encore en vie, il habiterait toujours cette maison, n'est-ce pas ?

Lorenzo acquiesça.

— Alors, vous comprenez qu'il est légitime pour elle d'envisager de vivre ici, ajouta Mifune. Vous et moi, nous savons ce qui rend sa présence ici indésirable. Mais le fleuve du temps efface tant de choses, en suivant son cours. Peut-être pourriez-vous vous laisser fléchir, et lui concéder ce modeste bonheur ?

Lorenzo poussa un profond soupir.

— Mifune, vous parvenez toujours à me remettre les idées en place.

Il se leva et adressa un salut au vieil homme.

Mifune sourit.

— C'est un simple processus de raisonnement et de méditation, répondit-il avec calme. Tout problème a sa solution. Il suffit de laisser les pensées flotter dans un esprit dégagé, puis de les saisir au moment où on en est capable.

— J'essaierai, Mifune, promit Lorenzo, et, Affare trottant sur ses talons, il s'en retourna à grands pas vers le château.

45

Lamour

Après une nuit tourmentée où je me confrontai à l'évidence que j'allais devoir renoncer à habiter ma petite maison, je fus réveillée à l'aube par M. Coq, qui poussa un cri à s'en faire éclater la poitrine – et juste sous ma fenêtre, à en croire mes oreilles.

Je bondis hors du lit et me précipitai dehors. Il était là, sur mon banc carrelé, à picorer la bougain-villée pendant que son harem trépignait autour de lui et souillait mes nouveaux coussins en caquetant de satisfaction.

J'avais vraisemblablement mal refermé la porte du grillage la veille au soir, après les avoir nourris. Bon sang de bonsoir ! Je n'arriverais jamais à retirer ces taches de mes coussins. Je ne pris pas le temps de songer que cela n'avait plus d'importance, pas plus que la machine à laver et le sèche-linge fracassés au bas des marches, tels les détritus amoncelés dans les jardi-nets des banlieues misérables.

J'enfilai en hâte un vieux tee-shirt et un short, et dévalai les escaliers pieds nus. Les poules levèrent la tête, mais M. Coq pencha la sienne sur le côté et me jeta un méchant regard en biais – me signifiant clairement que la guerre était déclarée. C'était lui ou moi.

Je l'ignorai et m'emparai d'une première poule, lui repliai les ailes et la tins fermement. La vicieuse créature parvint cependant à m'asséner de violents coups de bec tandis que je me précipitais vers le grillage. Je la balançai à l'intérieur, claquai le portillon et tordis le bout de fil de fer qui le maintenait fermé. Je retournai à la terrasse en courant. Et d'une ! Il n'en manquait plus que trois… plus le coq…

Mais les poules étaient plus malignes que je ne l'avais imaginé. Elles s'étaient dispersées aux quatre coins du jardin. Seul M. Coq demeurait perché sur les coussins, jaugeant la situation de son œil courroucé de seigneur et maître.

Je coinçai la poule numéro deux et la repoussai en direction du poulailler. Tout se passait bien, jusqu'à ce qu'elle fasse une brusque embardée. Je me précipitai sur elle et me retrouvai par terre, à la rattraper par les pattes.

— Moi non plus je ne t'aime pas ! hurlai-je, tandis qu'elle se débattait en agitant les ailes. Tu vas retourner là-dedans même si je dois te tuer pour ça !

Un éclat de rire me parvint aux oreilles. Levant les yeux, je vis Affare bondir vers mes volailles avec de joyeux glapissements, et Lorenzo qui me regardait, planté sur la scalatinella. Il ne manquait plus que ça !

Lorenzo rappela son chien, qui s'assit et contempla les poules d'un air affamé.

— Vous n'avez toujours pas le tour de main, hein, avec ces bestioles ? dit-il.

Je me relevai péniblement, sans lâcher la poule furibonde.

— Elles se sont échappées, répliquai-je d'un ton glacial. Mais ne vous faites pas de souci. Je vais les ramener en moins de temps qu'il n'en faut pour le dire.

Je bluffais, bien entendu. Mais pas question qu'il me démontre une fois de plus sa supériorité en la matière. Après tout, j'étais une femme indépendante, non ?

Lorenzo m'arracha la poule. Il lui replia les ailes et les maintint baissées. Et, croyez-le ou non, cette satanée volaille resta bien tranquillement dans ses bras, comme si – de toute sa trop longue existence – elle ne m'avait jamais gloussé à la figure ni donné des coups de bec.

— Je n'aurais même pas envie de *manger* ces fichus bestioles, dis-je, dégoûtée.

Une lueur passa dans les yeux de Lorenzo, tandis qu'il me fixait. Je réalisai soudain que je venais de sortir du lit et que je n'étais ni coiffée ni débarbouillée, encore moins douchée. Et, pour couronner le tout, j'étais couverte de poussière et de plumes. Cela me ressemblait tellement : être surprise dans le pire des moments, alors que j'avais justement besoin de présenter une image parfaite de femme forte et maîtresse d'elle-même.

Des larmes de colère me montèrent aux yeux – mais pas question de les laisser couler ! Ces dernières semaines m'avaient épuisée, et j'étais prête à m'avouer vaincue. Je ne pouvais plus lutter avec les Pirata. La maison était à eux et, de ce fait, tous mes rêves s'envolaient en fumée. Sans Mifune pour me donner des conseils et me réconforter, il y avait déjà longtemps que j'aurais renoncé. À présent, je n'avais plus le choix.

Je regardai Lorenzo parquer le coq dans l'enclos.

— Qu'est-ce que vous faites ici ? demandai-je. Je croyais que vous ne vouliez plus jamais me revoir, maintenant que vous êtes enfin parvenu à vous débarrasser de moi.

Lorenzo mit les deux dernières poules dans l'enclos et verrouilla le portillon.

— Je viens faire la paix, Lamour, répondit-il calmement.

— Comment ça, faire la paix ? Vous voudriez qu'on soit amis, maintenant ?

Lorenzo tira une liasse de papiers de la poche de son short. Je jetai un coup d'œil soupçonneux sur ce qui me parut être un document juridique, scellé à la cire rouge et estampillé aux armes des Pirata – la tour crénelée, le crâne et les tibias entrecroisés. Je regardai Lorenzo avec circonspection.

— Voici votre nouveau bail, déclara-t-il. La maison d'Amalfi est à vous pour tout le temps où vous souhaiterez y vivre.

J'en eus le souffle coupé. Je ne le croyais pas. Sans doute était-ce une plaisanterie ?

— Ce n'est pas vrai, dis-je, comme une gamine – et non comme la fine mouche que je prétendais être.

— Si. C'est vrai.

Je saisis le document et le parcourus des yeux. Il s'agissait effectivement d'un contrat de bail, établi à mon nom. Il portait la signature de Lorenzo, et était certifié par celle d'un témoin.

— Mais… pourquoi ? demandai-je, déconcertée.

— Pour vous – en souvenir de votre père, répliqua-t-il, soudain grave. Mais je pose une condition…

La fureur m'envahit : il n'allait tout de même pas réclamer le droit du seigneur, et exiger ce que je pensais !

— Que vous acceptiez de dîner avec moi, ce soir, au château, dit-il.

Je ris, soulagée de voir qu'il n'avait pas l'intention d'abuser de ses prérogatives de maître des lieux.

— Avec grand plaisir. Et merci, merci, oh merci !

J'éprouvais une telle gratitude. À ce moment-là, j'aurais fait n'importe quoi pour lui. Enfin, presque.

— Alors à ce soir, huit heures, dit-il alors qu'il s'éloignait, son affreux chien trottant sur ses talons.

En bas de la scalatinella, il s'arrêta pour constater les dégâts.

— Un nouveau concept de sculpture contemporaine ? demanda-t-il, et je l'entendis rire en remontant l'escalier d'un pas léger – comme le jeune homme qu'il se sentait être, tout au fond de son cœur.

46

C'était une soirée merveilleuse, douce comme du cachemire. La lune et les étoiles paraissaient cousues, tels des sequins, dans le ciel bleu foncé. Je pris le temps de m'habiller en vue du dîner avec Lorenzo Pirata. Il ne s'agissait plus, cette fois, d'un rendez-vous d'affaires, mais de passer, non sans une certaine prudence, de l'hostilité à l'amitié. Je me demandais de quoi nous parlerions, à présent que nous avions cessé de nous battre pour la maison.

J'enfilai ma jolie robe couleur corail – mon *unique* robe, celle achetée avec Jammy, à Rome. J'avais pris des couleurs et, en m'apercevant dans le miroir, je me trouvai plutôt jolie. Un soupçon de parfum au chèvrefeuille, et j'étais prête.

Mes coûteuses mules en daim à la main – afin de ne pas les salir –, je remontai la colline, coupant à travers les arbres et longeant le sentier sableux illuminé par de superbes lampes Art nouveau en fer forgé, sculptées en forme de lys. Je songeai à l'homme avec qui je m'apprêtais à dîner : Lorenzo savait naviguer dans le monde, et il était conscient de la place qu'il y occupait.

Massimo attendait devant la porte ouverte et, cette fois-ci, c'est en souriant qu'il m'accueillit d'un *Buona sera* et me conduisit sur la terrasse. Lorenzo s'y trouvait, Affare couché à côté de lui.

Il s'avança vers moi avec un visage radieux, les bras tendus, et prit mes deux mains dans les siennes.

— Bienvenue, dit-il en plongeant ses yeux dans les miens.

Je battis des cils, embarrassée. Il me proposa un verre de champagne. Nous nous dirigeâmes sans hâte vers le bord de la terrasse et contemplâmes la côte et sa guirlande de lumières, semblables au collier de diamants d'une reine. Nous étions seuls au monde – à l'exception d'un million de grillons, d'une ou deux rainettes et d'un oiseau attardé poussant la chansonnette.

— C'est le genre de « silence » qui me rappelle mon enfance, dis-je. C'est le plus beau bruit du monde.

— Quand je l'entends, je sais que je suis chez moi.

Bientôt Massimo vint nous annoncer que le dîner était prêt. Nous prîmes place face à face à une table nappée de lin vert pâle, sur laquelle étaient disposés des coupes en cristal ambré, un pose-plats orange foncé et un vase d'argent contenant des lys tigrés. Lorenzo versa le vin dans nos verres – un barolo de Toscane – pendant que Massimo nous servait.

J'étais si transportée par la magie du cadre, du ciel étoilé, et de l'homme assis en face de moi, que je remarquai à peine la nourriture. Prenant une gorgée de mon vin, je souris à Lorenzo.

— Nous nous sommes déjà rencontrés, dit-il.

Je lui jetai un regard interrogatif.

— Quand vous étiez enfant.

— Vraiment ?

Je ne m'en souvenais pas du tout.

— Bien sûr, à l'époque, c'est à peine si je connaissais Jon-Boy. Je le voyais de temps à autre au village, en général à l'Amalfitano.

Intéressée, je m'accoudai à la table et pris mon menton entre mes mains.

— Alors… comment nous sommes-nous rencontrés ?

— C'était par une chaude soirée d'été. Je descendais les marches pour aller à la crique, quand quelque chose a attiré mon regard. Tout d'abord, j'ai cru que c'était un dauphin, et puis j'ai réalisé que c'était une tête qui montait et descendait, très très loin du rivage. J'ai regardé avec mes jumelles et j'ai constaté que c'était un enfant. J'ai dévalé cet escalier et démarré le bateau à moteur…

— Il était gris argent, me rappelai-je en riant. Et plus rapide qu'une balle de 22 long rifle – rapide comme Superman ! Et il y avait toujours un canot pneumatique jaune à moteur hors-bord amarré juste à côté sur la jetée. Je l'empruntais quand il n'y avait personne pour me voir.

— Eh bien, je suis content que vous n'ayez pas essayé le hors-bord, rétorqua Lorenzo.

Je souris.

— Alors, que s'est-il passé ce jour-là ?

— Je vous ai tourné autour avec le bateau, et vous ai demandé ce qui vous avait pris de vous aventurer seule si loin du rivage.

Je me souvins de la fraîcheur de la mer, ce soir-là, et de mon sentiment d'invulnérabilité… Je me sentais assez forte pour nager jusqu'à Pirata et revenir… j'étais la reine de la mer.

Lorenzo, quant à lui, n'était pas de cet avis.

— Vous m'avez crié de m'en aller. « Vous ne voyez pas que j'essaie de traverser la baie ? » m'avez-vous hurlé à la figure. Je vous ai trouvée bien trop insolente et arrogante pour la petite morveuse maigrichonne que vous étiez !

— J'ai mis mes pouces sur mes tempes et j'ai agité les doigts, dis-je, gloussant à ce souvenir.

— Vous m'avez aussi tiré la langue. Mais à ce moment-là, j'étais tellement en colère que je vous ai attrapée par le bras et hissée à bord de force – comme le petit poisson sans cervelle que vous étiez.

— Bien sûr ! Je me souviens de vous à présent.

Le Lorenzo d'alors me revint très précisément en mémoire : jeune et beau, avec ses cheveux noirs et ses yeux bleus.

— Je me rappelle vos yeux, dis-je, perçants, fixés sur moi. Ils n'ont pas changé.

— Moi je me rappelle votre maillot de bain tout miteux. Il était plein de trous.

— C'était mon préféré ! rétorquai-je, indignée. Je l'avais depuis deux ans et il était beaucoup trop petit, mais je me rappelle l'avoir porté tous les jours, cet été-là.

— Les trous laissaient voir votre derrière tout maigre, dit-il.

Je protestai par un grognement.

— Ma garde-robe consistait en tout et pour tout en un short, deux tee-shirts et une paire de sandales trop petites, si bien que je me baladais toujours pieds nus. Je ne me rappelle même pas avoir eu des culottes, ajoutai-je sans réfléchir.

Il éclata de rire et je devins rouge comme une pivoine.

— Jon-Boy n'a jamais eu beaucoup d'argent, expli-quai-je. Bien sûr, quand il en avait, il savait en profiter :

261

des dîners dans les meilleurs restaurants de Rome, des tournées de vin et de grappa pour tout le monde, à l'Amalfitano. J'imagine qu'il ne s'intéressait pas trop à mes vêtements... Du moment que je paraissais heureuse. Et moi, je ne m'en souciais pas le moins du monde. Après tout, je n'avais pas de mère pour se plaindre de mon allure.

Lorenzo hocha la tête. Il savait tout de Jon-Boy.

— Quoi qu'il en soit, je vous ai sortie de l'eau et je vous ai ramenée sur la plage, sans que vous cessiez une seconde de protester et de me menacer de tout raconter à Jon-Boy, qui, d'après vous, allait me faire ma fête ! Vous avez dit aussi que vous étiez une nageuse du tonnerre et que vous étiez sûre de me battre si on faisait la course dans la baie.

— Maintenant, je me rappelle vous avoir demandé pour qui vous vous preniez... Pour le roi du monde ?

Jetant un coup d'œil alentour, j'ajoutai :

— Je ne pouvais pas savoir que c'était vraiment le cas.

— Vous vous souvenez comment je vous ai traînée le long de la jetée ? Vous aviez les yeux rougis et les cheveux pleins de sable... on aurait dit une sirène dépenaillée.

À présent, il riait franchement.

— J'ai sorti le tuyau d'arrosage et j'ai dirigé le jet sur vous. Vous avez poussé des hurlements à réveiller les morts.

— L'eau était glacée !

— Vous aviez l'air d'une petite gitane. Maigre et hâlée, avec de grands yeux noirs. Une sauvageonne dépouillée de ses vêtements. Vous n'avez pas tellement changé, ajouta-t-il en me dévisageant. Il vous reste quelque chose de l'enfant rebelle.

Je ramenai mes cheveux en arrière avec un soupir théâtral.

— J'aurais préféré une allure un peu plus sophistiquée, à la Audrey Hepburn.

Il se pencha en avant, rapprochant son visage du mien.

— Effectivement, en regardant bien, je vois un peu de ça aussi.

La flamme des bougies se reflétait dans nos regards mêlés.

— Pourquoi êtes-vous revenue, Lamour ? me demanda-t-il, soudain sérieux.

Ma réponse ne se fit pas attendre. Je lui dis que grâce à Jon-Boy et à sa vie désinvolte, j'étais moi aussi devenue un esprit libre. Et que, pendant toutes ces années passées à Chicago, j'avais bridé ma véritable nature. En retrouvant enfin ma maison d'Amalfi, j'avais compris qu'il me restait un espoir de reconquérir cette liberté perdue.

— La liberté, insistai-je, et le bonheur.

— Et vous les avez trouvés ?

— Je cherche encore. Il arrive que le bonheur vous échappe parce que vous ne le cherchez pas au bon endroit, dis-je.

Je souris.

— Je crois que je suis en train de citer Mifune.

— Un grand sage.

— Dites-moi ce que vous savez de Jon-Boy, suppliai-je.

— Je préférerais qu'on parle de vous. Qui vous êtes, ou ce que vous êtes…

— Je crains que vous ne sachiez déjà tout de moi.

— Mais vous êtes la seule à pouvoir me parler de la vraie Lamour, répliqua-t-il, soudain grave. Et, croyez-moi, je veux tout savoir de vous.

Aucun homme, pas même mon mari, ne s'était jamais montré aussi curieux à mon sujet. Dans ma relation avec Alex, c'est moi qui posais les questions, moi qui le trouvais fascinant. Il était toujours au centre. À vrai dire, j'avais si peu l'habitude de parler de moi que j'ignorais par où commencer.

— Eh bien, vous connaissez l'histoire de Jon-Boy et la mienne…

Il me coupa la parole.

— Je sais que vous aimiez votre père, et que votre père vous aimait. Dites-moi qui d'autre vous avez aimé, Lamour.

Mon visage se crispa. Je ne souhaitais pas qu'il sache, pour Alex, et qu'il devine à quel point j'étais vulnérable.

— C'est trop personnel…, protestai-je.

— Mais vous êtes une personne, j'en suis une autre, et nous nous parlons à cœur ouvert, comme deux nouveaux amis, n'est-ce pas ?

Je baissai les yeux sur mes mains nerveusement entremêlées.

— D'accord… J'ai été mariée, autrefois, commençai-je. Il est mort il y a deux ans dans un accident de voiture.

J'entendis Lorenzo suffoquer de surprise, mais je poursuivis aussitôt.

— Alex était riche, beau, égoïste. Je croyais qu'il m'aimait et… oh, moi je l'aimais à la folie. Mais il est apparu qu'il me trompait et qu'il avait l'intention de divorcer pour en épouser une autre.

264

Je haussai les épaules, comme pour me délester de cette vieille blessure. Mais la cicatrice était toute fraîche, et je savais qu'elle se voyait.

— Voilà ce que je suis… une femme de trente-huit ans, trop stupide pour avoir compris que son mari n'était plus amoureux d'elle et avait cessé de la désirer.

Il attendait la suite.

— J'imagine que si je suis venue ici, c'est en partie pour m'en remettre, ajoutai-je. Vous comprenez, je n'étais pas au courant, pour Alex, avant que mon amie me dise la vérité, il y a de ça quelques semaines à peine.

— Et pourquoi vous l'avoir dit, après tout ce temps ?

— Parce que je n'arrivais pas à faire mon deuil d'Alex. J'avais mis mon existence entre parenthèses. Il n'y avait que ma profession qui comptait, et… rien d'autre, à dire vrai.

Dans un geste de compassion, il me prit la main par-dessus la table.

— Vous avez eu raison de le pleurer. Après tout, vous l'aimiez. Qu'il n'ait pas été digne de votre amour, c'est son drame à lui. Et à présent, regardez-vous ! Vous êtes là, à Amalfi, prête à entamer une nouvelle vie !

J'aimais sentir sa main sur la mienne, ferme comme celle d'un ouvrier, tiède et réconfortante.

— Je voudrais retrouver le bonheur, dis-je. Un bonheur semblable à celui que j'ai connu quand j'étais enfant, ici, avec mon père.

Nous discutâmes jusque tard, sur la terrasse, au clair de lune. Lorenzo savait écouter. Je sentais qu'il

comprenait mon existence, et mon désir de changement. À le regarder, si fort, si beau et si sage, j'éprouvai
une soudaine attirance pour cet homme mûr. Il était
tout ce qu'une femme pouvait désirer. Mais il n'était pas
pour moi… Je me contenterais d'être son amie.

— Oh là là, qu'est-ce que nous avons là ? Un
rendez-vous galant au clair de lune ?

La voix moqueuse de Nico rompit l'atmosphère paisible de la soirée, suivie par les éclats de rire d'un
groupe de jeunes gens élégants, qui gravirent en hâte
les quelques marches. Ils se plantèrent sur la terrasse,
les yeux rivés sur moi.

Comme surprise en flagrant délit, j'ôtai ma main de
celle de Lorenzo.

— Papa, avec qui es-tu ?

Aurora était belle à couper le souffle, dans sa robe
turquoise et ses spartiates dont les fins rubans de satin
s'enroulaient autour de ses jambes minces. Ses longs
cheveux noirs étaient ramenés en une queue-de-cheval
haute et serrée et ses yeux marron brillaient de jalousie.

— Je dîne avec une amie, répondit calmement
Lorenzo. Lamour, permettez-moi de vous présenter
ma fille Aurora. J'ai cru comprendre que vous connaissiez déjà mon fils Nico.

— Bonsoir Aurora. Oui, je connais Nico, dis-je.

Aurora me tourna le dos et s'éloigna.

— Comment allez-vous, Lamour ? demanda Nico.

Il m'embrassa sur la joue, comme pour montrer à
son père que nous étions plus intimes qu'il ne l'aurait
cru.

Je repoussai ma chaise contre la table, consciente
que le groupe de beaux jeunes gens nous observait
toujours en gloussant.

266

— Il se fait tard, dis-je.

Lorenzo me prit par le coude et me raccompagna.

— N'allez surtout pas faire de bêtises, vous deux ! entendis-je Nico s'écrier, et les rires fusèrent une nouvelle fois.

Je marchai à grands pas vers le chemin sableux qui, dévalant la colline, menait à la falaise. J'avais hâte d'être chez moi.

— Je suis désolé qu'ils vous aient mise mal à l'aise, dit Lorenzo sur un ton d'excuse. Ce sont des enfants qui jouent.

— Ils sont trop âgés pour se comporter comme des enfants. Comment osent-ils se montrer aussi grossiers ?

Il me fit pivoter, de façon que nous nous retrouvions face à face.

— Nico s'est mal comporté. Il n'aurait pas dû dire ce qu'il a dit, c'est certain. À cause de lui, Aurora a mal interprété la situation. Et ça l'a rendue jalouse.

— Elle ne veut tout simplement pas voir son père avec une autre femme, si innocente que soit leur relation, rétorquai-je.

— Vous avez raison. C'est vrai, elle a peur de me perdre. Mais vous êtes bien placée pour comprendre ce genre de choses.

Évidemment. Je soupirai, soudain solidaire d'Aurora – qui n'avait après tout que vingt et un ans, et était orpheline de mère.

Lorenzo leva la main et, d'un geste délicat, écarta les mèches de mon visage brûlant. Il était si beau, à la lueur de la lune, et paraissait si fort. Il ne craindrait jamais personne, j'en étais certaine. Et n'abandonnerait jamais une femme – surtout pas sa fille.

— Pauvre Lamour, dit-il avec tendresse. Vous avez tellement souffert.

— Je vous dispense de votre pitié, répliquai-je sèchement.

Nous marchâmes en silence jusqu'à la falaise. Au-dessous de nous, la mer bruissait doucement, son odeur iodée se mêlant aux parfums du jardin. Lorenzo tira de sa poche une petite clé en or, attachée à un cordon de satin noir.

— C'est la clé de l'ascenseur, dit-il.

Et, me prenant de nouveau par le coude, il m'entraîna vers une double porte aménagée à fleur de roche, flanquée de deux cyprès en pots.

— Je ne supporte pas l'idée que vous puissiez faire une chute sur ces vieilles marches usées, dit-il. À l'avenir, je souhaite que vous preniez l'ascenseur. Je vous en prie, ajouta-t-il, comme je commençais à protester. Faites-le pour moi, Lamour. L'escalier a beau être éclairé, il peut être dangereux de l'emprunter de nuit.

— Merci, trouvai-je simplement à répliquer, gagnée par un brusque élan de timidité.

Soudain, je me sentis très lasse. J'étais pressée de réintégrer ma petite maison, seule avec mes pensées.

Au moment où la porte de l'ascenseur se referma sur moi, Lorenzo inclina la tête pour me dire au revoir. Je le regardai tristement, comme la petite sauvageonne aux grands yeux que j'étais lors de notre première rencontre. Alors qu'il était encore un jeune homme, à peine plus âgé que ne l'était aujourd'hui son fils Nico.

47

Nico débarqua le lendemain matin. Il jeta un coup d'œil aux appareils ménagers cassés, puis se tourna vers moi.

— La soirée a été bonne ? me demanda-t-il avec un sourire.

— Pas vraiment, rétorquai-je. Surtout à partir de votre arrivée.

— Ohé ! s'exclama-t-il, levant la main pour protester. Qu'est-ce que j'ai fait de mal ?

— Vous me posez la question à moi ?

Il se dirigea vers le banc où j'étais assise. Je détournai le visage.

— Allez, Lamour. Je plaisantais, rien de plus.

Il posa sur mon bras une main qui me parut brûlante comme les feux de l'enfer.

— Vous m'avez mise mal à l'aise et vous vous êtes montré insolent vis-à-vis de votre père, dis-je.

Dans ma colère, je le traitai de gosse de riche pourri gâté qui avait toujours eu ce qu'il voulait et ignorait tout des réalités de la vie.

— Votre mère a tout de même dû vous enseigner les bonnes manières, ajoutai-je d'un ton enflammé.

Nico soupira.

— Oui. Je vous prie de m'excuser. Vous avez raison. Ma mère aurait eu honte de moi et d'Aurora, bien qu'Aurora ait toujours une excuse. Ce qui n'est pas mon cas.

Je croisai son regard et éclatai de rire.

— Vous êtes impossible, vous le savez ? déclarai-je sans cesser de rire.

Il me le concéda et j'acceptai d'aller déjeuner avec lui à l'Amalfitano.

Nous traversâmes la baie à vive allure dans son hors-bord, cheveux au vent. Nous parvînmes à la jetée trempés et hilares. Je cessai de rire, néanmoins, lorsque je vis le groupe des élégants jeunes gens de la veille au soir occuper déjà plusieurs tables. Et, évidemment, j'étais mal fagotée et décoiffée.

— Je crois que je vais changer d'avis, dis-je.

Mais Nico me saisit fermement le bras. Trop tard. Je ne pouvais plus m'échapper.

— Je vous présente ma très chère amie Lamour Harrington. C'est une célèbre architecte paysagiste et la fille de l'encore plus célèbre Jon-Boy Harrington – dont vous avez bien entendu tous lu le roman.

Quinze jeunes visages me fixèrent d'un air surpris. Quinze voix lancèrent : « Ciao Lamour » et : « C'est vrai, vous êtes sa fille ? » et : « Comment devient-on architecte paysagiste ? » Je me retrouvai bientôt mêlée à leur groupe, leur parlant de moi et de Jon-Boy. Je réalisai que cela m'amusait, de manger de la salade et de la pizza avec des gamins de vingt et quelques années. Je sentais cependant, au respect qu'ils me témoignaient – en prêtant attention à mes paroles, en

270

me laissant mener la conversation –, que je n'étais pas des leurs.

Pourtant, une fois rentrée chez moi, j'avais presque oublié mes mauvaises impressions de la veille au soir. Nico traînait sur la terrasse, visiblement très désireux de rester. Je lui dis que j'allais monter faire la sieste.

— Pourquoi ne pas la faire à deux ? suggéra-t-il.

Je le repoussai en riant. Il y avait tout de même quelque chose d'attachant, chez Nico Pirata. Il s'éloigna, rentrant les épaules pour mieux feindre la tristesse – ce qui me fit sourire.

Plus tard, je reçus la visite de Lorenzo Pirata.

— C'est mon tour de vous souhaiter la bienvenue, dis-je, enchantée de le voir. Encore merci pour hier soir. C'était…

Je cherchai le terme approprié.

— … parfait, conclus-je.

Et j'étais sincère.

— Tout le plaisir était pour moi.

Il hésita et, à ma grande surprise, parut soudain timide. Il dit enfin :

— Je suis venu vous demander si vous aviez déjà visité les jardins de la villa Cimbrone, à Ravello.

Je songeai aux verres que nous y avions bus, avec Nico, mais décidai de n'en rien mentionner.

— Ils sont très réputés, répondis-je. Mais non, je ne les ai jamais visités.

— Alors pourquoi ne pas me laisser vous les montrer ? Et vous pourrez m'impressionner, avec votre connaissance des arbres et des plantes exotiques.

Secrètement flattée, je fis mine d'y réfléchir.

— Voyons… qu'est-ce que j'ai à faire aujourd'hui ? me demandai-je à haute voix, avant de lui adresser mon plus beau sourire. Rien, absolument rien de plus important que d'aller visiter les jardins de la villa Cimbrone ! Avec vous, ajoutai-je.

— Alors, allons-y ! conclut-il avec joie.

Je ramassai en hâte un chapeau de paille, un sac, mon appareil photo et mon rouge à lèvres. Ignorant l'ascenseur, nous remontâmes ensemble la colline. Il me tendit la main pour m'aider à gravir les dernières marches et me hissa, en riant, sur le sommet. Nous étions complices comme deux vieux amis. Bien sûr, il ne m'avait pas encore dit ce qu'il savait au sujet de Jon-Boy – mais je comptais bien l'amener à le faire.

Il roulait en voiture de sport décapotable BMW, assez petite pour circuler dans les étroites rues médiévales. Mais il n'avait pas abaissé la capote afin, selon lui, de protéger ma jolie peau des coups de soleil – ce qui me donnait le sentiment d'être choyée. C'était un bon conducteur, et non un fou du volant comme Nico. Il savait prendre les virages en douceur, sans faire crisser les pneus. J'observai, sur le volant, ses mains aux longs doigts... puissantes, hâlées, recouvertes de fins poils noirs. J'essayai de m'imaginer quel effet cela faisait de sentir ces mains sur ses cheveux, ou sur la peau nue de son dos... d'être dans ses bras. Je me redressai. Qu'avais-je donc en tête ?

Je commençai à faire étalage de mes connaissances, au sujet des jardins que nous allions visiter.

— Je sais qu'ils ont été conçus par un Anglais, un certain Lord Grimthorpe, dans les premières années du XXe siècle. Ils passent pour être les plus beaux d'Italie. Bien sûr, personnellement, j'ai tendance à mettre les jardins du château au-dessus de tout.

— Nombre de célébrités ont trouvé à Ravello un havre de paix, m'expliqua-t-il. Greta Garbo s'est réfugiée ici avec le chef d'orchestre Leopold Stokowski. Jackie Kennedy passait des vacances à la villa Rufolo, et de nombreux écrivains ont séjourné ici... Tennessee Williams, Gore Vidal...

— Jon-Boy Harrington ?

Il me jeta un regard en biais.

— Et Jon-Boy Harrington, très certainement.

Nous gravîmes un sentier escarpé et nous arrêtâmes devant une vieille porte de bois enserrée dans un mur d'enceinte. Lorenzo sonna et un vieil employé vint nous ouvrir. Nous demeurâmes une minute figés sur place, à contempler la ravissante villa Cimbrone, édifiée au XVe siècle et restaurée par l'homme qui avait conçu les jardins. Elle abritait désormais un tranquille petit hôtel.

Nous admirâmes les belles voûtes en arc du cloître et la chapelle en ruine, laissant l'atmosphère paisible du lieu pénétrer nos âmes. Il y régnait une qualité de silence qui semblait l'isoler du monde environnant. Spontanément, je pris la main de Lorenzo, désireuse de partager au plus près de lui ce moment – et le sentiment que tout était possible, et que les fantômes du passé pouvaient nous tenir par la main pour nous guider dans ce paradis terrestre.

Les jardins de la villa Cimbrone, mi-sauvages, mi-entretenus, associaient le charme à l'exotisme. Il y avait des rosiers grimpants et des palmiers, des orchidées et des poissons, des bassins et des pavillons de thé, des herbes folles et des cèdres majestueux. Des parfums flottaient dans l'air, des papillons se posaient sur des fleurs magiques et des colibris se gorgeaient de nectar. Nous parcourûmes lentement la somptueuse Grande Allée, bordée d'arbres et parsemée de fontaines et de statues, et une fois le jardin traversé nous parvînmes à la terrasse de l'Infini, suspendue au-dessus de la mer turquoise et offrant une vue à couper le souffle.

Enivrée par tant de beauté, je laissai aller ma tête sur l'épaule de Lorenzo. Il passa un bras autour de moi et nous restâmes là un moment, à contempler en silence le stupéfiant panorama en nous pénétrant des odeurs et de la tranquillité du lieu. D'autres visiteurs déambulaient dans le jardin, mais nous avions le sentiment d'être seuls au monde.

La villa Cimbrone me fit l'effet d'un grand musée : impossible de tout voir, tout au plus pouvait-on survoler ses richesses. Bouleversés, nous remontâmes l'allée ombragée, en admirant les châtaigniers et les frênes qui se dressaient sur les collines au-dessus de nous, et les terrasses de citronniers et de vigne. Lorsque l'homme qui avait conçu ces jardins était mort, il n'en avait profité que douze ans. Par respect, nous nous rendîmes sur sa tombe. Lord Grimthorpe est enterré sous un temple consacré à Bacchus et ce jardin, suspendu entre mer et ciel, me parut la plus belle des sépultures.

Nous redescendîmes le sentier abrupt et déboulâmes sur la charmante petite piazza Duomo, devant la villa Rufolo, que Boccace mentionne dans ses écrits. Elle avait été construite au XIIIe siècle, dans le style mauresque alors en vogue, du fait du commerce avec les Maures et les Sarrasins. Une tour normande ajoutait à la magie du lieu – de même que le splendide jardin en terrasses et la vue sur la baie de Salerne, merveilleusement encadrée par les coupoles jumelles d'une ancienne église, ombragée par un immense pin parasol.

Pour notre plus grand plaisir, nous tombâmes sur un concert de musique de chambre, dans la cour dominée par la tour normande. Nous nous assîmes et passâmes une heure à écouter, dans ce cadre de rêve, une merveilleuse interprétation de Bach. Ensuite, nous recommençâmes à déambuler dans la petite ville.

— Vous avez passé une bonne journée, Lamour ? demanda Lorenzo.

J'étais si heureuse que j'aurais pu lui sauter au cou.

— Ç'a été un bonheur de tous les instants. Et merci, ajoutai-je dans un éclat de rire. J'ai l'impression que je n'arrête pas de vous remercier, ces jours-ci. Ça va être mon tour, de trouver comment vous faire plaisir.

— Invitez-moi à dîner, suggéra-t-il, d'un ton on ne peut plus sérieux. Cela me ferait très plaisir.

Je lui expliquai que j'étais une cuisinière lamentable, mais il répliqua que c'était sans importance.

— J'aime tellement observer votre expression, quand vous vous concentrez sur quelque chose, ajouta-t-il.

— Vendredi prochain. À sept heures. On pourra profiter du coucher du soleil.

— Et à présent, allons dîner ici.

Au Palazzo della mare, tandis que nous savourions nos bellini et un risotto au potiron et aux fruits de mer cuit avec des feuilles de sauge, il me parla de sa femme.

— Nous étions tous les deux si jeunes, dit-il, souriant à ce souvenir. C'était la sœur d'un bon ami à moi. Il m'avait invité à séjourner dans leur maison, près de Gênes. En arrivant, j'avais trouvé trois sœurs, plus charmantes les unes que les autres. Mais Marella était différente. Il y avait chez elle une simplicité très attachante. De toutes les femmes que j'ai connues, c'est la seule qui n'ait jamais convoité quoi que ce soit. Ni bijoux, ni vêtements, ni yachts, ni voitures, ni maisons. Tout ce qu'elle voulait, c'était des enfants.

Elle adorait le château et avait insisté pour que le mariage y ait lieu, plutôt que dans la demeure de sa famille. Nous aimions les mêmes choses : la musique, la nourriture, nos chiens. D'une certaine façon, nous avons mûri ensemble. Ce que je suis aujourd'hui, je le dois en partie à Marella. Elle a tempéré ma fougue juvénile. J'avais coutume de dire qu'elle m'avait civilisé. Ce à quoi elle répliquait qu'elle n'était pas sûre d'y être parvenue.

— Vous étiez comme Nico ?

Il écarquilla les yeux, surpris.

— Non, je n'ai jamais été comme lui. Je suis tombé amoureux jeune, et je le suis resté. Nico est dissipé. Il a besoin qu'une femme le prenne en main. Pour le moment, il ne sait pas tirer parti de ses facultés et de son intelligence. Nico gâche son existence. Il ne comprend pas que la jeunesse ne dure pas éternellement. Il serait temps qu'il commence à songer à l'avenir, mais je ne peux pas changer sa manière d'être, fit-il remarquer en haussant les épaules. Une fois que vos enfants sont grands, c'est à eux de décider de leur vie. Je n'ai plus mon mot à dire. Mais, pour en revenir à Marella et moi, nous vivions une existence idyllique, ancrée autour du château. Nous avions un petit yacht et, pendant l'été, en compagnie de nos enfants et d'une poignée d'amis, nous sillonnions la côte et allions dans le Sud de la France, ou bien à Capri ou à Ischia.

Il eut un sourire mélancolique.

— J'estime que j'ai de la chance d'avoir d'aussi beaux souvenirs.

Il me posa des questions sur ma vie. Je lui racontai mon enfance avec les Mortimer et la façon dont ils avaient constitué, pour moi, une véritable famille. Nous parlâmes de musique, de nos professions respectives, de nourriture et de vin. Nous ne vîmes pas le temps passer, jusqu'à ce que les serveurs manifestent leur impatience, pressés de fermer boutique.

Nous roulâmes en silence en redescendant la colline pour regagner Pirata. Nous étions à l'aise l'un avec l'autre, et cela me plaisait. Lorsque nous arrivâmes, je me penchai vers lui sans réfléchir.

— Bonne nuit, mon ami, dis-je en frôlant sa joue d'un baiser.

Alors que je dévalais la scalatinella, je l'entendis s'écrier :

— Au revoir, mon amie.

J'eus un frisson d'excitation – le signal qui révèle à une femme qu'elle s'intéresse à un homme. *Oh mon Dieu !* songeai-je. *Je ne vais tout de même pas tomber amoureuse des deux !*

49

Le vendredi matin, jour où Lorenzo devait venir dîner, je partis pour Amalfi sur le *Lady Lamour*. J'étais satisfaite de mon petit bateau bleu tout simple. C'était le modèle de base mais, à mes yeux, il représentait la liberté. Et, contrairement à Jon-Boy, j'adorais être sur l'eau.

J'achetai deux petits bars directement à des pêcheurs. Je pris également un melon, des framboises et des biscuits fourrés à la crème, qui paraissaient si délicieux que j'en mangeai un dans la rue. J'achetai aussi des gressins au poivre et un assortiment de fromages, du riz pour le risotto et un bouquet de roquette. Les bras chargés, je me hâtai de regagner le bateau et de repartir.

Jon-Boy n'avait jamais été très doué pour la cuisine, et j'avais hérité de sa nullité en la matière. De plus, du fait de ma profession, je ne prenais guère le temps de faire les courses et de préparer des plats, et je mangeais le plus souvent dehors.

Dans la cuisine, je ne trouvai que deux couteaux : un grand, d'apparence assez menaçante, et un petit à dents de scie. Je choisis le grand pour m'attaquer aux bars. J'ouvris le ventre de l'un d'eux et, pour le vider, le disposai « en ailes de papillon », comme le conseillait – me semblait-il vaguement me souvenir – le livre de cuisine de Mme Mortimer. Je triturai l'arête avec la pointe de mon couteau puis, dans un geste impatient, fis glisser la lame sous l'épine dorsale. À ma grande stupéfaction, elle se détacha très facilement. J'écaillai le poisson – découvrant que, ce faisant, il était difficile de ne pas en mettre partout. Puis je le rinçai sous l'eau courante et le tapotai pour le sécher. Je trouvai qu'il avait belle allure – du vrai travail de pro. Je réitérai l'opération pour le second bar, avec autant de tact.

Je mis la roquette dans un joli saladier bleu cobalt trouvé au fond d'un placard. Je découpai le melon en cubes, que je trempai dans l'amaretto, et y ajoutai les framboises. Je fis sauter le riz dans un peu de beurre, versai le vin blanc, puis le bouillon, en remuant souvent – ainsi que le précisait la recette.

Entre deux tours de cuillère de bois, je mis la table en hâte sur la terrasse, avec ma collection de verres et d'assiettes dépareillés. Je m'arrêtais de temps à autre pour contempler la vue, et je m'empressais de retourner touiller mon risotto. Je relus la recette. « Au tout dernier moment, lier avec le beurre et le parmesan râpé », disait-elle.

Je me précipitai à l'étage, pris une douche rapide, passai une chemise et un pantalon de lin blanc, coiffai mes cheveux en queue-de-cheval. Du rouge à lèvres, une touche de mascara, et la soirée pouvait commencer ! Oh, j'avais oublié quelque chose... Je remontai et vaporisai dans mon cou une touche de parfum au chèvrefeuille.

À sept heures tapantes, Affare dévala les marches en aboyant joyeusement, annonçant l'arrivée de son maître. Lorenzo me tendit un énorme bouquet de pivoines roses. Elles commençaient à s'ouvrir, sous l'effet de la chaleur, et promettaient d'être grosses comme des soucoupes. Je le remerciai et nous nous sourîmes, enchantés de nous revoir.

Je disposai les fleurs dans un grand saladier bleu en porcelaine – le seul récipient suffisamment grand pour les contenir – et les plaçai sur la table. J'avais mis du champagne au frais, dans un seau de jardin en acier galvanisé – Jon-Boy n'avait jamais possédé d'argenterie, quant à moi, je remettais à plus tard l'achat d'objets aussi raffinés.

Lorenzo fit sauter le bouchon et remplit nos verres. Nous trinquâmes et bûmes à notre santé à tous deux.

— Je ne suis pas douée comme cuisinière, lui rappelai-je avec un grand sourire. Ça n'aura rien à voir avec les dîners au château.

Visiblement, il ne s'en souciait guère.

— Ce qui m'importe, c'est de passer du temps avec vous.

Nous descendîmes au belvédère pour regarder le soleil se coucher, dans son habituelle splendeur rouge flamme, toujours suivie par une paisible brume rosée. Puis nous revînmes sur la terrasse.

Lorenzo se mit à table, et Affare se coucha à côté de lui, sur les coussins jaunes. Je déboulai dans la cuisine juste à temps pour retirer les bars du four avant qu'ils ne soient totalement calcinés. Mécontente, je les arrosai de jus de citron et ajoutai un filet d'huile d'olive locale. J'ajoutai le beurre et le parmesan à mon risotto, mais il avait accroché au fond de la casserole.

À l'aide d'une louche, je le transférai dans un saladier en espérant que ce serait mangeable. J'assaisonnai ma salade avec la même huile locale vert foncé, un peu de vinaigre balsamique, du sel et du poivre noir, puis j'emportai le résultat de mes expériences culinaires et le déposai sur la table.

Lorenzo éclata de rire lorsqu'il me vit, le visage rougi par la chaleur du four, m'agiter nerveusement autour de ce premier repas préparé chez moi.

— Il n'y a personne avec qui j'aimerais mieux le partager, dis-je dans un élan de sincérité. Je ne pourrais jamais assez vous remercier de… tout cela, bredouillai-je en agitant les bras. De mon petit paradis sur terre.

— Assez de remerciements ! protesta-t-il. Tout ça, c'est du passé. À présent, c'est à l'avenir qu'il faut penser.

Il nous resservit du vin, tandis que je me demandais ce qu'il avait voulu dire par là. Puis je le regardai anxieusement goûter le risotto.

Il écarquilla les yeux, apparemment surpris. Puis déclara que mon risotto n'avait rien à envier à ceux des Italiens. Mais lorsque j'en pris une bouchée, elle me colla aux dents. Je compris qu'il était tout simplement poli. Mes bars étaient, quant à eux, bel et bien calcinés.

Je grommelai, embarrassée :

— C'est horrible, non ?

— Un peu trop cuit, c'est tout. Rien de grave. La prochaine fois, évitez de retirer les arêtes, conseilla-t-il. Cela évite au poisson de se dessécher.

Humiliée, je remportai les assiettes en cuisine et revins avec le fromage, les fruits et les biscuits à la crème.

— Tout ça, ce n'est pas moi qui l'ai fait. Ce doit donc être mangeable, dis-je d'un ton découragé, ce qui le fit éclater de rire.

— Vous êtes une femme très sincère, Lamour.

— J'ai quelques qualités pour compenser mes défauts, marmonnai-je en mastiquant mon biscuit à la crème.

— *Lamore* est un prénom très suggestif, dit-il, en le prononçant à l'italienne. Dites-moi d'où cela vient.

J'évoquai pour lui l'arrière-grand-mère de Jon-Boy, femme belle mais volage, possédant une volonté de fer et très peu d'argent.

— Elle vivait seule dans un faubourg de La Nouvelle-Orléans, précisai-je, avant de lui décrire la grande demeure délabrée, avec ses balcons de fer forgé et ses treillages couverts de passiflores. Après sa mort, la maison et le terrain ont été vendus pour une bouchée de pain. À présent, on y trouve un complexe d'habitations bourgeoises, plein de jeunes couples, de garages spacieux et de poussettes. Tout ce qui reste d'elle, c'est ce prénom, que Jon-Boy m'a donné pour lui rendre hommage.

— Je ne vois pas quelle femme pourrait mieux le porter, fit remarquer Lorenzo.

Sur la table, la flamme de la petite lampe-tempête que j'avais allumée vacillait. Petit à petit, le bleu profond de la nuit nous enveloppait. Des petites créatures volantes – de jolies chauves-souris aux ailes membraneuses – fendaient l'air à vive allure. Le parfum de la terre humide montait depuis le jardin, mêlé à la douceur du jasmin et à l'odeur piquante des citrons. Et, comme toujours, à celle de la mer.

— J'ai retrouvé mon paradis, dis-je. Vous pensez que Jon-Boy approuverait ?

— Je crois qu'il aurait envie de vous voir heureuse.

— Tous les pères souhaitent le bonheur de leur fille.

— Je suppose que nous considérons que les fils peuvent se débrouiller tout seuls. Pour ce qui est des filles, les pères ont toujours le sentiment de devoir les rendre heureuses.

— Jusqu'à ce qu'arrive l'homme de leur vie, et qu'il vous l'enlève.

Il hocha la tête en signe d'approbation.

Je préparai le café et nous fîmes quelques parties de backgammon que je perdis exprès, tant j'avais honte de mon dîner raté. Je ne crois pas que Lorenzo s'en rendit compte et puis, de toute façon, les hommes ont toujours aimé gagner. Nous jouâmes en silence, attentifs à la partie. Mais c'était un silence paisible et amical.

Affare ronflait doucement, mais à peine Lorenzo s'était-il levé que le chien se dressa aussitôt sur ses pattes.

— Ce chien vous aime beaucoup, fis-je remarquer en le regardant s'agiter frénétiquement sur ses pattes de derrière.

— Il est très précieux, je trouve, de se sentir aimé, dit-il.

— Je le pense aussi, répliquai-je.

Nous nous tenions l'un en face de l'autre. L'air vibrait entre nous, et mon corps frémissait à l'unisson. Il tendit la main. Elle était tiède et ferme. Mais lorsqu'il se baissa pour baiser la mienne, ses lèvres étaient douces.

— Merci, dit-il, comme nos regards se croisaient à nouveau.

— Je vous en prie.

C'est tout ce que je trouvai à lui répondre, d'une voix plus grave, plus rauque qu'à l'ordinaire.

Nous nous dirigeâmes en silence vers l'ascenseur.

— Je suis désolée pour le dîner, dis-je, m'excusant une fois de plus.

Il m'arrêta d'un geste de la main.

— C'était merveilleux.

Puis, avec un sourire, il pénétra dans l'ascenseur. La porte se referma, et il disparut.

50

J'étais toujours au courant de l'arrivée de Lorenzo. Le vacarme de l'hélicoptère rasant la falaise m'en informait. Si je me trouvais à ce moment-là dans le jardin, j'agitais les bras et riais en voyant dépasser la tête d'Affare – sachant que je n'allais pas tarder à retrouver Lorenzo. Il devint un bon ami, et je n'imaginais rien de plus agréable que les soirées passées en sa compagnie, que nous jouions au backgammon, que nous allions écouter un concert à Ravello, ou que nous partagions un repas tout simple sur ma terrasse – composé, je l'admets, de plats à emporter achetés chez Umberto. Je ne serai jamais une grande cuisinière, mais j'apprécie les bonnes choses et, heureusement pour moi, je n'avais en général pas de mal à les trouver chez Umberto.

Il en allait autrement avec Nico. Il passait me voir à l'improviste et m'emmenait déjeuner à Amalfi ou à Sorrente.

Et puis, un vendredi soir, alors que je servais un verre d'eau gazeuse à Nico – il avait la gueule de bois et était au régime sec –, je distinguai le vrombissement de l'hélicoptère.

— Voici votre père, fis-je remarquer.

Il me dévisagea longuement, les yeux brillants.

— Ah ! On ne le voit plus guère ! Il passe son temps avec vous.

Je levai les yeux vers lui, les sourcils froncés.

— Et alors ?

— Alors… a-t-il l'intention de vous séduire ? Ou vice versa ?

— Nico ! Comment osez-vous… ?

Il haussa les épaules.

— Je suis jaloux, j'imagine.

— Vous vous conduisez comme un enfant, répliquai-je sèchement.

Il m'adressa un autre regard ardent.

— Vous vous trompez, cara, dit-il à voix basse. Je ne suis pas un enfant, laissez-moi vous le prouver.

Je détournai la tête, faisant mine d'ignorer ses paroles.

— Allez, Lamour, reprit-il. Pourquoi me résistez-vous ? Ne vous ai-je pas suffisamment prouvé mes sentiments ?

J'éclatai de rire.

— Prouvé quoi ? Que vous aimiez flirter avec moi ? Enfin, Nico, vous flirtez avec toutes les femmes. Chez vous, c'est une seconde nature – c'est aussi simple que de boire ce verre.

D'une main tremblante, je frappai violemment le verre sur la table.

Il se leva et la contourna. Puis se planta devant moi et me regarda droit dans les yeux.

— Ça suffit, Nico. Vous allez gâcher notre amitié.

Il laissa échapper un soupir de colère.

— C'est quoi, cette histoire d'amitié ? J'ai envie de vous. Vous ne comprenez pas ?

— Je ne veux pas entendre ça !

— Si, vous le voulez. Vous ressentez la même chose que moi, Lamour. Vous refusez simplement de vous l'avouer. Allez, reconnaissez-le !

Je l'esquivai et me plaçai de l'autre côté de la table.

— Arrêtez, Nico. Je vous en prie, arrêtez ! dis-je, effrayée par son regard enflammé.

— Non, c'est à vous d'arrêter…, rétorqua-t-il en tendant les bras et en m'attirant vers lui. Je vous désire, Lamour. Et vous me désirez…

— Lâchez-moi !

Je m'efforçai de le repousser, mais il me serra contre lui. Je le sentis frémir, perçus son excitation…

— Nico !

Lorenzo se tenait sur le seuil. Son visage était crispé par la colère au point qu'Affare lui-même se retrancha derrière lui d'un air soumis.

— Excellent timing, papa ! dit-il plein d'amertume. Lamour et moi étions justement sur le point de monter dans sa chambre.

— Nico ! Vous savez que ce n'est pas vrai.

Je jetai à Lorenzo un coup d'œil anxieux. Son visage était de marbre. Il s'écarta pour laisser passer Nico. Ce dernier partit sans se retourner, sans ajouter un mot. Il avait déjà fait assez de mal comme ça.

Je me laissai tomber sur une chaise. Lorenzo s'avança vers moi. Il plaqua ses mains sur la table et approcha son visage du mien.

— Mon fils ne vous mérite pas, dit-il doucement, avant de se diriger vers la porte.

Il fit volte-face. Son regard brûlant rencontra le mien.

— Par ailleurs, ajouta-t-il, *je vous veux*.

Il s'éloigna. J'avais le souffle coupé. C'était la chose la plus sensuelle qu'un homme m'ait jamais dite. Et je compris que, moi aussi, je le voulais.

51

Cette nuit-là, je ne parvins pas à trouver le sommeil. Je me levai à l'aube. Après avoir passé un maillot de bain, je descendis à la crique.

Je m'enfonçai à grands pas dans l'eau, dont j'avais plaisir à sentir la fraîcheur sur mes jambes. Puis je plongeai. Les yeux grands ouverts, je m'enfonçai dans la mer, avant de refaire surface en riant de plaisir. Je nageai alors rapidement, mes pieds affleurant à peine la surface, souple comme une otarie. J'oubliais momentanément tous mes soucis. J'étais au septième ciel.

Je nageai pendant une dizaine de minutes, puis fis du surplace. Je contemplai le ciel sans nuages, d'un bleu pâle teinté de rose, et la falaise verdoyante qui dissimulait si bien ma petite maison que j'entrevoyais à peine un fragment de son dôme gris-vert recouvert de tuiles. Je scrutai la côte, avec ses criques et ses villages secrets auxquels on ne pouvait accéder que par la mer, et où les pêcheurs vivaient depuis des siècles. Et Pirata, à l'autre extrémité de la baie. Je songeai au récit que m'avait fait Lorenzo du jour où il avait sauvé la petite sotte qui s'était aventurée trop loin du bord, et j'éclatai de rire.

Quelques instants plus tard, alors que je regagnais le rivage sans me presser, j'eus la surprise de voir Lorenzo qui m'attendait sur la jetée, avec son chien. J'émergeai de l'eau, et, me prenant pour Ursula Andress dans *James Bond 007 contre Dr No*, même si je reconnais que c'est absurde, je secouai ma chevelure et restai campée là, les bras croisés sur la poitrine.

— Que faites-vous ici ? lui demandai-je, consciente de paraître hostile.

— Je vous cherchais, répondit-il.

— Oh.

Je secouai encore une fois mes cheveux, répandant dans l'air une pluie de gouttes.

— Je vois que vous aimez toujours les maillots de bain rouges.

Je lui jetai un regard soupçonneux. Se moquait-il de moi ? Il portait un caleçon de bain qui lui allait rudement bien. Quel homme robuste et puissant. Je me concentrai sur ma serviette de bain.

— Pourquoi vouliez-vous me voir, au juste ?

— Un problème à régler.

Il s'avança vers moi. Je maintins ma position, même si mon cœur s'était mis à battre à tout rompre.

— Oh, répétai-je, pour la bonne raison que je ne trouvai rien d'autre à dire. Quel problème ?

— J'avais besoin de vous embrasser.

J'en restai bouche bée, tel un poisson pris à l'hameçon. Il s'approcha, me mit un doigt sous le menton, leva mon visage vers le sien. J'attendis, les yeux fermés. Et nos bouches se rencontrèrent.

C'était un baiser tendre et délicat. Je plaquai mes mains sur sa nuque et me pressai davantage contre lui. J'aurais voulu que cette étreinte durât toujours. Avec ce baiser, j'oubliais tout. Lorenzo et moi étions seuls au monde. Mes genoux se mirent à trembler.

— Cara, chuchota-t-il. Lamour, cara.

Et il m'embrassa de plus belle.

— Je voulais venir vous voir hier soir, dit-il dans un murmure. Je voulais vous embrasser. Je voulais me perdre dans vos yeux, dans le son de votre voix... dans votre rire. Je voulais vous étreindre comme à présent, mia carina. Sentir votre douceur, tout près... vous toucher...

Je frissonnai au contact de sa main sur mon dos nu. Ses yeux m'interrogèrent – et trouvèrent la réponse dans les miens. Il me prit par la main et me conduisit au vieux bateau de pêche. Il y avait, tout au fond, une minuscule cabine. Bien qu'exiguë, elle suffisait amplement à un couple de nouveaux amants très épris. Car c'est ce que nous étions sur le point de devenir.

Je cessai de me demander « pourquoi » ou « comment » ou « est-ce bien raisonnable ». Cela m'était égal. Je le désirais. Et lui aussi me désirait. Nous fîmes l'amour, bercés par le clapotis des vagues.

Nous fîmes sans doute l'amour longtemps, car lorsque nous recouvrâmes nos esprits le soleil était très haut. Aidée par Lorenzo, je me relevai. Il me contempla d'un œil admiratif et m'embrassa avec fougue.

— Traversons la baie à la nage – je parie que je vous bats, lança Lorenzo.

Il gagna, bien évidemment, vu que j'étais engourdie comme un chaton nouveau-né et encore frémissante de plaisir. Je n'avais pas fait l'amour depuis longtemps et, de toute manière, je n'avais jamais éprouvé un désir aussi impérieux, où plus rien n'importait – pas même la crainte d'être surprise en flagrant délit sur le vieux bateau. Je ne voulais plus qu'une chose : Lorenzo.

Après sa victoire aisément remportée, nous regagnâmes la rive à la nage. Enveloppée dans un immense drap de bain, j'annonçai que j'allais préparer le petit déjeuner et nous allâmes chez moi, en coupant par le jardin. Je l'envoyai prendre une douche à l'étage et, pendant ce temps, servis quelques restes à Affare en guise de petit déjeuner, et m'affairai dans la cuisine. Je préparai des toasts et du café, et les posai sur un plateau d'osier. Puis je me retournai afin de l'appeler. Il était déjà là, sur le seuil, et m'observait.

— Oh ! m'exclamai-je en rougissant – ce dont je pensais ne plus être capable. Je n'avais pas vu que vous étiez là.

— J'aime vous regarder, dit-il avec ce sourire qui, prenant naissance au coin de ses yeux et gagnant lentement sa bouche, illuminait son visage entier.

Lorenzo Pirata, songeai-je, était un homme qui savait sourire.

Je me précipitai à l'étage pour enfiler un peignoir et nous prîmes le petit déjeuner dans la cuisine, comme un vieux couple marié. Je nous resservis du café.

Les coudes sur la table, Lorenzo me demanda :

— Alors, vous voudriez faire quoi, aujourd'hui ?

— Je voudrais être seule avec vous, répondis-je franchement.

Il comprit que je ne souhaitais pas traîner aux alentours du château – il nous était dorénavant impossible de cacher que nous étions amants.

— Dans ce cas, allons à Positano, dit-il. Ce sera tranquille, à cette période de l'année, et je connais un endroit où personne ne viendra nous embêter.

Une heure plus tard, avec Affare calé derrière nous dans l'hélicoptère, nous décollâmes, direction Positano et l'hôtel San Pietro. Lorenzo avait choisi une suite avec piscine privée et loggia – laquelle offrait une vue fabuleuse, plus fabuleuse encore que celle que j'avais depuis ma terrasse. Affare avait son lit à lui, et nous avions le nôtre. Il était si spacieux que Lorenzo fit mine de devoir me crier « Ohé ! » à travers l'immense étendue de lin blanc. Mais nous ne tardâmes pas à nous retrouver.

Il s'écoula trois jours et trois nuits sans que nous quittions la suite. On nous apportait le repas et le champagne dans la chambre, et quelqu'un se chargeait de promener Affare. Ces trois jours furent les plus merveilleux et les plus passionnés que j'eusse jamais passés. J'aurais voulu que cela ne s'arrête jamais. Mais évidemment, tout a une fin.

52

Je passai les semaines suivantes sur un petit nuage. Heureusement pour moi, Aurora était retournée à l'université, et Nico était à Rome – ce qui signifiait que nous avions, Lorenzo et moi, le château pour nous tout seuls. Non que nous tenions à garder notre liaison secrète. Il en était ainsi et, pour le moment, ça simplifiait les choses.

J'étais heureuse que Marella n'ait pas habité la chambre de la tour – ainsi je n'avais aucune raison de m'y sentir mal à l'aise. Elle n'appartenait qu'à nous, cette pièce où nous nous retirions une fois le soir venu… ou dans l'après-midi, ou bien, à vrai dire, dès que nous le pouvions. Nous nous laissions alors tomber sur le lit et goûtions le plaisir de voir nos corps réunis. Lorenzo était vraiment bel homme. Dans ses bras, la différence d'âge n'importait guère. Notre fusion était totale.

Bien entendu, j'envoyai un mail à Jammy, afin de tout lui raconter. Craignant qu'elle ne me croie folle, je lui demandai son avis : avais-je raison d'agir ainsi ? *Jammy, je l'aime*, écrivis-je, *Au secours ! Qu'est-ce que je dois faire ?*

J'eus droit à une réponse d'une seule ligne : *Fais ce que tu fais toujours – à savoir, ce que tu as envie de faire*. Jammy me connaissait par cœur. Je lui demandais non pas des conseils, mais plutôt la confirmation que j'avais forcément raison, puisque j'étais décidée à me laisser aller à mes sentiments coûte que coûte...

Plus tard, elle m'appela, et nous eûmes une longue conversation à cœur ouvert. Je lui dis à quel point j'étais heureuse, et que je pensais que Lorenzo l'était tout autant.

— Mais j'ai peur qu'il s'imagine être trop vieux pour moi.

— Il l'est, répliqua Jammy. Ou bien tu es trop jeune pour lui. Songes-y, Lamour : quand Lorenzo aura quatre-vingts ans, tu seras encore dans la cinquantaine. C'est là que la différence sautera aux yeux.

Je savais qu'elle avait raison. Mais l'amour ne s'arrêtait pas aux questions de différence d'âge. L'amour triomphait de tout. Je mourais d'envie d'y croire, or voilà que j'étais taraudée par le doute. Je finis par dire à Jammy que tout cela n'importait guère, vu que Lorenzo et moi n'avions pas parlé de nous marier, ni de passer notre vie ensemble. Nous étions uniquement soucieux du moment présent.

Et, de toute manière, un obstacle insurmontable se dressait toujours entre nous : Jon-Boy. J'étais persuadée que Lorenzo savait ce qui lui était arrivé, et qu'il me dissimulait la vérité. Je refusais de croire que l'homme que j'aimais pût être impliqué, d'une façon ou d'une autre, dans la mort de mon père – mais ce soupçon jetait un nuage noir sur mes pensées.

Je partis à la recherche de Mifune.

— Je suis tombée amoureuse de Lorenzo, lui dis-je.

Il hocha la tête ; bien évidemment, il était déjà au courant.

— Mifune, je pense toujours qu'il sait quelque chose au sujet de la mort de Jon-Boy. Mais quand je lui ai posé la question, il m'a répondu que tout cela remontait à si loin qu'il valait mieux l'oublier.

Mifune était assis dans la position du lotus, sur sa pierre de méditation. Son visage parcheminé était tourné vers le ciel, les yeux mi-clos. Il paraissait nimbé d'une aura de tranquillité, dont j'aspirais à profiter.

— Le passé a rejoint l'infini, dit-il. Le temps n'est-il pas venu d'oublier Jon-Boy et d'affronter l'avenir ?

Mais pour moi l'avenir était des plus brumeux. J'étais la maîtresse de Lorenzo. Nous n'avions pas parlé mariage. Par ailleurs, il y avait la différence d'âge.

— L'âge est une conception de l'esprit, reprit-il. Nous ne sommes pas limités par les années ; elles nous enrichissent. À la fin, nos corps cèdent à la pression du temps ; certains d'entre nous meurent jeunes, d'autres vieux. Le temps, c'est ce que nous possédons, et non l'âge. Et ce que vous avez, Lorenzo et vous, c'est du temps.

Bien sûr, il avait raison.

Et puis Aurora et Nico revinrent au bercail. Ils arrivèrent ensemble, dans la décapotable rouge de Nico. Lorenzo et moi étions sur la terrasse, en pleine partie de backgammon. Affare se mit à courir et à aboyer, et Lorenzo se leva immédiatement pour embrasser ses enfants. Mais Nico piqua droit sur moi. Il me tendit la main, et je lui donnai la mienne.

— Garce ! dit-il en se penchant pour la baiser.

Je le fixai, choquée. Il se contenta de sourire et ajouta :

— Je ne m'avoue pas encore vaincu, ma jolie Lamour. Ne l'oubliez pas.

Je le foudroyai du regard, mais il se détourna. Puis j'entendis Lorenzo annoncer à Aurora :

— Lamour est ici.

— Ça m'aurait étonné…, rétorqua-t-elle, et je compris qu'elle savait déjà, par la rumeur, que son père et moi formions un « couple ».

— *Buona sera, signora Harrington*, dit-elle froidement, avant de suivre son frère à l'intérieur du château.

Quelques instants plus tard, Massimo annonça à Lorenzo qu'on le demandait au téléphone. Je me retrouvai seule sur la terrasse, à déambuler parmi les sphinx et à contempler la côte brillant de mille feux, lorsque je distinguai le claquement rapide des talons d'Aurora. Je fis volte-face, et me retrouvai littéralement nez à nez avec elle. Surprise, j'eus un mouvement de recul.

— Qu'est-ce que vous venez faire ici ? demanda-t-elle, si vite que les mots paraissaient jaillir d'eux-mêmes hors de sa bouche. Retournez d'où vous venez ! Laissez-nous tranquilles. La famille Pirata ne veut pas de vous. Votre père et vous, vous ne nous avez jamais apporté que du malheur. Rentrez chez vous, maintenant, laissez-nous en paix… Mon père est trop gentil, trop bon. S'il est aimable avec vous, c'est juste parce qu'il est bien élevé. Vous ne comprenez pas que…

Elle cessa de déblatérer aussi brusquement qu'elle avait commencé et me fixa de ses immenses yeux sombres.

— Allez-vous-en ! ordonna-t-elle.

Je réalisai que son comportement n'avait rien de rationnel. Elle délirait, saisie par toutes sortes de craintes relatives à son père. Certes, elle l'aimait ; il l'avait choyée et protégée. Mais il y avait autre chose de plus profond, que je ne comprenais pas.

— Je ne suis pas ici pour causer du tort à quiconque, Aurora, dis-je sur le ton le plus calme possible, car elle semblait, à cet instant précis, prête à me frapper. Je suis juste une amie. Je suis revenue vivre là où mon père a vécu pour retrouver mes plus beaux souvenirs. C'est tout.

— Ah !

De toute évidence, elle ne me croyait pas. Détournant la tête, elle fixa la mer, et je m'imaginai qu'elle y apercevait le fantôme de mon père – bien qu'elle ne l'eût évidemment jamais connu. Comme si elle pouvait lire dans mes pensées, elle dit soudain :

— C'est à croire que Jon-Boy ne cessera jamais de hanter les Pirata.

J'eus le souffle coupé. Comment osait-elle dire une chose pareille, tout en sachant que mon père s'était noyé là, précisément, et que je l'avais perdu de façon si tragique ? Qu'est-ce qui n'allait pas, chez cette fille ?

D'une seconde à l'autre, sa colère s'évanouit. Tel un ballon dégonflé, ses épaules s'affaissèrent et elle laissa retomber sa tête.

— Pardonnez-moi, dit-elle d'une voix de petite fille.

Et, sur ces mots, elle pivota sur ses talons et s'éloigna d'un pas lent. Sa démarche était hésitante, comme si elle avait la vue brouillée. Je me dis qu'elle devait pleurer, et m'interrogeai sur la raison de cet éclat et de l'atonie qui avait suivi – à croire qu'elle s'abandonnait alors à un désespoir dont je ne saisissais pas la nature.

Lorsque Lorenzo revint, je ne lui racontai pas l'incident, ne souhaitant pas m'immiscer dans ses rapports avec sa fille.

Ce soir-là annonça la couleur quant à mes relations avec les enfants de Lorenzo. Ils m'étaient hostiles, et je leur en voulais. Je refusais de me rendre au château lorsqu'ils s'y trouvaient, si bien que ma petite maison devint notre lieu de rendez-vous, à Lorenzo et moi. Nous passions ces longues et voluptueuses soirées d'été nus dans les bras l'un de l'autre, entre mes draps brodés d'hortensias, dans ma chambre fraîchement repeinte. Chaque matin, nous laissions Affare nous attendre nerveusement sur la plage, pendant que nous nous livrions au concours du nageur le plus rapide – je ne l'avais pas encore battu. À notre retour, je lui préparais mes toasts spéciaux. Nous faisions en sorte de ne pas aborder la question de ses enfants, ne nous souciant que de vivre et d'aimer. J'étais une femme comblée.

C'est alors que Lorenzo décida, sur un coup de tête, de donner une soirée.

53

Lamour

Massimo me remit personnellement l'invitation écrite de sa main, en précisant que le signore avait voulu s'assurer que je la recevrais bien.

La soirée devait avoir lieu le samedi suivant. Elle débuterait à neuf heures par un cocktail, suivi d'un dîner et d'un bal.

« Tenue de soirée », était-il indiqué discrètement, en bas de la feuille de papier vélin. Aussitôt, ce fut la panique. Ma garde-robe ne contenait rien de plus habillé que la jolie robe estivale achetée avec Jammy à Rome – et ne pouvait certainement pas faire office de tenue de soirée. Je n'avais plus le temps de courir les boutiques. Comment m'en sortir ? Soudain, je me rappelai la belle robe rouge Giorgio Vivari, en mousseline de soie, pendue dans le placard de Jon-Boy. J'étais presque sûre d'être encore assez mince pour y entrer.

Je me précipitai à l'étage et l'arrachai de son cintre. Puis je la secouai vivement, faisant voler un nuage de poussière. Il suffirait de la laisser s'aérer un peu sur la terrasse pour régler le problème.

Je l'enfilai en songeant à la femme qui l'avait portée avant moi. L'étoffe avait gardé une légère odeur de parfum – une odeur exotique, presque orientale. Je me souvins de ce que m'avait raconté Mifune, au sujet de la beauté fatale aux longs cheveux noirs. Un frisson me parcourut l'échine. Mais lorsque je regardai dans le miroir, je vis une femme transfigurée.

La robe semblait faite exprès pour moi. Resserrée sous les seins, elle avait de fines bretelles, un décolleté plongeant en « V », et la mousseline de soie tombait jusqu'au sol telle une colonne fluide. C'était véritablement une robe de déesse. Si Giorgio Vivari était un artiste, c'était aussi un homme qui connaissait son métier – et les femmes. Je porterais ce chef-d'œuvre pour la soirée.

Le vendredi soir, au crépuscule, j'entendis l'hélicoptère de Lorenzo qui volait bas à l'approche du château. Quelques instants plus tard, il dévala les marches et je courus à sa rencontre. Nous restâmes un long moment enlacés, à nous embrasser et à nous répéter combien nous nous étions manqué.

— Tu restes avec moi cette nuit ? lui demandai-je en embrassant le lobe de son oreille gauche.

Il répondit que c'était impossible. Ses invités du week-end arrivaient déjà, et il devait être là pour les accueillir.

— Je te proposerais bien de venir, Lamour, dit-il. Mais ça va être le chaos, avec tous ces gens qui vont arriver en même temps – y compris les amis de Nico et d'Aurora. Demain, ce sera plus simple.

Je lui donnai un dernier baiser et le regardai s'éloigner. J'étais comme une enfant à qui l'on vient d'apprendre qu'elle ne pourra pas dîner avec les adultes. Je me dis que j'étais bête de penser cela, et devinai que Lorenzo ne souhaitait pas contrarier Aurora devant ses invités. Elle posait problème, et je n'y pouvais rien.

Le lendemain soir, je me préparai avec soin. Je relevai mes cheveux en un chignon dans lequel je piquai des épingles en corail bon marché dégotées à Amalfi. J'enfilai la robe sexy et chaussai mes jolies mules rouges à talons hauts. Je passai mon collier en or et diamants autour du cou et ornai mes oreilles d'anneaux, également en diamants. Je ne portais ni bagues ni bracelets. Je me regardai dans le miroir, satisfaite. Je n'aurais certainement rien à envier aux autres femmes, ce soir.

Je montai par l'ascenseur, et me laissai aller à contempler la mer qui scintillait sous la pleine lune. Lorenzo n'oublie vraiment aucun détail, songeai-je avec un sourire, car le château n'était jamais aussi beau qu'à la lueur de la lune. Je retirai mes souliers et les portai à la main, comme chaque fois, pour qu'ils ne prennent pas la poussière. À travers les arbres, j'apercevais le château illuminé et percevais des bribes de musique.

Quand l'escalier de l'entrée pénétra dans mon champ de vision, je remis mes chaussures. Des voitures étaient garées devant le château, et des invités déambulaient dans un brouhaha de *ciao* et d'éclats de rire. En haut des marches, Massimo, en livrée noire, les accueillait. Derrière lui, je distinguai des serveurs en livrée blanche qui se pressaient dans le hall, chargés de plateaux d'argent couverts de canapés. Un bar avait été installé sur la terrasse, et des lampes globes accrochées aux arbres. Les oiseaux avaient oublié d'aller se coucher, et leurs gazouillis se mêlaient au chant des grillons.

Une vague de timidité me submergea soudain. Je demeurai plongée dans l'ombre, hésitante. Je ne connaissais personne, et tous ces gens venaient d'un autre monde que le mien.

— *Perdona, signora*, nous ne nous connaîtrions pas ? dit une voix.

Je fis volte-face et me trouvai nez à nez avec Giorgio Vivari, l'homme qui avait créé la robe que je portais. L'homme qui m'avait complimentée sur la cambrure de mon pied, dans ce restaurant romain.

— Ah, bien sûr, je me souviens de vous, répondis-je. Nous nous sommes croisés chez Fortunato, à Rome.

— Ah oui, cela me revient à présent.

Il se pencha sur ma main – avec une incroyable délicatesse.

— Comment pourrais-je oublier un pied aussi charmant ?

Nous éclatâmes de rire, puis il se présenta.

— Enchanté. Giorgio Vivari.

— Lamour Harrington.

Il me demanda ce que je faisais, seule, tapie dans l'ombre. Je lui avouai que j'étais timide et que je ne connaissais personne.

— Mais moi aussi, je suis venu seul, dit-il. Je vous en prie, permettez-moi de vous servir d'escorte.

Et, telle Cendrillon faisant son entrée au bal, je gagnai l'intérieur du château au bras de Giorgio Vivari.

Lorenzo se précipita vers nous. Il me parut si incroyablement beau, si raffiné et séduisant dans son smoking que mes genoux fléchirent et que je fus prise d'une envie folle de l'embrasser des pieds à la tête. Mais, à ma grande surprise, il me fixait comme un homme qui vient de voir un fantôme.

Il recouvra rapidement ses esprits, et m'embrassa poliment sur les deux joues.

— Lamour, bienvenue. Tu es superbe. Je vois que tu arrives avec Giorgio…

Je n'en revenais pas de voir Lorenzo aussi distant.

— À vrai dire, répliquai-je, je suis étonnée de me trouver avec l'homme qui a créé ma robe. Mais cela doit remonter à si loin. Vous ne l'aviez sans doute même pas reconnue, ajoutai-je, en me tournant vers Vivari.

— Je m'en souviens parfaitement, dit-il. C'est une robe créée spécialement pour une cliente célèbre. C'est un modèle unique. Mais elle vous va à ravir. C'est vous qui êtes faite pour cette robe, et non l'inverse.

Lorenzo nous demanda brusquement de l'excuser, et alla accueillir de nouveaux arrivants.

— Je dois vous faire un aveu, confiai-je à Vivari. J'ai trouvé cette robe pendue dans un placard de la maison de mon père. Je me suis demandé à qui elle apparte-nait. Mais elle y était depuis si longtemps que j'ai pensé que la propriétaire ne m'en voudrait pas de la lui emprunter ce soir.

Vivari me passa un bras sur l'épaule.

— Croyez-moi, Cassandra Biratta serait furieuse si elle vous voyait avec – parce qu'elle vous va mieux qu'à elle.

Mon cœur cessa de battre lorsque j'entendis ce nom.

— Cassandra Biratta ?

— La comtesse Biratta. Vous ne la connaissez pas ?

Je secouai la tête, et il me raconta qu'elle habitait le célèbre palazzo Biratta, à Rome.

— Bien sûr, Cassandra possède des propriétés un peu partout, ajouta-t-il. Mais ne vous inquiétez pas, cara. Quand j'ai créé cette robe pour elle, elle était beaucoup plus jeune. Elle ne lui irait plus à présent.

Il me conduisit sur la terrasse, alla me chercher un verre de champagne et me présenta à des gens. Mais je ne tardai pas à m'écarter du groupe.

Je connaissais enfin le nom de la maîtresse de mon père. Je savais où elle vivait, à Rome. J'avais le sentiment – à cause des passages qui la concernaient dans le journal intime de Jon-Boy – qu'elle avait tué mon père. Et je réalisais, le cœur serré, que Lorenzo était au courant de tout. Bouleversée, je me frayai un chemin à l'intérieur et cherchai les toilettes pour dames.

La grande salle de bains et la chambre adjacente étaient décorées comme un hôtel chic lors d'un bal de débutantes, et gardées par une employée gras-souillette, en robe noire et tablier blanc, prête à fournir aux invitées des essuie-mains propres, des mouchoirs, de la poudre pour le visage ou du parfum – voire son aide de couturière, en cas de bretelle décousue ou d'ourlet déchiré.

— Vous voilà donc !

Aurora entra brusquement et claqua la porte derrière elle. L'employée leva les yeux, surprise, et je fis de même.

— Oh, bonsoir, Aurora. Quelle belle soirée ! dis-je, alors qu'en réalité j'étais venue me réfugier ici pour contempler mon rêve brisé.

306

J'avais du mal à enregistrer la présence d'Aurora. Lorenzo occupait toutes mes pensées. Que savait-il ? Que me dissimulait-il ? Pourquoi ne m'avait-il jamais parlé de Cassandra ?

— Lamour !

Je jetai un coup d'œil à Aurora. Elle me parut bizarre. Elle était livide, et ses mains tremblaient. Elle se laissa tomber sur un divan et me fixa de son regard sombre et insondable. Bien entendu, elle était superbe dans sa robe jaune pâle qui suivait gracieusement les courbes de son jeune corps. Ses longs cheveux bruns retombaient, lisses et brillants, sur ses épaules. D'un geste las, elle les ramena en arrière.

Je vins m'asseoir près d'elle, soudain inquiète.

— Ça va ? demandai-je.

J'aurais voulu lui prendre la main, afin de faire cesser le tremblement, mais je craignais sa réaction.

— Je déteste ça, dit-elle dans un murmure si faible qu'il me fallut baisser la tête pour distinguer ses paroles. Je déteste tous ces gens. Je déteste le château. Je vous déteste, vous !

Son regard hagard croisa le mien.

— Et je me déteste, moi !

Elle se leva alors, et quitta précipitamment la pièce.

Je croisai les yeux de l'employée, mais celle-ci détourna rapidement la tête. Elle était là pour s'occuper des soucis cosmétiques des invitées, non de leurs problèmes psychologiques.

Plus tard, Lorenzo vint me trouver alors que je m'étais mise à l'écart, au bout de la terrasse.

— Tu es splendide, dit-il doucement.

— Grâce à la robe de la comtesse Biratta. Que tu n'as sans doute pas manqué de reconnaître.

Il hocha la tête.

—Je l'ai vue la porter, ici, avec ton père. Cette femme était une beauté légendaire. Mais à présent, cara, oublions tout cela. Viens, allons rejoindre mes invités. La soirée ne fait que commencer. Bientôt, le dîner sera servi. Puis on dansera.

Il me suppliait du regard, mais la soirée, pour moi, avait perdu son charme. Il était au courant depuis le début, pour Cassandra Biratta. Et je ne comprenais pas pourquoi il refusait de me dire la vérité sur ce qui s'était passé cette nuit-là. Il avait préféré me laisser errer dans les ténèbres, m'interroger sans fin et me triturer la cervelle, condamnée à ne jamais savoir comment était mort mon père. Il était clair que je ne pourrais plus jamais lui faire confiance.

—Je suis désolée, Lorenzo, dis-je d'une voix étranglée avant d'enlever mes souliers et de quitter la terrasse pour m'enfoncer dans la nuit.

Lorenzo ne me suivit pas, et j'aimais mieux cela.

Je descendis rapidement la scalatinella, tout en défaisant la fermeture Éclair de la robe. Je ne supportais plus de la sentir sur ma peau. Elle me faisait horreur. Je ne voulais plus jamais la voir. Je la retirai avec violence, et la balançai dans les buissons avant de me précipiter, nue comme un ver, dans la maison.

Je fis les cent pas dans le salon, frémissant comme un chat effrayé. Mes poils étaient dressés sur ma nuque. *Je l'avais retrouvée. J'avais retrouvé celle qui avait tué Jon-Boy.*

Je pénétrai dans la cuisine, ouvris une bouteille de vin, m'en servis un verre que je portai à mes lèvres d'une main tremblante. Pour finir, enveloppée dans mon vieux peignoir de coton blanc, j'allai m'asseoir sur la terrasse. Recroquevillée sur mon joli banc, je voyais briller les lumières dans la nuit, tandis que la musique me parvenait aux oreilles, depuis là-haut. Plus tard, les feux d'artifice fusèrent, accompagnés du brouhaha des exclamations.

Je décidai que j'irais voir Mifune dès le lendemain, afin de l'interroger sur Cassandra Biratta. Ensuite, je déciderais de la marche à suivre.

Bercée par la musique et par le coassement d'une rainette, je m'endormis d'un sommeil agité sur le vieux canapé bleu où j'avais passé tant de nuits, blottie, depuis mon arrivée ici.

54

Le lendemain, j'allai trouver Mifune dans son potager, un paradis bien ordonné, avec ses rangées d'herbes aromatiques, de tomates et de gros haricots verts. Sur leurs épaisses tiges, les courgettes donnaient des fleurs jaune vif, et les pêchers en espalier s'adossaient – en suivant un motif symétrique – contre un mur exposé au sud.

Je parcourus le chemin sableux et me plantai devant lui. Je n'avais pas de temps à perdre.

— J'ai découvert qui était la maîtresse de mon père, dis-je. C'est la comtesse Cassandra Biratta. C'est bien elle, la femme aux longs cheveux noirs dont vous m'avez parlé ?

Coiffé de son vieux chapeau de paille de forme conique, Mifune, à genoux, s'affairait devant un alignement rebelle d'alfalfas, des pousses qu'il avait fait venir du Japon et implantées dans le jardin des Pirata. L'alfalfa demeurant réfractaire à toutes les tentatives pour la discipliner, le sens esthétique de Mifune s'en trouvait offensé.

Il se releva et s'essuya les genoux.

— C'est bien elle, piccolina.

— Et elle était là, la nuit où mon père est mort ?

Il m'était presque insupportable d'attendre sa réponse. Je savais déjà que Cassandra Biratta avait tué mon père.

Mifune alla s'asseoir sur le banc de pierre, au bord du chemin, et je m'assis près de lui.

— J'ai souvent interrogé ma conscience, piccolina, dit-il d'une voix si douce que je dus me baisser pour le comprendre. J'ai fait une promesse solennelle. Je n'ai pas le droit de la trahir. Mais je ne peux pas non plus vous empêcher de faire le nécessaire pour découvrir la vérité sur la mort de votre père. C'est votre droit. Cassandra Biratta passait beaucoup de temps ici, dans la petite maison. Et elle était là, le soir où votre père est mort. Je ne peux pas vous en dire plus.

Je retournai ses paroles dans ma tête. Je savais que là où il y avait de l'amour, la jalousie était rarement très loin. Et, d'après ce que j'avais lu dans le journal de mon père, il y avait une autre femme… une autre maîtresse. Celle qu'il désignait par la lettre « I ». Ainsi, deux femmes se disputaient Jon-Boy…

— Vous êtes une femme, et votre intuition vous guide, dit Mifune. Elle s'appelait Isabella Mancini. C'était la maîtresse de votre père, avant la comtesse.

— Vous l'avez connue ?

— Je l'ai connue.

Son regard croisa le mien.

— Je ne peux pas en dire davantage.

— Je retrouverai Isabella ! m'écriai-je. Et j'irai voir la comtesse. Je lui demanderai comment elle a tué Jon-Boy. Je lui dirai qu'on l'a vue, là-bas, cette nuit-là. Qu'on l'a vue sur la falaise en pleine tempête… qu'il y a des témoins.

Mifune leva la main pour me mettre en garde.

— Faites attention, Lamour. Cassandra Biratta ressemble à l'une de ces élégantes grues cendrées que l'on voit dans les vieilles estampes japonaises. Une beauté et une grâce qui cachent un cœur de pierre.

J'ignorais toujours pourquoi Mifune avait promis de ne rien dire au sujet de la mort de Jon-Boy – et sans doute ne le saurais-je jamais. Mais je le remerciai du fond du cœur de m'avoir parlé. J'avais enfin résolu le mystère de la mort de mon père. Et à présent, j'allais affronter celle qui l'avait tué.

J'envoyai un courrier électronique à Jammy pour l'informer des détails. Le lendemain matin, de bonne heure, j'étais au volant, direction Rome – sans avoir pris le temps de réfléchir à la mise en garde de Mifune.

55

Lorenzo

Lorenzo arpentait sa chambre. Les mains derrière le dos, la tête baissée, il songeait à Lamour et aux événements de la soirée. Lorsqu'il l'avait vue arriver avec la robe rouge, ses cheveux noirs relevés, il l'avait, l'espace d'une seconde, prise pour Cassandra. Ç'avait été un tel choc qu'il l'avait laissée plantée là avec Giorgio. Lorsqu'il avait recouvré ses esprits, il était déjà trop tard.

Jetant un coup d'œil par la fenêtre, il remarqua que le soleil se couchait. Les oliviers bruissaient et agitaient leur feuillage comme des piécettes d'argent dans le vent du soir. Lorenzo trouvait que rien au monde n'était plus beau qu'un vieil olivier, avec son tronc noueux et ses branches tordues. Mifune avait planté ces arbres pour le grand-père de Lorenzo. Il avait créé toute cette beauté dont jouissaient aujourd'hui les Pirata. Mifune savait tout ce qu'il y avait à savoir sur la famille Pirata. C'est pourquoi Lorenzo, soucieux de trouver des réponses à ses interrogations, décida d'aller le trouver.

Le vieux jardinier avait entendu ses pas sur le gravier, et l'attendait sur le seuil.

— Signor Pirata, dit-il en s'inclinant avec lenteur. C'est un honneur.

Il fit un pas de côté, invitant Lorenzo à entrer. Puis il lui proposa une tasse de thé vert.

Pendant que Mifune s'affairait à la préparation du breuvage, Lorenzo jeta un coup d'œil autour de lui. Il ne manquait jamais d'être surpris par la simplicité du décor dans lequel vivait son vieil ami. Une atmosphère de paix très zen imprégnait le modeste logis de Mifune. Songeant à sa propre vie, complexe et agitée, il lui envia cela.

Mifune revint avec un vieux plateau en bois laqué, sur lequel reposaient deux tasses en porcelaine fine. Assis en tailleur sur les tatamis, les deux hommes se faisaient face, de part et d'autre de la table basse. Mifune versa le thé et, avec un léger signe de tête, tendit une tasse à Lorenzo.

— Signore, dit-il. À quoi dois-je l'honneur de votre visite ?

— Vous vous souvenez de la promesse que j'ai faite, il y a de cela des années ?

— Je m'en souviens, signore.

— Vous avez fait la même – mais pour moi c'était un serment sacré. Je ne peux pas le trahir, bien que je sois tenté de le faire.

Mifune plissa les yeux. Puis il haussa les sourcils, visiblement surpris, mais ne dit rien, laissant Lorenzo poursuivre :

— Je suis amoureux de Lamour. Mais notre liaison est fondée sur un mensonge. Mon ami, je ne peux pas continuer comme ça. Je suis déchiré entre deux vérités

– celle du passé, et celle d'aujourd'hui. Que puis-je faire ? Comment lui demander de partager ma vie, avec au fond de moi ce secret au sujet de son père ? Je ne vois pas d'issue. J'ai promis sur ce qu'il y a de plus sacré. Comment pourrais-je revenir sur cette promesse, quand cela pourrait détruire tout ce que je suis parvenu à construire pendant toutes ces années ?

— C'est simple, signore, dit enfin Mifune. Vous n'avez jamais trahi votre serment, mais aujourd'hui, quelqu'un d'autre est concerné. Réfléchissez-y : est-il juste de cacher la vérité à la fille de Jon-Boy ? N'a-t-elle pas des droits, elle aussi ?

— Je n'avais pas pensé à ses droits, concéda Lorenzo. Mais je comprends, à présent, que je vais devoir en tenir compte.

— N'attendez pas trop. Lamour a découvert que Cassandra Biratta était la maîtresse de Jon-Boy. Elle est venue et m'a posé des questions. Je lui ai répondu aussi sincèrement que possible sans trahir les termes de notre promesse. Elle est déjà en route pour Rome, afin de rencontrer la comtesse. Lamour est une femme déterminée. Elle n'est pas du genre à se laisser intimider. Elle est bien décidée à connaître la vérité sur la mort de son père.

Son regard croisa celui de Lorenzo.

— Et après tout, qui pourrait lui en vouloir ?

Certainement pas Lorenzo. Qui eût pu, mieux que lui, comprendre l'amour d'une fille pour son père ?

— Je suis amoureux d'une femme que je n'ai pas le droit d'aimer. Non seulement je suis trop âgé pour elle, mais il faut que je songe à ma famille. Notre relation me paraît sans avenir. Comment pourrais-je lui demander de partager la dernière partie de mon existence – alors qu'elle a encore ses plus belles années devant elle ?

Mifune parut soudain très las.

— C'est au cœur de décider, dit-il de sa voix faible. J'ai toujours pensé que les hommes devaient suivre leurs meilleurs instincts. La méditation permet d'isoler les pensées pour que l'esprit puisse se concentrer sur les seules choses spirituelles. Essayez, mon signore. Cela vous aidera peut-être à y voir clair.

La visite était terminée. Lorenzo remercia son vieil ami.

— Je suis désolé, dit-il, de vous avoir accablé à la fois avec le passé et l'avenir.

Mifune baissa la tête et répliqua humblement que c'était un honneur pour lui d'avoir pu l'aider – fût-ce de manière modeste et insignifiante.

Lorenzo retourna à sa tour. Il n'alluma pas les lampes, mais resta assis un long moment devant la fenêtre, le regard plongé dans la douce pénombre du soir. Il fit en sorte de faire le vide dans son esprit, puis se concentra sur le passé et sur son épouse, Marella, à qui il avait fait cette promesse. Quelques instants plus tard, tout lui sembla clair : il n'y avait qu'une seule chose à faire. Et il ne fallait surtout pas perdre de temps.

56

Lamour

Je traversai une ravissante piazza merveilleusement
ombragée par d'immenses platanes, et dépassai le
palazzo Biratta à deux reprises, avant de réaliser que
c'était justement ce bâtiment grandiose à demi dissimulé derrière les volutes de ses grilles en fer forgé.

Le palazzo occupait tout l'angle sud-ouest de l'une
des places les plus romantiques de Rome. En pierre
rehaussée de frontons et de chambranles en marbre
rose, et situé dans une cour, derrière de gigantesques
grilles de fer, il se dressait, imposant, sur cinq étages.
Le toit fortement pentu était bordé de griffons
sculptés et des armes de la famille Biratta, qui remon-
taient à la Renaissance. J'avais fait mes recherches : je
savais que les Biratta avaient tout d'abord été marchands, puis qu'ils étaient parvenus à se hisser – à
force de richesse, de corruption et de manipulations
en tous genres – dans les hautes sphères du pouvoir,
dont les sommets avaient été atteints grâce à l'obten-
tion du titre de comte. Les Biratta étaient encore
excessivement riches et influents, politiquement parlant,

grâce aux milieux bancaires et au Vatican. Ils demeuraient l'une des familles les plus puissantes d'Italie.

Lorsque je l'avais appelée, Cassandra Biratta avait aussitôt accepté de me recevoir. À présent, je me demandais bien pourquoi. Craignait-elle que je ne fasse des déclarations publiques sur sa liaison avec Jon-Boy ? Redoutait-elle que, connaissant la vérité sur sa mort, je ne la révèle au monde ?

Et vous pourriez dire adieu à votre réputation, comtesse ! songeai-je amèrement en appuyant sur le bouton de la sonnette, et en l'entendant retentir à l'intérieur de la loge d'entrée en pierre. Je m'attendais qu'une petite vieille vêtue de noir, employée par la famille depuis un demi-siècle, vînt m'accueillir. Au lieu de ça, un vigile en uniforme fit son apparition, la main posée sur l'arme à feu qu'il portait à son ceinturon. Visiblement, cette famille ne plaisantait pas, et je me sentis soudain nerveuse, en pensant à ce que je m'apprêtais à faire.

Je donnai mon nom au vigile, et lui expliquai que la comtesse m'attendait. Il retourna dans la loge pour jeter un coup d'œil à sa liste. Puis il ouvrit le portail électronique et me fit signe d'entrer.

Un majordome en livrée blanche et pantalon noir attendait, en haut de l'impressionnante volée de marches menant à l'entrée principale. Il me conduisit dans le hall et proposa de prendre ma veste. Je le remerciai, et dis que je préférais la garder.

Le palazzo Biratta avait quelque chose d'indéniablement glaçant – une froideur sans rapport avec la température, qui émanait de tout : de ses plafonds voûtés qu'une douzaine de mètres séparaient du sol, de ses sols dallés de marbre, de ses escaliers courbes et de ses immenses couloirs. Il regorgeait de tous les objets archiluxueux que l'argent des Biratta leur avait permis d'amasser au cours des siècles. On aurait dit la gare de Grand Central, les antiquités en plus. Je frissonnai en songeant qu'on devait avoir du mal à y trouver un petit coin douillet où se blottir, par les fraîches soirées d'hiver.

Je suivis le majordome dans l'un des longs couloirs. Nous dépassâmes des statues de marbre nichées dans des cavités illuminées, des consoles dorées et des bouquets de fleurs sans âme, qui auraient eu leur place dans le hall d'un grand hôtel. Nous arrivâmes à ce qui me sembla être l'un des plus modestes salons du palazzo – de toute évidence le plus approprié, pour un rendez-vous avec une personne aussi peu importante que moi.

— La comtesse sera là dans quelques instants, signora, dit l'homme. Puis-je vous proposer quelque chose à boire ? Une boisson fraîche ? Un espresso.

— Non, merci, répondis-je.

Je préférais ne rien accepter de la femme qui avait tué mon père.

Une fois seule, j'examinai les meubles ouvragés, les flopées de brocart tombant des fenêtre, les bibelots et les photos dans leur cadre d'argent. La pensée que tout cela devait être un enfer à épousseter me traversa l'esprit, et je me demandai si tout cela valait la peine. Vivre ici ou vivre dans un musée, il n'y avait sans doute pas grande différence. Soudain, j'avais hâte de retourner dans ma maison toute simple – dont la vue constituait le seul luxe dont j'eusse besoin. J'aurais tellement voulu être sur ma terrasse, en train de dîner ou de boire un verre de vin en compagnie de Lorenzo.

Lorenzo. Mon cœur se serra. Lorenzo avait gardé tous ses secrets pour lui, et voilà que je m'apprêtais à ouvrir la boîte de Pandore. *Oh, Lorenzo, Lorenzo !* songeai-je, et il me sembla que mon cœur cessait de battre. *Je t'ai pris pour mon ennemi... et puis tu es devenu mon ami, avant de devenir mon amant... À présent, tu ne voudras plus jamais me revoir.*

Derrière moi, on ouvrit une porte. Pivotant sur mes talons, je me retrouvai face à l'une des plus belles femmes que j'eusse jamais vues. La description qu'en avait faite Jon-Boy dans son journal me revint aussitôt en mémoire : *« C » en mousseline de soie rouge, enveloppée de fourrure, son visage dépassant du grand col comme un joli petit renard – ou plutôt renarde.*

Son visage était pâle, d'un ovale parfait, et sa bouche rouge, charnue, sensuelle. Une telle beauté n'était pas chose courante et, à son âge, devait revenir très cher. Elle avait, supposai-je, une soixantaine d'années. Mince et souple comme une jeune fille, elle portait une jupe au-dessus du genou dévoilant ses longues jambes, et d'élégantes chaussures à talons. Ce n'était pas le genre de femme à porter des talons aiguilles. Ses chaussures montaient juste assez haut pour mettre ses chevilles en valeur. À vrai dire, cette femme était l'incarnation du bon goût, de ses boucles d'oreilles en perles Mabe aux rangs d'énormes perles des mers du Sud qui ornaient son cou, en passant par les bracelets précieux et la discrète montre en or qui enserraient ses poignets.

Elle était absolument ravissante. Rien d'étonnant à ce que Jon-Boy n'ait pu lui résister. Mais alors, sa description par Mifune me vint également à l'esprit : *Elle ressemble à l'une de ces élégantes grues cendrées que l'on voit dans les vieilles estampes japonaises. Une beauté et une grâce qui cachent un cœur de pierre.* Lorsque je serrai la main de Cassandra Biratta et plongeai les yeux dans son regard sombre et glaçant, je compris ce que Mifune avait voulu dire.

— Asseyez-vous, je vous prie, signora Harrington, dit-elle d'une voix grave – aussi fraîche que l'air conditionné.

Elle me désigna un canapé tendu de brocart de couleur pâle, et elle-même s'installa sur un sofa identique, de l'autre côté d'une table de verre sur laquelle trônaient d'inestimables objets d'art.

Elle me détailla de la tête aux pieds. J'étais une anomalie dans son monde archifermé. Pourtant, je savais qu'elle-même était née dans les Pouilles – l'une des régions les plus pauvres d'Italie –, au sein d'une famille de paysans misérables, et que seule sa beauté lui avait permis de gravir les échelons. En fait, Cassandra Biratta était la parfaite illustration de ce que l'on appelle une courtisane – laquelle est désormais plus souvent désignée par le terme d'« épouse-trophée » puisque, à notre époque, les hommes fortunés épousent les courtisanes, et ne se contentent plus d'en faire des maîtresses entretenues et choyées.

— Vous ressemblez à votre père, dit-elle à ma grande surprise, car je m'attendais qu'elle nie l'avoir jamais connu. Alors, signora, vous ne voulez pas me dire pourquoi vous êtes venue ?

— Voilà. J'ai des questions à vous poser à propos du meurtre de Jon-Boy.

Je la vis se crisper.

— Dans ce cas, je ne peux rien pour vous. Je ne sais rien de plus, au sujet de la mort de Jon-Boy, que ce qui a été raconté alors.

Je hochai la tête.

— La terrible tempête... Jon-Boy sur un bateau, seul en mer... supposé noyé... le corps jamais retrouvé... C'est ce qu'on raconte, comtesse Biratta. Mais nous ne sommes pas dupes, vous et moi.

Elle plissa les yeux et, sa beauté soudain envolée, elle rétorqua :

— C'est ce qu'on m'a dit. Je n'ai aucune raison de penser que cela s'est passé différemment.

— Et si vous me parliez un peu d'Isabella ? Vous ne l'avez sans doute pas oubliée ? La jeune femme que vous avez remplacée dans le lit de mon père ?

Je l'entendis siffler de colère, mais je n'en continuai pas moins – brodant ci et là et m'imaginant très bien, bizarrement, comment avait pu agir cette femme.

— Vous étiez jalouse, comtesse. Vous êtes allée la trouver. Vous lui avez dit que Jon-Boy n'éprouvait plus rien pour elle. Vous avez fait en sorte qu'elle n'approche plus mon père, jusqu'à ce fameux soir où elle a débarqué dans la maison d'Amalfi.

Cassandra se cala sur son canapé. Ses mains croisées trahissaient la nervosité que son expression impassible parvenait à dissimuler.

— Ma chère signora Harrington, dit-elle douce-ment. Ce ne sont que des rumeurs. Vous étiez encore enfant lorsque j'ai connu votre père. Vous ne viviez même pas dans ce pays. Comment pouvez-vous croire de telles absurdités ? Vous vous trompez, poursuivit-elle en secouant la tête. Votre père a eu une « liaison » avec Isabella Mancini qui a duré quelque temps, je le sais, mais c'était déjà fini lorsque...

Elle s'interrompit brusquement. Mais je devinais ce qu'elle avait failli dire : « ... lorsque je suis entrée en

322

scène. » Mais bien sûr, c'eût été reconnaître qu'elle avait eu une aventure avec Jon-Boy, et pas question, pour elle, de tomber dans ce piège.

— C'est ici, à Rome, que j'ai fait la connaissance de Jon-Boy, dit-elle plutôt. J'admirais son talent. Mon époux et moi-même avons pour principe de soutenir les artistes – comme c'est de tradition, dans notre famille, depuis la Renaissance. Le comte s'était pris d'affection pour le dottore. Ils ont passé de nombreuses soirées à discuter littérature – Hemingway, Dos Passos, et d'autres écrivains de cette période, qui ont toujours fasciné le comte. Ils avaient aussi en commun l'amour de ces grands poètes italiens que Jon-Boy était visiblement en train d'étudier pour son second roman. Tous deux s'entendaient à merveille, et Jon-Boy venait souvent au palazzo.

Je m'efforçai, en vain, de m'imaginer Jon-Boy à l'aise dans cette atmosphère confinée – se prélassant sur un de ces canapés durs comme du bois en parlant de Dante, avec le comte, autour d'un verre de vieux porto. Jon-Boy était un terrien et n'aurait pas tenu dix minutes de son plein gré, dans un lieu tel que celui-ci.

— Il y avait une de vos robes pendue dans son placard, lui dis-je. Rouge, en mousseline de soie. Créée par Giorgio Vivari.

Elle haussa les épaules.

— Beaucoup de femmes portent des robes de Vivari.

— Pas celle-ci, répliquai-je, attentive à sa réaction. Je l'ai montrée au signor Vivari. Il m'a dit l'avoir créée spécialement pour vous. C'est une robe unique, comtesse, et c'est la vôtre.

Elle aspira une longue bouffée d'air – rassemblant visiblement ses pensées et, me sembla-t-il, préparant sa riposte. J'étais moi-même prête à parer le plus efficacement possible, lorsqu'elle m'étonna.

— Qu'est-ce que vous voulez que je vous dise ? dit-elle d'une voix basse, à peine audible, comme si elle craignait qu'on ne l'entende. Vous voulez que je reconnaisse avoir eu une aventure avec Jon-Boy ? Et pourquoi le ferais-je, cara ? Pour que vous alliez répéter à mon mari ce qu'il soupçonne déjà ? Pour que vous détruisiez mon mariage et qu'il se termine devant un tribunal ? Et tout cela pour un homme qui est mort, de toute façon !

J'étais horrifiée par le manque de sensibilité de cette dernière remarque mais, tremblante, je me maîtrisai.

— Je n'ai aucun intérêt à détruire votre mariage, répliquai-je froidement. Je veux juste savoir ce qui est arrivé à mon père. Comment vous l'avez tué.

Son visage se décomposa et elle écarquilla les yeux. Puis se leva.

— Je vous ai dit que je ne savais rien. Je n'étais pas là-bas ce soir-là…

— On vous y a vue, dis-je. Vous étiez sur la falaise ce fameux soir, alors que la pluie et la grêle s'abattaient sur la côte et qu'il soufflait un vent d'enfer. Vous savez ce qui est arrivé à mon père, et à présent vous devez me le dire.

Elle se dirigea d'un pas furibond vers la fenêtre, devant laquelle elle se figea, les bras croisés sur la poitrine, les yeux fixés sur les grands platanes qui ombrageaient sa superbe cour.

— Il y avait des témoins, ajoutai-je calmement. Si vous le souhaitez, je peux vous les amener afin que vous leur demandiez vous-même ce qu'ils ont vu.

Elle demeura quelques instants silencieuse. Puis elle se retourna.

— Je n'ai pas tué votre père, dit-elle simplement. Et c'est la vérité.

Je scrutai le beau visage de la maîtresse de Jon-Boy, de cette femme en qui j'avais vu un monstre, une meurtrière. Nos regards se rencontrèrent, et je vis qu'elle pleurait.

Et, à ma grande stupéfaction, je la crus. Mais je vis surtout qu'elle n'avait jamais cessé d'aimer Jon-Boy.

57

Lamour

Encadrée par la haute fenêtre à rideaux de soie, Cassandra avait l'air d'un portrait de Sargent : riche, noble, hors du temps, et d'une grâce infinie.

Lorsque je lui avouai que je la croyais, la parfaite façade de son visage se lézarda, laissant paraître un soupçon d'émotion. Elle vint s'asseoir près de moi sur le canapé. Ses yeux me scrutèrent.

— Vous lui ressemblez tellement ! C'en est troublant, dit-elle enfin. Quand je suis entrée dans cette pièce et que vous ai vue, là, j'ai eu l'impression d'être transportée dans une époque et dans un contexte que j'aurais préféré oublier, continua-t-elle avec un haussement d'épaules. Bien sûr, j'aurais dû m'en douter… votre père est inoubliable.

Elle appuya sur un bouton pour appeler le major-dome. Je crus qu'elle allait le prier de me raccompagner. Au lieu de cela, elle me demanda si je désirais boire quelque chose. Étonnée de son hospitalité, je commandai un verre d'eau. Elle choisit quant à elle une vodka-tonic avec glaçons et, à dire vrai, elle semblait en avoir bien besoin. Ses traits étaient soudain tirés, et son regard évitait le mien.

Le domestique revint quelques minutes plus tard avec nos boissons. Elle sirota la sienne, ce qui parut la réconforter. Pendant ce temps, j'attendais impatiemment ce qu'elle allait me dire – car elle avait de toute évidence quelque chose en tête.

— Je vous remercie de me croire, dit-elle enfin. Oui, j'ai eu une aventure avec Jon-Boy. Oui, j'ai été amoureuse de lui. À ma façon. J'adorais sa compagnie. Vous connaissiez le dottore : charmant, beau, irrésistible.

Elle réfléchit quelques instants.

— Bien sûr, Jon-Boy était davantage que tout cela. C'était un homme profond, aux sentiments élevés. Un homme sensible, très critique envers lui-même. Et imprévisible : un jour il aspirait à la solitude et à la tranquillité, et le lendemain il lui fallait des mondanités, des gens autour de lui, des maîtresses… Je ne lui étais pas fidèle et il le savait. Il savait aussi pour quelle raison : il était trop amoureux de moi, et je ne pouvais permettre cela. Je comprends que ça puisse sembler contradictoire mais, après tout, j'étais une femme mariée. J'avais ma vie à moi, et n'y aurais renoncé pour rien au monde. Jon-Boy n'ignorait rien de cela quand il m'a rencontrée. Il avait compris que notre relation ne serait jamais qu'une aventure passionnelle. Mais pour lui, cela devint plus important. Il ne pouvait cesser de penser à moi. Son amour m'étouffait. Pour finir, je n'ai pu le supporter. Par ailleurs, je savais que c'était risqué – et s'il allait trouver mon mari ? Je lui ai dit que c'était fini et il m'a suppliée de me rendre, une dernière fois, à la maison d'Amalfi.

Elle haussa les épaules.

— J'ai dit oui.

Elle avala sa vodka-tonic à grands traits. Sa main tremblait tellement que les glaçons tintaient contre le verre.

— Je vous suis reconnaissante de m'avoir confié cela, dis-je à voix basse, car je ne voulais pas troubler son épanchement.

Je voulais l'encourager à me raconter la suite.

— Jon-Boy m'a demandé d'amener la robe rouge. Il m'a suppliée : « Mets-la une dernière fois, Cassandra. Je veux me souvenir de toi telle que tu étais le soir de notre première rencontre, à ce réveillon du nouvel an. » J'ai donc porté la robe, pour lui, ce soir-là, et le parfum qu'il aimait – *Shalimar*. J'y ai renoncé depuis… je ne peux pas m'empêcher de l'associer à lui. Durant toute la soirée, il s'est montré gai, insouciant, comme à son habitude. Il a parlé du roman qu'il allait écrire, d'un restaurant de Capri qui venait d'ouvrir ses portes, et que nous devions à tout prix essayer… Il faisait des projets d'avenir, et j'ai dû lui rappeler que j'étais venue lui dire adieu. Il refusait de l'accepter. Cela m'attristait un peu de le quitter, mais il fallait que je reprenne le cours de ma vie. J'avais un rang à tenir – je devais songer à ma position, à mes responsabilités, à mon époux. Pour moi, c'était bel et bien fini.

Elle acheva de vider son verre et le reposa bruyamment sur la table basse, à côté d'elle. Ses lèvres avaient laissé sur le bord une trace rouge vif. Elle tapota sa bouche à l'aide d'un mouchoir en papier.

Je me penchai, les mains serrées autour des genoux, espérant qu'elle allait poursuivre.

— À présent, fille de Jon-Boy, je vous ai absolument tout dit. Il n'y a plus rien à raconter.

— Oh, mais si ! m'écriai-je. Vous étiez là, ce soir-là. Vous avez joué un rôle dans ce qui s'est produit…

Elle se leva, de nouveau calme et maîtresse d'elle-même.

— Comprenez bien une chose, dit-elle, sa voix grave prenant soudain des accents menaçants. Je n'étais pas là la nuit où Jon-Boy est mort. Et aucun des soi-disant témoins auxquels vous faites allusion ne déclarera jamais que j'y étais. Je ne vous permettrai pas de me salir et de salir le nom de la famille en faisant rejaillir cette histoire ancienne, où je n'ai aucune part. Est-ce bien clair, signora Harrington ?

— Comtesse…, bafouillai-je, mais elle se dirigeait déjà à grands pas vers la porte.

— Mon majordome va vous raccompagner, dit-elle, me congédiant. Au revoir, signora Harrington.

Parvenue sur le seuil, elle se retourna. Elle étudia mon visage, et je compris qu'elle retrouvait les traits de Jon-Boy.

— Ça a été un plaisir de faire votre connaissance – en souvenir du bon vieux temps, lança-t-elle, avant de refermer la porte derrière elle.

58

Lamour

Je me retranchai à l'hôtel d'Angleterre et me jetai sur le téléphone pour appeler Jammy.

— Alors ? demanda-t-elle dès qu'elle entendit ma voix.

— Elle est toujours aussi spectaculaire que dans les descriptions de Jon-Boy, répondis-je sur un ton découragé. Mais ce genre de beauté a quelque chose d'inhumain, tu vois ce que je veux dire. Comme si elle était congelée à l'intérieur et que tous ses efforts servent à préserver cette magnifique façade.

— Eh bien, après tout, c'est son fonds de commerce, dit Jammy. C'est ce qui lui a permis de s'élever dans le monde. Si elle perd ça, elle aura de quoi s'inquiéter. Le vieux comte risque d'aller voir ailleurs, et Cassandra regrettera d'avoir signé un accord prénuptial.

— Je ne crois pas que ça existait à cette époque, répliquai-je. De toute façon, rien qu'avec ses rangs de perles, nous pourrions tenir plusieurs années.

— Je devrais peut-être demander à Matt de m'en offrir, dit pensivement Jammy. Ça me paraît un bon investissement. Ah, mais j'oubliais le crédit sur hypo-thèque, les factures du vétérinaire, sans parler des droits d'inscription à la fac, ajouta-t-elle, ce qui me fit rire. Bon. Raconte-moi plutôt comment ça s'est passé...

Je lui décrivis le palazzo, le vigile à l'entrée, le por-tier, et la pièce où la comtesse et moi nous étions entretenues.

— C'était comme si j'avais remonté le temps, dis-je. Vu le décor, j'aurais dû porter une perruque poudrée, une robe à cerceaux, et faire des œillades derrière un éventail en soie. Au lieu de ça, j'étais assise sur ce canapé tendu de brocart, à demander à la comtesse si elle avait tué mon père.

— Elle l'a vraiment tué, alors ?

— Elle m'a dit que non.

— Et...

— Et je l'ai crue.

Je perçus, à l'autre bout du fil, l'un de ces soupirs exaspérés de Jammy qui m'étaient si familiers. J'ajoutai aussitôt :

— Elle ne l'a pas tué, Jam. Mais elle a fini par avouer qu'ils ont eu une liaison.

Je lui racontai les détails et elle écouta. J'en arrivai aux tentatives d'intimidation de la comtesse en vue de me décourager d'attaquer son nom et de compter sur des témoins, qui, d'après elle, n'accepteraient jamais de parler.

— Elle a compris que je bluffais, dis-je. Parce que j'ai beau savoir que Mifune sait tout, il restera pro-bablement muet comme une tombe. Pareil pour Lorenzo. Et, de toute façon, je ne reverrai plus jamais Lorenzo.

331

— Une minute ! Une minute ! hurla Jammy. Comment ça, tu ne reverras plus jamais Lorenzo ? Qu'est-ce qu'il a à voir avec la comtesse ?

— Les deux familles sont amies depuis longtemps ; j'imagine que ça remonte à des siècles. La comtesse ne va évidemment pas manquer de parler à Lorenzo de ma visite. Je pense qu'il la croit coupable de la mort de Jon-Boy, et qu'il protège l'honneur du comte. Sachant cela, comment pourrais-je le revoir, Jammy ? Même s'il en avait envie, il renoncerait à me voir, vu que j'ai agi à son insu et traité la comtesse de criminelle.

— Et où est-ce que tu mets l'amour, dans tout ça ?

— L'amour ?

— Ouais, tu sais, ce bon vieux sentiment que Lorenzo et toi avez ressenti l'un pour l'autre. Tu sais, le vertige, l'enivrement, l'impression d'avoir trouvé l'âme sœur, les baisers, les caresses et tout le tralala. Oh, et puis aussi, tu sais… le sexe. Toutes les bonnes choses, quoi. Tu en fais quoi, Lamour ?

— Je ne sais pas, concédai-je tristement. Je crois que j'ai brûlé mes vaisseaux, Jammy, et je ne peux plus, désormais, revenir en arrière. Et le pire dans tout ça, c'est que je ne sais toujours pas ce qui est arrivé à Jon-Boy.

— Lamour, dit-elle d'un ton posé, ça s'est passé il y a si longtemps… Tu ne te demandes jamais si ça vaut la peine de dénouer les fils enchevêtrés du passé pour trouver une réponse quand, en faisant ça, tu te prives de la possibilité d'être réellement heureuse ? Je t'en prie, Lamour. Je t'en supplie… Réfléchis. Va trouver Lorenzo, demande-lui de te pardonner d'avoir réveillé les vieux démons. Dis-lui que tu l'aimes et que rien d'autre n'a d'importance. Et puis installe-toi avec lui, épouse-le… tout ce que tu voudras… Mais vis ta vie. Je t'en prie, ma grande, dis-moi que tu vas faire ça.

Soudain la voix de Matt lui succéda, à l'autre bout du fil.

— Je l'admets à contrecœur, dit-il, mais elle a raison. Pense d'abord à toi, pour une fois, Lamour ! Profite du bonheur tant qu'il est là. Crois-moi, c'est la bonne – la seule – manière d'agir.

Je promis d'y réfléchir et leur dis au revoir. Assise sur le bord du lit, je me confrontai à l'échec – certes, ce n'était pas la première fois. Ils avaient raison, bien évidemment. Mais il n'était pas si simple de renoncer à éclaircir le mystère de la mort de Jon-Boy. Je lui devais bien ça, en échange de mes merveilleux souvenirs d'enfance. Et puis, je l'aimais.

Le téléphone sonna. Je décrochai.

— Lamour.

Mon cœur bondit dans ma poitrine lorsque je reconnus la voix de Lorenzo.

— Je suis en bas, au bar, dit-il. Est-ce que tu peux m'y retrouver ?

Je me demandai si c'était un ordre ou une question, mais je dis oui. Je me coiffai et mis une touche de rouge à lèvres. Comment savait-il que j'étais ici ? Mais je compris très vite que Mifune avait dû lui dire que j'étais allée à Rome – et Mifune savait que je descendais toujours à l'hôtel d'Angleterre.

J'empruntai le minuscule ascenseur pour descendre, en songeant qu'un bar était un drôle d'endroit pour sceller son destin.

Lorenzo était seul, assis à une table près de la fenêtre. Il se leva lorsqu'il m'aperçut. La gorge nouée, je songeai à sa beauté, à sa force manifeste. Un homme invulnérable… un homme qui, parce que j'avais percé à jour ses secrets, s'apprêtait – je n'en doutais pas – à me dire « Adieu, je suis désolé d'avoir fait ta connaissance ».

— Lamour, dit-il en me prenant la main et en la frôlant de ses lèvres.

Un baisemain étant rarement, chez un homme, un signe de folle passion, je compris qu'il était au courant.

— Quelle surprise ! m'exclamai-je en m'asseyant sur la chaise qu'il tenait pour moi. Qu'est-ce que tu fais ici ?

Il fit signe au barman et commanda deux coupes de champagne. Une boisson qui avait toujours été, pour nous, synonyme de fête. Mais pas aujourd'hui, je le savais.

Il me regarda.

— Je suis ici pour toi, répondit-il simplement, et le rythme de mon cœur s'accéléra. J'ai déjà parlé avec Cassandra, ajouta-t-il.

Cette fois, mon pauvre cœur – qui travaillait en surrégime – se serra. L'angoisse me prit à l'estomac.

On nous apporta le champagne. Lorenzo leva son verre et dit, à mon immense surprise :

— À la mémoire de Jon-Boy, Lamour. Qu'elle vive éternellement en toi.

— Il fallait que je voie Cassandra. Elle m'a dit qu'elle ne l'avait pas tué. Et je l'ai crue.

Il hocha la tête.

— Je sais. Et je suis désolé que tu aies dû subir cela, répliqua-t-il, souriant pour la première fois. Cassandra Biratta est loin d'être commode.

— Elle m'a parlé de sa liaison avec Jon-Boy, dis-je. Et puis elle a plus ou moins cherché à m'intimider, pour que je n'aille pas traîner le nom des Biratta dans la boue. J'ai eu le sentiment qu'elle avait le bras long, et qu'elle pouvait me faire expulser du pays sans que j'aie eu le temps de dire « ouf ».

— Je suis certain qu'elle en a les moyens, approuva Lorenzo d'un ton calme. Mais tu vas les laisser en paix, elle et sa famille, Lamour. Tu ne vas pas pousser les choses plus loin.

— Oh, et pourquoi ça ? demandai-je en haussant le ton.

— Parce que je vais te raconter très précisément ce qui s'est passé. Je vais te dire la vérité.

Je le fixai, lui qui paraissait si tranquille.

— C'est vrai ? Pour de bon ?

À croire que j'étais une gamine à qui on promet un paquet de bonbons.

— C'est vrai. Mais pas ici.

Il se leva et me prit la main.

— Viens, Lamour, dit-il. Nous avons besoin d'intimité. Je t'emmène dans mon appartement.

Sans lâcher sa main, je me dirigeai docilement vers la voiture, qui nous attendait dehors. Le chauffeur me tint la portière. Lorenzo s'assit à côté de moi et nous roulâmes, dans les rues encombrées, vers ce foyer que je n'avais encore jamais vu.

59

Lamour

Bien qu'également situé dans un vieux palazzo, l'appartement à la fois moderne et décontracté de Lorenzo me causa un choc, tant il contrastait avec les excès du palazzo Biratta. Lorenzo ne m'avait pas lâché la main depuis que nous avions quitté l'hôtel et, la serrant toujours fortement, il me conduisit dans un vaste espace qui avait tout d'un loft. Je m'assis sur un canapé de cuir noir, et souris au souvenir des commentaires désapprobateurs de Jammy au sujet des canapés italiens en cuir. Cependant, je pense qu'elle aurait apprécié le confort de celui-ci. Je remarquai les teintes douces et discrètes, les superbes tapis modernes tissés à la main, la sobriété de l'ameublement et l'éclairage tamisé. Aussitôt, je me sentis à l'aise. Mais si j'étais ici, ce n'était pas pour donner mon avis sur l'intérieur de Lorenzo.

Assis en face de moi, il paraissait très sérieux. Il se pencha en avant, les mains croisées sur ses genoux. J'eus soudain peur de ce qu'il allait me dire. Et si c'était lui qui avait tué Jon-Boy ? À cette pensée, je blêmis.

— Je trahis une promesse solennelle en te révélant ce que je vais te raconter, dit-il. Mais je ne vois pas comment faire autrement, et je ne puis qu'espérer que la personne à qui j'ai fait cette promesse voudra bien me pardonner. Tu es une femme très déterminée, Lamour, et je ne peux pas t'en vouloir. À ta place, je ressentirais exactement ce que tu ressens.

— C'est à Jon-Boy que je le dois, répliquai-je, alors qu'un calme glacé s'abattait sur moi.

Quoi que Lorenzo eût à me dire, j'étais prête à l'entendre. Que ce soit bon ou mauvais.

— Sept personnes étaient au courant de ce qui s'est produit ce soir-là, commença Lorenzo. Trois d'entre elles sont mortes depuis. Jon-Boy et mon épouse Marella, ainsi qu'une autre femme. Comme tu as sûrement pu le deviner, les quatre personnes encore en vie – Nico, Mifune, la comtesse et moi-même – ne témoigneront jamais de ce qu'ils ont vu. Il y a à cela une raison, comme tu vas t'en rendre compte au fil de mon récit. Tout d'abord, laisse-moi te dire que tout le monde aimait Jon-Boy. Il apportait un rayon de soleil dans la vie de tous ceux qu'il croisait. C'était un vrai bonheur que de discuter livres, auteurs, vin, musique ou voyages avec lui. Après avoir passé un moment en sa compagnie, on rentrait chez soi plus gai, plus insouciant. Évidemment, les femmes étaient folles de lui. Comment aurait-il pu en être autrement ? Il les traitait comme des trésors inestimables, même s'il ne les fréquentait le plus souvent que quelques jours, ou quelques semaines. Il y en avait pourtant une qui, dans sa vie, comptait plus que les autres. Elle s'appelait Isabella.

— Que mon père désigne par la lettre « I » dans son journal, l'interrompis-je. J'ai cru comprendre qu'il l'avait beaucoup aimée.

Lorenzo hocha la tête.

— En effet. Le problème était qu'il en aimait une autre davantage.

— Cassandra ?

— Cassandra, bien évidemment.

— Elle m'a dit qu'il l'aimait trop. Elle prétend que son amour l'étouffait.

— Elle t'a menti. Cassandra était obsédée par Jon-Boy. Elle s'était emparée de son existence. Il s'est mis à changer. Il n'essayait même plus d'écrire – et pour moi, c'est ce qui était le plus tragique. Je n'ai jamais pardonné à Cassandra Biratta d'avoir détruit l'écrivain en lui. Il avait déjà écrit un grand roman, mais à ses yeux c'était du passé. Il m'avait parlé de ses idées pour le suivant, de sa philosophie de la vie, des enfants… Et crois-moi, Lamour, il t'aimait au-delà de tout ce qu'on peut imaginer. Il est parfois plus facile, pour un homme, de parler à un autre homme de l'amour qu'il éprouve pour son enfant que de s'adresser à l'enfant lui-même. Je dois reconnaître que, quand j'ai appris que tu t'étais installée dans la Maison de la maîtresse, j'ai été curieux de rencontrer cette fille dont il m'avait tant vanté les qualités. Mais il fallait que je protège ma famille. Et c'est là la cause de tous nos soucis.

J'attendais qu'il précise ce qu'il entendait par « il fallait que je protège ma famille ». Se pouvait-il que Nico fût directement mêlé à la mort de mon père et que Lorenzo eût cherché à protéger son fils ?

— Isabella et Jon-Boy étaient ensemble depuis environ deux ans, poursuivit Lorenzo. C'était une fille charmante, simple, douce – une « terrienne » comme lui. Elle venait d'un milieu très modeste, et ne désirait rien d'autre que son amour et son attention. Elle travaillait dans une boulangerie de Rome, où il allait tous les jours acheter un morceau de pizza blanche...

— C'était sa préférée, confirmai-je avec un sourire.

Je nous revis, Jon-Boy et moi, traversant ensemble la place de campo dei Fiori et nous brûlant les doigts et la langue avec la pizza brûlante – une sorte de fougasse simplement agrémentée de sel et d'un filet d'huile d'olive. Nous n'avions jamais la patience d'attendre qu'elle refroidisse.

— Isabella s'était installée dans l'appartement de Jon-Boy, reprit Lorenzo. Mais elle avait gardé sa place à la boulangerie, et partait le matin de très bonne heure, le laissant seul dans son lit. Elle m'avait confié que son père était un paysan de la vieille école. Elle disait qu'il risquait fort de tuer Jon-Boy s'il apprenait leur liaison. Elle avait donc conservé son emploi pour apaiser sa mauvaise conscience, en quelque sorte. De cette façon-là, elle préservait au moins son indépendance. Et elle n'a jamais accepté d'argent de Jon-Boy. Pas un centime.

— Elle était belle ? demandai-je avec tristesse, regrettant de ne pas avoir connu la femme qui avait éprouvé un tel amour pour mon père.

Il se pencha sur la question.

— Elle avait beaucoup de charme et, oui, elle était vraiment jolie. Elle me rappelait les actrices italiennes d'alors, les Claudia Cardinale ou les Sophia Loren... Ces belles femmes qui ont un caractère bien trempé et les deux pieds sur terre. C'était un bonheur de la fréquenter.

Les mains dans les poches, la tête baissée, Lorenzo se mit à arpenter la pièce.

— Il importe que tu saches qui elle était, afin de mieux saisir ce qui s'est passé ensuite, dit-il.

Je hochai la tête. Je comprenais. Il s'arrêta de marcher, me regarda.

— Leurs relations se dégradaient. Jon-Boy m'avait confié qu'il se sentait oppressé par son incapacité d'écrire, et par le besoin d'amour d'Isabella. Et puis, il a rencontré Cassandra, et il est devenu un autre homme. Il ne pensait plus qu'à elle. Il ne se souciait plus ni de son talent, ni de son travail, ni même d'Isabella. C'était un homme profondément, tragiquement amoureux d'une femme qui ne le méritait pas. Elle le rendait fou, et il acceptait tout.

Lorenzo se planta devant moi. Baissant les yeux, il poursuivit :

— Bien sûr, Cassandra connaissait l'existence d'Isabella ; elle l'avait chassée de la vie de Jon-Boy avant même que la malheureuse ait compris ce qui lui arrivait. Sans prévenir Jon-Boy, elle a sorti tous les vêtements d'Isabella de l'appartement, a fait changer les serrures, lui a dit que sa présence n'était plus désirée et qu'elle ferait mieux de rentrer dans sa famille, en Ligurie.

» Cassandra surveillait Jon-Boy tel un chien de garde. Elle ne permettait à personne de l'approcher. Elle s'imaginait qu'elle était sa muse – et prétendait superviser l'écriture de son second roman pour, ensuite, présenter le grand écrivain à la bonne société comme une sorte de « trophée ». Un jour, Isabella m'a appelé, me suppliant de lui venir en aide. Bien entendu, j'ai fait tout ce qui était en mon pouvoir. Je suis allé parler à Jon-Boy, mais on aurait dit un somnambule. « J'aime Cassandra, Lorenzo », m'a-t-il répondu. « Je ne peux rien faire pour Isabella, si ce n'est lui envoyer de l'argent. » Furieux qu'il la traite ainsi, je lui ai rétorqué que cela ne ferait que rendre son attitude encore plus blessante. Bien sûr, je lui ai moi-même envoyé de l'argent, et je me suis efforcé de la soutenir, ce dont elle m'a été reconnaissante. Mais ce que nous ignorions tous, c'est qu'Isabella était enceinte.

Je le fixai, stupéfaite. Il vint s'asseoir près de moi et prit ma main dans la sienne.

— Lamour, voici ce qui s'est passé ce soir-là. Cela risque d'être douloureux pour toi, de l'entendre. Mais c'est la vérité.

Et, plongeant ses yeux dans les miens et serrant ma main avec force, il entra dans le vif de son récit.

60

Lorenzo

— La tempête s'annonçait depuis le matin, poursuivit Lorenzo. D'énormes cumulus s'étaient amassés dans le ciel, poussés par le vent soufflant du nord-est, comme des voiles gonflées à bloc. La mer était mauvaise, les vagues moutonneuses. Rien de grave – et pourtant je ne me sentais pas rassuré. Je me répétais que l'on n'était qu'en octobre, que ce n'était pas encore l'époque des grosses tempêtes. Nico avait tout juste sept ans. Ce jour-là, il n'était pas allé à l'école, à cause d'une épidémie de rougeole. Je l'ai emmené à la crique avec moi, pour jeter un coup d'œil aux bateaux.

» Nico avait commencé à naviguer tout bébé, quand je le portais sur mes genoux tout en manœuvrant la barre de mon bateau de pêche. Il se sentait autant en sécurité sur mer que sur terre et son ambition, en ce temps-là, était de devenir champion de speedboat.

» Sur la jetée, j'ai resserré les cordages des trois bateaux : un Chris-Craft de six mètres, mon bateau de pêche, et la petite annexe jaune dont ma femme se servait pour aller faire les courses à Pirata ou à Amalfi.

» J'ai scruté l'horizon et remarqué une ligne noire qui semblait séparer la mer et le ciel, ce qui était, je le savais, très mauvais signe. Mais je ne m'inquiétais pas outre mesure. J'ai bien songé à rassembler des hommes pour mettre les bateaux au sec, et puis j'ai décidé de courir le risque.

» Dans l'après-midi, la mer était plus agitée, et d'immenses et lentes lames frappaient violemment les falaises sans se briser. Le vent avait forci et faisait ployer les arbres, écrasait les herbes et les broussailles, et dispersait toutes les petites créatures sauvages, qui s'empressaient de se mettre à l'abri. Mais j'en avais vu d'autres… Les écoutilles étaient fermées, les bateaux bien amarrés : ils ne craignaient rien.

» À cinq heures, le ciel était déjà sombre. J'ai pensé à Jon-Boy et à sa maison, si exposée. J'ignorais s'il était là. Mifune et moi avons tout de même décidé d'aller vérifier si les volets étaient fermés.

» Nous avons trouvé Jon-Boy sur la terrasse, en train de contempler le ciel turbulent et la mer démontée.

» — Ohé ! s'est-il écrié, dans le vacarme du vent. Vous avez déjà vu une chose pareille ? À croire que c'est la fin du monde !

» — Ça va l'être, si tu ne rentres pas !

» Cassandra se tenait dans l'encadrure de la fenêtre ouverte.

» — Dites-lui qu'il est fou, Lorenzo. Et entrez prendre un verre avec nous.

» Mifune et moi avons aidé Jon-Boy à fermer les volets et à les maintenir en place avec les pentures. Puis Mifune est allé voir comment se portait son vieux cèdre, près de la cascade. Cet arbre était sa fierté et sa joie, et je savais qu'il priait pour que la tempête l'épargne.

» Jon-Boy avait allumé un feu. Il me servit un verre de vin. Assise sur le canapé, Cassandra bouillonnait de rage contenue. Chose étonnante, elle portait sa robe rouge en mousseline de soie. Je me suis demandé pourquoi, Jon-Boy étant, quant à lui, en short et en tee-shirt. J'ai supposé qu'elle s'était faite belle et sexy pour lui. Elle s'est levée afin de remplir à nouveau son verre et, une fois de plus, sa beauté m'a frappé. J'ai également remarqué sa démarche un peu vacillante. Elle buvait de la vodka pure et, de toute évidence, n'en était pas à son premier verre. J'ai eu la désagréable impression qu'ils venaient de se disputer. J'avais raison, car Cassandra s'est mise à s'en prendre à Jon-Boy, et à lui reprocher de gâcher son talent. J'ai compris que je ferais mieux de m'en aller. Mais il était clair, à présent, qu'une grosse tempête se préparait – et la petite maison était si exposée que je craignais pour leur sécurité. Ils n'étaient pas à l'abri d'un glissement de terrain, d'une chute d'arbre ou d'une cheminée cassée. Il pouvait se passer n'importe quoi.

» — Si la tempête devient aussi violente qu'on peut désormais le craindre, vous feriez mieux de dormir au château, dis-je.

» Mais Jon-Boy a éclaté de rire et rétorqué que tout irait bien.

» En remontant les marches, j'ai été surpris d'apercevoir une voiture au bout de la route. Je n'ai pu distinguer qui était au volant car le véhicule a opéré une brusque marche arrière, avant de tourner et de repartir. Je n'y ai plus pensé, et j'ai monté la colline jusqu'au château.

» Quand j'ai raconté la scène à Marella et que je lui ai décrit Cassandra, éméchée et toute pimpante dans sa robe rouge, harcelant Jon-Boy au sujet de son écriture – ou de sa panne d'écriture –, Marella a répliqué que Cassandra était une idiote.

— Jon-Boy en est trop amoureux. À cause d'elle, il a abandonné une brave femme. Et voilà que Cassandra veut faire de lui un pantin ! Elle rêve d'être la muse du grand artiste, pour pouvoir l'exhiber dans les soirées. Elle ne songe pas au mal terrible qu'elle a causé à cette pauvre Isabella ou à son propre époux le comte.

» Je doutais fort que le comte ait jamais eu vent des agissements de sa femme. Quand je le croisais dans le monde, il ne faisait jamais allusion au moindre souci conjugal. Mais d'après Marella, cet imbécile avait un tel ego qu'il ne se serait jamais abaissé à penser qu'une femme puisse tromper un membre d'une famille aussi prestigieuse que la sienne.

» Le dîner a été servi tandis que le vent mugissait et que les fenêtres vibraient. Nico ne cessait de répéter que nous aurions dû mettre les bateaux à l'abri, et je savais que, malgré ses sept ans, c'était lui qui avait raison. J'ai dû lui dire qu'il était désormais trop tard.

Lorenzo ne put réprimer un sourire.

— Mais tu connais Nico. Il n'a jamais supporté qu'on lui dise non, et encore moins quand ça vient de moi. Et puis, il tenait à ce Chris-Craft comme à la prunelle de ses yeux. Il était déterminé à faire en sorte qu'il ne lui arrive rien. Après dîner, il est sorti en douce. Dix minutes plus tard, nous nous sommes rendu compte qu'il avait disparu, et j'ai immédiatement deviné où il était allé. Je me suis lancé à sa poursuite.

» La pluie était à présent torrentielle, mêlée de grêlons durs comme des cailloux, et elle tombait de biais, à cause du vent, si bien que l'on n'y voyait rien. Les éclairs illuminaient l'horizon et j'étais terrifié en imaginant que Nico pouvait glisser sur la scalatinella ou se faire emporter par une vague frappant la jetée, terrifié pour mon fils... Lorsque je suis parvenu en bas, aucune trace de Nico.

Lorenzo s'interrompit, et regarda Lamour.

— Je ne peux pas te dire tout ce qui m'a traversé l'esprit pendant ces quelques minutes passées à fixer la jetée et les trois bateaux montant et descendant au gré de la houle. Et toujours aucune trace de mon fils. Une centaine de scénarios se sont succédé dans mon esprit, chacun pire que le précédent... Mais alors j'ai entendu sa voix.

» — Papa, papa !

» Il a dévalé les marches pour accourir à ma rencontre.

» — Viens vite ! cria-t-il. Viens vite, papa !

» — Que se passe-t-il ?

» Je l'ai saisi par les épaules.

» — Qu'est-ce qui ne va pas, Nico ?

» — Viens, viens. Jon-Boy...

» Il m'a violemment tiré par le bras. J'ai grimpé avec lui les marches menant à la Maison de la maîtresse. Il y était allé pour demander à Jon-Boy de l'aider avec les bateaux, et avait vu ce qui s'y passait.

» À notre arrivée, la porte était ouverte et claquait au vent, faisant fumer et crépiter le feu dans la cheminée. Cassandra, qui, avec sa robe rouge, paraissait une créature funeste et diabolique, se tenait devant Isabella, très enceinte. Elle m'a fait l'effet d'une pauvre gamine abandonnée… oui, d'une enfant avec sa tignasse en bataille, ses vêtements ruisselants de pluie, et son énorme ventre…

» — Sors d'ici, espèce de traînée ! hurlait Cassandra, dans un tonnerre d'insultes.

» Isabella l'ignorait. Elle ne s'adressait qu'à Jon-Boy.

» — Je t'ai appelé, a-t-elle dit de sa voix douce et grave. Je t'ai laissé des messages, Jon-Boy. J'ai essayé de te prévenir, pour le bébé… J'ai découvert où tu vivais, mais on ne m'a pas laissée entrer… Tu n'as même pas tenté de me retrouver. Tu as fait celui qui ne me connaissait plus… Tu n'as pas voulu savoir que je portais ton enfant. Mais elle était au courant… et j'ai pensé qu'il fallait que tu le saches toi aussi – malgré elle…

» Cassandra l'a giflée. Jon-Boy a saisi Cassandra par le poignet et l'a violemment repoussée. Il n'avait plus d'yeux que pour Isabella.

» — Je te jure que je l'ignorais, répliqua-t-il d'un ton désespéré. Je ne t'aurais jamais laissée seule…

» Il a tendu les bras vers elle.

» Du coin de l'œil, j'ai vu Cassandra s'emparer d'un coupe-papier sur le secrétaire de Jon-Boy. Elle s'est précipitée vers Isabella, mais je l'ai saisie par les bras avant qu'elle ne l'atteigne.

» — Elle ment ! s'est-elle écriée. Et, de toute manière, Jon-Boy a toujours su que vous étiez enceinte. Il s'en fichait. Il savait que le bébé n'était pas de lui !

» J'ai tordu le bras de Cassandra – bien que j'aurais préféré lui tordre le cou – et le coupe-papier est tombé à terre.

» Jon-Boy semblait avoir peur de prendre Isabella dans ses bras pour la réconforter. Il tendait les mains dans un geste hésitant. Pendant un long moment, elle l'a dévisagé. Je me suis demandé ce qu'elle cherchait. Une réponse, je suppose… mais elle ne l'a pas trouvée.

Lorenzo se tourna vers Lamour et prit sa main.

— Je te jure, Lamour, qu'à cet instant j'ai vu quelque chose basculer en elle. Dans ses yeux. Elle a ramassé le coupe-papier et s'est jetée sur Cassandra. J'ai entendu Nico pousser un cri et Jon-Boy hurler : « Non, non ! » Il a attrapé le coupe-papier par la lame. Du sang s'est écoulé de sa main blessée.

» Cassandra s'était enfin tue. Isabella a regardé le coupe-papier comme si elle ne l'avait pas vu jusque-là, puis Jon-Boy, qui saignait. La douleur a contracté son visage. Elle a porté ses mains à son ventre en poussant un gémissement.

» Mifune se tenait à présent sur le seuil. J'ai vu Nico courir vers lui, et Mifune l'entourer de ses bras dans un geste protecteur. Pendant quelques secondes, tous sont demeurés silencieux. Le vent s'engouffrait dans la maison et faisait fumer le feu.

— Isabella, ai-je dit. Laissez-moi vous aider. Je vais vous emmener au château. On va faire venir un docteur. Tout va bien se passer. Jon-Boy et vous pourrez parler de tout cela plus tard.

» Elle m'a fixé de ses grands yeux marron mais, crois-moi, elle était comme absente. Et soudain, animée d'une sorte d'énergie farouche, elle s'est précipitée dehors et, dévalant les escaliers, s'est dirigée vers la crique.

» Jon-Boy lui a couru après, mais Cassandra lui a attrapé le bras et s'est agrippée à lui. Il s'est dégagé.

» — Ça, je ne te le pardonnerai jamais ! lui a-t-il dit, avant de se lancer à la poursuite d'Isabella.

» Cassandra s'est laissée tomber sur un fauteuil. Les larmes ont coulé sur son visage et elle les a essuyées d'un revers de la main – étalant sur sa joue le sang de Jon-Boy. Mais je n'avais ni le temps ni l'envie de la plaindre.

» — Mifune, viens avec moi, ai-je crié en partant à la poursuite de Jon-Boy. Nico, ne bouge pas ! Ici tu es en sécurité.

» Mais Nico nous a tout de même suivis jusqu'à la crique.

» Il tombait des cordes, on ne voyait presque rien. Mais je connaissais ces marches par cœur. Je savais où elles étaient usées, où il était préférable de sauter… Un éclair a déchiré le ciel, et j'ai vu Isabella tomber et rouler et Jon-Boy courir vers elle. Elle est parvenue, Dieu sait comment, à se relever avant qu'il ne l'atteigne. Et elle s'est précipitée sur la jetée.

» Il l'a rattrapée, s'est précipité vers elle, l'a serrée dans ses bras. Elle ne bougeait plus du tout. « Mon Dieu, j'ai pensé, saisi de panique, elle est morte. » J'ai entendu Nico et Mifune descendre les marches, derrière moi… j'ai aussi distingué un bruit d'éboulis provenant de la falaise, alors que s'amorçait un glissement de terrain – lequel a projeté des pierres et des coulées de boue sur la jetée.

» Jon-Boy a couché Isabella. Puis, penché au-dessus d'elle, s'est mis à lui parler. Il ne me restait plus que quelques marches à franchir… Soudain, elle a recouvré ses esprits et l'a violemment repoussé. Jon-Boy s'est levé, a glissé dans la boue, s'est redressé, a dérapé à nouveau et s'est effondré près d'elle. Il ne bougeait plus. Je les avais presque rejoints…

» Isabella s'est agenouillée près de lui. Je l'ai vue baisser la tête pour l'embrasser. Puis brandir une énorme pierre au-dessus de sa tête. Elle a laissé tomber la pierre. Le vent avait beau souffler, j'ai entendu le crâne de Jon-Boy se briser. Puis elle lui a cogné la tête sur la jetée. Une fois. Deux fois. Trois fois.

» Je l'ai repoussée. J'ai soulevé Jon-Boy dans mes bras. Il était déjà mort.

» J'ai regardé Isabella. Elle se tenait là, pantelante comme un petit animal effrayé, les mains pressées sur son ventre.

» J'ai cherché Mifune des yeux. Mais Nico avait glissé et était tombé, et Mifune l'aidait à se relever. Je suis revenu au bas des marches pour m'assurer qu'il allait bien, et j'ai crié à Mifune de venir m'aider. Lorsque j'ai de nouveau tourné la tête, Isabella était parvenue, Dieu sait comment, à rouler le corps de Jon-Boy et à le pousser dans l'annexe. Elle avait détaché les cordages et pris place à côté de lui. Le bateau a tourné sur lui-même au milieu des remous et, sous mes yeux, a été emporté par d'immenses vagues qui l'ont rapidement aspiré vers le large…

61

Lorenzo

— … Et vers la nuit éternelle, dit Lamour d'une voix étranglée.

— Voilà ce qui s'est passé, conclut Lorenzo avec douceur. Je suis désolé, Lamour. J'aurais préféré t'épargner ce récit. Mais, désormais, tu connais la vérité.

Il souhaitait l'aider, mais savait qu'il ne pouvait rien pour elle. Elle était, pour le moment, seule avec sa douleur.

— Je n'aurais rien pu faire, dit-il à voix basse. À part attendre que la tempête se calme et que la mer nous les renvoie.

Il alla lui chercher un verre d'eau et s'interrompit, jusqu'à ce que les sanglots de Lamour se fussent apaisés.

— Le lendemain matin, reprit-il, le garde-côtes a repéré l'annexe jaune, à trois kilomètres de la côte. On y a retrouvé Isabella, mais pas Jon-Boy. Elle était à moitié morte. Tout comme le bébé à qui elle avait donné naissance, seule, en pleine mer, au milieu de la tempête.

Lamour eut le souffle coupé. Lorenzo l'entoura de ses bras et la serra contre lui.

— Isabella est morte, Lamour. Mais sa fille a survécu.

Il la sentit se raidir.

— La fille de Jon-Boy, dit-elle.

Lorenzo prit le visage de Lamour entre ses mains, en constatant qu'il ne l'avait jamais aimée davantage qu'à cet instant. À l'instant où – à cause de ce qu'il s'apprêtait à révéler – il risquait de la perdre à tout jamais.

— *Ma* fille, désormais, Lamour. Aurora.

Lamour le fixa avec stupéfaction.

— Marella et moi étions pleins de pitié pour ce bébé. Comment les choses auraient-elles pu être pires pour elle ? Sa mère avait assassiné son père, et elle était orpheline de ses deux parents. Je regardai ma femme, qui tenait dans ses bras ce malheureux petit bout, et je compris que nous devions le garder. C'était la seule chose à faire. Mais Marella posa une condition : qu'Aurora n'apprenne jamais la vérité sur ses parents biologiques. Nous pensions tous deux qu'il n'était pas juste qu'une enfant innocente souffre à cause d'eux. Trois ans plus tard, se sachant condamnée, Marella m'a fait réitérer cette promesse. Tu comprends pourquoi, quand j'ai été mis au courant de ton intention d'habiter ici, et d'éclaircir les circonstances de la mort de Jon-Boy, je n'ai guère eu le choix : j'ai fait tout mon possible pour t'en dissuader, dit-il avec un sourire chagrin. Mais, bien sûr, ça n'a pas marché, car tu avais déjà su charmer mon cœur. J'aurais dû me douter que toutes les filles de Jon-Boy avaient cette capacité.

— Comme Aurora, dis-je.

— Comme Aurora, approuva-t-il. À présent, tu sais pourquoi je l'ai tant gâtée, et pourquoi elle est craintive et si peu sûre de l'amour qu'on lui porte. Il y a chez elle une angoisse et un profond désespoir dont je ne parviens pas à la libérer, quels que soient mes efforts pour la rassurer. Bien sûr, la mort de Marella n'a fait qu'aggraver les choses. Les psychologues pensent que les circonstances de sa naissance sont responsables de son état. Elle est née dans le froid et sous la pluie, sans personne pour la prendre dans ses bras. Il n'y a pas eu de contact mère-fille à la naissance. Elle est maniaco-dépressive. Certains jours, elle a du mal à respirer, à vivre. Et bien sûr, je m'inquiète pour elle en permanence – je redoute qu'elle ne se fasse du mal. Peut-être notre amour est-il arrivé trop tard.

Il haussa les épaules.

— Mais cela, je ne me résoudrai jamais à le penser.

Il tendit le verre d'eau à Lamour. Elle but une gorgée, ses grands yeux fixés sur Lorenzo.

— Pauvre, pauvre Aurora.

Elle avait, pour la première fois, le sentiment de vraiment la comprendre.

— Et merci de me l'avoir dit. Je suis certaine que Marella te pardonnerait, vu les circonstances.

— Je l'espère. Bien sûr, Aurora, même si elle sait qu'elle a été adoptée, ignore toujours tout, au sujet de Jon-Boy et d'Isabella. À présent, je me demande si nous avons bien fait. Peut-être aurait-il mieux valu tout lui raconter dès sa petite enfance.

— Au moins, elle aurait su qu'elle avait une sœur, dit Lamour, prenant soudain conscience de la chose.

Un sourire éclaira le visage de Lorenzo.

— Je t'ai déjà dit pourquoi je t'aimais ? demanda-t-il, et ils se retrouvèrent dans les bras l'un de l'autre, s'apportant mutuellement le réconfort dont ils avaient besoin.

62

Lorenzo

Aurora avait toujours su qu'elle était une enfant adoptée, mais n'avait jamais questionné Lorenzo au sujet de ses parents biologiques. Il en déduisait qu'elle n'avait pas envie de savoir. Or, à présent, en accord avec le psychiatre d'Aurora, il pensait devoir lui dire la vérité. Mais, eu égard au fragile équilibre psychologique de sa fille, il voulait éviter les détails tragiques, et lui expliquer les choses de la façon la plus simple et la moins traumatisante possible. Mifune connaissait, bien sûr, tous les détails de l'histoire, et avait quasiment vu naître Aurora.

— Dites-lui qu'elle a toujours été aimée, lui avait conseillé Mifune. Pour Aurora, l'amour compte plus que tout.

Cet après-midi-là, Lorenzo partit à la recherche de sa fille. Il sillonna la propriété, mais, pour finir, c'est Affare qui la trouva, en haut d'un arbre, dans la cabane où Nico et elle avaient joué, enfants.

Lorenzo tira la corde de la cloche qu'ils avaient bricolée pour être prévenus de l'intrusion des adultes sur leur territoire. La cloche tinta, Affare aboya, et la tête d'Aurora surgit, à l'un des bouts du balcon miniature.

— On dirait Juliette, s'écria Lorenzo avec un sourire.

— Mais je n'ai pas de Roméo, répondit-elle sur le ton morne qui signalait – Lorenzo ne le savait que trop bien – qu'elle passait une journée difficile.

— Viens t'asseoir un moment avec ton papa, dit-il en s'installant sur un banc en pierre, à l'ombre d'un bosquet de pins parasols dont les courbes gracieuses ne manquaient jamais de lui rappeler les tableaux du peintre florentin du XVe siècle Paolo Uccello.

Aurora descendit lentement l'échelle. Son visage était pâle, ses longs cheveux décoiffés. Elle était pieds nus et portait un jean taillé en short et un tee-shirt froissé. On aurait dit qu'elle sortait de son lit – ce qui était le cas, à vrai dire, car elle avait passé la nuit dans la cabane, son vieux refuge. Lorenzo se demanda si elle prenait régulièrement ses médicaments mais s'abstint de lui poser la question, sachant que cela la mettrait en colère. Il chargerait Nico de s'en assurer.

Affare lécha frénétiquement la main d'Aurora, ce qui la fit enfin sourire. Lorenzo s'en réjouit. Il espérait que sa bonne humeur durerait un moment.

— Carina, je me suis souvent demandé pourquoi tu n'as jamais rien voulu savoir sur tes parents biologiques, commença-t-il. Tu n'as jamais exprimé de curiosité à ce sujet. Mais maintenant, tu as vingt et un ans.

— Si je ne t'ai jamais rien demandé, c'était pour ne pas te blesser, répliqua-t-elle.

— Je comprends…

Il lui prit la main et la pressa entre les siennes.

— Et je sais que Marella est la seule femme que tu puisses appeler « maman », et que je suis ton seul « papa ». Parce que nous ne cesserons jamais d'être tes parents. Mais à dire vrai, cara, j'ai connu ta mère biologique. Elle s'appelait Isabella. C'était une fille charmante, à peine plus âgée que toi aujourd'hui. Une fille douce, simple, aimable. Or, Isabella n'était pas mariée. Un jour, elle et son amant se sont disputés à propos d'une autre femme et Isabella s'est enfuie. Elle était enceinte de huit mois lorsqu'elle a pris la mer, en pleine tempête…

— Tu parles de cette fameuse tempête au cours de laquelle Jon-Boy Harrington a trouvé la mort ?

— Oui. À vrai dire, Jon-Boy a tenté de la sauver. Malheureusement, il est mort lui aussi. Quand le garde-côtes a découvert le bateau, tu venais de naître et Isabella était encore vivante. Pas pour longtemps. On ne pouvait plus rien pour elle. Elle est morte peu après. Mais lorsque je t'ai vue dans les bras de Marella, une toute petite chose avec des yeux immenses et une touffe de cheveux noirs, j'ai su que de cette tragédie pouvait aussi naître un bonheur, et que c'était à nous, désormais, de te chérir comme notre fille.

Il serra la main d'Aurora dans la sienne, la couvant d'un regard inquiet.

— Nous t'avons appelée Aurora en hommage à la déesse de l'aube, puisque c'est à l'aube que tu es entrée dans notre vie. Tu étais notre destinée, et nous la tienne. Aurora, tu es ma fille de cœur, tout autant que tu aurais pu l'être de ton père biologique.

Aurora poussa un petit cri angoissé, qui fit gémir Affare. Puis la jeune fille se jeta dans les bras de son père en frissonnant. Il lui tapota le dos pour la réconforter – comme il avait coutume de le faire lorsqu'elle était enfant, et qu'elle redoutait d'aller dormir, à cause des cauchemars où l'attendaient les « choses mauvaises ».

— Ce n'est pas ta faute, carina, chuchota-t-il. Ce n'est la faute de personne. Isabella était déjà mourante quand tu es venue au monde. C'est son acte inconsidéré qui l'a tuée, et non toi. Pas son bébé. Crois-moi, Aurora, tu n'es pas responsable.

— Dans ce cas, qui est responsable ?

Elle redressa la tête et lui jeta un regard fou.

— Qui l'a mise enceinte ? Qui était son amant ? Qui est mon père ?

— C'était un homme bien. Un homme bon, apprécié par tous ceux qui le fréquentaient. Il aurait été un très bon père pour toi.

— Comment tu le sais ?

— Parce que je l'ai connu, et je connais son autre fille, dit Lorenzo, conscient que les dés étaient jetés.

Il se demandait quel genre de boîte de Pandore il s'apprêtait à ouvrir. Aurora le fixait, bouche bée.

— C'était Jon-Boy Harrington, dit-il.

— Tu veux dire *il dottore* ?

Elle avait entendu parler, comme tout le monde, du célèbre écrivain. Visiblement choquée, elle ajouta :

— *Le père de Lamour ?*

Lorenzo hocha la tête.

— Lamour est ta demi-sœur.

Aurora détourna la tête et son regard se perdit dans le vide.

— Je ne l'aime pas, dit-elle enfin.

— Tu ne la connais pas, répliqua Lorenzo. Mais maintenant, tu vas pouvoir rattraper le temps perdu.

— Tu es amoureux d'elle, lança-t-elle d'un ton accusateur.

Lorenzo comprit qu'elle était jalouse et lui dit qu'un jour elle comprendrait que l'amour entre un homme et une femme différait de l'amour entre un père et sa fille.

— Demande à Lamour, dit-il. Parce que aucune fille n'a jamais autant aimé son père.

À sa grande surprise, Aurora ne pleura pas. Elle se tenait bien droite, parfaitement maîtresse de ses émotions. Comme si le choc reçu en découvrant qui elle était vraiment l'avait soulagée d'un poids.

— Je te remercie de me l'avoir dit, papa.

Se levant, elle ajouta :

— Je crois que je vais me promener un peu toute seule. Il faut que je réfléchisse à tout cela.

Il se leva, l'entoura de ses bras et la pressa contre lui.

— Je comprends, carina, dit-il tendrement. Mais surtout, n'oublie jamais que tu es ma fille, ma fille de cœur. Il en sera toujours ainsi.

En s'éloignant, Aurora avait le sourire aux lèvres. Lorenzo eut l'impression qu'elle était en paix avec elle-même.

63

Mifune travaillait près de la piscine lorsqu'il vit Aurora descendre le sentier après avoir discuté avec son père.

Elle marchait lentement, la tête haute, impassible. Pourtant, à peine avait-elle échappé au regard de son père que ses épaules s'affaissèrent et que sa tête retomba sur sa poitrine. Elle se laissa glisser par terre et resta là, recroquevillée, le menton sur les genoux et les bras refermés au-dessus de la tête, ramassée sur elle-même comme un bébé dans le ventre de sa mère. Tout son corps semblait hurler son angoisse.

Au début Mifune crut distinguer des sanglots. Mais Aurora ne pleurait pas. Elle gémissait. Des sons effrayants et désespérés, issus des profondeurs cachées de son être – sur lesquelles elle n'avait aucun contrôle. La belle jeune femme qu'il connaissait depuis son enfance régressait pour redevenir un petit animal blessé, éperdu.

Mifune alla s'asseoir près d'elle, mais Aurora était dans un tel état d'angoisse qu'elle ne remarqua pas sa présence, jusqu'à ce qu'il s'adresse à elle :

— Mon petit, dit-il d'une voix douce, il n'y a aucune

raison d'être aussi malheureuse. Que ce soit un choc, certes, mais pourquoi une telle douleur ? Votre père vous aime comme il vous a toujours aimée. Et ce, depuis qu'il vous a vue pour la première fois. Et votre mère vous aimait aussi.

Aurora leva brusquement la tête. Elle le foudroya du regard, derrière un rideau de cheveux noirs.

— Ma mère ? Même vous, vous saviez qui était ma vraie mère, Mifune. Tout le monde était au courant, sauf moi. J'étais l'andouille à qui personne ne se décide à dire la vérité. La fille bâtarde de Jon-Boy Harrington et d'une moins que rien…

— Isabella n'était pas une moins que rien, rétorqua Mifune, en élevant brusquement la voix. Votre mère biologique était une dame. Elle était douce, gentille. Les gens appréciaient sa compagnie…

Aurora laissa échapper un rire amer.

— Quel pedigree, dites donc, Mifune ! Et pendant ce temps, je me racontais que j'étais la fille de Lorenzo et Marella Pirata. Je m'imaginais que, grâce à eux, ma vie avait un peu d'importance, que j'étais quelqu'un – et non le fantôme que j'avais toujours eu, au fond de mon cœur, le sentiment d'être. Vous savez quel effet ça fait de savoir ça, Mifune ? De se réveiller chaque matin en se posant des questions : *Qui suis-je aujourd'hui ? La bonne fille ou la mauvaise ? l'ombre ou la lumière ?* De se dire : *Seigneur, je vous en prie, je voudrais être « la bonne Aurora » aujourd'hui. Ne me laissez pas m'enfoncer une fois de plus dans le puits sans fond de la dépression…* Non, bien sûr, vous ne pouvez pas savoir ce que ça fait. Seul celui ou celle qui souffre de cette infirmité, qui est la proie de ce grand monstre noir – qui vous tient en son pouvoir un jour et vous relâche le lendemain, pour mieux vous reprendre ensuite –, peut le savoir. Quelquefois, le monstre vous laisse croire que vous pourriez être une vraie personne, et non une pauvre créature déchirée sans cesse en quête d'elle-même, qui trouve à peine la force de se lever le matin, et de continuer à vivre et à se comporter « normalement ». Ah, Mifune, vous savez quoi ? J'ai vingt et un ans, et je ne sais toujours pas ce que c'est que d'être « normale ».

Mifune ne la toucha pas, de peur qu'elle ne se renferme sur elle-même. Or, il voulait qu'elle continue à parler, qu'elle parvienne à surmonter ce moment d'angoisse. Il avait une folle envie de l'aider, mais il savait que ses modestes paroles de sagesse n'y suffiraient pas.

— Mon petit. Moi aussi, il a fallu que je me cherche. À l'âge de deux ans, j'étais orphelin. Je n'ai jamais connu mes parents. Quand ils sont tombés malades, à l'extrême nord du Japon, on m'a placé dans la ferme d'un oncle et d'une tante. Tout d'abord, mes parents sont morts. Ensuite ç'a été le tour de ma tante. Il n'y avait pas d'argent pour l'éducation des enfants. Nous étions de misérables paysans, et j'ai dû travailler aux côtés de mon oncle. J'ai été forcé d'accepter cette fatalité et de trouver une forme de paix intérieure. Dans ma vie, il n'y avait pas d'amour. Je n'ai pas eu votre chance, Aurora… je n'ai pas trouvé une famille pour m'aimer.

— Une famille d'occasion, répliqua Aurora, sur un ton mordant.

— L'amour des Pirata n'était pas un amour d'occasion. C'était un amour inconditionnel, et cela, vous ne devez pas l'oublier. Je vous ai vue lutter contre la dépression, Aurora. Je sais à quel point c'est difficile pour vous, mais, je vous en supplie, acceptez l'idée que Lorenzo et Marella vous aimaient autant qu'ils aimaient Nico. Ils ne faisaient aucune différence. Pas seulement dans la façon dont ils vous traitaient, mais parce qu'ils vous voyaient tous deux comme leurs enfants, et qu'ils vous ont offert le même amour. Ne jetez pas ce cadeau précieux, Aurora. Laissez votre père solliciter l'aide dont vous avez besoin, pour vous permettre de surmonter les jours où le monstre noir refuse que vous sortiez du lit, vous prive de tous les plaisirs de la vie, et ne vous reconnaît aucune raison de vivre. Votre père vous a toujours aidée. Vous savez qu'il ferait n'importe quoi pour vous. Il ne va pas s'arrêter aujourd'hui.

Toujours recroquevillée en position fœtale, Aurora esquiva le regard de Mifune en se retranchant derrière le rideau de ses cheveux. Elle resta un long moment sans parler. Elle réfléchissait, et ne voulait pas que Mifune devine ses pensées. Le monstre noir pesant de tout son poids sur ses épaules était parti aussi brusquement qu'il était venu. La voie était toute tracée, le chemin rose comme le crépuscule. Elle savait très précisément ce qu'elle devait faire. Et qui elle souhaitait voir l'accompagner, dans son dernier voyage.

Elle se releva avec peine.

— Je vous remercie, Mifune, pour tous ces conseils, dit-elle en s'inclinant.

Puis elle dégagea son visage, ramenant ses longs cheveux en arrière, et s'éloigna lentement vers le sentier qui menait à la falaise et à l'endroit où Jon-Boy et sa mère avaient trouvé la mort, et où elle était née. Elle emprunta la scalatinella qui la conduirait à la Maison de la maîtresse et à sa demi-sœur, Lamour Harrington.

Mifune la suivit discrètement. Le brusque changement d'attitude d'Aurora l'avait alarmé. À son langage corporel trop contrôlé, il avait compris qu'elle dissimulait quelque chose. Aurora était imprévisible et, à cet instant précis, dangereuse. Il ignorait de quoi elle était capable.

64

Lamour

Fidèle à ma nouvelle habitude, j'étais assise dans le belvédère et, mon verre de vin à la main, admirais d'étonnantes nuances de rose et d'orange embraser le ciel du soir. La surface argentée de la mer reflétait ces couleurs chaudes et j'avais le sentiment d'être au cœur d'un kaléidoscope géant où chaque angle étincelait de mille feux, chatoyants et toujours changeants.

— *Mia sorella*, murmura une voix.

Levant les yeux, je vis qu'Aurora se tenait près du belvédère. Elle venait de m'appeler « sœur », et j'en conclus que Lorenzo lui avait parlé. Mais je n'aurais su dire, à son ton, si elle était ironique ou aimable.

— Ne vous levez pas, dit-elle. Je vais m'asseoir ici – si vous le permettez ?

— Je vous en prie.

Je désignai la chaise vide et lui proposai un verre de vin. Elle accepta, et je le lui servis. Nous demeurâmes ainsi, à contempler la mer dans un silence embarrassé, chacune évitant le regard de l'autre.

— Alors comme ça, nous sommes sœurs, dit-elle enfin.

Je hochai la tête.

— Lorenzo me l'a dit, à moi aussi.

— Vous aimiez beaucoup votre père ? demanda-t-elle, sur un ton qui me parut très triste.

— Oui, beaucoup. J'ai appris qu'il n'était pas parfait, mais qui peut prétendre à la perfection ? Pas moi, en tous les cas. Mais Jon-Boy était un homme bon, généreux. Et vous savez quoi encore, Aurora ? Jon-Boy était drôle, ajoutai-je, souriant à ce souvenir. On a passé de joyeux moments ensemble quand j'étais gamine, surtout après qu'il m'eut emmenée avec lui en Italie. Tous mes bons souvenirs se rapportent à la période où nous avons vécu à Rome, ou ici, dans cette maison. C'est pourquoi je suis revenue. Ma vie personnelle était un fiasco, et j'ai eu envie de retrouver le pur sentiment de bonheur que j'avais éprouvé alors.

Elle me fixa, intriguée, de ses deux grands yeux noirs qui ne semblaient pas réfléchir la lumière.

— Et ça faisait quel effet, d'être vraiment heureuse ?

Je la regardai avec stupéfaction. Cette enfant aimée et privilégiée me demandait à moi – la gamine sans cesse transbahutée d'une maison à l'autre, abandonnée chez ses voisins et qui voyait rarement son père – ce que cela faisait d'être vraiment heureuse ?

Elle attendait ma réponse avec impatience.

— J'ai mis du temps à le découvrir, Aurora. Mais je crois que le bonheur réside dans les choses simples de la vie. Inutile de partir à la conquête du Graal, bon sang ! Mieux vaut profiter de tous les petits bonheurs possibles, au moment où ils se présentent. C'est plonger un cookie au chocolat dans un verre de lait glacé, par exemple, se régaler d'avance en pensant à la fraîcheur du lait, au goût du chocolat, et à la consistance du biscuit humecté fondant sur la langue. C'est un chat qui ronronne en venant se blottir sur vos genoux, et vous fait partager sa chaleur et sa satisfaction. C'est Affare, qui vous accueille avec ses aboiements chaleureux, et se couche confortablement aux pieds de votre père, pendant qu'on dispute une partie de backgammon. C'est danser avec un homme qui a les yeux qui brillent, qui vous dit que vous êtes radieuse, et qu'il est fou de joie d'être avec vous… C'est une nouvelle et jolie robe, dans laquelle on se sent bien… C'est la douceur moelleuse du lit après une longue journée à trimer au soleil. C'est le moment que nous sommes en train de vivre, Aurora. C'est vous et moi qui venons de découvrir que nous sommes sœurs, et qui buvons ensemble un verre de vin, en contemplant le coucher le soleil.

Ses yeux noirs étaient rivés sur moi.

— C'est tout ? demanda-t-elle tristement.

C'était trop pour moi. Mes efforts étaient vains, face à l'étendue de son désespoir, à sa tristesse abyssale.

— Ce n'est pas tout, dis-je d'une voix douce. Mais c'est déjà beaucoup, vous ne trouvez pas ?

— Et vous l'avez trouvé, ici ? Le bonheur que vous cherchiez ?

— À présent, oui. Grâce à ma jolie maison sur la falaise, à son jardin, à mon vieil ami Mifune. Et bien sûr, grâce à votre père.

— Vous êtes amoureux l'un de l'autre ?

Je détectai dans son ton un soupçon de ressentiment.

— J'aime Lorenzo, avouai-je. Mais comme vous le savez, il est difficile de ne pas l'aimer.

— Il m'a dit que vous ressembliez à votre père. À *notre* père.

— Il me l'a dit aussi. J'ai des photos de Jon-Boy ; cela vous dirait de les voir ?

Son visage prit une expression de prudence.

— Oui, je crois que cela me plairait.

Mais il y avait de l'appréhension dans son ton. Après tout, ça ne devait pas être simple, de se découvrir, le même jour, un père biologique et une sœur dont on ne soupçonnait pas l'existence auparavant.

— Écoutez, dis-je sur une inspiration subite, Jon-Boy était un bon parent comme seul peut l'être un esprit libre. Vous l'auriez aimé, mais je suis certaine que Lorenzo a été un bien meilleur père pour vous.

Cela sembla la surprendre. Mais je tenais à ce qu'elle sache ce qui était clair pour moi, désormais.

J'apportai le coffret de cuir qui contenait les vieux clichés de Jon-Boy et moi, presque tous pris ici, à Amalfi. Il y avait également une coupure du *New York Times* – la critique élogieuse de son roman – illustrée d'une belle photo de lui, une expression amusée sur le visage, une boucle de cheveux noirs lui retombant sur le front.

Aurora regarda la photo en silence. Elle lut l'article, avant de le replier soigneusement. Elle resta un long moment à étudier une photo de Jon-Boy et moi sur sa terrasse, nous tenant la main et fixant l'objectif avec un sourire radieux. Elle la caressa d'un doigt, et dit :

— Je vois que vous étiez heureux ensemble, Lamour. Je suis désolée que vous l'ayez perdu.

La gorge nouée, j'avalai ma salive.

— Et je suis désolée que vous ne l'ayez jamais connu. Mais nous y avons toutes les deux gagné quelque chose, Aurora. Vous, un père merveilleux en la personne de Lorenzo...

— Et vous un amoureux.

Nous étions à nouveau sur un terrain glissant. Je m'en rendis compte à la soudaine dureté de sa voix. Je ne répondis pas, m'affairant à replacer les photos dans leur coffret.

— Lamour ?

Je levai les yeux, me demandant ce qui allait suivre.

— J'ai besoin de vous connaître. Je crois que j'ai besoin de vous. Je n'ai jamais réellement eu d'amie femme, pas même au lycée. J'ai toujours été… différente… vous comprenez…

Oh, mon Dieu ! la malheureuse était perturbée et j'étais là, à la juger. Aucun d'entre nous ne pouvait guérir Aurora. Nous pouvions juste, dans la limite de nos modestes moyens, l'encourager. Il fallait que je sois là pour elle.

— Bien sûr que je serai votre amie, Aurora, dis-je vivement. Après tout, les sœurs, c'est fait pour ça.

Elle me tendit la main.

— Alors, venez avec moi. Passons un peu de temps ensemble, Lamour. Juste vous et moi. Faisons une balade en bateau. Je vais vous emmener dans mon endroit secret, une grotte que j'ai découverte. Nico lui-même ne la connaît pas. Mais maintenant, je veux partager ça avec vous.

Il était un peu tard pour naviguer, le soleil se couchait déjà. Mais je saisis au vol cette chance de devenir sa confidente, de partager ses secrets. Après tout, elle était ma demi-sœur, et je m'apprêtais aussi à devenir sa belle-mère. Il était essentiel que nous nous rapprochions.

— Allons-y, *sorella mia*, dis-je gaiement.

Nous descendîmes ensemble l'escalier taillé dans la roche et parvînmes à la jetée, où nous attendaient les bateaux.

Depuis l'endroit où il se tenait, en haut de la colline, Mifune les vit partir. Il vit Aurora sur la jetée, qui défaisait les nœuds d'amarrage du vieux bateau de pêche de son père. Il vit Lamour bondir joyeusement à bord et, dans un éclat de rire, tendre la main à Aurora, afin qu'elle aussi saute depuis la jetée. Il vit Aurora tripoter les commandes. Mifune savait qu'elle n'avait jamais, auparavant, emprunté le bateau de son père. Elle savait à peine ce qu'elle faisait. Mais Lamour n'en était, bien sûr, pas consciente.

Chaque fibre de son corps alertait Mifune du danger. Il fit volte-face et marcha vers le château pour aller trouver Lorenzo, aussi rapidement que son âge le lui permettait.

65

Lamour

Je conservais le souvenir ému de la première étreinte
à laquelle Lorenzo et moi nous étions livrés, dans le
vieux bateau de pêche. Mais je n'avais jamais navigué
dessus. Le sourire aux lèvres, je regardais Aurora
manœuvrer pour nous sortir de la crique. Je constatai,
soulagée, qu'elle paraissait calme et presque contente.
Je me demandai si le fait de connaître la vérité sur Jon-
Boy et Isabella ne pourrait pas constituer pour elle une
sorte de tournant, à partir duquel elle serait enfin
capable d'envisager l'avenir, débarrassée des craintes
qui, toute sa vie, l'avaient assaillie.

Elle orienta le bateau vers le sud, puis vint, dans un
geste amical, s'asseoir à côté de moi sur le garde-fou.
Sans être une experte en navigation, il me semblait que
quelqu'un devait piloter, même sur un modèle réduit
comme le mien.

— Hé, lançai-je, un peu nerveuse. Il ne faudrait pas
qu'une de nous se charge du pilotage ?

— Ne vous inquiétez pas, Lamour, j'ai mis le pilote
automatique.

Première nouvelle… Les bateaux de pêche ont des pilotes automatiques… Je n'étais pas certaine de la croire, mais elle semblait si peu inquiète que je décidai de lui faire confiance.

— Comme c'est intéressant ! dit-elle avec une ardeur soudaine. Vous voyez ce nuage à l'horizon, Lamour ? Je parie que dans quelques instants il sera rejoint par un autre, et encore un autre. C'est ainsi qu'a dû se former la tempête qui a coûté la vie à Jon-Boy et Isabella.

Je la fixai, bouche bée. Un grand sourire aux lèvres, elle avait les yeux rivés sur l'horizon.

— Vous voyez, je vous l'avais dit ! s'exclama-t-elle. Voici un autre nuage. Je connais le climat du coin mieux que je ne me connais moi-même. Il va y avoir une tempête, Lamour. N'est-ce pas que c'est excitant !

Je cherchai désespérément quelque chose à répondre. Je ne connaissais presque rien en matière de bateaux, de pilotage ou de gros temps en mer – si ce n'est que mon père avait disparu dans le genre de tempête qui, d'après Aurora, était sur le point d'éclater. Craignant de la provoquer, je lui dis, d'un ton aussi maîtrisé que possible :

— Nous devrions faire demi-tour, Aurora, et commencer à regagner la côte. Votre père risque de s'inquiéter.

— Non. Il ne sait même pas que nous sommes parties. Personne ne le sait.

Elle disait vrai. Je fixai le rivage qui s'éloignait. Trop distant pour le regagner à la nage. De toute manière, la mer s'enflait déjà de vagues qui soulevaient notre petite embarcation, avant de la laisser retomber, ce qui me retournait l'estomac – déjà éprouvé par l'angoisse.

Aurora se tenait à présent à l'avant du bateau, les cheveux flottant au vent. C'est alors que je compris qu'elle m'avait menti. Il n'y avait pas de pilote automatique et ce bateau se dirigeait droit dans la tempête, sans personne aux commandes.

Je parcourus le pont d'un pas vacillant, jusqu'au petit cockpit. Posai un regard hagard sur le tableau de bord. Au moins, il y avait une barre à roue vieux modèle. Peut-être pouvais-je réorienter le bateau vers le rivage ?

— Lamour.

Aurora se tenait près de moi. Elle posa ses mains sur les miennes.

— Ne faites pas ça, je vous en prie, Lamour, dit-elle doucement. J'ai besoin que vous restiez près de moi. Vous avez dit que vous seriez mon amie. Je ne comptais pas sur cette tempête, mais c'est merveilleux, non ? Ça tombe si bien – je ne reviens pas de la chance que nous avons !

Elle éclata de rire – un son charmant et gai qui me fit espérer que tout allait s'arranger.

Et puis, elle dit :

— Vous ne comprenez pas pourquoi ça tombe à pic ? C'est exactement comme la nuit où je suis née. Et je vais mourir, *mia sorella*, et je crois que vous allez devoir m'accompagner. Mais je vous le promets, ce sera joli, ce sera beau... comme ça l'a été pour votre père.

Elle serra mes mains plus fort et plongea ses yeux dans les miens.

— À présent, nous allons le rejoindre, Lamour, dans sa jolie sépulture... Quoi de plus agréable qu'une famille enfin réunie !

Oh mon Dieu ! mon Dieu… Elle était folle… Elle avait eu l'intention de se tuer, dès le début… et j'allais la suivre dans la mort…

— Pourquoi, Aurora ?

Je m'efforçais de dégager mes mains, mais elle les pressa si fortement sur la barre que je poussai un gémissement de douleur.

— Vous ne saisissez pas ? répondit-elle. Je voulais que vous assistiez à ma mort, pour que ce soit à vous de l'annoncer à Lorenzo. Et je voulais que vous voyiez de quelle façon est mort votre père… afin que vous puissiez éprouver une douleur semblable à la mienne. Vous qui êtes si pure, si sûre de vous, si indépendante, si calme et si… vraie…

Heurté de biais par une vague, le bateau pencha soudain sur un flanc. Aurora relâcha son étreinte et vacilla en arrière ; sa tête alla cogner sur le fanal en métal. Ses yeux se révulsèrent, et elle s'effondra sur le sol au moment où le bateau faisait une nouvelle embardée, qui me projeta sur elle. Dieu sait comment, je parvins à me mettre à genoux… Il y avait du sang sur mes mains, sur ma chemise… et un filet de sang, épais comme du vin vieux, s'échappait de la tête d'Aurora. Je retirai ma chemise et la plaçai sous elle. Elle ne bougeait plus.

Terrorisée, je m'agrippai de nouveau à la barre, et regardai devant nous, à travers la petite fenêtre du cockpit. La ligne d'horizon s'obscurcit, puis devint floue et se rapprocha rapidement, comme si la nuit surgissait de l'océan. Le bateau chevaucha une autre vague en tanguant violemment. Je jetai des coups d'œil de tous côtés, pour évaluer la mer. Malgré mon igno-rance, je savais que par un temps comme celui-ci il me

374

faudrait louvoyer, c'est-à-dire naviguer en zigzag contre le vent, afin de regagner la rive. Le seul problème, c'est que j'ignorais comment m'y prendre. Je fixai l'horizon de plus en plus proche et, glacée d'angoisse, je me dis que j'allais être forcée de deviner. Et tout de suite.

Je jetai un coup d'œil inquiet à Aurora, qui gisait toujours sans connaissance sur le sol, et songeai à mon père. L'histoire se répétait. Ne pouvant rien pour elle, je tentai de me concentrer et d'empêcher le bateau de chavirer. Mes yeux se mouillèrent soudain de larmes, mais je les ravalai.

— Jon-Boy, Oh, Jon-Boy ! m'écriai-je dans le vent qui nous frappait avec force, lorsque la pluie commença à tomber, fais en sorte que ça n'arrive pas ! Je t'en prie, je t'en supplie, aide-moi !

66

Au volant de sa voiture de sport rouge, Nico remontait la longue allée de gravier menant au château
lorsqu'il vit Mifune surgir du bosquet de pins. Il s'en
étonna. Mifune se déplaçait toujours avec calme et lenteur. Il ne l'avait jamais vu courir. Inquiet, il arrêta la
voiture et sortit.

— Mifune ! s'écria-t-il.

Il le rattrapa et lui prit le bras.

— Que se passe-t-il ?

Le vieil homme chancelait ; la sueur ruisselait sur
son visage osseux, et il avait du mal à reprendre son
souffle.

— Prenez votre temps, prenez votre temps, dit
Nico.

Mais il avait déjà compris qu'il se passait quelque
chose de grave.

— Aurora, haleta Mifune.

Le cœur de Nico se serra.

— Votre père lui a tout raconté, à propos d'Isabella
et de Jon-Boy… elle est allée trouver Lamour. Elle l'a
emmenée sur le bateau de Lorenzo. Un malheur va
arriver, Nico… je le sens…

Nico sut qu'il avait raison. Aurora n'avait jamais piloté le vieux bateau de pêche – elle n'y connaissait rien. Et un orage était sur le point d'éclater. Son instinct le poussait à foncer vers la jetée et son hors-bord pour essayer de les rattraper. Mais il devait avant tout prévenir son père... Au moins, quelqu'un saurait où il était et pourrait prévenir les gardes-côtes.

Il fit monter Mifune dans sa voiture et roula jusqu'au château. Ils trouvèrent Lorenzo sur la terrasse, guettant l'orage qui approchait.

— Oh, Nico, te voilà ! dit-il. Je suis content que tu sois arrivé avant que l'orage n'éclate. C'est curieux, je ne peux jamais voir un orage se préparer sans penser à Jon-Boy et à Isabella. Et à Aurora, bien sûr.

— Aurora est là-bas, rétorqua vivement Nico.

Il raconta ce à quoi Mifune avait assisté. Aussitôt, Lorenzo prit son téléphone et alerta le service de sauvetage des gardes-côtes. Puis Nico et lui redescendirent l'allée en voiture et prirent l'ascenseur pour descendre à la crique.

Déjà les vagues heurtaient violemment la jetée, secouant le hors-bord qui y était amarré. Nico avait pris place dans le hors-bord et actionnait le moteur pendant que Lorenzo détachait les amarres. Il sauta à bord et ils démarrèrent.

À peine avaient-ils quitté la crique qu'une pluie battante s'abattit sur eux, les trempant jusqu'aux os.

Guidé par son intuition et son expérience, Nico pilota le hors-bord à travers les rochers du chenal, avant d'atteindre le large.

— Elle va se diriger vers les grottes qui se trouvent juste après Pirata, cria-t-il à Lorenzo, dans le vrombissement du moteur. Elle croit que je ne suis pas au courant, mais je sais que c'est là qu'elle va vouloir emmener Lamour.

Lorenzo luttait contre la panique. Comme Mifune, il pressentait que sa fille avait décidé de se suicider en mer, à l'endroit même où elle était née. Et voilà qu'elle avait emmené Lamour avec elle. Il fallait qu'il maîtrise ses émotions et reprenne contrôle de lui-même, ou les deux femmes allaient mourir.

Le hors-bord aux lignes élégantes percutait les vagues, volait sur les crêtes et plongeait dans les creux comme une voiture de montagnes russes. Ils naviguaient depuis cinq minutes lorsqu'ils aperçurent le bateau de pêche. Il se dirigeait vers le rivage et à l'instant même où ils le virent, il prit une vague de plein fouet et fut submergé.

— Nom de Dieu ! s'exclama Lorenzo. Les voilà, Nico !

Nico fit ronfler le moteur, dans le vain espoir d'augmenter encore la vitesse du bateau.

— Approche-toi ! ordonna Lorenzo, qui confectionnait déjà, avec les cordages, un harnais de fortune pour s'attacher au hors-bord.

Comme Nico s'était approché du bateau de pêche, un coup de vent souleva le hors-bord, qui s'érafla sur toute sa longueur contre la coque en bois, avec un raclement semblable à celui d'une scie électrique. Nico poussa un gémissement. Puis, levant les yeux, il vit la tête de Lamour dépasser du cockpit.

— Lamour est là ! hurla-t-il à son père.

Lorsque Lorenzo l'aperçut, son cœur bondit dans sa poitrine. Elle lui criait quelque chose, mais il ne pouvait pas l'entendre, dans le vacarme des éléments déchaînés. Il connaissait chaque centimètre carré de son vieux bateau de pêche, et savait donc parfaitement où attacher la corde et comment s'y prendre, mais voilà, le bateau était une cible mouvante. Il fit signe à Lamour d'attraper la corde. Elle y parvint au bout de cinq tentatives et chancela en arrière en s'y agrippant de toutes ses forces. Devinant – Dieu sait comment – ce qu'il convenait de faire, elle l'enroula plusieurs fois autour de la barre, l'ancrant grâce au poids de son corps.

Nico fit de son mieux pour stabiliser le hors-bord, pendant que Lorenzo franchissait l'espace le séparant du bateau de pêche en avançant une main après l'autre sur la corde tendue. Il y était presque parvenu quand une vague souleva le bateau, dont la coque vint percuter le torse de Lorenzo. Celui-ci poussa un cri de douleur, ses doigts lâchèrent prise. Il tombait... Il tendit une main, saisit le cordage, sentit comme une décharge électrique à l'épaule.

Il se hissa sur le pont. Sentant que la corde s'était détendue, Lamour se précipita hors du cockpit et se jeta dans les bras de Lorenzo.

— Aurora est blessée, cria-t-elle. Il faut lui venir en aide !

Lorenzo s'agenouilla devant sa fille étendue sans connaissance. Il toucha sa tête ensanglantée, sentit les larmes lui brûler les yeux. Il l'aimait tellement... Il distingua le vrombissement de l'hélicoptère des gardes-côtes, au-dessus d'eux.

— Dieu soit loué ! marmonna-t-il, tenant Aurora dans ses bras.

Mais il savait que ce n'était pas encore fini.

Nico éloigna le hors-bord du bateau et du tourbillon créé par le rotor de l'hélicoptère. Il regarda l'appareil virevolter au-dessus du bateau de pêche. L'un des membres d'équipage descendit par une corde avec un panier de sauvetage. Nico les vit charger le corps inerte de sa sœur dans le panier, que l'on hissa dans l'hélicoptère. Puis vint le tour de Lamour.

L'opération achevée, Lorenzo se tint quelques secondes sur le pont de son vieux bateau bien-aimé. Puis, tête baissée, lui aussi fut hissé dans l'hélicoptère.

C'est alors seulement que Nico orienta le hors-bord en sens inverse et, bondissant sur les vagues, entreprit de regagner le rivage.

67

Lamour

En ouvrant les yeux, je vis un plafond à voûte bleu constellé d'étoiles et orné de couronnes de fleurs peintes. J'étais couchée, mais pas dans mon lit. Je distinguai le crissement d'un tablier amidonné, des pas étouffés... et un visage s'approcha très près du mien.

— Ah, vous vous réveillez enfin ! dit une femme en italien, ce qui me troubla, car je n'avais pas encore réalisé que j'étais en Italie.

— Où suis-je ? demandai-je.

— Mais... au château, évidemment, signora, répondit-elle d'une voix enjouée. Lorsque vous avez refusé de rester à l'hôpital, le signor Pirata vous a ramenée ici.

— À l'hôpital ?

Je la fixai attentivement. Bien sûr, c'était une infirmière !

— Mais je ne suis pas malade ! marmonnai-je, pendant qu'elle insérait un thermomètre entre mes lèvres.

— Peut-être, mais vous avez vécu une terrible expérience, là-bas, dans la tempête. Le docteur dit que nous devons veiller à ce que vous restiez bien au calme, à vous reposer, afin qu'il n'y ait pas de séquelles.

C'est alors que je me souvins. De tout. Aurora disant qu'elle avait décidé de se tuer ; Aurora se réjouissant de la tempête qui nous emporterait toutes deux ; Aurora serrant mes mains avec une telle frénésie que je ne pouvais tourner la barre et orienter le bateau vers le rivage ; Aurora étendue, inconsciente, la tête ensanglantée...

— Aurora ? demandai-je d'un ton pressant.

L'infirmière retira le thermomètre de ma bouche, l'étudia d'un œil critique, puis hocha la tête.

— Tout va bien. Quant à la signorina Aurora, elle est encore à l'hôpital. Elle souffre d'une profonde lacération du cuir chevelu, mais il n'y a pas eu fracture. Elle s'en remettra.

L'infirmière évita mon regard et je vis qu'elle n'était pas disposée à parler de l'autre « maladie » d'Aurora. Je me rappelai Lorenzo regardant, effondré, sa fille gisant sans connaissance. Toute sa vie il l'avait protégée, faisant en sorte qu'elle n'ait pas à affronter les dures réalités du monde. Il lui avait trouvé les meilleurs psychiatres et psychologues, mais n'avait jamais pu la libérer du terrible poids de la dépression – qui venait de la pousser à attenter à ses jours. Il arrivait, songeai-je, que l'amour ne suffise pas à sauver quelqu'un.

La porte s'ouvrit et, avant même de voir Lorenzo, je reconnus le bruit de ses pas. Je ne voulais pas pleurer, mais lorsque je levai les yeux vers son visage inquiet, je sentis ces idiotes de larmes rouler sur mes joues et glisser sur mon oreiller.

— Je suis désolée, dis-je, et je l'entendis rire.

L'infirmière arrangea mes oreillers de façon que je puisse me redresser. Je remarquai que Lorenzo portait un plateau contenant du thé, du pain grillé, des œufs à la coque, des cookies au chocolat, et du lait.

Il posa le plateau devant moi et me prit la main, qu'il embrassa.

— Comment vas-tu, *tesoro* ?

Je hochai la tête, bouche bée. Il m'avait emmenée chez lui, m'avait couchée, avait engagé une infirmière et voilà, à présent, qu'il me servait le petit déjeuner au lit !

— Je vais bien. Grâce à toi j'ai l'impression d'être vraiment un trésor.

— Mais c'est ce que tu es.

Il beurra une tranche de pain grillé, me la tendit, et me regarda prendre une bouchée.

— Je regrette tellement, Lamour. Que puis-je dire ? Que puis-je faire ?

Il leva les mains en signe d'impuissance.

— Je n'aurais jamais cru Aurora capable d'une chose pareille. Elle m'a assuré qu'elle voulait uniquement se tuer – comme « son père ». Elle n'avait pas l'intention de te faire du mal, mais alors, l'orage a éclaté. Elle m'a dit que tu étais son amie, sa sœur…

Soudain, j'éprouvai une loyauté farouche à l'égard d'Aurora. Le même sang coulait dans nos veines.

— C'est ce que je suis, affirmai-je.

— Elle te demande pardon.

Je revis son beau visage radieux tandis qu'elle plaquait mes mains sur la barre.

— Dis-lui que je n'ai rien à lui pardonner. Elle n'était pas responsable de ses actes.

— Est-ce bien la vérité, Lamour ? Il faut que je sache, vois-tu, si c'était un acte délibéré. Si Aurora a réellement voulu te tuer…

Je secouai la tête.

— Non ! Non ! Elle était comme folle à ce moment-là. Elle ne savait plus ce qu'elle faisait, Lorenzo. Je te le jure.

Je vis d'après son regard à quel point il était soulagé. Il se baissa et m'embrassa.

— Merci, murmura-t-il.

— Que va-t-il advenir d'Aurora, à présent ?

— Le docteur dit qu'elle doit rester quelques mois à l'hôpital. Ils ont des médicaments pour ce genre de maladie, ils sauront stabiliser sa condition. Peut-être, alors, pourra-t-elle retourner à l'université, fréquenter à nouveau des gens de son âge. Elle va essayer de reprendre une vie « normale ». Nous devrons toujours garder en tête qu'elle lutte contre la dépression.

— Tu l'as toujours soutenue, dis-je.

— Et j'ai bien l'intention de continuer.

Nous demeurâmes ainsi, la main dans la main.

— J'étais terrorisé à l'idée de te perdre.

— Eh bien, je suis toujours là.

— Nico a été splendide. Il a volé à ton secours. Il a réussi à piloter le hors-bord sur cette mer impossible comme un grand navigateur – et c'est ce qu'il est. Son seul regret, c'est d'avoir éraflé sa peinture sur le flanc du bateau de pêche !

— Ça valait la peine… Il s'en remettra, répliquai-je avec un sourire.

Je portai la main de Lorenzo à mes lèvres et l'embrassai. J'aimais ses mains, musclées comme celles d'un ouvrier, parsemées de poils sombres. Ses mains qui m'ensorcelaient.

— Tu viens te coucher ? demandai-je d'un ton taquin.

J'aimais tant l'entendre rire.

68

Lamour

Apprendre enfin la vérité sur la mort de Jon-Boy fut un choc terrible. Et moi qui étais persuadée, au bout de toutes ces années, de n'éprouver que du soulagement une fois que la résolution du mystère m'aurait délivrée de mes fantômes... Pourtant les images de la chute de Jon-Boy, de son crâne fracassé, de la malheureuse qui l'avait tué dans un moment de folie, et de Lorenzo tenant dans ses bras le cadavre de mon père me hantaient jour et nuit.

Lorenzo était à Rome et Mifune et moi débroussaillions une partie du jardin pour faire une place au vieil olivier que j'avais acheté et qui devait m'être livré le lendemain. J'avais déterminé son emplacement avec soin – en bas des marches de la terrasse, de façon à voir le vent agiter ses belles feuilles argentées pendant que je boirais mon café du matin. Mais Jon-Boy m'occupait l'esprit, et j'avais besoin de parler de lui.

— J'ai des soucis, Mifune, dis-je, lorsque nous fîmes enfin une pause. Vous aviez raison quand vous m'avez dit que, en ouvrant la porte de la maison d'Amalfi, je risquais non seulement d'en faire surgir mon passé, mais aussi celui de Jon-Boy. Vous m'aviez demandé si j'étais bien sûre de vouloir le faire et, inconsciente que j'étais, j'avais une telle confiance en moi que j'ai répondu « oui ». À présent, je ne suis plus si sûre de moi.

Nous étions assis côte à côte sur les marches.

— Ce n'est pas uniquement à cause d'Aurora que je ne vous ai pas raconté ce qui s'était passé ce soir-là, commença-t-il. C'est parce que je voulais vous épargner la douleur que vous éprouvez à présent. J'avais beaucoup de respect pour Jon-Boy. C'était un ami. Après sa mort, j'ai passé des nuits entières près de l'endroit où je l'avais vu pour la dernière fois, à scruter la mer dans l'espoir qu'elle nous ramènerait son corps et que nous pourrions lui faire les honneurs d'un enterrement. Mais le destin en a décidé autrement. Alors, je me suis contenté de déposer des fleurs dans la chapelle de saint André, le patron des marins, en lui demandant de veiller sur l'âme de Jon-Boy.

Nos regards se croisèrent, et je me sentis une fois de plus comblée par la sagesse de cet homme. Il m'aiderait à surmonter la souffrance et, grâce à son soutien, mes plaies finiraient enfin par cicatriser.

— La vie n'est pas accordée à l'homme pour l'éternité, continua Mifune. C'est un privilège, et nous devons user sagement du temps qui nous est imparti. À chacun de nous de faire ce qu'il peut de son existence. N'oubliez jamais cela, piccolina, ajouta-t-il, ayant recours au terme affectueux par lequel il m'appelait dans mon enfance : l'âme est un oiseau en vol. Elle nous échappe et se remet à voler sans entraves. Les souvenirs de Jon-Boy vont au-delà de sa fin tragique. Ouvrez-leur votre cœur, piccolina, et laissez l'âme de Jon-Boy voler sans entraves.

Pour la première fois de ma vie, je pris la main de Mifune. Je la tins serrée dans les miennes. Je lui étais si reconnaissante de cette image de l'âme comme d'un oiseau en vol, que j'eus l'impulsion de poser ma joue sur sa paume délicate.

— Je ne vous l'ai jamais dit, Mifune, murmurai-je, mais je vous ai toujours aimé.

Il me tapota la tête.

— L'amour transcende tout, carina. Même la mort.

Lorsque je levai les yeux, il souriait. Et je pus enfin dire adieu à Jon-Boy.

69

Lamour

Bien évidemment, j'appelai Jammy pour lui raconter toute l'histoire. Nous pleurâmes ensemble au téléphone jusqu'à ce qu'elle me dise :

— Bon, maintenant que tu sais tout, ma grande, il va falloir reprendre le fil de ta vie, tu en es bien consciente ?

J'en étais consciente, certes, mais je ne voyais pas comment faire progresser ma relation avec Lorenzo. Cela me satisfaisait-il d'être « la maîtresse », comme l'avait été la malheureuse Isabella ? La femme qui attend son homme pendant que celui-ci affronte les réalités de la vie ?

Pour finir, j'envoyai un long courrier électronique à Jammy, dans lequel j'épanchais mon cœur :

Je ne pense pas que notre couple ait de l'avenir, Jam. Mais je suis tellement amoureuse que je me contente de vivre au jour le jour. Je sais qu'il s'inquiète de la différence d'âge, mais après tout j'aurai trente-neuf ans l'année prochaine. C'est la première fois, depuis mes treize ans, que je voudrais être plus vieille – et sans doute la dernière. C'est curieux, tu ne trouves pas, que je sois tombée amoureuse d'un homme qui se souvient de moi enfant ? Or, quand je le regarde, je ne vois pas un homme d'un certain âge. Je vois Lorenzo, le doux, le tendre, le beau Lorenzo et... ahhh... le merveilleux amant qui me fait éprouver tout ce qu'une femme souhaite ressentir dans les bras d'un homme – la passion torride et, en même temps, le sentiment d'être précieuse.

Bien sûr, je suis consciente de la place qu'il occupe dans le monde, de sa réussite. Il connaît tous les gens importants et a ses entrées partout... mais il finit toujours par revenir au château – l'endroit où, d'après lui, il se sent le plus heureux. Comme tu le sais, Jam, j'ai toujours préféré la solitude et les jardins à l'agitation mondaine. La vie de Lorenzo est différente de la mienne et il est sans cesse soumis aux pressions du monde des affaires et de la société. Nos existences diffèrent du tout au tout, sauf sur le terrain neutre du château, et ici, dans ma maison.

Ce que je voudrais savoir, Jammy, c'est si des vies aussi diamétralement opposées peuvent fusionner ? Je me pose cette question, alors que Lorenzo n'a jamais mentionné de « projet d'avenir » et que nous vivons tous deux au jour le jour. C'est donc une question purement théorique.

Et puis, il y a le problème des enfants. Aurora est très perturbée. Elle me fait penser à un jeune cheval qui s'effraie de tout ce qu'il ne connaît pas – et elle craint tout particulièrement ce qui pourrait menacer de lui enlever son père ou sa sécurité. Et Nico, l'éternel play-boy ? Eh bien, c'était juste un flirt pour passer le temps ! Ça m'a amusée un moment, de m'imaginer un peu amoureuse de lui... Ça me faisait du bien. Mais là aussi, il se peut qu'il n'apprécie pas de me voir épouser son père.

Oh, Jammy ! Avec la tragédie de Jon-Boy, la maladie d'Aurora et ma vie amoureuse chaotique, tu imagines comment je me sens ? Seul Mifune reste inébranlable, et sa force m'est d'un grand soutien.

Je crois que je vais aller me servir un verre de vin et m'asseoir dans le belvédère pour contempler le coucher de soleil. Au moins cela ne pose pas de problème – c'est beau, et c'est bien suffisant.

Tu sais à quel point je vous aime, toi et Matt – et l'étudiante –, et à quel point vous me manquez. Et merci de m'avoir laissée me libérer de tout ça.

70

Lamour

Quelques jours plus tard, je tombai sur Nico à l'Amalfitano, où je m'apprêtais à déjeuner après avoir fait des courses. Il était assis, seul, devant une bière. Il leva les yeux :

— Si vous voulez me tenir compagnie, je ne dis pas non.

— Dans ce cas, je vous offre une pizza.

Je m'assis à côté de lui. En me voyant, Aldo quitta rapidement le bar. Nous commandâmes nos pizzas et une bière pour moi.

Puis, m'enfonçant dans la chaise, je le dévisageai longuement.

— Qu'est-ce qui se passe ? demandai-je d'une voix douce.

Il haussa les épaules et détourna les yeux, sans un sourire.

— Ohé, Nico… je vois bien qu'il y a quelque chose qui ne va pas. Allez, racontez-moi.

— C'est à cause de l'amour.

— Oui… eh bien… il n'y a pas de quoi être malheureux. Ce n'est pas une maladie.

— Si, puisque la femme ne m'aime pas, dit-il avec ce ton contrarié qui me signalait que j'allais passer un mauvais quart d'heure.

— Quand vous dites « la femme », est-ce que vous feriez, par le plus grand des hasards, référence à moi ? répliquai-je.

Il me fallut réprimer un sourire – tant la situation était grotesque.

Il me jeta un de ces regards éloquents dont je jure que les Italiens ont le secret – mélange de dépit et d'espoir.

— À qui d'autre, à votre avis ? demanda-t-il tristement.

J'éclatai de rire.

— Nico Pirata ! Vous n'êtes pas, et vous n'avez jamais été, amoureux de moi. J'ai pris plaisir à votre compagnie, vous m'avez fait du bien. Nous avons passé de bons moments, et vous êtes un ami des plus agréables, mais… de l'amour, dites-vous ? Sincèrement, Nico… Nous ne nous sommes même pas embrassés une seule fois.

— Ce n'est pas à moi qu'il faut le reprocher, dit-il, d'un ton vibrant de virilité offensée. Et voilà que vous me préférez mon père.

— Ce n'est pas une question de préférence. Notre relation n'a rien à voir.

— Alors, entre vous et mon père, c'est l'amour ? hasarda-t-il d'une voix sinistre.

Je reconnus que oui. C'était l'amour.

Il poussa un long soupir.

— Eh bien, ça mérite qu'on porte un toast !

— Merci, Nico.

Nous levâmes nos verres et trinquâmes à l'amour.

— Vous êtes vraiment un mec bien, vous savez. Et un jour, vous ferez un très bon époux pour une merveilleuse jeune femme.

— Pas si je peux l'éviter, répliqua-t-il avec son habituel sourire radieux.

Je compris alors qu'il m'avait bien fait marcher, avec son numéro de prétendant dédaigné.

Néanmoins, quelque chose semblait le tracasser, et je ne fus pas surprise de l'entendre dire :

— Je suis désolé, au sujet de Jon-Boy, cara. J'ai voulu vous épargner les horribles détails de l'histoire à cause d'Aurora, certes, mais aussi pour vous éviter de souffrir.

Je lui pris la main.

— Vous êtes un jeune homme très attentionné. Et cette tragédie a dû être affreuse pour vous. Après tout, vous étiez là, ce soir-là. Et vous n'étiez qu'un petit garçon.

Pour une fois, Nico paraissait très sérieux.

— Ce soir-là, j'ai perdu mon innocence d'enfant. Tout a changé d'un instant à l'autre. Je n'étais qu'un gamin craignant d'attraper la rougeole ou de perdre son bateau, et voilà que je me suis retrouvé propulsé dans un monde d'adultes dont je ne soupçonnais même pas l'existence. J'ai brutalement appris que les adultes existaient en dehors de nous, les enfants. Qu'ils avaient leur vie à eux, pleine de colère et de violence. Je n'ai plus jamais regardé le monde avec la même confiance.

— Je suis désolée que vous ayez souffert, dis-je en lui tapotant la main.

— Bien sûr, papa a fait de son mieux pour m'aider. Il était bouleversé que j'aie assisté à une chose pareille. Il m'a expliqué la situation du mieux qu'il pouvait, et j'ai fini par m'en remettre. Ça m'a presque fait l'effet d'une récompense, quand on a eu le bébé, et que j'ai eu une petite sœur.

— Qui est aussi la mienne.

Il me regarda et sourit.

— Elle va s'en sortir, dit-il d'un ton assuré. Elle va y arriver, je le sais.

— Moi aussi, approuvai-je en croisant les doigts.

Aurora bénéficiait des meilleurs soins et, grâce au traitement médical adapté, nous espérions tous que ses démons se tiendraient tranquilles.

Nos conflits résolus, Nico et moi choquâmes une fois de plus nos verres de bière. Nous profitâmes du déjeuner et du moment passé ensemble. Ensuite, il porta mes courses jusqu'à la marina, où mon petit bateau était amarré non loin de son hors-bord, somptueux mais blessé au combat, là où il avait heurté la coque du bateau de pêche.

Cette fois-ci, je l'embrassai sur la joue en lui disant au revoir.

— C'est juste un baiser fraternel ! lançai-je en riant, avant de sauter dans mon petit bateau bleu et de démarrer en trombe.

71

Lamour

Au moment où j'entrai chez moi, la sonnerie du téléphone retentit. C'était Jammy.

— Je suis sur un vol pour Naples, via Milan, dit-elle précipitamment. J'arrive à dix-huit heures. Tu peux venir me chercher ?

— C'est vrai ? haletai-je, entre joie et stupéfaction.

— Tu croyais que j'allais te laisser seule dans un moment pareil ? Nom de Dieu, Lamour. J'ai failli te perdre à jamais – toi, ma meilleure amie. Par ailleurs, il faut que je t'empêche de faire davantage de bêtises avec les hommes.

J'éclatai de rire.

— Oh, Jam, je ne fais pas de bêtises... du moins, pas comme avant. J'ai juste besoin d'une épaule sur laquelle pleurer.

— Eh bien, tu auras la mienne. On se voit à Naples, ma grande.

Nous prîmes l'hélicoptère pour aller la chercher. Lorenzo survola ma petite maison, de façon que je puisse la voir depuis le ciel. Avec son merveilleux dôme couvert de tuiles, ses arches et ses colonnes cannelées, on aurait dit la version miniature d'un palais des *Mille et Une Nuits*, dissimulée dans un nid de verdure.

— Je vois que tu es vraiment amoureuse, dit Lorenzo.

Sa réflexion me coupa le souffle. Et puis je compris qu'il voulait dire « amoureuse de la maison ».

— Quand je tombe amoureuse, c'est pour la vie, répliquai-je avant de me mordre la langue, car Lorenzo risquait de comprendre ma réponse autrement. Je veux dire… j'ai aimé la maison quand j'étais enfant, je l'aime toujours, et je l'aimerai encore quand j'aurai des rides et les cheveux gris.

— J'espère que je serai là pour voir ça, dit-il.

Cela pouvait être interprété de deux manières. Soit il espérait que nous serions toujours ensemble lorsque j'aurais les cheveux gris, soit… je ne supportais pas d'y penser.

La côte bleu et vert s'éloigna, le cône éclatant du Vésuve apparut dans le lointain et nous atterrîmes dans un secteur tranquille de l'aéroport Capodichino de Naples.

Le vol de Milan était en retard et nous nous arrêtâmes au bar pour attendre son arrivée. Lorenzo prit un espresso tandis que je buvais mon cappuccino habituel, et je me retrouvai, comme toujours, avec le bout du nez barbouillé de mousse – ce que je mis sur le compte de la tasse trop petite.

— C'est parce que je ne veux pas en sacrifier une seule goutte, expliquai-je, tandis qu'il ramassait une serviette pour m'essuyer. J'aurais préféré que tu me l'enlèves avec la langue, murmurai-je.

— Moi aussi, cara, répondit-il avec un sourire.

Il déposa sur mes lèvres un petit baiser rapide – mais qui me fit rougir à tel point que je craignis que les gens ne s'en rendent compte.

Le vol de Jammy fut enfin annoncé, et nous nous précipitâmes vers la porte d'embarquement au moment où elle en surgissait en trombe.

— Jammy fait toujours tout très vite, expliquai-je à Lorenzo avant de courir à sa rencontre.

Nous nous enlaçâmes à n'en plus finir, nous embrassâmes, nous enlaçâmes à nouveau. Puis elle finit par m'écarter d'elle et dit :

— Laisse-moi te regarder.

Je reculai pour mieux me prêter à l'examen, pendant qu'elle m'examinait attentivement.

— Très bien, dit-elle. Je m'attendais à trouver une pauvre petite chose éprouvée par le travail et les épreuves, et qu'est-ce que je vois ? Une fille saine et bien nourrie, que la vie semble plutôt bien traiter.

— C'est parce que Lorenzo est avec moi, répliquai-je en la conduisant vers l'endroit où il nous avait poliment attendues.

Elle l'inspecta de pied en cap.

— Mais c'est le peintre ! Heureuse de vous revoir, Lorenzo.

— Moi de même, Jammy. Lamour m'a tellement parlé de vous que j'ai le sentiment de bien vous connaître, dit-il en prenant son sac et en nous conduisant vers la sortie.

Jammy n'en revint pas, lorsqu'elle vit l'hélicoptère. Nous nous installâmes et, nous tenant par la main comme des écolières, nous extasiâmes sur les paysages que nous survolions. Lorsque nous atterrîmes au château, Lorenzo nous invita à boire un verre – un bellini, mélange auquel Jammy avait pris goût lors de son dernier séjour. Elle jeta un coup d'œil émerveillé aux pièces splendides, puis me murmura à l'oreille :

— Celui qui a dit « les riches sont différents » avait raison.

Lorenzo se montra délicieux. Il nous proposa de rester dîner, mais Jammy était fatiguée. Il fit donc porter ses bagages chez moi par un de ses domestiques, et nous accompagna lui-même à l'ascenseur, en coupant par les jardins.

— Je vous souhaite une bonne nuit, Jammy Mortimer Haigh, dit-il en lui prenant la main, qu'il frôla d'un baiser. Je sais que Lamour va bien s'occuper de vous.

— Ça nous changera, répliqua Jammy. D'habitude, c'est toujours l'inverse. Nous nous verrons demain, j'espère ? ajouta-t-elle.

Il hocha la tête et proposa, si nous étions d'accord, de le retrouver à l'Amalfitano pour le déjeuner, à une heure. Puis il prit ma main et l'embrassa aussi. Nos yeux se croisèrent lorsqu'il me souhaita bonne nuit, et j'eus un serrement au cœur à l'idée de le quitter, même si je savais que nous allions très vite nous revoir.

— Je suis amoureuse comme une adolescente, dis-je à Jammy dans l'ascenseur.

— Et lui aussi.

— À quoi tu vois ça ? demandai-je vivement.

— Tout est dans le regard, ma grande. Et je me demande si le gars qui a dit que les riches étaient différents n'a pas dit aussi : « Les yeux sont le miroir de l'âme. »

Nous gagnâmes la maison dans un éclat de rire. Nous nous assîmes sur la terrasse. Le vent soulevait nos cheveux, le jardin exhalait des parfums sauvages, et nous entendions le bruissement des vagues sur les rochers et le doux murmure de la cascade jaillissant de la falaise. Une rainette poussa un coassement sonore, pendant que les grillons chantaient à tue-tête.

— Je croyais que ce serait silencieux, ici, se plaignit Jammy – ce qui me fit rire, ces bruits étant pour moi la musique du silence.

Je lui montrai ma chambre récemment repeinte. Elle allait devoir la partager avec moi, car je n'avais toujours pas eu la force de m'attaquer à celle de Jon-Boy.

Jammy sirota un verre de vin.

— Je ne supportais pas de t'imaginer seule ici, à ressasser les horribles circonstances de la mort de Jon-Boy. Et cette scène effrayante avec Aurora. Oh, ma grande, j'ai eu si peur pour toi ! Et ça m'a fait tellement de peine, pour Jon-Boy.

Je me concentrai sur les sandwiches jambon-fromage que j'étais en train de faire, en me répétant que je n'allais pas me remettre à sangloter. Mais je me rappelai alors que j'avais à peine pleuré, depuis que je savais. Je me laissai donc aller et fondis en larmes, blottie tout contre Jammy sur le vieux canapé bleu.

Une fois la crise passée, nous restâmes jusque tard dans la nuit à manger nos sandwiches, à boire du vin, et à discuter des événements de cette fameuse nuit de tempête, jusqu'à ce que tout eût été évoqué et qu'il ne subsistât plus un seul secret.

— Et Lorenzo ? finit-elle par demander.

— Toi, qu'est-ce que tu en penses ?

— Comme ça, la première impression ? Je trouve que c'est un beau gars. Quelqu'un de bien. Il m'a l'air d'être riche et d'avoir des relations. C'est un homme du monde. À vrai dire, je le trouve extra. Je pense aussi qu'il est trop vieux pour toi.

— Jammy !

Elle haussa les épaules.

— C'est toi qui as posé la question.

— Laisse-moi te dire une chose, Jammy Mortimer, répliquai-je vivement. Tu fais partie du clan des chanceuses. Quand tu as rencontré l'homme de ta vie, vous étiez tous les deux jeunes. Vous êtes tombés amoureux, vous vous êtes mariés, vous avez acheté un pavillon dans un quartier résidentiel, vous avez fait un enfant et depuis, vous vivez heureux. Tu as tout réussi du premier coup, Jammy, mais tout le monde n'a pas eu cette chance. Je n'ai pas choisi le bon mari, et regarde ce qui m'est arrivé. À présent, j'ai trouvé l'homme qu'il me faut. Je reconnais que les circonstances ne sont pas idéales, mais…

— Mais ? répéta-t-elle en écarquillant les yeux.

— Mais je l'aime.

— Dans ce cas… Épouse-le ! dit-elle dans un bâillement.

— Oh, Jam, il ne me l'a pas demandé, répondis-je sur un ton si lugubre qu'elle éclata de rire.

— Alors pourquoi ne pas le lui demander, toi ?

Et elle alla se coucher, me laissant gamberger sur ce qu'elle venait de dire.

72

Lamour

Jammy ne resta que trois jours, ce qui lui suffit pour tomber amoureuse. De ma maison, s'entend. Bien entendu, elle parvint aussi à conquérir Lorenzo.

Elle lui dit qu'elle n'avait jamais rencontré d'homme aussi riche que lui et que, bien qu'impressionnée par sa fortune, ses activités professionnelles et ses relations mondaines, elle désirait savoir quel homme il était vraiment.

— Quand vous vous retrouvez, le soir, seul avec vos pensées.

— Venez avec moi, Jammy Mortimer Haigh, je vais vous montrer.

Il lui ouvrit la porte de sa tour :

— Voilà quel homme je suis quand je suis seul, dit-il en l'invitant à entrer.

J'attendis dehors, car je ne souhaitais pas assister à l'interrogatoire qu'allait lui faire subir Jammy. Mais elle m'avoua ensuite qu'un seul coup d'œil à la chambre de Lorenzo lui avait suffi pour comprendre qu'il était un homme bien. Tout reflétait sa personnalité, des tableaux choisis avec soin aux livres usés à force d'avoir été consultés, en passant par la sobriété de l'ameublement.

— OK, examen réussi ! lui annonça-t-elle.

Il éclata de rire, la serra dans ses bras et l'embrassa.

Le temps fila trop vite et Jammy et moi nous retrouvâmes bientôt à l'aéroport, cette fois-ci pour nous dire au revoir.

— Lorenzo a réussi l'examen, confirma-t-elle. À présent, à toi de jouer. Et n'oublie pas ce que je t'ai dit. Pourquoi ne pas le lui demander, toi ?

Je n'oubliais pas. Je ne pensais même qu'à ça. Je n'aurais jamais imaginé être le genre de femme à demander un homme en mariage. Mais puisqu'il ne faisait pas la démarche, je n'avais pas le choix.

J'établis soigneusement mon plan. Pour une fois, je décidai de me comporter comme une vraie femme. Après avoir expliqué à Lorenzo que je devais m'absenter quelques jours, je roulai jusqu'à Rome. Je me fis couper les cheveux dans le merveilleux salon où je m'étais rendue avec Jammy et j'en émergeai avec une nouvelle tête – mes cheveux sombres et brillants retombant en boucles souples sur mes épaules.

Pour la robe, je fis les boutiques de la via Condotti. Chez Alberta Ferretti, j'expliquai à la vendeuse que je voulais quelque chose de simple mais de sexy. En bonne Romaine, elle comprit exactement ce que j'entendais par là, et me fit essayer une étroite robe en soie ornée en tout et pour tout d'un discret volant allant du décolleté à la fente sur le côté. Elle était d'un vert délicat, et si belle que je me demandai comment j'avais pu vivre sans jusqu'alors. Je complétai ma tenue avec des sandales argentées. En me regardant dans le miroir, un peu plus tard, je réalisai que je ressemblais aux femmes à l'allure élégante et cosmopolite que fréquentait Lorenzo.

Ce soir-là, je dînai seule chez Fortunato, me régalant d'une daurade et de pâtes divines, avant la *passeggiata* du soir : la typique promenade des Romains qui, tirés à quatre épingles, déambulaient dans les rues de leur splendide ville antique en se saluant les uns les autres. Je traînai jusqu'à une heure tardive, sans avoir la sensation d'être « une femme seule », comme cela m'était si souvent arrivé. Sans doute parce que, cette fois-ci, j'étais une femme amoureuse.

73

Lamour

J'avais laissé un mot à Lorenzo, une invitation à dîner chez moi à huit heures. J'avais ramené de Rome tout un panier de bonnes choses – choisies avec soin pour le peu de préparation qu'elles nécessitaient : un mélange de champignons des bois – mes préférés – que j'avais l'intention de faire revenir à la poêle et de servir sur des tranches de brioche toastées ; de fines asperges vertes que j'arroserais d'huile d'olive, saupoudrerais de parmesan et ferais rapidement gratiner. J'avais également ramené des escalopes de veau qu'il suffisait – m'avait-on assuré – de faire frire une minute de chaque côté, avant d'ajouter quelques gouttes de jus de citron et des fines herbes. Je dois reconnaître que je trichai aussi un peu : j'achetai des gnocchis maison d'Umberto, ainsi que son fameux pesto. Je n'oubliai pas la crème glacée – pistache évidemment, plus moka et vanille. Celle-ci venait de l'incomparable glacier romain Giolitti, près du Panthéon. On me l'avait emballée dans un contenant hermétique rempli de glaçons. J'avais foncé de Rome à Amalfi – quatre heures de route – en priant pour qu'elle ne soit pas fondue à l'arrivée.

Cette fois-ci, mon dîner, bien que simple, était composé à la perfection. Je me parai de mes plus beaux autours, sortis, et jetai un coup d'œil à ma table, sur la terrasse. Le bleu de cobalt de la nappe rappelait le bleu qu'on trouvait dans les carreaux peints de mon banc. Les serviettes étaient jaune vif, les coupes d'un bleu vif et foncé, et j'avais rempli de marguerites un vieux vase jaune en verre émaillé. Pas d'argenterie ni de cristal. Au fond, j'étais une vraie fille de la campagne.

Lorenzo se présenta pile à l'heure au bas des marches. Vêtu d'une sobre chemise de lin et d'un pantalon blanc, il paraissait on ne peut plus raffiné. Il me regarda, puis jeta un œil sur la table et dit, amusé :

— Je n'arrive pas à décider ce qui est le plus beau, de toi ou de la table.

Il me maintint à distance pour mieux me contempler.

— Mon Dieu, ce que tu es jolie ! s'exclama-t-il.

Je me retrouvai dans ses bras. Il m'embrassa, je lui rendis son baiser, nous nous enflammâmes et fûmes bientôt entraînés dans une étreinte passionnée. Quelle ironie, songeai-je en le conduisant à ma chambre aux murs couleurs abricot, m'être donné tout ce mal et n'avoir qu'une hâte : qu'il retire ma robe, afin que je sois nue dans ses bras.

Nous avions oublié le dîner lorsque nous nous laissâmes tous deux tomber sur le lit. Nous nous dévorâmes des yeux et de la bouche, nous enivrâmes de caresses et de baisers. Faire l'amour avec Lorenzo valait tous les repas que j'aurais pu préparer, et je le lui dis.

— Dans ce cas, passons au dessert, dit-il, et nous reprîmes de zéro.

Bien plus tard, nous déambulâmes jusqu'au belvédère, une bouteille de champagne et deux verres à la main. Lorenzo avait noué une serviette autour de sa taille, je portais mon vieux peignoir blanc, et ma nouvelle coupe de cheveux ne ressemblait plus à rien. Nous nous assîmes la main dans la main et, bercés par le bruissement des vagues, regardâmes la lune pâle s'élever dans le ciel.

Un sentiment de bien-être circulait comme du vin entre nos mains mêlées. Ce serait si merveilleux, songeais-je, de passer le reste de ma vie avec Lorenzo ! La soirée ne s'était pas vraiment déroulée comme je l'avais prévu – avec ma nouvelle coiffure, ma nouvelle robe et mon nouveau look sophistiqué. J'étais redevenue celle que j'étais avant transformation : c'est-à-dire moi-même.

Je respirai un grand coup. C'était maintenant ou jamais.

— Sais-tu seulement combien je t'aime ? demandai-je d'une voix à peine audible tant j'étais nerveuse.

Il me fixa de ses yeux brillants.

— Tu sais que je t'aime aussi, Lamour.

— Que suis-je à tes yeux ? Ta maîtresse ? Comme la jolie petite cantatrice napolitaine l'était pour ton grand-père ? Celle à qui ma maison appartenait autrefois ?

— Je suppose qu'on pourrait dire cela, si ça te convient.

Je secouai la tête.

— Non. Ça ne me convient pas, Lorenzo Pirata. Je veux que tu m'épouses.

Je me repris.

— Oh, non, je me suis trompée ! Ce que je voulais dire, c'est : Lorenzo Pirata, s'il te plaît, veux-tu m'épouser parce que je t'aime comme aucune femme ne t'aimera jamais et je te le dis franchement et du fond du cœur, vu que je ne peux pas m'empêcher de penser à toi, et que je n'essaie même pas, d'ailleurs… Si tu dis non, je vais sans doute fuir d'ici et retourner à Chicago et créer des jardins pour les autres, et je n'en aurai jamais un à moi et je n'aimerai jamais plus personne et je resterai seule toute ma vie.

Je le regardai droit dans les yeux.

— Et sans toi, j'aurai peur.

Tout avait jailli d'un trait, mon amour et mes craintes.

— *Tesoro*, dit-il tendrement. Je suis beaucoup plus vieux que toi. As-tu déjà songé que, lorsque je serai un vieillard, tu seras encore jeune ? Combien de belles années aurions-nous encore à vivre ? Cinq ? Dix ? Vingt, si nous avons de la chance ?

— Vingt ans d'amour valent une vie entière, répliquai-je vivement.

— Comment pourrais-je te demander de m'épouser, Lamour, ma chérie ? Dieu sait que j'ai besoin de toi, mais comment serais-je assez égoïste pour te prendre tes plus belles années ?

— Mes plus belles années sont celles que nous pourrions passer ensemble. Je ne te le redemanderai pas, Lorenzo. J'ai abattu mes cartes. À présent, c'est à toi de jouer.

Il m'enlaça.

— Comment pourrais-je renoncer à toi ? murmura-t-il dans ma chevelure vaporeuse. Tu me remets les pieds sur terre. Tu m'apportes la gaieté, la jeunesse, l'énergie. Tu me libères de toutes mes prétentions matérialistes pour faire de moi un être humain. Nom de Dieu, Lamour, tu n'as pas idée de ce que j'ai enduré à la pensée de vivre sans toi.

— Eh bien, dis-je, conservant mon sens pratique en dépit des circonstances, tu n'es plus forcé d'endurer ça, non ?

Il éclata de rire.

— Lamour Harrington, dit-il. Veux-tu m'épouser ?

Je répondis oui, bien évidemment.

Nous ne mangeâmes pas mon fameux repas, ce soir-là, et la robe Alberta Ferretti resta roulée en boule sur le sol de la chambre. Bizarrement, je ne m'en souciais plus le moins du monde.

ÉPILOGUE

Lamour

Lorenzo m'a offert Marguerite en cadeau de mariage. Et, mieux encore, avec la complicité de Mifune, il a construit en secret, dans la prairie à l'arrière du château, une petite étable pour ma vache. Bien sûr, du fait de l'influence de Mifune et des carrés de pelouse symétriques qui l'entourent, elle ressemble davantage à une maison de thé miniature.

Ma vache est belle, si l'on peut dire qu'une vache est belle. Mais oui, Marguerite est vraiment jolie. Elle a une robe couleur crème et de tendres yeux marron ornés de longs cils qui – comme je l'ai dit à Lorenzo – me rappellent Angelo, mon premier amour.

Lorsque je vais lui rendre visite, ce que je fais chaque soir et chaque matin lorsque je la conduis de la prairie à l'étable où elle sera traite, elle frotte sa bouche contre ma paume. Quitte à passer pour une idiote, j'avoue qu'alors je l'embrasse, là où le pelage crème cède la place au rose du museau. Elle reconnaît déjà son nom, et j'ai l'intention de suivre des cours pour apprendre à la traire, même si Lorenzo a installé

411

une machine à cet usage, tout en acier, boutons et gobelets trayeurs. Elle fait le boulot de manière efficace. Mais je tiens tout de même à parvenir à traire Marguerite à la main. Ainsi, je pourrai préserver mon image sérieusement mise à mal de femme autonome. Quant aux poulets, mieux vaut ne pas en parler. Je dirai simplement qu'il est fort possible que je ne mange plus jamais d'œufs de ma vie.

Jammy et Matt viendront assister à la noce. Jammy m'a dit qu'elle me faisait fabriquer l'un de ces tabourets à traire à l'ancienne, avec trois pieds, comme cadeau de mariage. Je lui ai répliqué que j'espérais aussi quelque chose de plus concret, comme un set de verres à apéritif. Nous verrons bien.

Et que dire de mon nouveau statut de femme soi-disant indépendante et soi-disant autosuffisante ? Eh bien, il semblerait que j'ai décidé, en toute indépendance, de vivre une relation heureuse. Et après tout, n'est-ce pas là le but de l'existence ?

Nico a bien pris la nouvelle du mariage.

— Le meilleur a gagné, a-t-il dit en souriant. D'accord, c'est mon père. Mais mon père m'a toujours battu dans tous les domaines.

J'ai cru déceler une pointe de rancœur dans son ton. Ce brave Nico restait égal à lui-même. Nous nous sommes fait affectueusement la bise – c'était plus que nous n'avions jamais fait, du temps où il me courtisait.

— Je suis désolé qu'il soit trop tard, a-t-il dit avec son habituel sourire provocant. Mais n'oubliez pas, je reste un cœur à prendre !

— Pas moi. Et c'est à vous de ne pas l'oublier, ai-je rétorqué.

Quant à Aurora, ma demi-sœur, elle s'est débarrassée de certaines des angoisses qui la hantaient et,
moins dépendante de son père, a acquis une nouvelle
autonomie. Elle suit son traitement et a repris les cours
à l'université. Je l'appelle tous les jours pour lui rappeler que je suis sa sœur et son amie, et qu'elle pourra
toujours compter sur moi. Elle m'a dit qu'elle avait
placé une photo de Jon-Boy sur sa table de nuit, à côté
de celles de Lorenzo et Marella.

— J'en ai aussi une de toi, a-t-elle gentiment ajouté.
Mia sorella.

Elle semble avoir oublié cette terrible soirée sur le
bateau et je crois à la sincérité de ses paroles – y
compris lorsqu'elle m'a confié qu'elle se réjouissait de
notre mariage.

— Comme ça, tu ne me quitteras jamais, a-t-elle dit,
laissant ses craintes refaire surface.

Je me suis empressée de la rassurer :

— Nous formons une vraie famille désormais. À son
rire gai et chaleureux, j'ai compris qu'elle était heureuse.

— Il va peut-être naître d'autres enfants à présent,
a-t-elle fait remarquer, me donnant de quoi réfléchir.

J'adorerais porter les enfants de Lorenzo : une part
de lui que je pourrais garder pour toujours. D'autres
demi-sœurs, d'autres frères, neveux ou nièces… Je ne
saisis pas encore bien quels seraient les liens familiaux,
mais quelle importance, au fond ? Aurora sera la tante
de mes enfants et, lorsqu'elle se mariera, je serai la
tante des siens.

Et Lorenzo, l'homme de mes rêves ? Ou plutôt,
comme je le lui ai dit franchement, il aurait été l'homme
de mes rêves si j'avais su qu'il existait et si j'avais pu
rêver de lui. Il règne entre nous un tel bonheur… C'est

413

un regard échangé dans une salle pleine de monde, notre aptitude presque télépathique à deviner les pensées de l'autre, sa main se tendant vers la mienne à l'instant où je me sens soudain seule. C'est le poids rassurant de son bras sur mon épaule quand nous nous promenons, le soir, dans les merveilleux jardins de Mifune. C'est son corps pressé contre le mien pendant la nuit, et apaisé par nos étreintes. C'est la tendresse que j'éprouve lorsque je l'observe à son insu, alors qu'il lit le journal, ses lunettes sur le bout du nez. C'est sa gentillesse à l'égard du laid et brave Affare. C'est son esprit de compétition lorsque nous nageons ensemble dans la baie. C'est la passion que je ressens pour lui et qu'il ressent pour moi, et la force d'une relation où chacun fait passer l'autre avant soi. L'âge ne compte plus. Nous sommes convenus de profiter de notre amour tant que nous le pourrons, et d'en tirer le meilleur.

Je suis reconnaissante à Jon-Boy de m'avoir appris ce qu'était l'amour véritable, même s'il ne l'a jamais trouvé. Sauf avec moi, sa fille, ainsi qu'il l'avait consigné dans son journal. Quel dommage, qu'il n'ait pas connu son autre fille ! Comme leurs vies auraient été différentes ! Mais rien ne sert d'y revenir. Je sens que Jon-Boy m'a enfin donné la permission de continuer sans lui.

Ce qui m'amène à Mifune. L'ami de mes huit ans, le sage qui m'a conseillé d'être fidèle à moi-même, à mes désirs et à mes émotions. L'homme ancré dans la réalité qui m'a enseigné qu'un beau jardin ne peut voir le jour qu'au prix d'un travail dur et salissant, mais que les résultats peuvent dépasser tous les rêves, constituer une nourriture pour l'âme, et devenir un legs durable.

Comme les jardins qu'il laissera ici, au château et autour de ma petite maison.

Il paraît chaque jour plus chétif et plus introspectif. Je crois qu'il scrute son âme, avant d'aller rejoindre ses ancêtres. Il m'a promis d'être là pour mon mariage et sa force spirituelle est telle que je pense qu'il tiendra sa promesse.

Il est tard. Une demi-lune brille dans le ciel, ornée du diamant Vénus, comme dit Lorenzo. Il va acheter un télescope, afin que je puisse mieux l'observer, et la voir veiller sur nous depuis là-haut, lorsque nous sommes tous deux étendus sur notre grand lit, dans la tour dont j'aime tant la simplicité.

Mais voici le secret que je ne lui confierai jamais : j'aime ma petite maison encore davantage que le château.

Et je songe que j'ai bien de la chance d'éprouver autant d'amour. Qui aurait imaginé cela, il y a à peine un an ?

Mais comme le dit ma meilleure amie Jammy : « C'est la vie, ma grande. On ne sait jamais ce qui nous attend au tournant. »

Photocomposition Nord Compo
(59653 Villeneuve-d'Ascq)

Also by Jon Pierre

BUREAUCRACY IN THE MODERN STATE

CHALLENGES TO LOCAL GOVERNMENT (*editor with Desmond S. King*)

URBAN AND REGIONAL POLICY

PARTNERSHIPS IN URBAN GOVERNANCE

Partnerships in Urban Governance

European and American Experience

Edited by

Jon Pierre
Professor of Political Science
Department of Government
University of Strathclyde

First published in Great Britain 1998 by
MACMILLAN PRESS LTD
Houndmills, Basingstoke, Hampshire RG21 6XS and London
Companies and representatives throughout the world

A catalogue record for this book is available from the British Library.

ISBN 0–333–68939–9

First published in the United States of America 1998 by
ST. MARTIN'S PRESS, INC.,
Scholarly and Reference Division,
175 Fifth Avenue, New York, N.Y. 10010

ISBN 0–333–68939–9

Library of Congress Cataloging-in-Publication Data
Partnerships in urban governance : European and American experience /
edited by Jon Pierre.
p.   cm.
Includes bibliographical references and index.
ISBN 0–333–68939–9
1. Municipal government.   2. Public–private sector cooperation.
3. Municipal government—Europe.   4. Public–private sector
cooperation—Europe.   5. Municipal government—United States.
6. Public–private sector cooperation—United States.   I. Pierre,
Jon.
JS78.P37 1998
320.8'094—dc21   97–49943
                                                         CIP

Selection, editorial matter and chapters 1, 7 and 11 © Jon Pierre 1998
Chapters 2–6 and 8–10 © Macmillan Press Ltd 1998

This book is printed on paper suitable for recycling and made from fully managed and sustained forest sources.

10   9   8   7   6   5   4   3   2   1
07 06 05 04 03 02 01 00 99 98

Printed and bound in Great Britain by
Antony Rowe Ltd, Chippenham, Wiltshire

Contents

Acknowledgements   vii
Notes on the Contributors   ix

1   Public–Private Partnerships and Urban
     Governance: Introduction   1
     Jon Pierre

2   'With a Little Help From Our Friends':
     Public–Private Partnerships as Institutions and
     Instruments   11
     B. Guy Peters

3   Public–Private Partnerships and Urban
     Governance   34
     Gerry Stoker

4   Public–Private Partnerships as Historical
     Chameleons: The Case of the United States   52
     Robert A. Beauregard

5   Public–Private Partnerships in the UK   71
     Alan Harding

6   Local-to-Local Partnerships among Swedish
     Municipalities: Why and How Neighbours Join
     to Alleviate Resource Constraints   93
     Lennart J. Lundqvist

7   Local Industrial Partnerships: Exploring the
     Logics of Public–Private Partnerships   112
     Jon Pierre

8   Bridging Multiple Worlds: Central, Regional and
     Local Partners in Rural Development   140
     Beryl A. Radin

9   Commentary: Public–Private Partnerships in the
     United States from a European Perspective   163
     Michael Keating

10   The Ecology of Public–Private Partnerships:
       Europe   175
       H. V. Savitch

11   Conclusions   187
       Jon Pierre

Index   200

Acknowledgements

This volume largely grew out of a discussion I have had over several years with Professor Lois R. Wise at the School of Public and Environmental Affairs, Indiana University, concerning public–private partnerships in local government and our understanding of their roles in urban governance. We saw an opportunity to organize a conference focused on public–private partnerships in two different areas which reflect our respective areas of expertise: local economic development and human resource management. The conference was held at the Hindåsgården in the forest east of the city of Gothenburg, Sweden, 27–30 August 1994. The conference was generously sponsored by the Ministry of Public Administration; the Swedish Association of Local Governments; the Association of County Councils; the Center for Research on the Public Sector (CEFOS); and Local Government Research in Western Sweden (KFi), both at the University of Gothenburg.

The meeting had two fundamental purposes. One was to facilitate academic exchange over the issue of public–private partnerships in different areas of local government. The other purpose was to have practitioners from central and local government meet with academics, supposedly to the benefit of both parties. The result was a number of extremely interesting (formal and informal) discussions, involving practitioners like Sören Häggroth (Ministry of Public Administration), Johan Carlström and Tommy Rosén (Swedish Association of Local Governments), and Catharina Blom and Bengt Mollstedt (the Association of County Councils).

This volume presents the conference papers addressing the role of partnerships in local economic development. Most of the papers focused on partnerships in human resource management were published in other contexts.

Needless to say I am very much indebted to the contributors to the volume for taking the time and effort to engage in this project. This applies especially to Alan Harding, Michael Keating and Hank Savitch who generously offered to write chapters without getting the perquisites of the conference and the excellent Swedish cuisine provided by the Hindåsgården.

I also very much appreciate the help from Cynthia Jackson for commenting on earlier drafts of the introductory and concluding chapters, and Anthony R. Zito for retrieving material on public–private partnerships which is not available in Europe.

JON PIERRE
Glasgow

Notes on the Contributors

Robert A. Beauregard is Professor in the Milano Graduate School of Management and Urban Policy at the New School for Social Research in New York City. He received his PhD in city and regional planning from Cornell University and has taught at Rutgers University and the University of Pittsburgh and was the Perloff Visiting Professor at the Graduate School of Architecture and Planning at UCLA in 1994. He writes in the areas of urban political economy, planning theory and urban development. His most recent book is *Voices of Decline: The Postwar Fate of US Cities* (1993).

Alan Harding is Professor of Urban Policy and Politics at the European Institute for Urban Affairs, Liverpool John Moores University. He is co-author of *Urbanisation and the Functions of Cities in the European Community* (1993) and co-editor of *European Cities Towards 2000: Profiles, Policies and Prospects* (1994).

Michael Keating is Professor of Political Science at the University of Western Ontario. He has previously taught at University of Strathclyde, North Staffordshire Polytechnic, and University of Essex. He has held visiting posts at Virginia Polytechnic Institute and State University; Institut d'Etudes Politiques de Paris, University of Santiago de Compostela, European University Institute and the Norwegian Nobel Institute. He is author of 11 books and editor of four books, most of which are on urban and regional politics and minority nationalism. He has also published numerous articles in academic journals. His latest book, which will also be published in French and Spanish, is *Nations against the State: The New Politics of Nationalism in Quebec, Catalonia and Scotland* (1996).

Lennart J. Lundqvist is the Chair and Professor of Environmental Policy and Administration at the Department of Political Science, University of Gothenburg, Sweden. He is presently engaged in a comparative research project on the politics and policy of the environment in the Nordic countries. Apart from numerous articles in international journals and chapters in internationally edited volumes, he is the author of *The Hare and the Tortoise: Clean Air Policies in the United States and Sweden* (1980), *Housing Policy and Equality: A*

Comparative Study of Tenure Conversions and their Effects (1986), *Dislodging the Welfare State: Housing and Privatization in Four European Nations* (1992), and *Policy, Organization, Tenure: A Comparative History of Housing in Small Welfare States* (1992). He is co-editor (with Jon Pierre) of *Kommunal förvaltningspolitik* [The Politics of Urban Administration] (1995).

B. Guy Peters is Maurice Falk Professor of American Government and Chair of the Department of Political Science at the University of Pittsburgh. He previously taught at Emory University, Tulasne University and the University of Delaware. He has also had Fulbright Fellowships at the University of Strathclyde (Scotland) and at the Hochschule St Gallen (Switzerland), a Hallsworth Fellowship at the University of Manchester, and has been a Fellow at the Canadian Centre for Management Development. He has also held visiting positions in Norway, Sweden, Mexico and the Netherlands. Professor Peters has published a number of books including: *The Politics of Bureaucracy* (1994), *The Politics of Taxation: A Comparative Perspective* (1991), *Rethinking European Politics* (1991), *Administrative Ideas and Administrative Reform* (1996), *The Future of Governing* (1996), *Policy Dynamics* (1983, with Brian Hogwood), *The Pathology of Public Policy* (1985, with Brian Hogwood), and *Can Government Go Bankrupt?* (1978, with Richard Rose). He has also edited *Organizing Governance, Governing Organizations* (1983, with Colin Campbell), *Advising West European Governments* (1993, with Anthony Barker), *Governance in a Changing Environment* (1995, with Donald Savoie), and *Learning from Experience: Learning and Administrative Reform in Eight Countries* (1996, with Johan P. Olsen). He is co-editor of *Governance* and the editor of *International Library of Comparative Public Policy*.

Jon Pierre is Professor of Politics at the University of Strathclyde (1995–) and adjunct professor at the University of Pittsburgh. He was previously acting professor at the University of Gothenburg, Sweden (1992–95). He has published extensively in areas such as urban politics, urban political economy, public administration, and public policy. He is the author of *Partikongresser och Regeringspolitik* [Party Congresses and Public Policy] (1986), *Kommunerna, Naringslivet och Naringspolitiken* [Local Government, Private Business, and Local Industrial Policy] (1992), and *Den Lokala Staten* [The Local State] (1994). He is editor of *Challenges to Local Government* (1990, co-editor: Desmond S. King), *Bureaucracy in the Modern State* (1995),

Urban and Regional Policy (1995) and *Kommunal Forvaltningspolitik* [The Politics of Urban Administration] (1995). He has published in journals such as *European Journal of Political Research, Governance, International Political Science Review, Policy and Politics, Regional and Federal Studies,* and *Urban Affairs Review.*

Beryl A. Radin is the Chair and Professor of Public Administration and Policy at Rockefeller College at the State University of New York at Albany. Before joining the Albany faculty in 1994, she was Professor of Public Administration at the Washington Public Affairs Center of the University of Southern California's School of Public Administration from 1978 to 1994. She has been a visiting fellow at the Federalism Research Centre and the Public Policy Program at the Australian National University and the recipient of a Senior Fulbright Lectureship to India, based at the Indian Institute of Public Administration in New Delhi. Her work has focused on intergovernmental policy issues in a number of sectors – rural development, education and human services in particular. She has written several books and a number of articles on federalism, intergovernmental relations and public policy.

Hank Savitch is Professor of Urban and Public Affairs, School of Economics and Public Affairs, College of Business and Public Administration, University of Louisville, Louisville, Kentucky. He has authored three books on various aspects of urban affairs, including neighbourhood politics, national urban policy and comparative urban development. His book *Post Industrial Cities* (1989) was nominated for the best volume on urban politics, American Political Science Association. He has co-edited *Big Cities in Transition* (1991) and *Regional Politics* (1995). He also serves as co-editor of the *Journal of Urban Affairs.* His articles have appeared or are scheduled for appearance in *Polity, The Journal of the American Planning Association, Economic Development Quarterly, Urban Affairs Quarterly, National Civic Review* and the *International Journal of Urban and Regional Research.* He has researched, taught and lectured widely. He has been a Fulbright Scholar (France), a visiting Scholar at the London School of Economics and Political Science, the Institute for Urban Planning in Warsaw and the Institute for Cultural Research in Moscow. He was also a Guest Scholar at the Woodrow Wilson Center for International Scholars (Washington, DC), has assisted former mayor of New York City, David Dinkins, served as a consultant to the US Mayors' Urban Summit, and has worked on numerous federal projects.

Gerry Stoker is Professor at the University of Strathclyde. He is also Programme Director of the five-year ESRC Local Governance Research Programme. He has lectured in Applied Social Sciences and Public Administration at Leicester Polytechnic, at Inlogov (University of Birmingham), and at the Department of Government, University of Essex. He was Visiting Professor, CULMA, at Wayne State University, 1990–91. He is author or editor of more than ten books. He was a member of the Commission for Local Democracy.

1 Public–Private Partnerships and Urban Governance: Introduction

Jon Pierre

It is not a very original observation that political institutions frequently find themselves unable to implement their programmes without some form of outside assistance or collaboration (Pressman and Wildavsky 1973).[1] Ironically in some ways, the actors who are among the first thought of for offering this assistance are those who are the very targets of the programmes. To some observers, this phenomenon corroborates the 'limits to politics' argument, i.e. that modern society is becoming increasingly 'ungovernable' and more reflective of norms and values indigenous to private initiatives than of collective decisions and actions (Birch 1984; Crozier *et al.* 1975; King 1975; Lowi 1979).

In a similar vein, some may look at this as a confirmation of the notion of 'regimes': the fusion of values and actions between the public and private spheres of society (for regime studies on the urban level, see e.g. Elkin 1987; Stoker 1994; Stone 1989). Others interpret this pattern as typical of a corporatist model of interest representation and intermediation with its particular processes of democratic control and accountability (see, e.g. Katzenstein 1984; Lehmbruch and Schmitter 1982). And for yet others it is proof to different institutional models which have come to play a leading role in the study of public policy during the past decade or so (March and Olsen 1984, 1989, 1995; Peters 1994; Thelen *et al.* 1992).

This political and institutional dependence on the involvement of civil society in the process of policy implementation seems to be particularly well developed at the local level. Several factors contribute to this development. First, institutions at the local level are often 'softer' and more permeable than institutions at the national level; they control relatively speaking more limited financial resources, operate more closely to policy makers, and are probably less professionalized than institutions in the higher echelons of government. In addition, since policy making and policy implementation are frequently executed by the same institutions, local institutions probably have bigger problems of maintaining insulation from parochial pressures than institutions at other levels of government.

Secondly, the physical distance between institutions and policy targets is much smaller at the local level than at the national level. Indeed, this is one of the main reasons why we have local authorities and local government: to have an institutional arrangement which is geared to allow for differences and variation in public services in different locales owing to different political preferences and social needs. At the local level, democratic theory seems to be more concerned with institutional orders which reflect what is assumed to be a strong homogeneity of values in the community than – as is the case at the national level – creating institutions and processes whose primary role is to regulate and accommodate political conflict.

Historically speaking, local government has played two different and partially inconsistent roles. One is that of a service producer and provider, emphasizing managerial thinking and economic and administrative efficiency. The second role is that of a political arena and an instrument for enhancing local democracy and participation (Keating 1991). Over time the relative emphasis of the two roles has changed. In the pre-democratic era, local government played important roles in the regulation of civil society, e.g. defining weights and measures, and also some – albeit limited – roles in service delivery, maintaining law and order and fire protection.

In the early days of liberal democracy, local government was seen as the ideal place for democratic training and debate. From John Stuart Mill onwards, no other tier of government is believed to be better able to offer the same type of direct participation than local government. As mentioned earlier, local politics is assumed to be embedded in a more homogenous system of values and norms than national politics. This environment, it was argued, was highly conducive to a democratic creed among the citizens (Hill 1974).

As the scope of public services expanded during the postwar period, there soon developed a need to find efficient systems of service production and delivery. Hence, local governments became increasingly interested in a wide variety of 'managerial' problems, and less so in providing political debate and facilitating participation.

The 1980s and 1990s have seen the balance between the managerial and participatory ideal models of local government shift again. In the Scandinavian countries, the amalgamation of smaller municipalities into larger systems of local authorities (implemented primarily to enhance the economic and administrative capabilities of local government) exacerbated political conflict and politicization of urban politics (Strömberg and Westerståhl 1983). During the 1990s, however, Scandinavia has been just as strongly affected by New Public Management and market-based philosophies as Britain and the United States (Baldersheim and Ståhlberg 1995).

The current balance between the managerial and democratic or participatory roles of local government could best be described as emphasizing citizens' choice between different service providers in a market-like fashion but under some public control. The issue is no longer under whose auspices services are produced; instead, the main concern now is whether the services offered match the services demanded by the customers.

The basic philosophy in much of the recent debate on the good and bad of utilizing market-based models in the public sector is that the state–society distinction is normatively speaking a false dichotomy. The argument seems to be that if market criteria and public service providers are allowed to play a role in the design, production, and delivery of public services, the state as well as the private sector would be better off. To achieve this objective, new forms of public–private interaction and exchange need to be explored.

Current theories of governance at different institutional and analytical levels look at these emerging forms of cooperation between the public and the private. Governance has rapidly emerged as a powerful analytical concept in research fields such as urban politics (for a review see Stoker, this volume), political economy (see e.g. Campbell *et al.* 1991; Hall 1986; Hollingsworth *et al.* 1994), international relations (Keohane *et al.* 1993; Rosenau and Czempiel 1992), and in comparative politics and African politics (for a review see Hyden 1992). Obviously, the approach to governance varies substantially since each research area defines its own problematique and generates its own discourse and approaches. However, the common denominator between these different research fields is a focus on the institutionalization of coordinating mechanisms between state and civil society and the nature of state intervention in civil society to promote its objectives.[2]

That said, it should also be noted that governance *strictu sensu* is not a recent phenomenon; instead, the real issue is not so much *if* there has been a process of governance but more *how* the process has evolved, which systems of values it conveys between the public and the private, and what are its consequences for the public and private spheres of society. Thus, in order to understand governance, we need to look at three related clusters of variables: process, values and institutions.

Process refers to transactions between the public and private; the value dimension refers to the broader system of norms, beliefs and objectives which shapes the transaction process, i.e. the transcendent normative framework within which governance takes place; and the institutional factor, finally, denotes the role of public actors in the transaction process.

Thus, it would be misleading to see the emerging models of governance and the regime of the 1990s – promoting markets over politics and private enterprise and incentives over collective action – as the genesis of governance. As Beauregard (this volume) shows in his historical account of public–private partnerships in the United States, each phase of the development towards a capitalist economy in the United States displayed its own characteristics with regard to the role of political institutions at the local level. Instead, what we are observing is the formation of a model of governance based on a particular set of fundamental values and norms and implemented through a process which tends to accord more influence to markets and their actors.

To be sure, since political institutions – regardless of time-period, national context or nature of their formal or ideological relationship to private capital – always have exercised some form of exchange with civil society, governance as a socio-political phenomenon is as old as government itself. As a number of scholars remind us (Evans *et al.* 1985; Held *et al.* 1983; Kooiman 1993), all models of government are embedded in – and shaped by – a particular model of state–society interaction. Therefore, as we explore the nature of governance we should not ask whether such exchange exists but rather what is the nature of the exchange and what are its consequences for the exercise of political power and control.

This book is about a special feature of interaction across the public–private distinction at the local level, namely public–private partnerships in the economic development policy sector. The contributors to the volume approach these partnerships from the vantage point of current theories of urban governance. However, within this broad theoretical framework the authors also want to explore theories or approaches to partnerships which help explain their emergence and endurance on the urban political scene in a more general sense.

While public–private partnerships have a long history in many countries, they became significantly more popular among state and local policy makers during the 1980s. The market-driven models of urban governance which rapidly gained ground in countries like Britain, the United States and the Scandinavian countries proved to be fertile soil for a wide variety of institutionalized forms of public–private concerted actions of which partnerships for economic development was but one.

FROM GOVERNMENT TO GOVERNANCE

Shifting the analytical focus from government to governance means, simply put, focusing more on process and less on institutions. However, given the wide variety of analytical contexts within which governance is used in current political science, we will not try and offer a definition which is universally relevant and meaningful. In the present context, governance can be defined as the process through which local political institutions implement their programmes in concert with civil society actors and interests, and within which these actors and interests gain (potential) influence over urban politics. As argued earlier, governance rests on process, values and institutions, and hence governance as a process can not be understood without also clarifying the normative framework within which governance occurs.

A more elaborated definition of urban governance will, as Stoker (this volume; also, see Warren *et al.* 1992: 403) suggests, have to incorporate factors such as the distribution of political power between the public and private sectors, the potential for synergy in collective action across the public–private demarcation, and the empowerment and inclusion of civil society into the spheres of the public sector and public policy process. Thus, as Stoker points out in his chapter, the concept of governance is wider than that of government; it takes into account not just the institutions of government but also the process through which these institutions interact with civil society and the consequences of this mutual influence between state and society.

Obviously, this approach to local (and other) institutions and the ways in which they seek to control their external environments is a reflection of developments in the real world. The 1980s and 1990s so far have seen private sector thinking (broadly defined) rapidly penetrate the public sector. The increasing emphasis on consumer choice – or indeed looking at citizens as consumers – as well as market-based criteria for public service production and delivery has downplayed the distinction between the public and the private spheres of society, as mentioned earlier. Against this background it is little surprise that the social sciences reassess their theories and models and look for new theories which can help explain this process and conceptualize the new or emerging model of public–private exchange.

As mentioned above, understanding governance is also very much about understanding the roles of institutions. Some might find this counter-intuitive since governance as an analytical concept refers more to a process than formal institutional arrangements. However, what makes the theory of governance so fruitful is that it treats government and its institutions as a variable rather than as a parameter whose influence and powers are treated as givens. Indeed, one of the key questions challenging students of governance is to clarify the role of government in the process of governance. Understanding this process requires an understanding of what drives institutional design and institutional change in the urban political milieu. This is precisely why Peters and others in this volume have chosen to look at public–private partnerships as institutions with the framework that perspective entails. The contributors to the volume believe that by looking at partnership from this analytical vantage point we will better understand both governance in the local economic development field and also the role of institutions in urban governance.

PUBLIC–PRIVATE PARTNERSHIPS IN CONTEXT

Public–private partnerships can be viewed in different analytical and empirical contexts. One is the institutional and socio-political context within which partnerships evolve and mature. As Peters argues in his chapter, looking at partnerships from this perspective tells us a great deal about their organizational and political nature and how they relate to the political and economic spheres of society.

Secondly – and this is also something which Guy Peters elaborates on extensively – we can look at public–private partnerships as a particular type of policy instrument, that is, as one of the tools available to politicians and bureaucrats in the implementation of urban policy. Here, the key analytical questions are related to why partnerships have become such popular instruments in many countries.

Thirdly, we can move more directly into the local economic development area and ask what roles partnerships can play to promote growth in the local economy; the limits to local economic development efforts in an era when a growing number of observers seem to think that the regional level is becoming the main arena of economic coordination and development; and why it is that so many cities across the world have made policies towards economic development such a high priority when they have limited economic and administrative capacities in this policy area and – more importantly – exist in capitalist economic systems where public institutions are not ideologically speaking established actors in the private sector (Bailey 1994).

The contributors to this volume see public–private partnerships as embedded in the national and local political economy by which their respective case is characterized. We believe there to be significant differences between different national contexts with regard to the significance of the many historical, political, economic and social factors which define the terrain for the partnerships and other local economic development instruments (DiGaetano and Klemanski 1993; Keating 1991).

THE CHAPTERS IN THIS VOLUME

The chapters in the volume explore – each within the context defined by the historical, economic and political factors that each national case displays and the nature of the urban political economy – the utility of thinking about public–private partnerships for local economic development as institutions and as a policy instrument. The analysis does not serve to drive home the fruitfulness of these conceptualizations but rather to see which new aspects of the partnership they help us uncover. On a more general level, we are of course also interested in the actual performance of the partnerships, although the volume does not report an evaluation of the costs and benefits of public–private partnerships.

The volume does not present a systematic series of chapters on public–private partnerships for economic development in different countries. Instead, since each chapter has a distinct role in the process of conceptualization, theoretical analysis and empirical enquiry, they approach public–private partnerships from slightly different perspectives. The volume first presents a couple of mainly theoretical chapters, addressing theories of governance, institutions and policy instruments. Thus, Peters' chapter serves to advance and elaborate on alternative ways of looking at partnerships; Stoker explores how public–private partnerships fit into theoretical models of urban governance; and Beauregard looks at the historical development of partnerships in the United States in order to understand the role of these partnerships in (diachronically speaking) different political economy milieus.

Following these theoretical analyses, Harding, Lundqvist, Pierre, and Radin present primarily empirical analyses of different aspects of public–private partnerships. Harding studies the development of such partnerships in the United Kingdom and shows the key role played by national government in the rapid increase in partnerships since 1980. In Lundqvist's chapter, the subject matter is less centred around economic development but more around environmental protection. However, the key question raised in the chapter – what are the various strategies available to local governments in resolving 'common pool problems' – relates directly to theories of local-to-local networks and concerted action, and thus highlights a frequently neglected aspect of local economic development.

Pierre's chapter presents an analysis of public–private partnerships for local economic development in Sweden. The study deals with three specific roles of public–private partnerships: creating synergy, increasing communication with relevant actors other than those constituting the partnership, and legitimizing pro-growth policies.

Finally, Radin presents a study on different types of partnerships in rural economic development policies in the United States. This chapter highlights the multitude of different types of partnerships, i.e. public-to-private, public-to-public, central-to-local, etc., and how these partnerships relate to each other with regard to a particular policy problem.

The chapters by Keating and Savitch open up a comparative analysis of public–private partnerships. Keating looks at partnerships in the United States from a European perspective and Savitch looks at partnerships in western Europe from a US vantage point.

Thus, each chapter reflects different academic and political perspectives on partnerships as well as a different emphasis on the theoretical and empirical aspects of public–private partnerships. The contributors to the volume clearly acknowledge the saliency of both of these dichotomies – i.e. the political–academic dichotomy and the theoretical–empirical dichotomy – and that the discussion on partnerships needs to be specified with regard to which ends of the two dichotomies are being studied.

NOTES

1   Cynthia Jackson, Guy Peters and Gerry Stoker have provided valuable comments on an earlier draft of this chapter.

2   Sometimes this coordination occurs primarily within civil society, e.g. at

the sector level. In these accounts of governance state intervention becomes a variable, not a parameter (Hollingsworth *et al.* 1994).

REFERENCES

Bailey, N. (1994), 'Towards a Research Agenda for Public–Private Partnerships in the 1990s', *Local Economy* 8: 292–306.
Baldersheim, H. and K. Ståhlberg (eds) (1995), *Towards the Self-Regulating Municipality* (Aldershot: Dartmouth).
Birch, A. H. (1984), 'Overload, Ungovernability and Delegitimization: The Theories and the British Case', *British Journal of Political Science* 14: 136–60.
Campbell, J. L., J. R. Hollingsworth and L. N. Lindberg (eds) (1991), *Governance of the American Economy* (Cambridge, MA, and New York: Cambridge University Press).
Crozier, M., S. Huntington and J. Watanuki (1975), *The Crisis of Democracy* (New York: New York University Press).
DiGaetano, A. and J. S. Klemanski (1993), 'Urban Regime Capacity: A Comparison of Birmingham, England, and Detroit, Michigan', *Journal of Urban Affairs* 15: 367–84.
Durenberger, D. (1984), 'Public–Private Partnerships: New Meaning, New Advocates, New Problems', *National Civic Review* 73: 7–10.
Elkin, S. L. (1987), *City and Regime in the American Republic* (Chicago: University of Chicago Press).
Evans, P. B., D. Rueschemeyer and T. Skocpol (eds) (1985), *Bringing the State Back In* (Cambridge, MA: Cambridge University Press).
Hall, P. (1986), *Governing the Economy* (New York and Oxford: Oxford University Press).
Held, D., J. Anderson, B. Gieben, S. Hall, L. Harris, P. Lewis, N. Parker and B. Turok (eds) (1983), *States and Societies* (London: Basil Blackwell).
Hill, D. M. (1974), *Democratic Theory and Local Government* (London: George Allen and Unwin).
Hollingsworth, J. R., P. C. Schmitter and W. Streek (eds) (1994), *Governing Capitalist Economies* (Oxford and New York: Oxford University Press).
Hyden, G. (1992), 'Governance and the Study of Politics', pp. 1–26 in G. Hyden and M. Bratton (eds), *Governance and Politics in Africa* (Boulder, CO, and London: Lynne Rienner).
Keating, M. (1991), *Comparative Urban Politics* (Cheltenham: Edward Elgar).
Keohane, R. O., J. S. Nye and S. Hoffman (eds) (1993), *After the Cold War: International Institutions and State Strategies in Europe, 1989–91* (Cambridge, MA: Harvard University Press).
King, A. (1975), 'Overload: Problems of Governing in the 1970s', *Political Studies* 23: 284–96.
Kooiman, J. (ed.) (1993), *Modern Governance: New Government–Society Interactions* (Beverly Hills, London and New Delhi: Sage).
Lehmbruch, G. and P. C. Schmitter (eds) (1982), *Patterns of Corporatist Policy-Making* (Beverly Hills and London: Sage).

Lowi, T. J. (1979), *The End of Liberalism*, 2nd edn (New York: Norton).
March, J. G. and J. P. Olsen (1984), 'The New Institutionalism: Organizational Factors in Political Life', *American Political Science Review* 78: 734–49.
March, J. G. and J. P. Olsen (1989), *Rediscovering Institutions* (New York: Free Press).
March, J. G. and J. P. Olsen (1995), *Democratic Governance* (New York: Free Press).
Peters, B. G. (1994), 'Development of Theories of Governance: Art Imitating Life?', paper presented at the SOG meeting, Manchester, England.
Pressman, J. L. and A. Wildavsky (1973), *Implementation* (Berkeley, CA: University of California Press).
Rosenau, J. N. and E.-O. Czempiel (eds) (1992), *Governance Without Government: Order and Change in World Politics* (Cambridge: Cambridge University Press).
Steinmo, S., K. Thelen and F. Thelen (eds) (1992), *Structuring Politics: Historical Institutionalism in Comparative Perspective* (Cambridge, MA: Cambridge University Press).
Stoker, G. (1994), 'The Comparative Study of Urban Regimes', pp. 384–99 in J. Pierre (ed.), *Urban and Regional Policy*, International Library of Comparative Public Policy, vol 2 (Cheltenham: Edward Elgar).
Stone, C. N. (1989), *Regime Politics: Governing Atlanta 1946–1988* (Lawrence, KS: University Press of Kansas).
Strömberg, L. and J. Westerståhl (eds) (1983), *De nya kommunerna* [The New Municipalities] (Stockholm: Liber Förlag).
Warren, R., M. S. Rosentraub and L. F. Weschler (1992), 'Building Urban Governance: An Agenda for the 1990s', *Journal of Urban Affairs* 14: 399–422.

2 'With a Little Help From Our Friends': Public–Private Partnerships as Institutions and Instruments

B. Guy Peters

Partnership has become a more common term in the analysis of public policy, and especially in areas such as economic development, technology transfer and urban management (Kernaghan 1993). As both the public and private sectors find their resources constrained and both their demands and opportunities growing, they have found themselves increasingly interdependent. They also find it useful to leverage one another and to develop partnership arrangements with actors in the other sector. Increasingly, neither the public nor the private sector appears capable of performing well without the involvement of the other. As we will point out below, there are a variety of definitional problems involved in the use of the term 'partnership'. Those conceptual problems, however, certainly have not prevented actors in the real world from engaging in a variety of arrangements that they are quite sure constitute partnerships under any reasonable definition of that term.

This chapter will attempt to apply several conceptual lenses through which to understand the formation, perpetuation and nature of public–private partnerships. The emphasis of the chapter will be on those partnerships as they are manifested in local economic development, but many of the points should be applicable to partnerships when considered more generally. Although there is some tendency to look at partnerships (or any other comet that is blazing across the socio-political heavens) as a new and unique entity, I will be arguing that they can be understood as examples of other, more general, organizational phenomena. I will concentrate on partnerships as examples of institutions, as examples of organizations, and as examples of policy instruments, but other characterizations also could be applied readily.

The emergence of the partnership model is an important development in public life, but it should be understood in the context of other and more generic movements.

WHAT ARE PARTNERSHIPS?

As noted, it is not entirely clear just what we mean when we say 'public-private partnership'. Even in the papers presented at the Hindås conference there were a number of differences in what the authors understood to be a partnership. Most of the differences were matters of nuances and interpretation, but some were more fundamental. We probably cannot provide a definite and stipulative definition of a partnership here, in part because the ambiguity of the term has been valuable both for analytic and practical reasons. What we can do is to develop a set of characteristics that appear to be involved in most partnership arrangements and that also appear to be necessary to their formation and maintenance.

First, a partnership obviously involves two or more actors, at least one of which is public. We will be stressing below the normative problems that may arise from the inclusion of private actors in these arrangements, and in general much of the utility of partnerships arises from their integration of public and private actors. That having been said, some partnerships are essentially public-public, but may still have some characteristics of public-private interactions. For example, when one of the 'public' actors is largely autonomous from direct political control (special districts in the United States, for example), or is an organization that has as much or more of a market role than a strictly public sector orientation, or is itself quasi-governmental, then it may function as a private sector organization in a partnership.

A second defining characteristic of these partnerships is that each participant is a principal. By this I mean that each of the participants is capable of bargaining on its own behalf, rather than having to refer back to other sources of authority. Thus, to be effective, the participants in these arrangements must have a good deal of latitude for action. This autonomy will be especially difficult to come by for the public sector participants in a partnership, given that there are usually multiple levels of control and deliberation, and given further that if any public money is involved it will have to be made available through the normal budgetary process.[1] This criterion also implies that each of the actors involved is willing to make a stable organizational commitment to the partnership.

A third defining feature of partnerships is that they are an enduring relationship among these actors, with some continuing interactions. There are any number of simple, one-off transactions between the public and private sectors. Governments buy and sell goods and services, they provide grants, and they levy fines and taxes. None of those relationships, however, implies any real continuity of interaction. Even if a government agency should return to the same supplier to purchase goods and services year after year, this pattern still should not be considered a partnership. There is no real continuing relationship in this situation, with the contracts usually coming about through competitive bidding rather than as a result of their ongoing relationship.[2] Rather, in a partnership there is a continuing relationship, the parameters of which are negotiated among the members from the outset.

Fourth, each of the participants brings something to the partnership. Therefore, for the partnership to be a genuine relationship, each will have to transfer some resources – material or immaterial – to the partnership. The transfer of material resources (usually money but perhaps also things such as public land) is rather obvious. The transfer of other resources, such as authority and any symbolic values, is perhaps less obvious. We may tend to think of those symbols as coming primarily from the public sector, but in an age that is very sceptical about the efficiency and effectiveness of government, private sector involvement may be the more important symbolically.

Finally, a partnership implies some shared responsibility for outcomes of their activities. This is unlike some relationships (even continuing ones) between the public and the private sectors in which the public sector retains control over policy decisions after receiving the advice of organizations in the private sector.[3] In contrast, the autonomy and negotiated decisions of partnerships produce mutual shared responsibility which, as pointed out below, can make accountability for these decisions difficult to ascertain for the average citizen or even for oversight organizations. Thus, these are really separate structures rather than just bargaining relationships among otherwise autonomous organizations.

Characteristics to Differentiate among Partnerships

We have now identified some general defining features of partnerships, but we also should isolate some features that distinguish among the different types of partnership arrangements that exist. First, we can inquire what groups are involved in the relationship. The most basic arrangement is comprised of one public and one private organization in a simple, mutually supportive relationship. As noted, some partnership arrangements involve two or more public-sector actors, for example in a partnership to provide a particular public service. More complex relationships exist when there are multiple actors involved, whether the participants are from the public or the private sector. For example, Councils of Governments in the United States typically involve a number of local governments cooperating to provide some common services.

A second distinguishing feature may be the formality of the arrangements involved. While most partnerships that can fulfil the defining characteristics enumerated above would have to have a rather formal and stable agreement, one can think of less formal means of achieving the same ends. Those means may include 'gentlepersons' agreements' among leaders. These agreements are effective so long as the same leaders remain in office but will require renegotiation if there is a change in leadership. The formality is also associated with the relative powers of the participants, and the degree of politicization of the pacts. Everything else being equal, we would expect more asymmetric and more politicized arrangements to be less formalized than those on the other ends of those continua.

Finally, there are important differences in the purposes of partnerships and in the policies that are being pursued by the organization. The Lundqvist chapter in this volume (Chapter 6) points to the important differences in purposes that may exist among partnerships. Likewise, there are important differences between partnerships that are primarily economic in their orientation as opposed to those that are engaged in social, educational or other policies. This is in large part a function of the difference between the need to mobilize financial resources in economically oriented partnerships and the many accountability functions that arise from the use of public funds.

Partnerships as Institutions

The first of the intellectual lenses through which I will examine partnerships is that of institutionalism, or the 'new institutionalism' as it has come to be known (March and Olsen, 1989; 1984). This body of theorizing reflects a reaction against both the micro-level, behavioural, analysis in political science and the methodological individualism found in micro-economics. The former strand of thinking tended to dominate the social sciences in the 1960s and 1970s, while the latter took over during the 1980s.[4] The basic point of the institutional approach (or actually the approaches) is that there are structural and organizational aspects of social life that shape behaviour and have as much or more influence over decisions as do the properties of individual decision-makers. This point is especially applicable for policy decisions which must be processed by multiple government institutions (Peters, 1992). Partnerships certainly do have important institutional and structural properties. Indeed, rather than relying on the bargaining of individuals in one or a series of negotiations to generate collective action, the actors involved instead choose to create an organization (or an 'institution'). That institution will solidify the meta-level bargains made, and provides the basis for a continuing exchange within a set of mutually agreed rules. As well as rules in partnerships there tends to be a certain number of shared values among the participants, as well as some common policy goals so that they are symbolic as well as utilitarian components of the relationship. These symbolic elements are important for perpetuating arrangements even when the tangible rewards are limited.

Alternative Definitions and Conceptual Frames

As noted above, there are a number of alternative definitions and conceptualizations of institutions and what they imply for the management of social life. Indeed, it is easier to say what is *not* an institution than it is to say what *is* an institution (DiMaggio and Powell, 1991, 1). I will not attempt to apply all of the possible interpretations of institutionalism to partnerships but rather will focus on only three.[5] The first is the version of the 'new institutionalism' advocated by March and Olsen (1984; 1989) and which has served as the foundation for much of the resurgence of institutional analysis in the social sciences. The second is the more rational choice version of the approach, looking at institutions as collections of rules that shape behaviour, with the purpose of then being capable of designing institutions that will generate the desired policy results. The third concentrates on the historical aspects of contemporary institutions and the tendency of decisions made at the initiation of a policy to continue to shape those decisions for much of their existence.

Value Institutionalism I have described the March and Olsen version of the 'new institutionalism' elsewhere as being 'value institutionalism' (Peters, 1996). By this I mean that shared values tend to be the factors to define institutions within this version of institutionalism. The values that are embodied within the institution create a 'logic of appropriateness' that guides the behaviour of individuals 'embedded' (Granovetter, 1985) within the institution. For the members of the institution there is a common understanding about what should be done by that institution and what actions would tend to fall outside their common value framework. This logic may be promulgated formally, but more often there is a set of tacit understandings about the appropriate behaviour of the organization. This value basis for organization places an emphasis on the symbolic elements of the institution. The mechanisms for exercising control within the institution become the manipulation of widely shared symbols. This symbolic element may be especially important for institutions such as public–private partnerships that depend heavily upon their capacity to manipulate positive symbols in order to extract commitments from both the public and private sector actors. While, if successful, partnerships can provide real economic benefits, they also have an important symbolic element. Indeed, that aspect of partnerships may be crucial to their formation, while the creation of more tangible benefits may be more significant for their continuation.

The symbolic elements of partnerships will help to legitimate their activities. Legitimacy in this context can be thought of as both 'internal' and 'external'. Internal legitimation is important to assure other members of the business community as well as other political actors that the initiatives being undertaken are indeed appropriate and correspond with their own values. External legitimation likewise is important. The policies must be acceptable to the wider community and both public and private actors have some capacity to assuage the fears of that community, albeit almost certainly different members.

The symbolic and value basis of institutions creates a powerful internal logic to guide the behaviour of the members of the institution. Furthermore, the internal cohesion that can be created through the manipulation of symbols may be utilized to enable institutions to insulate themselves from external control from other political or market actors. This insulation would, in turn, enable the institution to pursue its own goals relatively autonomously. In the case of public/private partnerships the integration of values would enable what might otherwise be a somewhat ill-defined entity to function effectively and to develop greater latitude for independent action than might be expected. The value basis of institutions is even more important for these less clearly defined institutions than values are for more clearly defined institutions such as legislatures, or even the individual organizations that are members of a partnership.

Rational Institutionalism A second approach to institutional analysis focuses attention more on the rules that shape individual behaviour within those structures rather than the values that may permeate them (Shepsle, 1989). These rules 'prescribe, proscribe and permit' actions by members of the institution (Ostrom, 1986; 1991) and perhaps by the institution acting collectively. This rule-based approach is therefore somewhat more focused on formal institutions than would be true for the value-based approach. The value-based model can admit much less clearly defined, more informal, institutions that manipulate symbols rather than rules. Further, as well as depending upon common agreements among the members of the institution in the rational approach rules – usually thought of as being hierarchically determined rather than consensual – provide greater internal control. This approach to institutionalism is based on an economic logic, but is more macro- than micro-oriented in terms of its logic and its scope of explanation.[6]

In the case of more informal organizations such as networks (Rhodes and Marsh, 1992), however, the rules themselves may be the product of negotiation rather than hierarchical imposition by government. While the results of any negotiation may have the status of rules after they are accepted, the participants are themselves responsible for those rules. This prior agreement should reduce some of the problems of compliance that are inevitably an impediment to the effectiveness of any rule-based system. This compliance problem may be especially important when one of the actors in these relationships can claim to speak with the authority of government while the other can be characterized as speaking only for narrow interests. The narrowness of those interests is significant whether those interests are socio-economically or geographically based.

Another significant aspect of the rational choice view of institutions is the importance of transaction costs analysis and other aspects of the economics of organizations (Moe, 1984; Calista, 1989). In this view, one of the principal reasons for developing institutions is to minimize the costs that would occur in their absence (North, 1990; Williamson, 1985). In the case of public–private partnerships, the existence of a formalized arrangement among the actors can easily be conceptualized as a mechanism for reducing transaction costs. Rather than having to renegotiate the rules by which they will interact with one another to produce collective benefits, the existence of a partnership enables the policy-makers involved to make decisions without having to begin discussions from first principles each time.

One way that potential partnerships can evade some of the difficulties encountered in negotiating their own rules is through utilizing existing bodies of rules. In particular, many of the partnership arrangements established could be governed through contract law or other existing bodies of private or public law that are used to define reciprocal rights and obligations. Of course, there would still be a necessity to negotiate the contracts that will govern the relationships among the participants. Contractual relationships among partners, however, will reduce the necessity of starting from scratch in developing the rules that will govern those interactions. Contracts, however, imply relatively equal partners and demand specific performance of certain duties. Neither of those conditions is likely to be met in many public–private partnerships.

Historical Institutionalism   The third approach to institutionalism that may have some capacity to illuminate the functioning of public–private partnerships has been called 'historical institutionalism' by its proponents (Steinmo, Thelen and Longstreth, 1992; Immergut, 1992). The fundamental concept here is that the conditions and ideas central to the founding of an institution are also crucial to understanding its subsequent behaviour, and will continue to influence the types of policies that it will make. In the language of this group of theorists, institutions and their decisions are 'path dependent'.[7] For example, the Social Security programme in the United States embodies a set of ideas about how to address socio-economic problems (Weaver, 1987), just as the welfare state in Britain embodies the conceptions of Beveridge that were central to its founding (Ashford, 1996). Those founding ideas have continued to influence not only Social Security but also a variety of other social programmes, sometimes inappropriately (Davis, 1975).

Another important point in this approach to institutional analysis is the idea of 'veto points'. That is, institutions and groups of institutions in a policy-making process vary in the number of points at which there needs to be agreement before any action can be taken. This concept then is a more general statement of the concept of clearance points in Pressman and Wildavsky's (1976) seminal discussion of implementation. One obvious example of difference in the difficulty of making decisions is that a presidential system such as the United States will have, everything else being equal, more veto points than will a parliamentary regime. Likewise, public–private partnerships will have a larger number of veto points than will most other mechanisms for delivering public services.

With some notable exceptions, public–private partnerships have only a limited history and hence the possible dysfunctions of this path dependency may be less apparent. What this approach does imply for partnerships is that negotiating the rules at the inception of an agreement is even more important than it appears. Further, given the almost inherent complexity of partnership arrangements, their advocates and formulators should attempt to design sets of rules and patterns of decision-making that will maximize their capacity for action. Again, given that one of the actors involved is public, the necessity of including mechanisms for accountability will produce a significantly greater number of veto points than would be true if all actors involved were private, and therefore designing mechanisms for energizing the partnership becomes especially important.

The historical approach provides a good explanation of the performance of an institution once it has been established. It also provides useful guidance for a would-be designer of institutions, if for no other reason than that the number of veto points within the institution should be minimized. What this approach does very poorly is to explain the initial formation of the institution. In fact, of the three approaches to institutional analysis discussed here, only the rational approach can provide a very useful explanation for formation. In that view, a rational decision (to reduce transaction costs, for example) by the founders is able to provide that explanation. Even here, however, it is not clear how one goes from the idea that transaction costs can be reduced to the actual formation of the institution. The value-based version of institutional analysis can explain formation if there is a common set of values in advance, but this approach too is more suitable for explaining the perpetuation of the structures.

Partnerships as Institutions   In summary, examining partnerships as institutions provides a useful starting point for understanding their behaviour and their role in the policy process. Rather than being merely transient relationships among government and private sector actors, these partnerships can be conceptualized as stable institutional structures that are governed by shared understandings of priorities and values, as well as by sets of rules that have been mutually agreed upon by the two (or more) actors. This stability and institutionalization can be seen as a mechanism for reducing transaction costs and for facilitating decisions through creating common perspectives on policy. All three of the approaches described above illuminate some aspects of institutions, and each also has some deficiencies. Through the application of some or all of approaches these structures that seemingly are peripheral to both the public and private sectors can be understood as potentially effective structures for achieving goals for actors coming from both sectors.

Partnerships as Instruments of Governance

Another intellectual lens through which to appraise public–private partnerships is to think of them as one of a number of instruments that governments use to influence the economy and society. Christopher Hood (1986), for example, discussed the 'tools of government' in terms of the acronym NATO. This did not refer to the military alliance but rather to the terms: Nodality, Authority, Treasure and Organization. In other words, government can influence the society through its place in the flow of communications, its legal powers, its money and its employees and their dispersion throughout society. Other classifications of instruments have concentrated on their economic impacts (Kirschen, 1964) and on the degree of coercion (Phidd and Doern, 1976) required for them to be effective.

Public–private partnerships are but one of many possible instruments that a government would employ in order to achieve its policy goals. Why might it choose this particular instrument over all the others, especially given some of the difficulties in generating and maintaining such an organization?[8] There is no single, easy answer to this question about the appropriate utilization of partnerships as policy instruments, but instead we can point to a set of characteristics of this instrument that may make it desirable in certain political situations and for 'solving' certain policy problems.

Objective Evaluative Characteristics   In the first place there are a number of more or less objective features of partnerships that may make them desirable for policy entrepreneurs attempting to achieve their own policy goals. The first of these is the relative lack of visibility of partnerships as compared to other policy instruments that might be used to reach the same goals. Given the current political climate in most countries 'stealth' programmes that can slip under the radar of anti-government forces may be preferable to more obvious interventions into the economy and society. Public–private partnerships are such an instrument, given that they are often negotiated rather quietly, and rarely even reach the attention of the mass public.[9] The obvious exceptions are cases in which the government wants to claim credit for doing a good thing through a partnership, e.g. promoting local economic development (Pierre, 1994). With this relatively less visible nature, partnerships can be useful for intervening in areas that might otherwise cause substantial public resistance.

There are, however, some losses associated with the potential gains from partnership arrangements. The most obvious loss is the decrease of accountability and control that characterizes many such arrangements. The lack of visibility in itself makes accountability somewhat more difficult, given that the usual watchdogs, such as the media, may not be sufficiently interested to inquire about these operations of government. In addition, the very ambiguity of partnerships and their existence between the public and private sectors makes control of policy that much more difficult. However, just what are these entities and to what set of controls should they be subject? The creative executive of a partnership should be able to evade unwanted controls much more readily than the manager of a 'normal' public organization, but is that not in part the reason for the creation of these organizations?

A second reason for selecting this particular policy instrument is that it can be cost-effective when compared to other possible means of achieving the same goals. Although the precise pattern of funding may differ among different partnerships, in general their projects are funded jointly. This means that each side is in essence leveraging the other. This means that the cost of providing the same service will be less for each side of the arrangement than it would if it were providing the service alone. This, in turn, means that the cost-effectiveness may be illusory if the total costs are higher. Still, for political purposes the illusion may be valuable and may be all that is required to make the instrument acceptable.

Partnerships also enable programmes to escape from the political and bureaucratic processes that might bog them down were they totally public sector activities. In the public sector, process may become almost as important as substance in a programme, and there are significant legal restraints on the procedures that must be followed in making and implementing programmes. In a partnership arrangement those procedural demands can be loosened substantially, and quicker and possibly more effective decisions can be made. In short, the partnership can provide the programme with a gain of executive capacity over what would probably ever be possible within the public sector.

Finally, partnerships may also be selected as an instrument because they appear to involve less government coercion than do other possible modes of public sector intervention (Woodside 1986). The simple fact that partnerships are voluntary agreements between the several actors makes them less coercive than an attempt on the part of government to achieve the same goals through regulatory activities or direct public provision of services. Of course, the creation of a partnership may not be entirely voluntary, given that the threat of direct government intervention may make private sector actors more willing to participate in the cooperative arrangement than they otherwise would be. Again, given that public perception is a crucial element for any instrument, the public sense of lower levels of coercion may be more important than any reality. This perception is especially true for an era in which public opinion is so hostile to almost any form of direct government activity.

CONSTITUTIVE CHARACTERISTICS OF PARTNERSHIPS

We have been assuming that policy issues are well defined prior to the formation of the partnerships that will process them. That is often not the case, and problems and their solutions are defined simultaneously. In the case of public–private partnerships, defining the participants in the partnership and defining the mode of intervention are all tied together in the definition of the problem (Rochefort and Cobb 1994). At the extreme, partnerships that form for other reasons (see below) may have to find something to do, just as organizations that are successful in reaching goals must decide whether to define new goals or go out of existence – the classic March of Dimes and YMCA cases.

The constitutive element of partnerships also helps to emphasize the symbolic element of this and any other policy decision. Policies are about producing objective results in the economy and society, but they are also important as symbols to the private sector of the concerns and intentions of government. In some instances government can do little else but manipulate symbols if the policy problem is intractable or has not yet been clearly identified. In those instances the willingness of a government to form some sort of alliance with the private sector can be seen as a sign of concern and as a sign that there will not be an attempt at the hierarchical imposition of a particular definition or design on the policy question. Again, in an age in which government is regarded sceptically, these may be just the right signals to be sending.

Control of Autopoesis

To this point we have been using an extremely instrumental view of policy and policy intervention (Hawkesworth 1988). We have been assuming that if government acts then citizens will simply accept those decisions and do what they are expected to do. We know, however, that the public tends to be somewhat less predictable than that *vis-à-vis* government mandates and that they often find ways around the dictates of government. For example, if government enacts a new tax law many people in the society will engage in actions to reshape their portfolio of assets to avoid the tax legally (Peters 1991), or they will engage in extra-legal activities to evade the taxation (Frey and Weck 1983). The less legitimate is the tax law, and the government that made it, the more likely it is that the public will engage in evasion and avoidance (Listhaug and Miller 1985).

Critics of the instrumental view of government have argued that the reshaping of portfolios and the modification of behaviour to escape government controls is more common than assumed by most students of the public sector. Some of these critics have conceptualized this avoidance of control as 'autopoesis', or self-referential organizational systems (Luhmann 1990; in t'Veld 1991). No matter how hard government may attempt to control societal behaviour and to influence the course of social and economic events, the society will always find ways to assert its independence from that control. Again, this assertion is especially likely if the actions of government intrude on an area of life that the public considers more appropriately left to private action, or if the government as a whole is not accepted as a legitimate source of authority by the public.

Public–private partnerships are one potential means of controlling autopoesis, and of assuring greater reliability of government interventions. By definition, government is not imposing its will so directly on the private sphere when using this mixed form of action, and the private sector has a substantial degree of influence over the policies selected and their manner of implementation. As in many other forms of cooptive interaction between the public and private sectors, e.g. corporatism, government may have to give up a certain amount of influence over the initial shape of policy. In return, it will receive greater certainty that the policy that is adopted will be put into effect in the manner desired and will be likely to produce the outcomes predicted (Heisler 1974; Rokkan 1966). There are, of course, no firm guarantees of that outcome, but they may be more probable with partnerships than with instruments that are entirely controlled by the public sector.

How to Employ the Instruments

The literature tends to conceptualize instruments as being employed primarily at the implementation stage of the policy process, but a broadly conceived instrument such as partnerships may be thought of as being useful at several stages of the process. In particular, if we think of the conventional, linear policy process model (Jones 1984; Peters 1995) then partnerships can be applied at several of the stages. First, partnerships can be seen as being useful at the stage of setting the policy agenda. Gaining access frequently is one of the most difficult aspects of the policy process for private interests, so that an institutionalized arrangement such as a partnership can help solve that difficulty. Because of the direct connection with the private sector the problems of access usually are ameliorated, if not solved outright.

Likewise, at the formulation stage the institutionalized connections of public and private sectors will, everything else being equal, provide more options and policy choices by government. Either side by itself might have a more constrained set of options but the two (or more) perspectives will encourage the consideration of a fuller array of policy options. On the other hand, however, at the stage of actually making the policy choice the need to gain agreement by both actors may force policy by the 'lowest common denominator' (Scharpf 1989). Having the private sector interests within the partnership means that government cannot act without their acquiescence, and hence cannot easily embark on policy efforts that would in any way threaten those interests. Of course, there is mutual blockage so that the public sector also has the capacity to protect the 'public interest'.

The costs at the decision-making stage can be regained to some extent at the implementation stage. Having bargained at the earlier point in the process, both sets of actors should find it easier to agree upon the implementation of the policy. As pointed out above, this pattern of decision-making is cooptive, so that given that the parties have had their opportunity to express their views, once the decision is made they are at least tacitly committed to the decision. Further, given that the policy 'game' is repetitive (Wildavsky 1984; Axelrod 1984), violating an agreement over one policy will make the player a less valued participant in future negotiations and will reduce its overall influence in the policy process.

Summary

Partnerships are an important instrument for government intervention into society. They are neither the answer to all the problems of public policy, nor are they a totally symbolic and ineffective mode of action. Rather, they must be chosen to meet a particular set of problems and circumstances. As is true for the many other instruments of policy, there is a need to develop theories that match instruments with situations. Some of the points raised above point to the utility of this instrument in situations of relatively little legitimacy for public action and the desire to coopt private sector actors as a part of a coalition supporting an intervention. There may be other circumstances in which partnerships are especially suitable forms of intervention, and this analysis can be one part of the continuing discussion about policy instruments (see Linder and Peters 1989).

WHY DO PARTNERSHIPS FORM?

The above discussion has dealt implicitly with the question of why and how partnership arrangements are formed. This is as yet a relatively underdeveloped part of the analysis of these institutions, and indeed of most institutions (Grafstein 1991). This is as true of many of the chapters in this volume as it is of most of the other work on this topic. If, however, this can be answered, then some of the other questions about institutionalization of the partnerships are also more subject to analysis and interpretation. It remains much easier to describe the reasons for the perpetuation of a partnership once made than it is to describe the reasons for formation. The above discussion of the instrumental reasons for their existence goes part of the way in that direction, but there is still a great deal of work to do.

Preconditions

One way to begin the analysis of the formation of partnerships is to think about the preconditions for their coming into being. Here we will enumerate some of the variables that may be necessary but not sufficient conditions for the successful development of a partnership. Thus, the more of these qualities that exist at the time the more likely it is that partnerships will be selected as the mode of intervention. Further, it also appears that the more of these factors that are present the greater is the probability that a partnership, once formed, will be able to persist and to reach its policy goals. There are no guarantees here, but rather this should be seen as a set of hypotheses concerning partnership formation and perpetuation.

A first variable would be the extent of mutuality of interests between public and private sector actors concerning the specific goals that a partnership might pursue. The advocates of these arrangements often appear to assume that partnerships are, in and of themselves, a good thing and therefore should be promoted. This is to some degree true, given that they can foster future cooperation even if they have no specific goals initially. That normative appeal, however, may not be sufficient for economic actors to invest the time and money required for the structure to be developed. Rather, the question about what is in the arrangement for each side becomes a dominant concern. In the case of partnerships concerned with economic development, these questions may be somewhat easier to answer than for partnerships around social or cultural concerns, but even here there will be definite concerns about self-interest.

A second variable that defines the possibility of partnerships is the possibility of exchange among the partners. That is, each side must bring to the table something of value to the other that is related to the goals of the partnership. To some extent this is often the case, given that each generally does have something that the other wants. The private sector needs the capacity of the state to exert legitimate authority over the society. Similarly, the public sector needs the flexibility of the private sector and its capacity to make decisions more rapidly and, if necessary, somewhat less accountably than is true for government organizations. This possibility of exchange may also extend to financial affairs, with the two sides having access to different types of resources and the capacity to accept different sorts of fiscal commitment. In economic development, for example, the public sector can exercise eminent domain to acquire property while the private sector does not have that right.

A third precondition for the formation of partnerships is a negative one: the absence of feasible alternatives to achieve the same goals. This condition may not often be met in full, given the range of possible instruments for public action. That having been said, however, partnerships may be the only really feasible mechanism to achieve certain goals. As we have noted, the capacity to link public and private mechanisms makes achievement of some goals possible that would not be possible in other situations. The mixture of public and private goals and methods may produce outcomes that neither side alone would be able to produce.

A fourth factor to be included in explaining the selection of partnerships as a mechanism for intervention is the leadership available to both sets of actors. There may be objective conditions of mutual interest in the formation of a partnership, but that may be irrelevant if it is not recognized by the leaders of the two organizations. Even if the mutuality is recognized, those leaders must be willing to take some gambles and be willing to forgo some of the potential credit for any successes. Of course, using cooperative arrangements may also enable the leaders to avoid all the blame in the case of failure.

Finally, partnerships should be more successful when local governments are sufficiently strong to bargain effectively with the private sector. There is some tendency to think of partnerships developing when government is somewhat desperate and needs to pursue the private sector. We will argue, however, that any seriously asymmetric relationship may not create the symbiosis required for a successful partnership. This is demonstrated in several of the studies included in this volume as well as in other analyses of similar organizations. It may be especially important that a local government is able to ensure sufficient autonomy and sufficient fulfilment of their responsibilities as representatives of the public.

Incentives

Another approach to thinking about the formation of partnerships is to attempt to identify the motivations of the actors who are the potential participants in the relationship. This approach also requires conceptualizing the incentives that organizations manipulate in order to gain participation by individuals. It would be easy to assume that all the actors are engaged for the same, policy-oriented reasons. That may not, however, be the case and some actors may be pursuing rather different goals. For example, some or all of the actors in a partnership may be engaged in the arrangement for purely symbolic reasons, rather than for the purpose of producing tangible policy outputs.

Some years ago Amitai Etzioni (1961: 12) argued that there are three fundamental types of incentives and of motivations involved in the formation and perpetuation of organizations. The incentives (or types of power) he labelled coercive, remunerative and normative. Similarly the motivations of individuals to involve themselves in an organization were labelled alienative, calculative and moral. The basic argument advanced by Etzioni was that organizations would be more

Involvement

Alienative   Calculative   Moral

Coercive   1

Incentives   Remunerative   2

Normative   3

Legend: 1 = Unfunded mandates
              2 = Contracts
              3 = Public–private partnerships

Figure 2.1   Etzioni's Typology of Organizational Compliance (with Examples)

successful if their incentives and the motivations of their participants
were in conformity. So, as is shown in Figure 2.1, the three cases
on the main diagonal are more likely to be stable and effective than
cases that fell off the main diagonal. The off-diagonal cases also
appear subject to a certain amount of exploitation of one party by the
other, as when one party is participating for moral reasons, while the
other actor is attempting to obtain something more tangible from its
participation.

It appears that public–private partnerships could fit into at least two
of the three cells along the main diagonal. Some partnerships can be
seen as being in essence moral commitments on the part of the participants. They perceive the act of cooperating and participating in such
an arrangement to be as important as any of the specific outcomes.
In this case the symbolic aspects of the partnership may be at least
as important as changes in socio-economic conditions. On the other
hand, some partnerships are important as means for both partners to
achieve substantive policy goals. There may still be some symbolic
aspects but the principal reason for engaging in the arrangement is
to build the capacity for goal fulfilment. It is difficult, however, to
think how alienative and coercive relationships could be effective in
partnership arrangements.

Summary

Partnerships appear to be formed for a variety of reasons. Predicting the formation of such an institution in any particular situation is unlikely, but we can develop some sense about the possibility of their formation by identifying a set of preconditions for their formation and then seeing how many of these are present in any setting. While far from high-level social science theory, this is at least a beginning in treating partnerships as yet another quasi-public organization in order to understand their dynamics. The factors outlined, however, here do a somewhat better job in predicting whether any form of organizational activity will take place, than they do in making more specific predictions about partnerships. Still, these factors appear to fit the empirical findings in the chapters that follow and may at least begin the discussion of organizational and institutional dynamics.

NORMATIVE DIMENSIONS OF ANALYSIS

Finally, we should discuss the normative questions arising from the creation and utilization of public–private partnerships for achieving policy goals. For the public sector, the normative dimension of choices about partnership systems is crucial, given that government must trade some of its autonomy and potentially some of its authority for the cooperation of the private sector. If indeed these structures depend upon mutual cooptation then the public sector risks giving up too much of its responsibility to the public for limited gains for that public. In Lowi's (1979) terminology there is the danger of the 'private appropriation of the public interest'.

Of course, there may be some danger of the opposite also happening. That is, it may be that the interests of the private sector actors can be subverted in the name of achieving broad public sector goals. This subversion is perhaps improbable for businesses that might be involved in a partnership, given that profit and loss gives them a very clear measure of what they are supposed to be doing and the potential losses they may undergo if they participate. For not-for-profit organizations, however, the signals about success and failure are less clear and consequently the danger of losing one's way in a partnership is greater. For example, universities run the risk of becoming more concerned with becoming a partner in economic development than with their traditional role of teaching and research.[10]

The fundamental question here is whether public–private partnerships are capable of operating 'in the public interest'. While they are composed of one member that is charged with protecting the public, there are always questions about whether those rather diffuse concerns can overcome the more immediate concerns arising from their interactions with the private sector. Much of what we know from organizational theory is that organizations and their members do displace goals and do lose sight of broader normative concerns in the light of quotidian demands and interactions. Given that membership in one of these partnership arrangements tends to exacerbate tendencies towards goal displacement, maintaining a clear view of the public interest may be difficult.

The fundamental question then becomes one of accountability for the actions taken by the partnership. The standards of accountability for, and even the visibility of, actions are very different in the public and private sectors. Accountability questions then can produce a clash of cultures among the organizations within a partnership. Even when there is fundamental agreement about accountability issues, having yet another organization providing public services may only generate more confusion. There are, however, instances in which the development of a partnership may be utilized for the purpose of escaping the demands for accountability in the public sector. Governments find it difficult to take the financial risks or to incur some continuing fiscal responsibilities that could be necessary to support economic development.

To some extent the normative evaluation of partnerships can reflect other cultural differences. For countries operating in the Anglo-American tradition, the merging of state and society creates more normative problems than is true for Continental and Scandinavian political systems (Peters and Loughlin 1995). In the Anglo tradition close relationships between the two sectors is almost inherently suspect, as is indicated by Lowi's purple prose on the subject. On the other hand, corporatism and other close connections between the two sectors is widely accepted. Indeed, the more organic conceptualizations of this relationship typical of the Continental system assumes that the two sectors are inherently intertwined and connected.

CONCLUSIONS

Public–private partnerships are one of the numerous and growing set of organizations that exist at the intersection of the public and private sectors. These are important mechanisms for reaching public policy goals and also important manifestations of the capacity of the public service to create organizations to coopt and coordinate with the private sector. Further, the emerging anti-governmental political culture makes these forms of intervention all the more important, since they permit merging methods and ideas of the two sectors. Although they are important instruments these organizations are not an undivided benefit. They raise questions about the accountability of government for spending public money and the utilization of legitimate authority to reach policy goals. This essay has been an attempt to raise some of those questions and to point to mechanisms for understanding the partnerships as institutions and as instruments of government.

NOTES

1 It is not uncommon for contract authority to be granted to an administrative entity, although even then there will have to be a legislative action after the fact to appropriate the money.

2 In some instances, such as defence contracting, there may be what is effectively a partnership with the two participants engaged in defining what to build and buy as well as letting the contracts.

3 Corporatist arrangements, for example, involve a continuing bargaining relationship among private-sector actors and government, but the ultimate decisions remain public.

4 The social sciences have never been monolithic, but these were certainly dominant strands of theorizing that tended to dominate the disciplines.

5 For a discussion of others and a more extended discussion of these three, see Peters (1996).

6 While still based on rationality, the rules – the dominant aspect of this approach – are largely extra-rational, not being developed through rational action.

7 That language has also been used by students of regime and institutional structures existing at the international level (Keohane, Nye and Hoffman, 1993).

8 If we think of partnerships in this instrumental context they almost inevitably become more the concern of the public sector partner than the private sector partner, and that asymmetry may undermine their efficacy.

9 Even if they are noticed their connection with the private sector is likely to make them more palatable to sceptics about the public sector.

10 I would not, of course, think of saying this about my own university.

REFERENCES

Ashford, D. E. (1986), *The Emergence of Welfare States* (Oxford: Blackwell).

Axelrod, R. M. (1984), *The Evolution of Cooperation* (New York: Basic Books).

Calista, D. (1989), 'A Transaction Cost Analysis of Implementation', pp. 127–44 in D. Palumbo and D. Calista (eds), *Implementation Theory* (Lexington, MA: Lexington Books).

Davis, K. (1975), 'Equal Treatment and Unequal Benefits', *Milbank Memorial Fund Quarterly* 42: 449–88.

DiMaggio, P. J. and W. W. Powell (1991), *The New Institutionalism in Organizational Analysis* (Chicago: University of Chicago Press).

Etzioni, A. (1961), *A Comparative Analysis of Complex Organizations* (New York: Free Press).

Frey, B. S. and H. Weck (1983), 'Estimating Tax Evasion: A "Naive Approach"', *Oxford Economic Papers* 35: 23–44.

Grafstein, R. (1991), *Institutional Realism: Social and Political Constraints on Rational Actors* (New Haven: Yale University Press).

Granovetter, M. (1985), 'Economic Action and Social Structure: The Problem of Embededness', *American Journal of Sociology* 91: 481–510.

Hawkesworth, M. (1988), *Theoretical Issues in Policy Analysis* (Albany, NY: State University of New York Press).

Heisler, M. O. (1974), 'The European Polity Model', pp. 27–89 in M. O. Heisler (ed.), *Politics in Europe* (New York: David McKay).

Hood, C. (1986), *The Tools of Government* (Chatham, NJ: Chatham House).

Immergut, E. (1992), *Health Politics: Interests and Institutions in Western Europe* (Cambridge: Cambridge University Press).

In t' Veld, R. J. (1991), *Autopoeisis and Configuration Theory* (Dordrecht: Kluwer).

Jones, C. O. (1984), *An Introduction to the Study of Public Policy*, 2nd edn (Monterey, CA: Brooks/Cole).

Keohane, R. O., J. S. Nye and S. Hoffman (1993), *After the Cold War* (Cambridge, MA: Harvard University Press).

Kernaghan, K. (1993), 'Partnerships and Public Administration: Conceptual and Practical Considerations', *Canadian Public Administration* 36: 57–76.

Kirschen, E. (1964), *Economic Policy in Our Time* (Amsterdam: North-Holland).

Linder, S. H. and B. G. Peters (1989), 'Instruments of Government: Perceptions and Contexts', *Journal of Public Policy* 9: 35–58.

Listhaug, O. and A. H. Miller (1985), 'Public Support for Tax Evasion: Self-Interest or Symbolic Politics', *European Journal of Political Research* 13: 265–82.

Lowi, T. J. (1979), *The End of Liberalism*, 2nd edn (New York: Norton).

Luhmann, N. (1990), *Essays on Self-Reference* (New York: Columbia University Press).

March, J. G. and J. P. Olsen (1984), 'The New Institutionalism: Organizational Factors in Political Life', *American Political Science Review* 78: 734–49.

March, J. G. and J. P. Olsen (1989), *Rediscovering Institutions* (New York: Free Press).

Moe, T. (1984), 'The New Economics of Organizations', *American Journal of Political Science* 28: 739–77.

North, D. C. (1990), *Institutions, Institutional Change and Economic Performance* (Cambridge: Cambridge University Press).

Ostrom, E. (1986), 'An Agenda for the Study of Institutions', *Public Choice* 48: 3–25.

Ostrom, E. (1991), 'Rational Choice Theory and Institutional Analysis: Towards Complementarity', *American Political Science Review* 85: 237–43.

Peters, B. G. (1991), *The Politics of Taxation* (Oxford: Blackwell).

Peters, B. G. (1992), 'The Policy Process: An Institutionalist Perspective', *Canadian Public Administration* 35: 160–80.

Peters, B. G. (1995), *American Public Policy: Problems and Promises*, 4th edn (Chatham, NJ: Chatham House).

Peters, B. G. (1996), 'Political Institutions, Old and New', in R. E. Goodin and H.-D. Klingemann (eds), *A New Handbook of Political Science* (Oxford: Oxford University Press), pp. 205–20.

Peters, B. G. and S. Loughlin (1995), 'State Traditions and Administrative Reform', unpublished paper, Department of Political Science, University of Pittsburgh.

Phidd, R. W. and G. B. Doern (1976), *The Politics and Management of Canadian Economic Policy* (Toronto: Macmillan of Canada).

Pierre, J. (1994), *Den lokala staten* [The Local State] (Stockholm: Almqvist and Wiksell).

Pressman, J. L. and A. Wildavsky (1976), *Implementation* (Berkeley: University of California Press).

Rhodes, R. A. W. and D. Marsh (1992), 'New Directions in the Study of Policy Networks', *European Journal of Political Research* 21: 181–205.

Rochefort, D. A. and R. W. Cobb (1994), *The Politics of Problem Definition: Shaping the Public Agenda* (Lawrence, KS: University of Kansas Press).

Rokkan, S. (1966), 'Norway: Numerical Democracy and Corporate Pluralism', pp. 70–115 in R. A. Dahl (ed.), *Political Opposition in Western Democracies* (New Haven, CT: Yale University Press).

Scharpf, F. W. (1989), 'The Joint Decision Trap: Lessons from German Federalism and European Integration', *Public Administration* 66: 239–78.

Shepsle, K. A. (1989) 'Studying Institutions: Some Lessons from the Rational Choice Approach', *Journal of Theoretical Politics* 1: 131–47.

Steinmo, S., K. Thelen and F. Longstreth (1992), *Structuring Politics: Historical Institutionalism in Comparative Analysis* (Cambridge: Cambridge University Press).

Weaver, C. L. (1987), 'The Social Security Bureaucracy in Triumph and Crisis', pp. 218–36 in L. Galambos (ed.), *The New American State* (Baltimore: Johns Hopkins University Press).

Wildavsky, A. (1984), *The New Politics of the Budgetary Process* (Boston: Little, Brown).

Williamson, O. (1985), *The Economic Institutions of Capitalism* (New York: Free Press).

Woodside, K. (1986), 'Policy Instruments and the Study of Public Policy', *Canadian Journal of Political Science* 19: 775–93.

3 Public–Private Partnerships and Urban Governance
Gerry Stoker

In postwar Western democracies the 'traditional' image of urban government is as the direct provider of welfare and other services. The image of 'modern' urban government is as an enabler, a catalytic agent facilitating provision and action by and through others. In the words of Osborne and Gaebler (1992) this 'reinvented' form of government is more about steering and less about rowing. The focus on public–private partnerships in this volume reflects a concern with this shift in the working of urban government. Partnerships were always an element in the activities of postwar urban governments. Yet the increased use of partnership appears to be part of a broader shift in the process of governing.

Theoretical work on governance reflects the interest of the social science community in this shifting pattern. The traditional use of governance and its dictionary definition defined it as a synonym for government. Yet in the growing work on governance there is a redirection in its use and import. 'Rather governance signifies a change in the meaning of government, referring to a *new* process of governing; or a *changed* condition of ordered *rule*; or the *new* method by which society is governed' (Rhodes 1995: 1–2, original emphasis).

In very general terms the various approaches to governance express uncertainty about the conceptual validity of sharp distinctions between market, state and civil society which were common in past work. Theorists with an interest in governance see the boundaries between sectors as blurred. Those studies with a political focus express a concern with 'a wide range of political *governance* mechanisms with no presumption that these are anchored primarily in the sovereign state' (Jessop 1995).

Government is used to refer to the formal institutional structure and location of authoritative decision-making in the modern state. The concept of governance is wider and directs attention to the distribution of power both internal and external to the state. Its focus is on the interdependence of governmental and non-governmental forces in meeting economic and social challenges. Governance is about governmental and non-governmental organizations working together. Its concern is with how the challenge of collective action is met and the issues and tensions associated with this shift in the pattern of governing.

A concern with public–private partnerships is best situated in the context of these broader trends in governing and public management. This argument is explored in the four main sections of this chapter. First, the evolving concept of governance is explored. Second, attention is directed towards explaining why interest in governance has grown. Third, different ways of analysing the micro-processes of governance are explored. Fourth, the substantial implications of changing forms of governance for understanding community power and the role of the state are noted. In a brief concluding section the challenge posed by governance public–private partnerships to conventional public administration notions of control, accountability, equity and performance appraisal are examined.

THE NATURE OF GOVERNANCE

The literature of governance is eclectic and relatively pre-theoretical (Jessop 1995). Its theoretical roots are various: institutional economics, international relations, organizational studies, political science, public administration and Foucauldian-inspired theorists. Its precursors would include work on corporatism, policy communities and a range of economic analysis concerned with the evolution of economic systems. In the review below the focus is primarily on literature with a 'political' focus (see Jessop 1995, for a wider review).

For political theorists governance is used most often in the context of democratic theory and state–citizen relations. A strong current of work over the last decade has seen theorists from both Left (Hirst 1994) and Right (Green 1993) address the problems of the overload of 'big' government by arguing for democratizing and empowering civil society. New forms of social and economic governance are offered as a supplement to representative democracy and market economies. Parallel prescriptions emerge from the work of some green and communitarian theorists (see King and Stoker 1996).

The traditional theorists of liberal democracy are seen as limited by their narrow focus on the proper principles and procedures of democratic government. Held (1987: 282) summarizes the problem in the following terms:

By focusing on 'government', they have attracted attention away from a thorough examination of the relation between formal rights and actual rights; commitments to treat citizens as free and equal and practices which do neither sufficiently; conceptions of the state as, in principle, an independent authority and involvements of the state in the reproduction of the inequalities of everyday life; notions of political parties as appropriate structures for bridging the gap between state and society and the array of power centres which such parties and their leaders cannot reach; conceptions of politics as governmental affairs and systems of power which negate this concept. None of the models of liberal democracy is able to specify adequately the conditions for the possibility of political participation by all citizens, on the one hand, and the set of governing institutions capable of regulating the forces which actually shape everyday life, on the other.

The challenge is to develop 'a process of double democratisation: the interdependent transformation of both state and civil society' (Held 1987: 283). The concerns of modern democratic theory are relevant to a focus on urban governance. The heart of their work is the inter-relationship between and inter-connection of government and the organizations of civil society.

Within the debates of development studies Leftwich (1994) identifies three positions. Good governance for many Western politicians means a legitimate and democratically elected government modelled on traditional liberal democratic lines. For the World Bank the emphasis is more on good administration. Governance means efficient and accountable public service. It is the third meaning of the term governance that is of most interest, given our focus on local governance. Leftwich (1994: 371) comments:

> From a systemic point of view the concept of governance is wider than that of government which conventionally refers to the formal institutional structure and location of authoritative decision-making in the modern state. Governance, on the other hand, refers to a looser and wider distribution of both internal and external political *and* economic power. In this broad sense, governance denotes the structures of political and crucially, *economic* relationships and rules by which the productive and distributive life of a society is governed.

This systemic perspective is helpful in the context of urban governance because it directs attention away from the formal structure and location of decision-making authority.

Within international relations governance is used in a variety of ways (Tang 1994). Some use it as a term to refer to systems composed of various and mixed state and international institutions. For others governance is concerned with how order is achieved in international relations without resort to a paramount authority. Governance is seen in terms of 'rule systems that function without clear-cut loci of sovereign authority'. Another related definition describes governance as 'managing a nobody-in-charge world'. It is this latter perspective on governance that is especially of interest to studies of local governance.

The concept of governance in international relations is used to capture the attempts of nation states to cooperate in order to enhance their 'national' interests. As Halliday (1994: 227) comments:

> The concept of 'global governance' has gained currency in recent years and, shorn of unrealistic aspirations, can be seen as having several components: the strengthening of existing global and regional institutions, the evolution of law and norms prevailing to international behaviour, the protection and promotion of international 'public goods', be these the environment, space, minerals, or the high seas.

The construction of forms of global governance joins changes such as the transnationalism of society and ideology as a key change in the international field.

Within public administration governance can be associated with the rise of New Public Management (Hood 1990, 1991; Rhodes 1995). The traditional systems of public bureaucracy are seen as having failed and government needs to be 'retooled' and a range of approaches that emphasize a commitment to separating steering (policy decisions) from service needs to be developed (Osborne and Gaebler 1992). New Public Management (NPM) encourages new processes of governing as entrepreneurial governments develop a concern with competition, markets, customers and outcomes (Hood 1991; Prior 1993). These new forms of governing involve working across organizational boundaries. New Public Management draws on a mixed base of Taylorist management thought and new institutional economics. Reconciling the respective centralist and decentralist tendencies of these two bases provides a fundamental tension with NPM (Hood 1990: 213). The governance model advocated by Osborne and Gaebler would appear to suggest that the tension can be overcome.

Other writers within the public administration field appear to be much less sanguine about the possibility that the emerging world of governance can be effectively managed. These new forms of governing are interactive because no single actor, public or private, has the knowledge and resource capacity to tackle problems unilaterally (Kooiman 1993b). Government can intervene in the system but they would be mistaken to do so by imposing order and issuing directives. 'Such methods are efficacious enough in stable, simple and homogeneous societies. As a society becomes more volatile, complex and diverse, they become self-defeating' (Dunsire 1993: 33–4).

Rhodes (1995) develops the arguments of Kooiman and others to present a particularly helpful view of governance. The focus is on a *system* of governance involving complex sets of organization. Governance 'refers to self-organising, inter-organisational networks' (Rhodes 1995: 11). The policy world is made up of integrated networks that resist government steering and develop their own policies and mould their environments. Governments may seek to manage these networks but there is no sovereign authority. 'Networks have a significant degree of autonomy from the state and are not accountable to it' (Rhodes 1995: 11).

A baseline definition of governance is that it refers to the action, manner or system of governing in which the boundary between organizations and public and private sectors has become permeable. Governance recognizes the interdependence of organizations. The essence of governance is the interactive relationship between and within governmental and non-governmental forces. Beyond this baseline definition it is helpful to distinguish two perspectives on governance: the managerial and the systemic. The former presents a less radical and profound challenge. Its prime focus is on the emerging new processes of governing. The systemic view, in contrast, suggests that the focus would be less on the changing tools of government and more on the emergence of a system of self-governing networks. Government is not just changing its tools, it is changing its meaning.

WHY GOVERNANCE?

The academic interest in governance reflects developments in the practice of urban government. In Britain and the United States the word governance has undoubtedly entered into the vocabulary of elected and unelected officials. Governance also has a resonance in the policy debates of other Western democracies. Of course governance is sometimes used for rhetorical rather than substantive reasons. At times in

Osborne and Gaebler (1992) governance appears to be used in place of government as if 'government' was a difficult word to sell in privatized, market-orientated societies. Governance is on other occasions used to provide the acceptable face of spending cuts. It is a code for 'less government'.

The rise of governance undoubtedly reflects to a degree a search for reductions in the resource commitment and spending of government. It involves a recognition to the limits of government. Yet its rise reflects a range of broader forces. Governance is not the narrow product of fiscal crisis.

In terms of organizational theory governance represents a response to the challenge posed by a society that is prone to rapid change and characterized by complexity and diversity. Drawing on insights from cybernetics, the thrust of the argument is that a complex, diverse and dynamic social-political world requires forms of governing which are dynamic, complex and diverse. New forms of governance are emerging that take the conditions of modern society seriously. Heavy-handed regulation would undermine the creativity and dynamism of a complex modern society. Governments thus require other tools of governance in which they participate in the conflict of forces by giving their support to certain actors. This subtle form of intervention involves identifying an area of interest, the forces in operation and the nature of the intervention that would produce a more desirable dominant coalition (Dunsire 1993).

A second explanation for the rise of governance is provided by neo-Marxist influenced theories about the rise of a 'post-Fordist' society (for reviews see Cochrane 1993, and Stoker 1990). The argument is that the break-up of the Fordist system of production and consumption has created new demands on the state reflected in restructuring strains in the economy, fiscal stress and rampant consumerism with respect to public services. Variations across countries exist but in a broad sense the state has attempted to develop a greater responsiveness in key areas of activity. It has done this by building a closer and more collaborative relationship with business; sharing welfare responsibilities with private, voluntary and user groups; and developing its capacity for political management by bypassing parties and other traditional linkage mechanisms to develop new forms of consultation and information exchange. In short, the state has responded to the challenge of the breakdown of Fordism by developing new forms of governance. It has been aided in this process by the availability of new information technology and a private service sector better equipped than in the past to compete for 'white collar' government activities.

A third type of explanation shifts the focus away from broad structural forces to changes in the pattern of political thought and ideology.
New methods of governance reflect shifts in preferences or views about
how government should behave. The New Right with its amalgamation
of liberal and conservative strands of thought has combined a commitment to freedom with a desire to promote certain key values and
responsibilities (King 1987). The result has not been so much a rolling-
back of the state as a search for new forms of intervention and
mechanisms of control. The Left, too, has seen the development of
'anti-statist' thought. It has also to a degree reacted to the political
success of the Right and rethought its commitment to traditional forms
of   government   provision   through   large-scale   bureaucracies
(Wainwright 1994).

A fourth explanation of the rise of new forms of governance focuses
on political actors and their actions. A number of different coalitions
would appear to have formed to promote new forms of governance.
Central, local and supranational levels of government and international
organizations have at times promoted initiatives. In some instances tiers
of government have joined forces. The role of the European Union in
promoting partnership should not be underestimated as it has sought to
forge new coalitions with local and regional governments and voluntary
organizations (Cochrane 1993: 101). In Britain a key alliance has been
between business organizations and central government (Harding
1991). The later City Challenge initiative brought in a wider range of
partners.

Outside the economic field strong new alliances between more active
user or consumer groups and producers keen to adopt more flexible
ways of working have created the conditions for experiments in governance (Taylor-Gooby and Lawson 1993; Wistow and Barnes 1993).
The rise of new social movements making new demands on the state
can be seen as creating the conditions for the emergence of a new
governance (Hirst 1994).

THEORIZING GOVERNANCE: HOW DOES IT WORK?

Governance involves government and non-governmental forces in joint
action. This feature implies some shared purposes and a framework of
rules. There may be a division of labour between the participants, but
central to the idea of governance is a more or less continuous process of
interaction. A governance relationship is more than an *ad hoc* one-off

deal, although it is not necessarily permanent. The partners are by no means always equals in the arrangement. A governance relationship involves some social purpose. It is not just about producing a good or a service. It is about achieving a collective benefit that could not be obtained by governmental and non-governmental forces acting separately.

This section of the chapter explores how the processes of governance can be understood. It focuses particular attention on insights from the common-post resources literature and developments in urban regime theory.

A key distinction between forms of governance can be made on the basis of whether the transaction costs in the partnership are high or low. Williamson (1975, 1985) argues that the cost of transactions depends on three variables – bounded rationality, opportunism and asset specificity. Transaction costs are higher, the more difficult and yet necessary it is to be informed, understand and anticipate the actions of other partners; when there is greater scope for a partner to deceive and mislead; and if a more complicated asset or product is being developed. Contracting-out refuse collection would be a form of governance with low transaction costs. Many public–private joint development ventures, in contrast, involve all partners in complex, time-consuming and messy interactions.

Forms of governance with low transaction costs might be examined using insights from the economic theory of markets. Le Grand and Bartlett (1993) offer an interesting example of this approach. Many governance initiatives involve establishing 'quasi-markets'. Monopolistic state provision is replaced by provision through a competitive range of public, private and voluntary organizations. The market thus created differs from conventional markets because some of the competing agencies are non-profit. Moreover the consumer is represented by an agent or pays in the form of vouchers rather than by cash. To work effectively the systems of governance that emerge require, like conventional markets, a truly competitive structure, appropriate and accurate information, and non-distorting incentives for providers and purchasers.

As transaction costs increase and the forms for partnership become more complicated, other forms of analysis might become relevant. One option would be to draw on economic interpretations of politics offered by 'rational choice' approaches (for a review see Dunleavy 1991). This literature is rich in its concern with the problems of cooperation, free-riding and coalition-building. It plainly offers considerable potential in examining the new urban governance.

An interesting example of an institutional rational choice approach is provided by the literature on common-pool resources (see Ostrom 1990; Ostrom *et al.* 1993). The focus of this work is on the various institutional arrangements that can be created to enable people to cooperate. Incentives and appropriate sanctions are identified, assuming that rational actors will respond appropriately. Increasing the availability of information and reducing transaction costs are also seen as essential to designing effective systems. The aim is to offer an analytical approach rather than identification of particular institutional reforms. However, there is a preference for polycentric governance arrangements in which a multiplicity of agencies interact with one another in different service or functional areas.

Another literature that would seem to offer potential insights into governance is that on policy networks and communities (Atkinson and Coleman 1992; Marsh and Rhodes 1992). Indeed the focus on networks and communities is premised on the recognition that the study of the policy process needs to reach beyond political–bureaucratic relationships to a variety of state–society relationships. Policy is not made in government but in its formulation, and implementation is processed by networks of state and non-state actors.

Some studies have focused on individuals, others on groups and organizations. Both types of study have addressed the classic issues of who participates and who wields power. In particular, networks and communities have been distinguished on the basis of their degree of openness and the level of integration of the participants. Atkinson and Coleman (1992: 161) suggest in addition that it is 'necessary to focus on institutional variables, such as the level of centralisation and professionalism that characterises organisations in a network, and on ideological variables, such as the intellectual foundations of dominant world views in particular policy areas'. A range of typologies have been developed within this literature (for a good example see Marsh and Rhodes 1992). Most have concentrated on the national level, and indeed several writers have increasingly drawn attention to the internationalization of policy domains.

Given the focus on urban governance in this chapter it is worthwhile drawing attention to an application of the network style of analysis at the local level. In the following sections the discussion draws on Stoker and Mossberger (1994).

Urban regime theory starts with the assumption that the effectiveness of local government depends greatly on the cooperation of non-governmental actors and on the combination of state capacity with non-governmental resources. As the task of governments becomes more complex the cooperation of various non-governmental actors is required. Delivering routine services through direct state provision may require little societal coordination, but much of what modern governments do in economic development, welfare and many other policy areas does. The point is that 'to be effective, governments must blend their capacities with those of various non-governmental actors' (Stone 1993: 7). In responding to social change and conflict, governmental and non-governmental actors are encouraged to form regimes to facilitate action and empower themselves.

Table 3.1   A Typology of Urban Regimes

Defining characteristic	Regime types		
	Organic	*Instrumental*	*Symbolic*
Purpose	Maintenance of status quo	Project realization	Redirection of ideology or image
Main motivation of participants	Local dependency	Tangible results	Expressive politics
Basis for sense of common purpose	Tradition and social cohesion	Selective incentives	Strategic use of symbols
Quality of coalition (congruence of interests)	Political communion	Political partnership	Competitive agreement
Relationship with environment:			
Local	Exclusive orientation	Exclusive orientation	Inclusive orientation
Non-local	Independent	Dependent	Dependent

Table 3.1 presents a typology which identifies the general purposes of three regime forms. Next, the typology features four dimensions of the process of regime formation and development. What is at stake is the variety of mechanisms for meeting collective action problems and how various types of solutions cluster together. These four process components are:

1. mechanisms for mobilizing participation in regimes,

2. the nature and process of developing a common sense of purpose within regimes,
3. the quality of coalitions established within regimes and the congruence of interests among regime partners,
4. strategies used by regimes in dealings with the wider local and non-local political environment.

Organic regimes seek to maintain the status quo. They are most likely to have their key participants motivated by a sense of local dependency. A sense of common purpose among participants reflects historical relations and traditions. Partners are established interests with a long-time presence in the area, and their relationship is characterized by political communion. There is a high congruence of interests. Participants share a broadly common outlook, experience and perspective. Such regimes have a strong relationship with those interests they identify with in the wider community, and these interests are granted insider status. Those out of sympathy with the regime will be rigidly excluded as outsiders. Finally, such cohesive regimes expect to be able to deal with non-local forces on their own terms: keeping undesired interference at bay but being able to lever-in resources that they require.

Instrumental regimes set short-term goals related to concrete projects. They have participants who are driven primarily by a desire for tangible results. Their sense of common purpose is provided by the availability of selective material incentives. Their relationship is characterized by political partnership. A process of negotiation, bargaining and institution building is necessary to clarify shared interests and the terms of the relationship. As selective material incentives are by definition a scarce commodity, such regimes practise an extensive strategy of exclusion: incorporating key marginal groups but seeking to over-ride the concerns and interests of many in the wider local community. Given their position, instrumental regimes often require non-local support for their actions. Their dependence on such support means that a key element in their political strategy is to present themselves in a way that is acceptable to non-local political forces or higher levels of government.

Symbolic regimes revolve around ideological or image-building concerns. Their aims are transformative, and they are dominated by participants whose prime concerns are expressive. Their involvement is based on communicating their intentions, values and concerns. A sense of common purpose is achieved through the manipulation of symbols which express the rightness of the cause and its attractiveness. Substantial differences of interest and commitment may exist among the participants. Despite the formation of a regime, a battle of ideas about the purposes and direction of the regime may be a constant implicit or explicit feature. Given the focus of the regime on expressive politics – communicating concern and reconciling beliefs – there will be an extensive outreach of the regime to its local community. It will also seek to lobby higher levels of government and win their support. Such regimes, because of their strong symbolic dimension, can demand expressive support on their own terms because of the 'rightness and justice' of their cause. Higher levels of government may be forced to display a shared commitment and concern, as in the case of cities struggling to revitalize their fortunes. However, they will not necessarily provide substantial material support.

The urban regime typology is attractive because it makes its distinctions on the basis of the processes of coordination at work. The typology of urban regimes, however offered, should be treated with some caution. Like other typologies, any particular public–private partnership may not conform exactly to the list of characteristics that have been grouped together. Moreover it is possible to imagine a particular public–private partnership moving from one type to another over time. The value of such typologies rests in the sharpness of the questions they encourage researchers to ask:

• What is the purpose of this form of governance?
• How and why were the partners brought together?
• What mechanisms exist within the partnership for overcoming collective action problems and sustaining a common sense of direction?
• How integrated is the coalition and how close a congruence is there between the interests involved?
• How inclusive or exclusive is the partnership?
• How dependent is the partnership on external resources?

GOVERNANCE: STATE AND POWER

In this section some of the macro-issues thrown up by the emergence of a system of governance are examined.

New Metaphors for the State?

The first difficulty posed by a focus on governance from a systemic perspective is that it makes a distinction between public and private sectors problematic and more broadly challenges the distinction between state and civil society. Laumann and Knoke (1987: 9) comment that the appropriate unit of analysis becomes not 'the state understood in the institutional sense but the state as a collection of policy arenas incorporating both governmental and private actors'. In this formulation 'the distinction between state and society virtually disappears' (Atkinson and Coleman 1992: 164), as the state becomes a fragmented battleground for groups of government and non-governmental actors. In such a world the market is not driven by agents pursuing commercial success in a narrow sense. The state is not run by politicians interested alone in using legal and hierarchical control. In civil society voluntary organizations are not independent in any meaningful sense. The categories of state, market and civil society become blurred, and governance brings into focus those institutions and relationships that facilitate the building of bridges and the making of connections, such as regimes or policy networks.

Sectoral distinctiveness declines as changes in the environment and processes of institutional isomorphism (Di Maggio and Powell, 1983) take effect and erode the particular types of behaviour associated with particular organizational forms. For example, a large-scale voluntary sector body may behave in the same ways as a modern local authority social service department, combining a mix of bureaucratic, market and network forms.

Dunleavy and O'Leary (1987) use three images to paint a picture of the state in contemporary liberal democracies: the state as a passive *cipher* which delivers the demands of dominant groups in society; the *partisan* state which primarily pursues the goals of state officials while conciliating some other interests in society whose cooperation is required; and the *guardian* state which can re-weight the balance of forces in society according to a longer-term or general interest. These images might all be seen to apply in the context of a variety of urban governance patterns. Given the 'blurring' impact of governance, however, it may be necessary to develop other images which seek to capture the essence of the state's position and role. Should we be referring to a *truncated* state incapable of exercising control even on the part of dominant interests or a *developmental* state working with others to create and re-create the capacity to govern?

A Revised Focus in the Study of Power?

A focus on governance requires new thinking about power (see Stoker

1995). Stone (1989) refers to power being a matter of social production rather than social control. In contrast to the old debate between pluralists and elitists which focused on the issue of 'Who Governs?' the social production perspective is concerned with a capacity to act.

> What is at issue is not so much domination and subordination as a capacity to act and accomplish goals. The power struggle concerns, not control and resistance, but gaining and fusing a capacity to act – power to, not power over (Stone 1989: 229).

Unlike elite theorists, this approach recognizes that any group is unlikely to be able to exercise comprehensive control in a complex world. Equally the approach does not regard governments as likely to respond to groups on the basis of their electoral power or the intensity of their preferences as some pluralists do. Rather, governments are driven to cooperate with those who hold resources essential to achieving a range of policy goals.

To understand the politics of a complex urban system it is necessary to move beyond a notion of power as the ability to get another actor to do something they would not otherwise do. Politics is not restricted to acts of domination by the elite and consent or resistance from the ruled. Social control or command power, because of the cost of obtaining compliance, is likely to be restricted to limited domains of action. In a complex society the crucial act of power is the capacity to provide leadership and a mode of operation that enables significant tasks to be done. This is the power of social production.

Governance involves this form of power in which actors and institutions gain a capacity to act by blending their resources, skills and purposes into a long-term coalition: a regime. If they succeed they pre-empt the leadership role in their community and establish for themselves a near decision-making monopoly over the cutting-edge choices facing their locality (Stone 1988). The establishment of a viable regime is the ultimate act of power in the context of an emerging system of governance.

The point is that 'to be effective, governments must *blend* their capacities with those of various non-governmental actors' (Stone 1993: 6). In responding to social change and conflict governmental and non-governmental actors are encouraged to form regimes to facilitate action and empower themselves. Thus following Stone (1989: 4) a regime can be defined as an informal yet relatively stable group *with access to institutional resources* that enable it to have a sustained role in making governing decisions (original emphasis). Participants are likely to have an institutional base: that is, they are likely to have a domain of command power. The regime, however, is formed as an informal basis for coordination and without an all-encompassing structure of command.

Dowding *et al.* (1995) make a parallel argument for a multi-layered understanding of community power. They distinguish between social and outcome power and systematic advantage which correspond respectively to the social control, social production and systemic forms of power associated with regime theory and identified above. Dowding and his colleagues also introduce the idea of 'luck' or 'advantage' in which actors get outcomes they desire through the actions of others. Luck here 'means getting what you want without trying'. To put it more formally: 'groups may be advantaged in the sense that through no deliberative action on their part they are in a position to gain benefits or welfare for themselves' (Dowding *et al.* 1995: 267). These insights stem from institutional rational choice theory. Such theory, the authors argue, demonstrates its utility for the empirical investigation of community power in a way that goes beyond inductively derived insights of regime theory. Both approaches are likely to have relevance in investigating the power structures of the emerging local governance.

CONCLUSIONS

The emergence of a new model of governance creates a number of difficulties from the perspective of a concern with the conduct of public affairs. In the world of traditional public administration there were, at least in theory, answers that could be given to questions raised about political control, measuring performance, accountability and equity. The traditional public administration model saw the politician as exercising control through legislation and by being at the peak of a hierarchy of government. Achievement was measured by the capacity to perform according to the rules and regulations as legislation required. Accountability systems stretched from voter, through politician, to officials. Equity was achieved through one-person-one-vote, by administrative rules of fairness and the right to challenge through the courts arbitrary administrative action.

Governance, with its bringing together in partnership of governmental and non-governmental forces, makes the simple prescriptions of public administration unsustainable. There are a number of related questions (see Stoker and Young 1993: 185–9). Is it possible for elected officials to exercise some control over the partnership networks that constitute the emerging system of local governance? Can the achievements of partnership be evaluated or does it run the risk of becoming an end in itself? Can the dynamics of governance be reconciled with the traditional concerns about accountability and propriety in public affairs? Do the partnerships developed through governance undermine democracy by restricting access to 'insider' groups, leaving other interests underrepresented and excluded?

Some seek to re-assert the claims of traditional public administration. In Britain at least there has been a major public debate about accountability and the rise of non-elected quangos (Stewart 1992). Others argue that we can learn from the private sector. Drawing on the deliberations of the Cadbury Committee, the Chartered Institute of Public Finance and Accountability argues for the application of the principles of corporate governance in the context of public services (CIPFA 1994). What is required, however, is the development of a new set of norms and rules to guide public administration in the new world of governance. This is a challenge which must recognize the specific character of a system driven by interdependence and networking.

REFERENCES

Atkinson, M. and W. Coleman (1992), 'Policy Networks, Policy Communities and the Problems of Governance', *Governance* 5: 154–80.
CIPFA (1994), 'Corporate Governance in the Public Services: A Discussion Paper' (London: CIPFA).
Cochrane, A. (1993), *Whatever Happened to Local Government?* (Buckinghamshire: Open University Press).
Di Maggio, P. and W. Powell (1983), 'The Iron Cage Revisited: Institutional Isomorphism and Collective Rationality in Organizational Fields', *American Sociological Review* 48: 147–60.
Dowding, K., P. Dunleavy, D. King and H. Margetts (1995), 'Rational Choice and Community Power Structures', *Political Studies* 43: 265–77.
Dunleavy, P. (1991), *Democracy, Bureaucracy and Public Choice* (Hemel Hempstead: Harvester).
Dunleavy, P. and B. O'Leary (1987), *Theories of the State* (London: Macmillan).
Dunsire, A. (1993), 'Modes of Governance', pp. 21–34 in J. Kooiman (ed.), *Modern Governance* (London: Sage).
Green, D. (1993), *Reinventing Civil Society: The Rediscovery of Welfare Without Politics* (London: IEA).

Greer, A. and P. Hoggett (1995), *Non-Elected Bodies and Local Governance*, Research Report no. 10 (London: Commission for Local Democracy).

Halliday, F. (1994), *Rethinking International Relations* (London: Macmillan).

Hampton, W. (1995) 'Book Note: Clive Gray, Government Beyond the Centre', *Political Studies* 43: 188–9.

Harding, A. (1991), 'The Rise of Urban Growth Coalitions, UK-style?', *Environment and Planning C: Government and Policy* 9: 295–317.

Held, D. (1987), *Models of Democracy* (Cambridge: Polity).

Held, D. (1992) 'Democracy: From City-states to a Cosmopolitan Order?', *Political Studies* 40 (special issue): 10–39.

Hirst, P. (1994), *Associate Democracy: New Forms of Economic and Social Governance* (Cambridge: Polity).

Hood, C. (1990), 'De-Sir Humphreying the Westminster Model of Governance', *Governance* 33: 205–14.

Hood, C. (1991), 'A Public Management for All Seasons?', *Public Administration* 69: 3–19.

Jessop, R. (1995), 'The Regulation Approach, Governance and Post-Fordism: Alternative Perspectives on Economic and Political Change', *Economy and Society* 24: 307–33.

King, D. S. (1987), *The New Right* (London: Macmillan).

King, D. S. and G. Stoker (eds) (1996), *Rethinking Local Democracy* (London: Macmillan).

Kooiman, J. (1993a), 'Social-Political Governance: An Introduction', pp. 1–9 in J. Kooiman (ed.), *Modern Governance* (London: Sage).

Kooiman, J. (1993b), 'Governance and Governability: Using Complexity, Dynamics and Diversity', pp. 35–50 in J. Kooiman (ed.), *Modern Governance* (London: Sage).

Laumann, E. and D. Knoke (1987), *The Organizational State* (Madison: University of Wisconsin Press).

Leftwich, A. (1994), 'Governance, the State and the Politics of Development', *Development and Change* 25: 363–86.

Le Grand, J. and W. Bartlett (eds) (1993), *Quasi-Markets and Social Policy* (London: Macmillan).

Local Government Management Board (1993), *Fitness for Purpose* (Luton: LGMB).

Lukes, S. (1974) *Power: A Radical View* (London: Macmillan).

Marsh, D. and R. Rhodes (eds) (1992), *Policy Networks in British Government* (Oxford : Oxford University Press).

Norton, A. (1994), *International Handbook of Local and Regional Government* (Aldershot: Edward Elgar).

Orr, M. and G. Stoker (1994), 'Urban Regimes and Leadership in Detroit', *Urban Affairs Quarterly* 30: 48–73.

Osborne, D. and T. Gaebler (1992), *Reinventing Government* (Reading, MA: Addison-Wesley).

Ostrom, E. (1990), *Governing the Commons* (New York: Cambridge University Press).

Ostrom, E., L. Schroeder and S. Wynne (1993), *Institutional Incentives and Sustainable Development* (Boulder, CO: Westview).

Perri, G and I. Vidal (1994), *Delivery Welfare: Repositioning Non-profit and*

Co-operative Action in Western European Welfare States (Barcelona: CIES).
Prior, D. (1993), 'Review Article: In Search of the New Public Management',
   Local Government Studies 19: 447–60.
Rhodes, R. (1995), *The New Governance: Governing without Government*, The
   State of Britain Seminars 11 (Swindon: ESRC).
Stewart, J. (1992), *The Rebuilding of Public Accountability* (London: European
   Policy Forum).
Stoker, G. (1988/1991), *The Politics of Local Government*, 1st and 2nd edn,
   (London: Macmillan).
Stoker, G. (1990), 'Regulation Theory, Local Government and the Transition
   from Fordism', pp. 242–64 in D. S. King and J. Pierre (eds), *Challenges to
   Local Government* (London: Sage).
Stoker, G. (1995) 'Regime Theory and Urban Politics', pp. 54–72 in D. Judge,
   H. Wolman and G. Stoker (eds), *Theories of Urban Politics* (London: Sage).
Stoker, G. and K. Mossberger (1994), 'Urban Regime Theory in Comparative
   Perspective', *Environment and Planning C: Government and Policy* 12:
   195–212.
Stoker, G. and S. Young (1993), *Cities in the 1990s* (London: Longman).
Stone, C. (1988), 'Pre-emptive Power: Floyd Hunter's "Community Power
   Structure" Reconsidered', *American Journal of Political Science* 32: 82–104.
Stone, C. (1989), *Regime Politics* (Lawrence: University Press, Kansas).
Stone, C. (1993), 'Urban Regimes and the Capacity to Govern: A Political
   Economy Approach', *Journal of Urban Affairs* 15: 1–28.
Tang, P. (1994), 'Institutional Instability, Governance and Telematics' paper
   presented at the International Political Science Association meeting, Berlin,
   21–25 August.
Taylor-Gooby, P. and R. Lawson (eds) (1993), *Markets and Managers*
   (Buckinghamshire: Open University Press).
Travers, T., G. Jones, M. Hebbert and J. Burnham (1991), *The Government
   of London* (York: Joseph Rowntree Foundation).
Wainwright, H. (1994), *Arguments for a New Left* (Oxford: Blackwell).
Weale, A. (1994), 'A Utilitarian Theory of Subsidiarity', paper presented at
   the International Political Science Association meeting, Berlin, 21–25
   August.
Weir, S. and W. Hall (1994), *Ego-Trip: Extra-Governmental Organisations in
   the UK and their Accountability* (London: Democratic Audit and Charter 88).
Williamson, O. E. (1975), *Markets and Hierarchies* (New York: Free Press).
Williamson, O. E. (1985), *The Economic Institutions of Capitalism* (New York:
   Free Press).
Wistow G. and M. Barnes (1993), 'User Involvement in Community Care:
   Origins, Purposes and Applications', *Public Administration* 71: 229–301.

4 Public–Private Partnerships as Historical Chameleons: The Case of the United States

Robert A. Beauregard

During the 1970s, in localities across the United States, seemingly novel relationships – celebrated as public–private partnerships – were forged among government, business, non-profit organizations and neighbourhood groups. Many commentators noted their precursors of the 1950s – partnerships that engaged in urban renewal (Levine 1989) – but almost always stopped their historical gaze at the Second World War. Although local partnerships have existed since the mid-1800s, their history has seldom been explored.

Instead, proponents emphasize three decisive and contemporary factors in the emergence of public–private partnerships (Donahue 1989: 3–13; Fosler and Berger 1982b; Stephenson, Jr, 1991), each of which can be traced back to the Nixon Administration (1968–74) but which became most salient during the Carter Administration (1976–80) and the tenure (1980–88) of Ronald Reagan (Berger 1986; Lyall 1986). First is the lessened role of the national government in local affairs and thus the greater burden placed on local leaders to take sole responsibility for dealing with local problems (Gurr and King 1987). Second is a declining faith in government and a rising aversion to taxes, both stemming from a belief that government is generally incompetent and wasteful of resources. Finally, since many 'public' problems are related to weak local economies, the local government is assumed to require the private sector's capital, expertise and leadership to address them effectively. For these reasons, public–private partnerships are one of the preferred instruments within a larger search for new models of governance (Stoker, this volume).

Public–private partnerships are presented by their proponents as an enlightened response to compelling conditions and a new and viable solution to the problems that plague US cities. Indicative of the progress attained in the postwar period, governments, business and community-based organizations have recognized their mutual dependencies and acted accordingly. Public–private partnerships are innovative (Tilton 1994) and incontrovertible.

This chapter explores the historical variations in local government–business partnerships in the United States in order to expose the institutional arrangements (or preconditions) that have made them possible.[1] Government viability and private interests are inextricably linked in liberal capitalist democracies, but public–private partnerships are not 'little more than a new label for a long-standing relationship between the public and private sectors' (Squires 1991: 196). Rather, public–private partnerships have taken quite different forms over the last 150 years and cannot be characterized simply as a 'long-standing relationship'. They owe their existence to specific structural (and historically unstable) attributes of the US political economy. Partnership forms emanate from the ways in which the state is differentiated from and integrated with capital, the resultant and ever-contested division of resources and responsibilities between the two, and the constant rewriting of ideological justifications that buttress the political economy (Stoker, this volume; Swanstrom 1988).

More precisely, the existence of public–private partnerships is predicated on a specific set of institutional arrangements. They are: first, the differentiation of governmental from economic structures and interests and a dependence of local governments on local economic growth. Second, the separation of political from economic elites and the professionalization of government. Third, the creation of economic elites whose success is tied to and who view the government as a 'partner' in enhancing local economic growth. Fourth, the willingness of local governments and local economic elites to negotiate shared interests and contribute resources to joint endeavours. Finally, the presence of ideological structures that legitimize partnerships. Together, these arrangements constitute necessary but not sufficient conditions for partnerships to emerge.

PARTNERSHIPS DEFINED

In general, public–private partnerships engage in activities that apply private and public resources to carrying out specific tasks (Peters, this volume). Representatives of the public sector (meaning government) and the private sector (meaning for-profits and not-for-profits), each of whom is relatively autonomous, establish an instrumental, calculative and more-or-less enduring relationship for mutual benefit (Davis 1986b). Subsequently, the partners share responsibility for the actions and consequences of the partnership. Without the partnership, the tasks would be much more difficult, less likely to succeed, or impossible.

My interest is in public–private partnerships comprised of two main parties: at least one representative of the local government and one or more representatives of the private, for-profit sector.[2] This excludes intergovernmental partnerships (see Radin, this volume; Wise and Lamb 1994) and de-emphasizes, as has historically been the case in the United States, corporatist structures involving organized labour. In addition, I further confine my reflections to partnerships engaged in resource mobilization: that is, those concerned with expanding markets or increasing the market capacity of local entities for the purpose of enhancing local economic growth.[3] To this extent, partnerships between government and representatives of civil society will not be addressed, which accurately reflects, I believe, the symbolic perception of public–private partnerships.

Resource mobilization partnerships might involve projects with a definable end-point (e.g. construction of a convention centre) or without an obvious termination (e.g. industry task forces – see Agranoff 1994). In either instance, the task is so complex and time-consuming that it requires relatively stable and formal partner relationships (Pierre, this volume; Stephenson, Jr, 1991: 111).[4]

Public–private partnerships, moreover, must be viewed against the historical background of 'an enduring tradition of privatism' (Warner 1968: xi) that has dominated – but not totally and not without resistance – US ideology since the early nineteenth century (Barnekov *et al*. 1989: 14–26; Squires 1991: 198–204; Swanstrom 1988). In its contemporary political guise, privatism has meant a vigilance concerning private property rights and the freedom of investors and thus a bias in favour of an expansive definition of the economy. It consists primarily of 'a belief that private institutions are intrinsically superior to public institutions for the delivery of goods and services' and 'a confidence that market efficiency is the appropriate criterion of social performance in virtually all spheres of community activity' (Barnekov *et al*. 1989: 1). When combined with the functional and political dependence of governments on the performance of the economy, privatism assures that public–private partnerships are dominated by their private partners and designed to address issues of growth in ways that enhance capital accumulation (Fainstein and Fainstein 1983; Levine 1989: 14–19; Offe 1975).

COLONIAL AND MERCANTILE PRECURSORS

According to my definition, public–private partnerships do not appear in the United States until the middle to late 1800s. Rudimentary distinctions between the public and the private were only beginning to be made in the colonial towns of the eighteenth century and the commercial towns of the early nineteenth century. The structural conditions for public–private partnerships were not yet in place, and would not be until the emergence of the industrial 'service city'.

Colonial governments were extensions of the Crown chartered to facilitate commerce between the colonies and the mother country. As municipal corporations, they provided market facilities, regulated the price of basic commodities (for example, bread) and established standards of weights and measures. Otherwise, colonial governments neither provided public services nor engaged in civic boosterism (Gluck and Meister 1979: 20–35; Teaford 1975: 16–34).

After Independence, colonial governments were replaced by local governments operating under different institutional arrangements. The pre-industrial years witnessed the establishment of numerous new settlements throughout the eastern portions of the country. Trade between the interior and port cities expanded, population grew and the frontier was extended westward.

For these mercantile cities, the dominant forces of economic growth were commerce and land speculation, and the two were often intertwined.[5] Economic elites were primarily involved in commerce (merchant capitalists), related business ventures (commercial capitalists), or making money from land sales (real estate speculators). Their interest was in expanding the local population and the flow of domestic and foreign commerce in order to benefit from increased trade and land development.

Local governments were not as distinct from a still-emerging capitalism as they became in the early twentieth century. They were skeletal entities offering few public services and regulating commerce in only rudimentary ways, although they did provide market houses and wharves. Political leaders came from the ranks of merchant and commercial capitalists; 'Public, professional, and philanthropic worlds in the mercantile city were virtually inseparable' (Kantor 1988: 42).[6] Government was simply another means of doing business and even though the major purpose of local government was to establish the conditions for commerce (Kantor 1988: 34–61), it did not benefit from growth. The benefits went solely to economic elites.

Political elites effectively functioned as civic boosters (Teaford 1993; Wade 1959). This was a time of robust inter-urban competition for dominance over internal and external trade. Location along a major waterway (one connecting hinterlands with major cities, for example) and sufficient shipping facilities such as wharves and warehouses were initially important. Competition for location was waged around canal building (often state-subsidized and sometimes city-funded). Later, cities competed for railroad lines and terminals, and even subsidized their construction. If the city could be made a trading centre, merchant and commercial capitalists would benefit. Government, as an appendage of local economic elites, was a vehicle to make this happen (Monkkonen 1988: 125–8).

In addition to commercial boosterism, mercantile cities along the frontier were sites for land speculators. With commercial and population growth came heightened demand for land. In the midwest and the far west (Reps 1981), sites at river junctures or along railroad lines were often platted prior to development in hopes that they would become boom towns. On the fringes of existing settlements, speculators bought large tracts of land for subsequent sale in smaller units. If not political elites themselves, town-site and other real-estate speculators contributed indirectly to the booster efforts of their merchant and commercial brethren.

Because political and economic elites were essentially inseparable and because governments had almost no interests independent of commerce, the mercantile city was devoid of public–private partnerships. Institutional distinctions, the basic conditions for such partnerships to form, were absent.

THE EMERGENCE OF PUBLIC–PRIVATE PARTNERSHIPS

During the late nineteenth and early twentieth centuries, the flowering of capitalism generated divisions among economic elites, severing commercial from industrial capitalists. Rapid urbanization brought about major changes in local government including the provision of public services on a large scale, constitutional realignments which expanded the franchise, and the formation of political machines. Inter-urban competition continued, but was overlaid by new pathways for economic growth tied more tightly to manufacturing and a heightened interest in making the city a more hospitable environment for investment (Kantor 1988: 62–162; Monkkonen 1988; Platt 1983).

Three changes in the political economy made public–private partnerships possible. The first was the move of local government into public service provision, a move that had begun in the early 1800s. Under citizen and business pressure to prevent periodic sweeps of disease and fire, lessen crime and protect property, local governments began to provide police and fire services, monitor public health, regulate construction and build sewers and water treatment plants. To finance such activities, governments developed revenue streams based upon local tax bases, specifically real property. Because property values and thus the size of the tax base were dependent on the desirability of the city as a place to live and invest, the ability of local governments to offer services and to garner citizen support became linked to economic growth. Thus, as elites were being differentiated into political and economic categories, they were also being drawn back together.

Second, with the expansion of the scope and scale of government, political leadership became more time-consuming. Full-time politicians appeared (Kantor 1988: 95). Individuals competed for elective office and served in government as a career. Initially, public officials used their governmental powers to supplement their meagre incomes. Later, when government reform prohibited these practices, public officials benefited from urban growth in more circuitous ways. Significantly, the ability to manage the city was becoming a factor in local elections.

Finally, with the rise of manufacturing, industrial capitalists rose to prominence. Industrialists were less interested in promoting the city as a trading site than they were in efficient transportation systems, infrastructure for their factories, and honest and efficient governments.[7]

For exposition's sake, the era of the industrial city can be divided into two phases: one of political machines and the other of Progressive reform.[8] Each exhibited quite different public–private partnerships. Patronage dominated under political machines, while under reform governments patronage was suppressed and partnerships took on a booster quality.

Political machines are 'strong, centralized party organizations with disciplined workers, whose loyalty [is] guaranteed by the prospect of material rewards in exchange for work in the party' (Judd 1979: 55). They appeared in cities as far back as the mid-1800s, replaced government by commercial-civic elites, and remained in existence in some cities through to the end of the twentieth century. Political machines are commonly associated with the influx of immigrants to the cities; they were strongest in ethnic neighbourhoods and utilized ethnic identities as a form of political solidarity (DiGaetano 1991; Buencker 1973: 1–15).

Political machines employed patronage, access to governmental largesse, to generate political and financial support. Patronage enabled them to control local elections and stifle opposition. In addition, machines provided welfare services, served as a path of social mobility for immigrants, and offered a modicum of social control in the absence of coherent governmental structures for dealing with rapid industrialization and urbanization (Callow, Jr, 1976; 1965; Judd 1979: 52–86).

Under political machines, civic boosterism continued, although the rise of national markets for industrial goods undermined the interregional competition that had fuelled it previously (Kantor 1988: 78). Urban growth enhanced the revenue base and increased the amount of money and number of jobs available to the machine. It also was of interest to commercial and property elites. Civic boosterism, however, paled in comparison to patronage relationships.

With the rise of the service city, numerous opportunities became available to local elected officials for working with the business community. Local governments controlled the allocation of franchises for trolley systems and utilities, and dispensed contracts to build schools, police and fire stations, pave roads and sidewalks and provide office furniture (DiGaetano 1991: 343–6). Franchise purchasers, suppliers and contractors who were willing to provide 'kick-backs' to elected officials and jobs that could be dispensed to supporters were favoured. Thus, political machines and local businesses created a pervasive but veiled form of public–private partnership.

Beginning in the 1890s, groups formed in a number of cities to remove the boss-ridden political machines and replace them with governments operating efficiently, effectively and ostensibly for the common good. (Reform itself was a partnership of good government groups, newspaper editors, local charities and civic organizations, representatives of taxpayer associations, and progressive businessmen.) A rising middle class, left out of political life by the machines (Hofstadter 1955), was joined by new business elites who did not benefit from machine patronage and were harmed by the losses that occurred between the collection and expenditure of tax revenues. Industrial elites wanted local governments that minimized claims on business profits and provided effective public services efficiently (Buencker 1973: 118–62; Callow, Jr, 1976: 173–88; Judd 1979: 87–120; Kantor 1988: 121–5, 148–54; Teaford 1984).

Civil service (specifically the merit system) and charter reform, along with public management designed to replicate 'good business practices', displaced graft and corruption. Local government was to be run by professional administrators rather than professional politicians. Businesses continued to supply local governments with services and to receive government contracts, but now the relationship was based on legal and business principles. Elected officials were prohibited from using their offices for financial benefit and the promise of jobs or bribes was no longer required for obtaining contracts. Shoddy work, poorly run public transit, inefficient and expensive public utilities, and low-quality public services were not tolerated. Better and more business-like municipal housekeeping was the rule and patronage partnerships were virtually eliminated.[9]

Under reform governments, the booster relationships that had existed in the mercantile city now became partnerships. The chaotic expansion of the industrial city had brought traffic congestion, land-use conflicts, inadequate waste disposal, and overtaxed utilities. These problems hindered business; modern factories needed modern infrastructure and efficient transportation networks. In addition to continuing attempts to attract railroads, improve shipping and transportation facilities, and extend city services into fringe areas, commercial, real estate and industrial elites also became interested in city planning (Scott 1969: 110–82).

Civic associations and business clubs were organized to develop civic plans that would 'discipline' the physical form of the city by eliminating the obstacles to commerce and create opportunities for real estate development (Boyer 1983; Foglesong 1986: 124–66). Most of this activity took the form of 'city beautiful' plans in which civic squares surrounded by government buildings, often with the railroad station as a central node, replaced disorganized urban centres. These plans frequently rationalized land uses throughout the city and even the region. The emphasis was two-fold: civic centres to portray an image of progress and transportation to facilitate the flow of commerce.

In cities where these plans were undertaken, private interests and local government joined together to articulate the needs of the business class. Chicago's Commercial Club, made up of directors of large industrial corporations, sponsored the 1909 Plan for Chicago (Weiss 1989: 125–6). In San Francisco in 1915, a business-based civic endeavour known as the Panama Pacific International Exposition put on an exposition of the same name and was influential in the construction of the Civic Center (Issel and Cherney 1986: 167–72). The St Louis Civic League produced a plan for the city, and Boston 'followed the cliched pattern of designer-business collaboration' to produce its plan. The

Boston Society of Architects took the initiative, but worked closely with such business groups as the Chamber of Commerce, Metropolitan Improvement League and the Merchants' Association (Foglesong 1986: 157).

These relationships remained in place from the early decades of the twentieth century through to the late 1940s. In reality, the transitions were not as smooth or as similar across cities as I have portrayed them. Even after the Second World War, political machines were still alive and well; Chicago and Albany (NY) are two good examples. Reform was not uniform and patronage continued. Booster partnerships were better organized in some cities than others, more effective in some cities than others. Nevertheless, the broad outlines hold.

POSTWAR PARTNERSHIPS

One might expect that the public–private partnerships of the post-Second World War period would be quite different from those that preceded them (Judd and Swanstrom 1994). The Roosevelt Administration of the 1930s transformed the federal system of government; the flow of financial assistance and programmatic directives from the national to local levels increased dramatically. In addition, the end of the war accelerated the suburbanization of white households and the migration of southern blacks to northern cities. Corporations were still committed to the cities, but that too would change as they suburbanized and internationalized.

Overall, the landscape of economic elites changed, new governmental resources became available, intergovernmental relations were reshuffled, and urban problems were in flux. The grounds for nurturing partnerships and the potential for success were clearly different (Davis 1986a; Fosler and Berger 1982a; Judd 1979: 359–87; Kantor 1988: 253–68; Levine 1989; Squires 1989).

Postwar partnerships have been of two types. Redevelopment partnerships were a response to the decades of disinvestment that had driven down land values and blighted the downtowns of many industrial cities. They were dominant through the 1950s and 1960s and represent probably the 'purest' twentieth-century expression of public–private partnerships. As their influence ebbed in the 1970s, they were superseded by a rather motley collection of public–private initiatives. These 'growth' partnerships, for want of a better label, engage in a variety of growth-inducing and growth-sustaining activities – not simply downtown redevelopment – that are indicative of the current precarious fiscal condition of local governments and the instability of local economies.

Redevelopment Partnerships

The downtowns and inner-city neighbourhoods of older, industrial cities had deteriorated significantly by the end of the Second World War. Through the 1930s and 1940s, capital had, first, not been available for new construction and, later, been diverted to the war effort. Land values plummeted and most new development occurred in the suburbs. Political and economic elites realized that unless they reversed these trends, their political power and investments would suffer irreparable damage (Beauregard 1993; 1989b; Mohl 1993: 14–17).

In cities such as Pittsburgh, Boston, Detroit, Cleveland and St Louis, business leaders joined with local governments to establish urban redevelopment authorities that would work with non-profit civic organizations to plan for downtown redevelopment (Lowe 1967). Redevelopment authorities drew upon central government urban renewal legislation and funds, and on the local government's eminent domain powers. They purchased and cleared blighted properties in central areas and made them available to private sector developers for the construction of office buildings, luxury housing and sports facilities. The local government itself often invested in new construction (for example, a government office building, a new city hall) and took responsibility for providing infrastructure.

Business pressure helped to create redevelopment authorities and business people sat on their boards and occupied staff positions. Corporate and civic leaders also set up their own non-profit organizations to design, guide and even manage downtown redevelopment. Most of these were established in the 1950s: Central Atlanta Improvement Association, New Boston Committee, San Francisco Planning and Urban Renewal Association, Greater Philadelphia Movement, Greater Milwaukee Committee, Allegheny Conference on Community Development (Pittsburgh), and the Greater Baltimore Committee to name just a few. These were the true general partners, with local governments joining them as limited partners.

Here were well-developed, public–private partnerships. Responsibilities were clear, both sides benefited, and the consequences for the local government and economic elites were distinguishable. The local government received an enhanced tax base and a new downtown image, as well as partnership relationships that could be drawn upon in the future. Economic elites gained new investment opportunities subsidized by the government, protection for their property values, and a downtown where they could feel comfortable conducting business. By cordoning-off redevelopment in quasi-public authorities, moreover, the process was isolated from bothersome public scrutiny.

All was not perfect. Even though economic and political elites were comfortable with these arrangements, many citizens were not. Urban renewal engendered opposition, not only from small business owners whose properties were condemned and who had to move elsewhere or close, but also from residents whose 'slum' housing was taken for redevelopment or for new highways designed to make downtowns more accessible. Opposition, in turn, triggered the formation of neighbourhood-based organizations that subsequently became powerful and important enough to become participants in neighbourhood-based partnerships. However, these groups were hardly ever included as partners in 1950s redevelopment schemes.

Growth Partnerships

Downtown redevelopment partnerships based in urban renewal legislation atrophied in the 1970s. The central government withdrew from urban renewal, cut back on local fiscal assistance and dismantled (particularly in the early 1980s) many programmes that funded local activities. Opposition made large-scale redevelopment more difficult to implement and corporations began to disengage from many central cities. Also, many urban renewal partnerships had achieved their goals. Public–private partnerships, though, did not disappear.

Instead of being confined to downtown redevelopment, public–private partnerships came to address a variety of ostensibly public problems (Kantor 1988: 263–7). Motivated by an increased ideological interest in the privatization of government, diminished intergovernmental aid and chronic fiscal stress, public officials could see no other option. As a public–private initiative, however, partnerships lost their clarity (Squires 1991: 196).

Urban redevelopment continued to be of interest, but the characteristics of the partnerships changed. Non-profit development corporations that bypassed the ever-shrinking redevelopment authorities of the urban renewal era and that worked with individual property developers from the start became the partnership vehicle of choice (Sagalyn 1990). Specific projects, moreover, were substituted for large-scale downtown renewal. In New York City, a large residential development (Battery Park City) was built on landfill in the Hudson River using a development corporation. The redevelopment of Times Square (the theatre district) is being promoted using a similar organizational format (Fainstein 1994). In New Brunswick (NJ), just south of New York City, a development corporation (DevCo) was established by corporate, institutional and government interests to redevelop the downtown (Beauregard and Holcomb 1984). Using the eminent domain powers of the local government and public monies, DevCo attracted private investment for new office buildings, parking garages, commercial space and housing. Similar development corporations were put in place across the country.

Growth partnerships also address such issues as international relations, long-range planning (e.g. LA 2000), housing, job training, industrial regeneration, school reform, economic development, sports facilities, neighbourhood improvement, waterfront development and cultural districts.[10] In Pittsburgh (PA) the short-lived Pittsburgh International Initiative attempted to spur economic growth through expanded international trade. The New York City Partnership and the Boston Housing Partnership were created to address the need for affordable housing in their respective cities and thus to assure the availability of low-wage labour. Cleveland Tomorrow is involved in a host of downtown and neighbourhood projects. The Houston Economic Development Corporation targets local industries and Rebuild LA was set up in the wake of the 1992 civil disturbances to bring jobs to South-Central Los Angeles. Starting off this proliferation of public–private partnerships in 1975 was the Municipal Assistance Corporation of New York City. It was created to manage the fiscal 'bail-out' of the local government.

The multiplicity of growth partnerships in any one city has the potential to diffuse political energies and fragment economic elites simply because there are many more partnerships to be maintained and more partnerships in pursuit of finite local (and extra-local) resources. Moreover, the corresponding redefinition of governmental responsibilities has seemingly exceeded popular and even elite understandings of public obligations and accountability.

Quite pervasive, for example, are the public debates over the role of government and business in assuring that a city has a professional sports team (Beyers 1994; Judd and Swanstrom 1994: 358–65). Owners of these teams are more and more often turning to local (and state) governments for assistance in building and expanding stadia and, in some instances, providing loans for operating expenses. Local governments seem confused as to whether support of professional sports teams falls under the rubric of a public purpose. When combined with the crude understanding that team owners have concerning how they might constitute a sports partnership, this uncertainty means that deliberations over how the government can help and what can be expected of the private partners are quite open-ended. Eventually, the owners threaten to move and the local government capitulates.

Where business interests are less powerful, for example in partnerships attempting to revive a dying industry, local governments are less likely to be forthcoming with assistance, but still not sure of how the partnership should be structured (Beauregard *et al.* 1992). In general, the fascination with and the promise of public–private partnerships has resulted in their application to numerous tasks, thus raising the issue of how many public–private partnerships can be supported effectively by local government and economic elites. Additionally, one must ask whether this proliferation might lead to partnerships that are solely symbolic rather than instrumental and symbolic; that is, to partnerships formed to give the appearance of action rather than to achieve substantive outcomes. Symbols and values are undeniably important in integrating partnerships, but are less desirable as the only offspring of this union.

During the early postwar period, then, public–private partnerships achieved a level of refinement they had not reached previously. The withdrawal of the central government from urban renewal, though, changed redevelopment partnerships and the diminution of central government assistance to localities weakened local governments. Local governments turned to the only 'panacea' they knew. As urban economies remained anaemic and corporations continued to loosen their ties to particular places, only real-estate and other locally anchored elites were left to become partners. The redevelopment model so envied by public officials and economic elites has not been replicated.

CONCLUDING COMMENTS

Public–private partnerships in the United States are neither a recent phenomenon nor an unchanging policy instrument of local government. In fact, since their rudimentary emergence in the mid-1800s, they have gone through a number of transformations. The existence of these partnerships and the forms they have taken, moreover, have been deeply influenced in complex and historically contingent ways by institutional arrangements that are deeply embedded in the differentiation of the state from capital.

For public–private partnerships to exist, governmental structures and interests must be distinct from the structures and interests of economic elites, a condition that did not occur until the formative years of the industrial city in the early nineteenth century. These distinctions, of course, have been, and will continue to be, contested and negotiated. At stake is the relative autonomy of each institution and the mutual dependence of local governments and local economic elites on local economic and population growth.[11]

In addition, even though political elites and economic elites might share interests and individual members might move between the two groups, they should not be identical. If they are one-and-the-same, then even if the two institutions are formally distinct, they become practically inseparable and the purported partnership becomes a sham. Consequently, civil service reform in the Progressive Era and the later 'professionalization' of electoral politics were important preconditions for public–private partnerships. These reforms enabled local government to be run by professional politicians and a permanent bureaucracy. Political leaders could thereby claim autonomy from economic elites while simultaneously benefiting from partnerships, most publicly through the touted community-wide benefits of economic growth. It is no surprise, then, that public–private partnerships became more prevalent as policy instruments in the 1950s and 1970s when large cities experienced fiscal stress and population and employment decline, and big city governments in the earlier period went from being caretakers to entrepreneurs.

For public–private partnerships to come into existence, the community also has to contain economic elites whose interests are served by local economic growth and thus who are potential partners.[12] As potential partners, these economic elites, initially, must be dependent on local growth and development. Moreover, they should lack the ability to control key dimensions of that growth, be unwilling to share the costs of the social and physical infrastructure (e.g. airports) or the preconditions (e.g. land clearance) for that growth, and/or be inclined to pass the costs of economic growth along to the public by encouraging the local government to absorb them. In short, local economic elites need to be dependent on both local conditions and local government. To the extent that this dependency varies across economic sectors and over time, different economic elites will participate in public–private partnerships in different historical periods.

Unless the local government has the resources and capabilities to deliver infrastructure and subsidies, however, any public–private partnership is merely symbolic. To this extent, the existence of public–private partnerships is conditioned on local governments being service providers and having relatively stable revenue sources, a set of conditions that did not ensue until the late nineteenth and early twentieth centuries. The emergence of national–local intergovernmental relations in the 1930s further enhanced local capacity and thus the partnership desirability of local governments. More precisely, both sets of partners have to have control over and be able to commit essential resources to the partnership and be willing to negotiate most aspects of their relationship.

Because liberal democracies extend the franchise broadly, they are susceptible to pressures from multiple publics, some of whom might be quite antagonistic to public expenditure for private ends. Consequently, public–private partnerships require ideological justification. In the United States this has taken the form of a socio-political commitment to privatism. Although that commitment has waxed and waned historically, most recently (1980–92) being rejuvenated by Republican control over the presidency, it has never been absent. It has been contested, particularly during the Progressive Era when patronage was attacked and during the 1950s when Urban Renewal was resisted by community groups.

Lacking this historical constellation of institutional arrangements, public–private partnerships in the United States might not have emerged and would not have taken the forms that they did. Clearly, partnerships are unstable arrangements and historically contingent, as are the political and economic institutions from which they derive. We can no more expect public–private partnerships to endure 'as is' than we can expect their appearance in other political economies to replicate that in the United States.

NOTES

1   The institutional lens being used here is not calibrated on values, rules or ideas (see Peters, this volume), but on the functions and interests of institutions and the changing positioning of these institutions in relation to each other and to civil society. These boundaries, of course,

are ever-contested. Consequently, one would expect the preconditions for public–private partnerships to be very different, say, in Sweden (with its quite different culture) from those in the United States.

2   I have labelled these representatives political elites when they come from the ranks of elected, and appointed officials and economic elites when they come from the private, for-profit sector.

3   Barnekov and his co-authors (1989: 12) claim that the 'overriding purpose of the "new privatism"' of the postwar period is 'the adaptation of the urban landscape to the spatial requirements of a post-industrial economy.' Unlike Stephenson (1991: 110), I do not confine public–private partnerships to distressed cities. See also Fleischmann and Feagin (1987).

4   It is currently fashionable to discuss local development politics in terms of urban regimes, a broader theme than I am addressing (Stone and Sanders 1987). Urban regimes frequently create public–private partnerships, but not all public–private partnerships are linked to urban regimes.

5   Any discussion of the national emergence of public–private partnerships is complicated by geographic variations. For example, during the mercantile period, a number of eastern seaboard cities (e.g. New York, Boston) had already established themselves as ports, whereas cities to the west (the 'old northwest') were just beginning to engage in interregional competition. Land speculation was more prevalent along the western frontier than in already-settled areas. Southern cities are particularly difficult to incorporate into a 'pure' history (Monkkonen 1988: 120–5).

6   By 'professional', Kantor means, I believe, 'business'.

7   I am ignoring the rise of (re)distributional politics in industrial cities. My interest is in partnerships that focus on growth.

8   This is a common distinction used by urban political theorists. It is not a neat sequence, with reform the reaction to and replacement of political machines: the story is much more complicated (Monkkonen 1988: 209–11; Teaford 1993: 111–30).

9   It is doubtful whether patronage was wholly eliminated. To believe so would be quite naive. Still, urban theorists and historians who write about progressive governmental reform suggest that it disappeared as a problem. See, for example, Sorauf (1976).

10   For a listing of the public–private partnerships for one city – Pittsburgh, see Jezierski (1990).

11   The ability of local governments to calculate the benefits of economic growth and public–private partnerships, and of the private partners to perceive accurately the nature of their dependency, are separate issues. Nonetheless, they are theoretically central to how we understand urban political economy. See the debate among Kevin Cox (1991a; 1991b), Susan S. Fainstein (1991) and Clarence Stone (1991).

12   Clearly, different economic elites will be involved in different historical periods (Fleischmann and Feagin 1987: 228).

68   *Partnerships in Urban Governance*

REFERENCES

Agranoff, R. (1994), 'Rural Enterprise Alliances: Partnerships in Development', paper presented at a conference on public–private partnerships in local government at Hindasgarden, Gothenburg, Sweden, 25–27 August.

Barnekov, T., R. Boyle and D. Rich (1989), *Privatism and Urban Policy in Britain and the United States* (Oxford: Oxford University Press).

Beauregard, R. A. (ed.) (1989a), *Atop the Urban Hierarchy* (Totowa, NJ: Rowman & Littlefield).

Beauregard, R. A. (1989b), 'Postwar Spatial Transformations,' pp. 1–44 in R. A. Beauregard (ed.), *Atop the Urban Hierarchy* (Totowa, NJ: Rowman & Littlefield).

Beauregard, R. A. (1993), *Voices of Decline: The Postwar Fate of U.S. Cities* (Oxford: Basil Blackwell).

Beauregard, R. A. and H. B. Holcomb (1984), 'City Profile: New Brunswick', *Cities* 1: 215–20.

Beauregard, R. A., P. Lawless and S. Deitrick (1992), 'Collaborative Strategies for Reindustrialization: Sheffield and Pittsburgh', *Economic Development Quarterly* 6: 418–30.

Berger, R. A. (1986), 'Private Sector Initiatives in the Reagan Administration', pp. 14–30 in P. Davis (ed.), *Public–Private Partnerships: Improving Urban Life* (New York: Academy of Political Science).

Beyers, D. (1994), 'Cooke's Stadium Blocked in Md', *Washington Post*, 13 October.

Boyer, M. C. (1983), *Dreaming the Rational City* (Cambridge, MA: MIT Press).

Buencker, J. D. (1973), *Urban Liberalism and Progressive Reform* (New York: Charles Scribner's Sons).

Callow, Jr, A. B. (1965), *The Tweed Ring* (New York: Oxford University Press).

Callow, Jr, A. B. (ed.) (1976), *The City Boss in America* (New York: Oxford University Press).

Cox, K. (1991a), 'Questions of Abstraction in Studies in the New Urban Politics', *Journal of Urban Affairs* 13: 267–80.

Cox, K. (1991b), 'The Abstract, the Concrete, and the Argument in the New Urban Politics', *Journal of Urban Affairs* 13: 299–306.

Davis, P. (ed.) (1986a), *Public–Private Partnerships: Improving Urban Life* (New York: Academy of Political Science).

Davis, P. (1986b), 'Why Partnerships? Why Now?', pp. 1–3 in P. Davis (ed.), *Public–Private Partnerships: Improving Urban Life* (New York: Academy of Political Science).

DiGaetano, A. (1991), 'The Origins of Urban Political Machines in the United States', *Urban Affairs Quarterly* 26: 324–53.

Donahue, J. D. (1989), *The Privatization Decision: Public Ends, Private Means* (New York: Basic).

Fainstein, N. I. and S. S. Fainstein (1983), 'Regime Strategies, Communal Resistance, and Economic Forces', pp. 245–82 in S. S. Fainstein *et al.*, *Restructuring the City* (New York: Longman).

Fainstein, S. S. (1991), 'Rejoinder to: Questions of Abstraction in Studies in the New Urban Politics', *Journal of Urban Affairs* 13: 281–7.

Fainstein, S. S. (1994), *The City Builders* (Cambridge: Basil Blackwell).

Fleischmann, A. and J. R. Feagin (1987), 'The Politics of Growth-Oriented Urban Alliances', *Urban Affairs Quarterly* 23: 207–32.

Foglesong, R. E. (1986), *Planning the Capitalist City* (Princeton, NJ: Princeton University Press).

Fosler, R. S. and R. A. Berger (eds) (1982a), *Public–Private Partnership in American Cities* (Lexington, MA: Lexington Books).

Fosler, R. S. and R. A. Berger (1982b), 'Public–Private Partnership: An Overview', pp. 1–15 in R. S. Fosler and R. A. Berger (eds), *Public–Private Partnership in American Cities* (Lexington, MA: Lexington Books).

Gluck, P. R. and R. J. Meister (1979), *Cities in Transition* (New York: New Viewpoints).

Gurr, T. R. and D. S. King (1987), *The State and the City* (Chicago: University of Chicago Press).

Hofstadter, R. (1955), *The Age of Reform* (New York: Vintage).

Issel, W. and R. W. Cherny (1986), *San Francisco: 1865–1932* (Berkeley, CA: University of California Press).

Jezierski, L. (1990), 'Neighborhoods and Public–Private Partnerships in Pittsburgh', *Urban Affairs Quarterly* 26: 217–49.

Judd, D. R. (1979), *The Politics of American Cities* (Boston: Little, Brown).

Judd, D. R. and T. Swanstrom (1994), *City Politics* (New York: HarperCollins).

Kantor, P. (1988), *The Dependent City* (Glenview, IL: Scott, Foresman).

Levine, M. V. (1989), 'The Politics of Partnership: Urban Redevelopment Since 1945', pp. 12–34 in G. D. Squires (ed.) *Unequal Partnerships: The Political Economy of Redevelopment in Postwar America* (New Brunswick, NJ: Rutgers University Press).

Lowe, J. R. (1967), *Cities in a Race With Time* (New York: Random House).

Lundqvist, L. J. (1997), 'Local-to-Local Partnerships Among Swedish Municipalities: Why and How Neighbours Join to Alleviate Resource Constraints', this volume.

Lyall, K. C. (1986), 'Public–Private Partnerships in the Carter Years', pp. 4–13 in P. Davis, (ed.), *Public–Private Partnerships: Improving Urban Life* (New York: Academy of Political Science).

Mohl, R. A. (1993), 'Shifting Patterns of American Urban Policy Since 1900', pp. 1–45 in A. R. Hirsch and R. A. Mohl (eds), *Urban Policy in Twentieth-Century America* (New Brunswick, NJ: Rutgers University Press).

Monkkonen, E. H. (1988), *America Becomes Urban* (Berkeley, CA: University of California Press).

Offe, C. (1975), 'The Theory of the Capitalist State and the Problem of Policy Formation', pp. 125–44 in L. N. Lindberg *et al.*, *Stress and Contradiction in Modern Capitalism* (Lexington, MA: Lexington Books).

Peters, G. (1997), '"With a Little Help From Our Friends": Public–Private Partnerships as Institutions and Instruments', this volume.

Pierre, J. (1997), 'Local Industrial Partnerships: Exploring the Logics of Public–Private Partnerships', this volume.

Platt, H. L. (1983), *City Building in the New South* (Philadelphia, PA: Temple University Press).

Radin, B. (1997), 'Bridging Multiple Worlds: Central, Regional and Local

Partners in Rural Development', this volume.

Reps, J. W. (1981), *The Forgotten Frontier* (Columbia, MO: University of Missouri Press).

Sagalyn, L. (1990), 'Explaining the Impossible: Local Redevelopment in the Wake of Federal Cutbacks', *Journal of the American Planning Association* 56: 429–41.

Scott, M. (1969), *American City Planning* (Berkeley, CA: University of California Press).

Sorauf, F. J. (1976), 'The Silent Revolution in Patronage', pp. 280–8 in A. B. Callow, Jr (ed.) *The City Boss in America* (New York: Oxford University Press).

Squires, G. D. (ed.) (1989), *Unequal Partnerships: The Political Economy of Redevelopment in Postwar America* (New Brunswick, NJ: Rutgers University Press).

Squires, G. D. (1991), 'Partnership and the Pursuit of the Private City', pp. 196–221 in M. Gottdiener and C. G. Pickvance (eds), *Urban Life in Transition* (Newbury Park, CA: Sage).

Stephenson, Jr, M. (1991), 'Whither the Public–Private Partnership?' *Urban Affairs Quarterly* 27: 109–27.

Stoker, G. (1997), 'Public–Private Partnerships and Urban Governance', this volume.

Stone, C. N. (1991), 'The Hedgehog, the Fox, and the New Urban Politics', *Journal of Urban Affairs* 13: 289–97.

Stone, C. N. and H. T. Sanders (eds) (1987), *The Politics of Urban Development* (Lawrence, KS: University of Kansas Press).

Swanstrom, T. (1988), 'Business and Cities: An Historical View', paper prepared for the American Political Science Association Annual Meeting, Washington, DC.

Teaford, J. C. (1975), *The Municipal Revolution in America* (Chicago: University of Chicago Press).

Teaford, J. C. (1984), *The Unheralded Triumph* (Baltimore, MD: Johns Hopkins University Press).

Teaford, J. C. (1993), *Cities of the Heartland* (Bloomington, IN: Indiana University Press).

Tilton, T. (1994), 'Innovations in State and Local Government', paper presented at a conference on public–private partnerships in local government at Hindasgarden, Gothenburg, Sweden, 25–27 August.

Wade, R. C. (1959), *The Urban Frontier* (Cambridge, MA: Harvard University Press).

Warner, Jr, S. B. (1968), *The Private City* (Philadelphia: University of Pennsylvania Press).

Weiss, M. A. and J. T. Metzger (1989), 'Planning for Chicago: The Changing Politics of Metropolitan Growth and Neighborhood Development', pp. 123–51 in R. A. Beauregard (ed.), *Atop the Urban Hierarchy* (Totowa, NJ: Rowman & Littlefield).

Wise, L. R. and B. Lamb. 1994. 'Mobility Mechanisms: A Vehicle for Intergovernmental Partnerships in Human Resource Capacity Development', paper presented at a conference on public–private partnerships in local government at Hindasgarden, Gothenburg, Sweden, 25–27 August.

5 Public–Private Partnerships in the UK
Alan Harding

PARTNERSHIPS AS INSTITUTIONS

In his chapter, Guy Peters describes the variety of ways that the notion of partnership, and particularly public–private partnership, has been and can be applied within political and administrative sciences and policy studies. He makes several useful observations about the way partnerships can be defined and differentiated, their relative utility as policy instruments, how they can overcome obstacles or dilemmas of 'traditional' administration, the general criteria that might predispose various organizations and actors to participate in them, and the public accountability issues that can arise from their operation. The 'them' in all of this are formalized bodies established by two or more autonomous partners, none of whom is simply under contract to another, with the purpose of attaining certain substantive or symbolic goals that no partner could achieve independently. In looking at public–private partnership primarily as an institutional form, Peters follows in the footsteps of the bulk of commentators recently active in this growing field of study (Bennett and Krebs 1991; Stephenson 1991; Bailey *et al.* 1995).

An institutional focus is understandable in that it defines a field of interest tightly and unambiguously. For all their schematic and typological strengths, however, certain forms of 'institutionalism' can have analytical limitations. Two are particularly relevant to the way the public–private partnership has been studied in the United Kingdom (UK). First, they can be atemporal and lacking in a sense of dynamic and change. As Peters rightly points out, the fact that little attention has so far been paid to the basic questions of how and why partnerships are formed is indicative of a larger 'blind spot' that only more recent developments in institutional theory have begun to address. Because the established institutions that dominate politico-administrative studies are highly durable and adaptable, almost by definition, they often appear as 'givens' in the socio-political landscape and apparently require no explanation. Academics have therefore found it more sensible to ask what institutions do, how they do it and with what effect rather than what triggered them and how they formed. Second, and partially as a result, until relatively recently much institutional analysis tended to focus inward rather than outward. It concerned itself with the technicalities of organization, with the effects of procedural rules and conventions, for example, rather than with the interaction between institutions and their environments.

These two limitations are not singled out because they invalidate institutionalism. Indeed, institutional theories take the way wider social relations are reflected, refracted or distorted within institutions increasingly seriously. They are relevant, rather, because institutionalism of a particularly narrow kind has restricted the frame of reference through which UK public–private partnership has been analysed and understood. Public–private partnerships, interpreted as the sort of hybrid institutions Peters describes, are emphatically not 'givens' in the UK organizational landscape. They are relative newcomers to a world of organizations in which private long meant private, public meant public (whether in the form of elected or unelected agencies) and the 'in-betweens' consisted largely of non-profit bodies such as charities, foundations and voluntary organizations. This should not be taken as implying that dialogue and deal-making between public and private sector organizations and interests were ever necessarily exceptional in the UK. But there have traditionally been fairly strict formal and legal divisions of labour between public and private sectors. One needs only to look at the stubborn persistence of the sterile debate about the nationalization or denationalization of utilities and other key industries to understand that the UK has no strong tradition of organizing public–private relations *through joint participation in institutions*.

The 'nationalize, denationalize or privatize' question has, to some extent, begun to give way to a more sophisticated debate about how best to ensure that certain organizations, irrespective of whether they are in public or private ownership, work in the public interest, however that term is defined. The period that has witnessed this important reappraisal of what public and private *ownership* does and does not mean has also seen a great deal of experimentation with different forms of public–private institution. Quite how and why things have changed to produce this state of affairs – indeed whether they have really changed much at all – is therefore of some importance. Analyses which concentrate almost exclusively on the way new, often experimental and relatively short-lived public–private institutions work are of little help in this regard. Neither can they answer some important questions implicit in the logic of this volume: is the public–private partnership 'movement' robust or is it a reaction to temporary stimuli? And do different national experiences of public–private partnership vary so much that it is difficult to make cross-national comparison? It is hoped that this chapter, in examining the UK experience, can shed more light on these questions.

The next section looks at the recent development of public–private partnership in the UK. It first clarifies the sort of partnerships that might be expected to develop in principle. The conceptual framework provided by this discussion is then used to examine a range of changes in the wider environment that have predisposed various interests towards the formation of formal public–private partnership organizations in the UK. This context having been established, there is a more mainstream institutional analysis in the third section. This looks at some leading characteristics of UK partnerships which emerged from two major pieces of recent empirical work, involving case studies in a wide range of UK localities (Harding 1989; Roberts *et al.* 1995). The fourth and final section speculates on the future of public–private partnership in the UK and argues that the research agenda needs to be widened in scope so that the current preoccupation with the analysis of single institutions is transcended.

THE EMERGENCE OF PARTNERSHIP, AND PUBLIC–PRIVATE PARTNERSHIP, IN THE UK

The process of partnership formation can be conceptualized in two main ways: from the point of view of the motives of actors who enter partnerships and from analysing the relationship between problem-types and the institutional capacity available to deal with them. It is difficult to generalize about the latter but a couple of general principles suggest themselves. First, other things being equal, the incidence of partnership formation might be expected to increase as the degree of problem complexity gets higher. In other words, comparatively simple problems are less likely to need partnership solutions than complex ones where no single agency 'owns' the problem. Second, the incidence of partnership formation is most likely related to the degree of fragmentation in institutional capacity. In other words, partnerships are less likely to form when the capacities to deal with particular problems are contained within powerful, multi-faceted institutions but become more likely the more these capacities are dispersed across different organizations.

These two variables are, of course, often interrelated. An organization that might appear all-powerful when faced with one set of problems may appear less so when those problems become more complex. By the same token, complex problems can be made to seem routine if the institutional capacity to deal with them is particularly strong.

Moving to the perspectives of particular actors, it is possible to suggest that organizations and interests enter into partnerships for one of three basic reasons: because they would lose something if they did not, because they would gain something if they did, or because they have to. One way of distinguishing between different types of partnership, then, is to classify them as defensive, offensive or shotgun partnerships. A *defensive partnership* arises when Agency A is no longer able to achieve what it had become used to achieving independently and has to secure the assistance of other partners if it is to continue doing so. Such a partnership is likely when Agency A's resource base is reduced (e.g. by budget or other income reductions, staff cuts, changes in legislation) and/or when increased demands for the service or product A supplies outstrip the resources available to supply it.

An *offensive partnership* develops when Agency A wishes to achieve new things which require resources, expertise or knowledge beyond its competence and hence demand contributions by partners who possess the necessary competencies. This form of partnership is likely when changes in the external environment create new demands which lie within A's capacity (or general field of responsibility) to help satisfy but only with the assistance of others. A *shotgun partnership* transpires when the authority that governs or shapes particular aspects of Agency A's behaviour demands that it enter into a partnership if it wishes (or is required) to achieve certain things. This sort of arrangement obviously depends on A's superordinate authority taking the view that a partnership solution to the issue or problem at hand is preferable to a non-partnership and perhaps more traditional one.

These two conceptualizations suggest that to understand an increasing tendency towards partnership formation it is necessary to look at three things: how changes in the external environment have made the problems decision-makers face more complex; how the capacities of decision-making agencies have been reduced and redefined; and how these two sets of broad changes have affected the motivation and behaviour of particular agencies and actors. There are traces of all these elements in the way partnership is usually analysed in the UK. First, though, it must be understood that *institutional* partnership in the UK is usually seen as a localized phenomenon. Whilst the local focus might seem unduly restrictive at first glance, there are good reasons for it. Partnership institutions are, after all, overwhelmingly concerned with *delivering* something; it is with regard to implementation, more than any other stage of the policy process, that the limitations of single partners are most obvious and the formal pooling of capacities and resources is most critical. As Peters argues in his chapter, practitioners see value in partnerships primarily as policy instruments that enable a level of performance that would otherwise be impossible. Since the focus here is upon partnerships involving the public sector, and since public sector delivery capacity[1] in the UK, as in all liberal democracies, is decentralized, it is not surprising that partnerships are found mainly at the local level.

The recent 'story' of partnership formation in UK localities usually goes as follows. Before 1979 there was a fairly predictable balance between central and local government in the postwar development of the welfare state. On the one hand, local authorities received the bulk of delivery responsibilities for the growing range of public services, and developed greatly increased organizational capacities as a result. On the other, the broad nature and direction of services delivered locally were increasingly determined at national, not local, level, and the finance to provide them came more and more from national government. Local government *autonomy from* the centre therefore decreased at the same time as its *autonomy to* achieve things, within a national framework, grew. With the accession of a Conservative Government which combined neo-liberal economics with an authoritarian approach to centres of opposition, however, this balance disappeared. During the 1980s, the key themes of Conservative governmental strategy were to attempt to improve national economic competitiveness through tight monetary policy, public expenditure cuts, significant scaling-down of the size and functions of the public sector, an increased role for the private sector in delivering public and quasi-public goods, and a commitment to liberate the entrepreneurial spirit wherever and whenever it could be found.

These post-1979 changes had a particularly drastic effect on local authorities, those significant resource consumers and providers of precisely those services that the Government wanted to rein in (Stewart and Stoker 1989; 1994). Having first adopted a strategy of resistance to central policies (Gyford 1985), the more recalcitrant Labour-party-dominated local authorities came, however reluctantly, to see that a UK government, when it chose, was constitutionally unassailable (Lansley *et al.* 1989; Seyd 1989). The legislative and financial damage that resulted from outright opposition harmed local government more than it helped. The authorities in question therefore regrouped and adopted a more conciliatory approach towards central–local government relations. Within this 'new realism' the notion of partnership was critical.

On the one hand, national government had established a number of hybrid, unelected agencies that drew on private sector expertise and leadership in UK localities (Barnekov *et al.* 1989; Jacobs 1992; Thornley 1991; Deakin and Edwards 1993). This created a parallel infrastructure of local governance alongside elected local authorities, but one which functioned best when it could draw on enthusiastic local support. On the other hand, in order to retain a role for themselves, to compensate for dwindling resources and executive capacity and particularly to have some effect on local economic problems, local authorities often opted for 'the partnership route' to effecting desired local change (Harding 1990). This meant continuing the rapid development of local economic policies that characterized the early-to-mid-1980s (Mills and Young 1986), but reducing the emphasis which many authorities had placed upon socialist values and 'restructuring for labour' (Benington 1986; Cochrane 1988; Mawson and Miller 1986; Mackintosh and Wainwright 1987). In their place came attempts to seek strategic and operational alliances with the widening range of unelected public and quasi-public agencies created by the Government and, even more in line with Government philosophy, with the private sector (Newman 1991; Campbell 1990).

This simplified narrative suggests the main causes of motivational change were Government-led institutional restructuring (within the public authority system) and public subsidy (for the private sector). It also implies that the most common institutional creations would be defensive partnerships, triggered by local authorities wishing to retain their roles in service provision, and shotgun partnerships imposed on local authorities by national government. The story is certainly not false. It cannot be denied, for example, that partnerships have been imposed or at least strongly induced by national government. Recent programmes for the economic, physical and social renewal of particular localities such as City Challenge (de Groot 1992; Parkinson 1993) and the Single Regeneration Budget (Hogwood 1995), for example, have to be delivered by partnerships between local authorities, other local public agencies and representatives of the private sector and local communities. But shotgun partnerships are not just creations of UK governments. European Commission programmes, particularly those grouped under the Community Support Frameworks and the European Regional Development Fund, similarly require partnerships of public authorities, this time at regional level, along with national government backing and support from the 'social partners'. Clearly the trend is not limited to the UK or a particular brand of ideological Conservatism.

The standard partnership story does not capture the full complexity of change in the last decade or so. The above framework for analysing partnerships helps suggest why. Purely defensive partnerships, whereby local authorities form relations with other agencies simply to go on delivering familiar goods or services, are relatively rare. Those that can be classified as such are generally public–public, or public–non-profit partnerships. And even then they are vastly outnumbered by similar partnerships which involve a change in the product being delivered as well as in the agencies that deliver it. Take, for example, recent changes in the provision of social rented housing. Compared with fifteen years ago, local authorities are much less significant direct providers of rented homes as a result of drastic cutbacks in housing capital funding (and borrowing permissions) from central government and a national policy of encouraging the sale of municipal stock at less-than-market prices. The move to a partnership model in social housing has not, however, involved local authorities cooperating with others so that they could own and manage homes. Rather, authorities have entered partnerships with housing associations (which now receive the lion's share of government capital subsidy) and private builders, in order to induce and enable the building of stock rather than owning and managing it directly. In so doing, they have had to take a more sophisticated, longer-term view of trends in the housing market and in household formation so that they could lead the debate on local needs and provision.

Social housing partnerships could be seen as defensive in so far as they retain a role for local government in providing accommodation to households that are unable or unwilling to buy their homes. But the creative way in which local authorities have found new mechanisms through which they can orchestrate the provision of housing – owner-occupied as well as rented – means these partnerships are better termed *offensive* since they entail new achievements, attained in different ways, not traditional achievements attained in any way possible. If defensive partnerships involving the public and non-profit sectors are rarer than one might instinctively think, they are virtually non-existent between public and private sectors. Once again, this may seem counter-intuitive. After all, an obvious strategy for a public authority faced with declining resources would appear to be to try and substitute public with private investment sources. However this has not generally been the case, reflecting a very different logic in public–private as compared to public–public or public–non-profit partnerships.

Partnerships that do not greatly involve the private sector are important within the changing forms of urban governance in the UK (Stoker, this volume). But they tend to provide goods or services that are unambiguously public or in which the role of market provision is generally seen as limited. For example, recent changes in the form and delivery of clinical and social care for the mentally ill in the UK, involving wholesale closures of large institutions and the creation of packages of 'care in the community', has necessitated complex partnerships, co-ordinated by local authorities, between a range of public and non-profit agencies who each 'own' part of the solution. The new system has a private sector component in that the public sector pays for private provision. But relations between the public and private sectors are primarily contractual, meaning that private businesses are not partners in any meaningful sense. Private sector players can only be said to be partners when the relations between them and public agencies are unforced exchanges rather than the results of public contracts or other forms of command relationship. In other words, public–private partnerships are based on inducement and mutual interest.

The aims of UK public–private partnerships have not generally been to achieve what the public sector once achieved alone but rather to induce the private sector to achieve socially useful things which it would not otherwise provide in the market conditions of the time. In other words, public–private partnerships have overwhelmingly been focused on economic development (Sellgren 1990; Harding 1991). That is not to say that one element of partnerships has not been to ensure better access to public as well as private sources of funding. The symbolic value of partnership in unlocking increasingly scarce and more discretionary forms of government finance, for example on infrastructure, has not been lost on local authorities or business organizations. There is little doubt, but naturally very little proof, that the relatively privileged access that certain business leaders have to national Conservative politicians has helped trigger public investments in areas perceived as containing model partnerships. But such lobbying, bargaining and deal-making, a feature of government in most places at most times, represents just one way in which public and private sectors have cooperated in the formation of what Americans call *growth coalitions* or *growth machines* (Logan and Molotch 1987;

Axford and Pinch 1994; Bassett and Harloe 1990; Cooke 1988; Lloyd and Newlands 1988) out of mutual interest.

Public–private partnerships are generally offensive partnerships, aiming to enhance economic growth. Through them, local authorities attempt to attain the sort of social benefits (for example employment and training for local people, more and better quality residential, commercial, industrial and leisure facilities, better transport services and infrastructures, etc.) which have generally been provided by the market but where public resources have become necessary to induce and support market activity. Government-led policy and institutional changes are not the sole 'causes' of such activity. Partnership has also grown because problems of governance have become deeper and more complex. Wider economic and labour market changes have helped mobilize local public and private sectors into actions which can and have occurred independently of government's direct and indirect prompting.

Local authorities have simply had to react to changing economic circumstances and the knock-on effects they have had on local labour and housing markets and the demand for public services. External shocks have been particularly acute in the older established urban areas that bore the brunt of structural economic change. But given the very uneven pattern of benefits accruing to different social groups from modern economic development, even apparently 'successful' localities suffer a range of problems associated with structural unemployment, low incomes, insecure and informal employment and social segregation and marginalization. Within the business community, too, there has been increased willingness and capacity to become involved in partnerships (Bennett 1990). This has clearly resulted to some extent from the encouragement offered by government policy and institutional change to become more involved – and profitably – in programmes of economic regeneration. But it also reflects business awareness of the dangers and opportunities inherent in wider economic change.

Business mobilization has been motivated by many factors: for example fear of urban unrest or the potentially destructive knock-on effects of local economic decline, genuine concern to help tackle local problems which the public sector cannot tackle alone, a wish to maintain positive corporate images during periods of rationalization and redundancy, awareness of the need to avoid labour shortages or appreciation of the corporate marketing advantages of being associated with prestigious partnership schemes. The result has been the same, however: greater willingness to diversify into the partnership route to business success. Taking all of the above together, it is clear that the 'causes' of the recent trend towards the formation of public–private institutions are more wide-ranging than the standard accounts suggest. They cover environmental changes (in the widest sense) as well as political ones. They include Government-led policy changes and restructuring of public institutions. These factors have affected motivations within both the private and the local public sectors. Because changing motivations is such a key factor, there is nothing inevitable about the process. Quite how these various factors have become translated into specific organizational forms is the subject of the next section.

CHARACTERISTICS OF UK PUBLIC–PRIVATE PARTNERSHIPS FOR ECONOMIC DEVELOPMENT

Research on UK public–private partnerships suggests there is a great variety of models on offer. Partnerships vary in scope, in purpose, in membership, in the formality of their organizational structures, in the levels of resources to which they can command access, in ambition, in aims and in impact (Bailey 1994; Deakin and Edwards 1993; McArthur 1993; National Council for Voluntary Organisations 1990; Sellgren 1990). Each of the partnerships we have studied has tried to build on strengths which vary widely according to a particular locality's economic weight and trajectory, its political traditions and practices and the nature, composition and self-organizing capacity of its business community. None the less there are a number of themes, each related to the process of putting together and sustaining a partnership, which can be used to compare and contrast them.

Quite *why partnerships have formed* in the general context described above varies. Ideally, a high level of organization and commitment in public and private sectors and a clear and shared agenda should be present at the outset, but in practice this is rarely the case. Partnerships tend to start from whatever basis there is in terms of organization, commitment and commonality of aims and objectives, and try to build from there. Clearly the process is easier for those initiatives which set themselves limited development aims and hence demand only specific, time-limited commitments. A number of the physical development partnerships first created in the boom conditions of the late 1980s, for example, demanded relatively little of their partners. They contrast with others which try to coordinate a number of projects, city-wide, and work to more complex agenda. It is clear, though, that more ambitious and complex partnerships can grow from simpler, less demanding ones, as partners become more confident in the processes and virtues of joint working.

Perhaps surprisingly, there is relatively little evidence that the political complexion or reputation of local authorities significantly affects their propensity to form partnerships for economic development, or the willingness of business partners to sign up with them. If anything, it seems that those authorities which made the boldest claims for local public intervention in the early 1980s, much to the nervousness of central government, have been most adept at dealing with the market since. Greater experience and organizational sophistication, combined with growing pragmatism and maturity on the part of political leaderships, has given these authorities an edge over their more conservative counterparts. Despite recent changes, public authorities are of course, by their very nature, very structured organizations, capable of purposive action. The level of commitment and self-organizing capacity of the private sector, however, is much less predictable. This is a major issue in partnership formation.

As is often pointed out, the UK suffers in comparison with other countries in terms of business self-organization and activism. Compared with Germany or the United States, for example, UK capital is much less decentralized, business organizations such as Chambers of Commerce, foundations and clubs are less powerful and lack public status and there are fewer formal and informal networks linking key individuals. All of these features reduce the availability of locally controlled resources to promote economic change and the likelihood that particular businesses will identify closely with 'their' localities. Recently created national business umbrella organizations like Business in the Community, and established ones such as the Confederation for British Industry (CBI), have encouraged the development of self-organizing capacity in local business communities through, for example, helping create Enterprise Agencies and Trusts and Business Leadership Teams (Smallbone 1990). But it is still relatively rare for a locally based business organization in the UK to draw in key corporate players and to engage them in structured dialogue with public agencies and strategic thinking about local economic needs and opportunities.

UK Chambers of Commerce, with few exceptions, tend to be dominated by small-to-medium-sized businesses whose contribution to the local economy, and ability to provide leadership in the private sector, is limited. These organizational features have tended to mean that the activism of a core of well-respected 'trailblazing' business leaders has been crucial to partnership creation. The snowballing effect which follows on such pioneering is crucial and can, to some extent, make up for limited corporate clout and the position in business networks this affords. Pioneering activity and leadership is important within the public sector too. Rarely has local authority support for partnership activity resulted from wholesale change in political leadership. More often it has come from a commitment amongst existing political leaderships that partnership can achieve more than the alternatives and should be backed with a variety of resources. Since most partnerships go through a slow process of mutual learning and adjustment which can slow progress, continuing faith in the possible benefits amongst business and political trailblazers, often in the absence of any tangible evidence, has proved crucial to sustaining partnerships.

The *immediate triggers* to partnership formation vary, too. There is no doubt that partners are drawn together by a sense of crisis and by a commonly perceived need to 'do something' about economic crises. However, partnerships do not necessarily form or perform best in areas worst affected by economic change, particularly where there is little business infrastructure to build upon. Nor do they necessarily develop in the midst of recession. Most research suggests partnership activity is most common in those areas and at those times where there has been upheaval of a scale sufficient to persuade people within the public and private sectors that they cannot continue behaving as they had before but when/where there are also signs of improvement and hope. There was a surge in physical development-based partnerships, for example, in the later 1980s when regional land and property markets staged a temporary recovery and business confidence grew.

As mentioned in the last section, changes in public policy have been a direct as well as indirect cause of partnership formation. Shotgun partnerships, or at least strongly externally induced ones, have developed in UK localities as a direct requirement of initiatives by national government and the European Commission. Such measures help create their own supporting infrastructures and advice or lobbying networks (Mason and Sopp 1988). Private sector capacity to broker special public–private economic development deals and gain access to packages of public aid, for example, has developed considerably since the mid-1980s. A range of consultancies, often spun off from the public sector, now specialize in such activity (e.g. Wilcox 1994; Coopers and Lybrand 1992), as do subdivisions of established corporations such as volume housebuilders and various professional advisory bodies keen to keep abreast of latest developments (Civic Trust Regeneration Unit 1993). All help oil the wheels of partnership.

Equally, though, very different reactions to the prospect of externally imposed 'help' in solving local problems has, somewhat paradoxically, helped motivate local interests to provide their own solutions through independent partnership arrangements. For example, the threatened imposition of Urban Development Corporations in certain areas of UK cities, and the loss of local planning control and other forms of local influence that this entails, often resulted in locally driven economic development partnership organizations being created instead. In a more general sense, the wish to 'do something for ourselves' amongst key players in UK regions and cities has often been driven by rivalry with – some might say jealousy of – London, the feeling that all major activities are unjustifiably concentrated in the capital and that government and the civil service, overwhelmingly based in London, do not have a feel for the problems and opportunities elsewhere. Thus perceptions of external disinterest or threats have helped focus the minds of local players, encouraged them to consider their mutual interests rather than dwell upon their differences and resulted in compromises being struck in the name of a perceived greater good.

The *membership* of partnerships can be a slippery concept since many lack tight organizational structures and can only point to a variety of individuals and organizations who have been involved in particular projects. However, in so far as membership has been 'counted' in research, two characteristics are apparent. First, in strictly numerical terms, private sector representatives hold the bulk of formal positions within economic development partnerships, the public sector rarely having half of total representatives. Second, and perhaps surprisingly, there is remarkably little pattern in the types of private sector member. The first of these is unsurprising to some extent in that government legislation of the late 1980s, introduced somewhat paradoxically to curb the capacity of local authorities to act more like private businesses in some fields, means that local government cannot have a controlling influence in joint companies. Hence the private sector, at least nominally, *has to* dominate the more institutionalized partnerships. Minority membership of partnership boards and executive bodies by the public should not, however, be seen as denoting much about the relative influence the public sector wields, since formal structures are not always of primary importance. Because organizational capacity within the private sector is often limited, whereas local authorities are much more tightly structured, collective decision-making or strategic forums are arguably more useful to the private sector.

The second issue, the absence of any pattern to private sector membership of partnerships, serves to underline the importance of personal interest and leadership in partnership formation. UK localities do not contain 'growth coalitions' in the American sense, whereby local rentiers (land and property owners) join forces with other locally dependent businesses (e.g. banks, local media and utility companies) and development interests to promote development opportunities that can generate investment from other sources. Instead, private sector activism tends to start from a core of committed individuals – not necessarily drawn from locally dependent companies – who have clout, and can mobilize further interest, within wider business networks. Energy, commitment and good personal relations amongst this core group, plus a stock of good ideas which can attract other players, have counted for more than firms' characteristics such as sector, size and degree of local linkage.

Consensus-building is critical to partnership-building. Unsurprisingly, the broad aims and objectives of economic development partnerships have varied according to the interests involved, their ambitions for the partnership and local circumstances. Much is usually made of the need for a 'vision' and particularly of the visionary qualities purportedly added to partnerships by the private sector. In marketing terms city or town visions have become increasingly common devices which provide reference points for disparate organizations both locally and beyond. Flexibility of vision is therefore crucial, in that it permits strategic adaptation to changing circumstances whilst still allowing a range of organizations to relate their actions to a wider framework. The evidence that visions are particularly comprehensive, coherent or new, however, is very mixed.

Consultancy companies often play important roles in drawing up overall economic strategies. Indeed there are significant benefits in having an 'independent' agency act as broker between various interests, translate technical and professional languages and ideas and propose common agenda. But in the majority of partnership case studies it seems that local government's information, knowledge and strategic awareness have been the most important influences on partnership strategies. Urban economic 'visions' also vary widely in their expansiveness. Some are sectoral, some area-based. Some stress long-term development possibilities at the level of the city or even the region, whilst others aim only at the short-term development of particular sites. Some have specific target groups, others have target areas.

The *co-ordination of resources* by, or under the stewardship of, the partners lies at the very heart of partnership and has brought into existence a variety of *organizational structures*. Some partnerships are strongly integrated: that is, they are characterized by substantial executive capacity at the centre of the organization, or by clear links between the centre and related organizational off-shoots, and by the accumulation of resources within these executive centres. In some cases, resources are pooled at the centre. It is more usual, though, for strongly integrated partnership bodies to play a guiding and coordinating role with regard to the main executive agencies – be they individual development consortia or selective combinations of the organizational members of the partnership – who retain control over their own resources.

Strongly integrated partnerships are generally associated with initiatives in which legal agreements and substantial resource commitments are entered into, for example specific land and property development deals. More weakly integrated partnerships are common where the central body plays a more symbolic and debating role and the strategies being pursued are more diverse and less well defined. In these cases, a central core with substantially less executive capacity usually facilitates and promotes various projects which the partnership cannot be said to 'own' in any strict sense but where project deliverers find it useful to relate their initiatives to a wider strategic framework.

Whatever organizational model is chosen, there are some general patterns to the public–private split with regard to contribution of resources which have implications for the way economic development partnerships work in practice. Local authorities, by their very nature, tend to be the main suppliers of information to partnerships, directly and/or through intermediaries, with obvious implications for the contribution of staff resources. The local authority's statutory obligations with regard to the development control and planning process also have human resource implications for a range of departments. Local authorities therefore tend to provide much of the executive capacity for partnerships, even though private sector representation at board level may be larger. The other main local authority contribution is via land, where municipal ownership and local government's capacity to acquire land from others compulsorily are critical to many development initiatives. Central government departments and their regional offices tend to set the rules of the game, at least for shotgun partnerships, to police them and to provide sources of 'strings attached' finance.

Taken together, the overall contribution of public sector resources to partnerships gives public agencies, particularly local authorities, a far greater degree of influence in practice than one would expect from the composition of the formal membership. The resources generally provided by the private sector are somewhat different. Staffing contributions by the private sector are more limited and tend to rely on corporate goodwill, for example through secondments, although, in the case of the strongly integrated partnerships, salaried appointments are often made on the basis of private sector financial contributions. Privately owned land is also important to many physical development partnerships, although it has not always been easy to integrate land interests into the process. The use or threatened use of public land acquisition powers has often been necessary to promote partnership schemes where landowners were unsupportive. The other key private sector contributions are through particular types of market expertise and providing or securing access to finance.

The *criteria for 'success'* within economic development partnerships inevitably differ according to the perspectives of the different interests involved (Crosslin 1991; Bailey 1994). Whilst the aims and objectives of partnerships are usually carefully worded and anodyne, it is not too difficult to see why the parties are involved. For the private sector, success will largely be measured by the profitability of specific developments, by generalized improvements in the business environment which will have positive indirect spin-offs, by the effect partnership activities have on the availability, cost and quality of different factors of production, by improvements in the image of companies that involvement brings and by better contacts with public and private agencies.

Many such outcomes, along with others like private sector 'leverage' and value for money, have also concerned central government departments and the network of local agencies they have created. Local authorities, too, welcome profitable investment. It can reduce the drain on municipal resources by indirectly obviating the need for local authority services and investments. The bottom line for most local authorities, however, is local community benefit. Partnerships have been sold, politically, principally as a way of generating local employment opportunities and improving community well-being, and it is here that the politics of partnership is most vulnerable.

Simple economic growth no longer translates easily into offsetting local problems (unemployment, low pay, employment discrimination, lack of affordable and accessible facilities, sub-standard housing, poor transport, etc.). Local linkage effects are made even less likely by the increasing (geographical) size and complexity of travel-to-work areas and by trends toward dual labour markets and social exclusion across all developed economies. The issue of social benefit from partnership activity is therefore a crucial one. In general, partnerships appear to favour a trickle-down conception of development in which it is assumed that all increases in economic activity will somehow benefit localities and local residents.

Beneath this optimistic gloss, however, the responsibility for introducing social and welfare issues to the economic development partnership agenda lies firmly with public agencies. One clear benefit of partnerships is that greater contact with local authorities has sensitized firms and business leaders to the issues and practices of local politics and to problems faced by certain local communities. As a result, the social responsibility aspects of the private sector agenda have expanded considerably. The process is a slow one, however. The local public sector is left with the responsibility for proving to the business community that it is in their interests to act for the benefit of the less advantaged local residents and for developing mechanisms and projects whereby direct linkages are made between partnership activities and local needs and demands.

THE FUTURE OF PARTNERSHIP

What, then, of the future of public–private partnerships? Clearly the last decade has seen an enormous amount of institutional experimentation. Although they only account for relatively tiny fractions of the activities and spending of public and private agencies, partnership organizations prioritizing economic development have come and gone at a remarkable rate. It would be ludicrous, of course, to see partnerships as in any way rivalling established institutions. At the same time there are three broad reasons why the partnership 'movement' as a whole will continue to gain strength in the coming period. First, as Peters suggests, partnerships *work*: they have proved to be adaptable and flexible instruments for problem solving which enable different interests and organizations to compromise and cooperate on issues of mutual interest relatively quickly and effectively. Second, the underlying conditions which helped produce them – the complex array of economic and social problems thrown up by global economic restructuring, radical changes in the nature of work and the operation of labour markets, the growing variety of household types and lifestyle choices and the growing polarization between the poor and the rest in liberal democratic, market societies – are not about to go away. They will continue to pose problems which neither state nor market alone can solve.

Third, the institutional fragmentation of the Conservative years in the UK has produced a policy environment in which the need for partnership, inter-agency collaboration and cross-sectoral working will continue. No great change is likely here. No future government will have the luxury of being able to greatly increase public expenditure and the capacity of public authorities, even if they wished to. There will be no return to the golden years of the 1950s, 1960s and early 1970s for the local public sector. Neither is any national government likely to start yet another round of fundamental governmental restructuring. Organic, rather than institutional, solutions to problems are likely to dominate policy agendas in the medium term. Local authorities, the key players in the partnerships dealt with in this chapter, will therefore face a policy-making environment which will be characterized by:

- constrained resources
- a high degree of fragmentation between local service providers
- a limited *executive* role for local authorities themselves
- a national policy agenda which will continue to stress value for money, and innovative policy responses, and to reject 'throwing money at problems', and
- a system of support from central government which favours discretionary payments, competitive bidding and rewards for areas that display a high degree of public entrepreneurialism and 'partnership', and can, with limited help, attract market interest.

The local authority will remain the one player in an increasingly complex system of local governance with a local mandate and general responsibilities for the social and economic well-being of an area's inhabitants. The challenge for local government, in a period which should see less conflict with central government, will be to exercise leadership within this new system without having any formal authority over other local public agencies or being unable to reward or discipline them or any other agency or interests whose efforts are needed to promote change. Whatever successes local authorities are able to achieve in the way of promoting coherent strategies and inter-agency and public–private agreements, they will have to be built on local market knowledge, bargaining capacity and the ability to present economic issues in such a way as to get others to cooperate out of self-interest. The recent varied experience of partnerships increasingly reveals a number of possibilities for this delicate local authority balancing act, as well as any number of dead ends.

Even if local authorities are able to play their leadership-cumenabling role well, however, it will only overcome one aspect of policy fragmentation. The distribution of public resources in the UK continues to be focused at the district scale, so it would take enormous self-discipline and substantial mutual bargaining on the part of local authorities to encourage the coordination of effort on the sort of geographical scale that makes more economic sense than local authority boundaries. There are growing signs of increased inter-authority collaboration but the record of voluntary cooperation across local administrative boundaries in the UK is not good. Neither do UK governments show much interest in promoting regional or sub-regional solutions to local problems. It is therefore likely that local authorities will compete more and more aggressively, with their partners, against their equivalents in other localities for public and private resources.

Indeed, inter-urban competition is likely to be one of the key themes of local governance in the future. It will be in constant tension with another: that of social cohesion. Whilst UK commentators often assume that sub-national conditions, particularly the 'urban crisis', are worse at home than elsewhere, the international experience suggests the reality to be less optimistic. National governments and sub-national authorities across the advanced (post-)industrial nations have also been engaged in a desperate search for inexpensive solutions to local problems in the last decade. As in the UK, the most common response has focused on unlocking the economic potential of key sub-national areas by way of selective coalitions of interest between national and sub-national authorities and the private sector. Whilst sub-national elected authorities have increasingly been given more policy responsibilities than those in the UK, there are few reasons to believe that any country has got the 'institutional fix' right. Experimentation seems to be the order of the day everywhere.

All of which brings us back to the issue raised at the beginning of this chapter – how can the way economic-development-related public–private partnerships are studied in the UK be improved so that it can lend itself to cross-national learning? The answer lies in broadening the research agenda so that it embraces both a cross-national frame of reference and a less institutionalist view of the world. Institutional differences that may seem extremely important when viewed through a national lens tend to disappear when the panorama becomes international. More attempts to understand cross-national trends and commonalities, pursued through more comparative work, represent one widening of the agenda. It might help correct a tendency to focus narrowly on UK politics and UK institutions and to ignore the fact that UK trends – in general socio-economic conditions, labour markets, policy changes, institutional fragmentation and so on – are not so very different from those of other developed (post-)industrial nations.

The other main way of widening the research agenda would entail focusing less on public–private partner*ships* as institutions and more on public–private partner*ship* as a process. Processes, of course, are less easy to study than institutions. But the long history of empirical work which attempts to observe, model and theorize about non-institutionalized relations between the public and private sectors – for example in community power and urban political economy studies in the United States – suggests it is not impossible. UK approaches, to the extent that they consider processes at all, tend simply to assume that partnership institutions reflect processes and, by implication, that the absence of partner*ships* reflects the absence of partner*ship*. So when it is found, for example, that partnership institutions are rarer in the more economically buoyant areas of the country, the reason must be that public–private partnership is less relevant to such areas. Another very different conclusion to be drawn, however, is that the *process* of public–private partnership works so well in such areas that public–private *institutions* are unnecessary. Whether this alternative is more accurate or not is not the main issue. Subjecting it to critical scrutiny by way of wider-ranging research on local economic governance in the UK would tell us more about public–private partnership than any number of institutional case studies can.

NOTE

1   In even the most centralized countries, national governments are generally non-executive, that is they deliver remarkably little directly.

REFERENCES

Axford, N. and S. Pinch (1994), 'Growth Coalitions and Local Economic Development Strategy in Southern England: A Case Study of the Hampshire Development Association', *Political Geography* 13, 4.
Bailey, N. (1994), 'Towards a Research Agenda for Public–Private Partnerships in the 1990's', *Local Economy* 8, 4.

Bailey, N., A. Barker and K. McDonald (1995), *Partnership Agencies in British Urban Policy* (London: University College Press).

Barnekov, T., R. Boyle and D. Rich (1989), *Privatism and Urban Policy in Britain and the United States* (Oxford: Oxford University Press).

Bassett, K. and M. Harloe (1990), 'Swindon: The Rise and Decline of a Growth Coalition', in M. Harloe, C. Pickvance and J. Urry (eds), *Place, Policy and Politics: Do Localities Matter?* (London: Unwin Hyman).

Benington, J. (1986), 'Local Economic Strategies: Paradigms for a Planned Economy?', *Local Economy* 1, 1.

Bennett, R. J. (1990), *Leadership in the Communities* (Croydon: Coopers & Lybrand Deloitte).

Bennett, R. J. and G. Krebs (1991), *Local Economic Development: Public–Private Partnership Initiatives in Britain and Germany* (London: Belhaven).

Campbell, M. (ed.) (1990), *Local Economic Policy* (London: Cassell).

Civic Trust Regeneration Unit (1993), *Urban Regeneration Partnerships: An Analysis of the Knowledge, Skills and Attitudes Needed by the Managers of Partnerships* (London: Civic Trust Regeneration Unit).

Cochrane, A. (1988), 'In and Against the Market? The Development of Socialist Economic Strategies in Britain, 1981–1986', *Policy and Politics* 16, 3.

Cooke, P. (1988), 'Municipal Enterprise, Growth Coalitions and Social Justice, *Local Economy* 3, 3.

Coopers and Lybrand (1992), *Growing Business in the UK: Lessons from Continental Europe – Promoting Partnership for Local Economic Development and Business Support in the UK* (Croydon: Coopers & Lybrand).

Crosslin, R. L. (1991), 'Decision-Support Methodology for Planning and Evaluating Public–Private Partnerships', *Journal of Urban Planning and Development* 117, 1.

Deakin, N. and J. Edwards (1993), *The Enterprise Culture and the Inner City* (London: Routledge).

De Groot, L. (1992), 'City Challenge: Competing in the Urban Regeneration Game', *Local Economy* 7, 3.

Gyford, J. (1985), *The Politics of Local Socialism* (London: Allen & Unwin).

Harding, A. (1989), *Public–Private Partnerships in U.K. Cities*, Report to Liverpool City Council (Liverpool: John Moores University).

Harding, A. (1990), 'Public–Private Partnerships in Urban Regeneration', pp. 108–27 in M. Campbell (ed.), *Local Economic Policy* (London: Cassell).

Harding, A. (1991), 'The Rise of Urban Growth Coalitions, UK-style?', *Environment and Planning C: Government and Policy* 9.

Hogwood, B. (1995), 'The Integrated Regional Offices and the Single Regeneration Budget', *Commission for Local Democracy Report 13* (London: CLD).

Jacobs, B. D. (1992), *Fractured Cities: Capitalism, Community and Empowerment in Britain and America* (London: Routledge).

Lansley, S., S. Goss and C. Wolmar (1989), *Councils in Conflict: The Rise and Fall of the Municipal Left* (London: Macmillan).

Lloyd, M. G. and D. A. Newlands (1988), 'The "Growth Coalition" and Urban Economic Development', *Local Economy* 3, 1.

Logan, J. R. and H. L. Molotch (1987), *Urban Fortune: The Political Economy of Place* (London: University of California Press).

Mackintosh, M. and H. Wainwright (eds) (1987), *A Taste of Power: The Politics of Local Economics* (London: Verso).

Mason, S. and L. Sopp (1988), *Partnership Schemes: Manual of Guidance for Local Authorities and Developers* (London: HMSO).

Mawson, J. and D. Miller (1986), 'Interventionist Approaches in Local Employment and Economic Development: The Experience of Labour Local Authorities', pp. 145–99 in V. Hausner (ed.), *Critical Issues in Urban Economic Development Vol. 1* (Oxford: Clarendon).

McArthur, A. (1993), 'Community Partnership: A Formula for Neighbourhood Regeneration in the 1990's', *Community Development Journal* 28, 4.

Mills, E. and K. Young (1986), 'Local Authorities and Economic Development: A Preliminary Analysis', pp. 89–144 in V. Hausner (ed.), *Critical Issues in Urban Economic Development Vol. 1* (Oxford: Clarendon).

National Council for Voluntary Organisations (1990), *Partners or Agents?* (London: NCVO).

Newman, I. (1991), 'Surviving in a Cold Climate: Local Authority Economic Strategy Today', *Local Economy* 6, 4.

Parkinson, M. (1993), 'City Challenge: A New Strategy for Britain's Cities?', *Policy Studies* 14, 2.

Roberts, V., H. Russell, A. Harding and M. Parkinson (1995), *Public/Private/Voluntary Partnerships in Local Government* (Luton: Local Government Management Board).

Sellgren, J. (1990), 'Local Economic Development Partnerships: An Assessment of Local Authority Economic Development Initiatives', *Local Government Studies* (July/August).

Seyd, P. (1989), 'Socialist City Politics: Sheffield', *Department of Politics Working Paper* (Sheffield: University of Sheffield).

Smallbone, D. (1990), 'Enterprise Agencies in London: A Public Private Sector Partnership', *Local Government Studies* (September/October).

Stephenson, M. O. (1991), 'Whither the Public–Private Partnership: A Critical Overview', *Urban Affairs Quarterly* (1) 27: 109–27.

Stewart, J. and G. Stoker (eds) (1989), *The Future of Local Government* (London: Macmillan).

Stewart, J. and G. Stoker (eds) (1994), *Local Government in the 1990s* (London: Macmillan).

Thornley, A. (1991), *Urban Planning Under Thatcherism: The Challenge of the Market* (London: Routledge).

Wilcox, D. (1994), *An A to Z of Partnerships* (London: David Wilcox Partnership).

6 Local-to-Local Partnerships among Swedish Municipalities: Why and How Neighbours Join to Alleviate Resource Constraints

Lennart J. Lundqvist

NETWORKS, COOPERATION, AND PARTNERSHIPS: CONCEPTUAL RELATIONSHIPS

Networks are important institutional features in local community affairs. They function as information centres and bargaining structures in politics. Through networks, local political actors can furthermore build a reputation which becomes an asset – sometimes even a form of veto power – in the decision-making process (Knoke 1990: 133, 138–9). Elected municipal leaders hold central positions *vis-à-vis* important local groups and organizations, and are at the hub of important inter-organizational relationships in the community. From this central *institutional* position, they engage in *strategic* activities to establish contacts with, and to create networks among, the important holders and/or claimants to resources deemed necessary to fulfil political objectives. Politicians must particularly strive to establish such relations with individual and collective resource holders over whom they have limited political leverage. Networking can thus be seen as a strategy of using contacts to gain influence over structural factors in the local government's environment, first and foremost in order to alleviate the eternal problem of scarcity and resource dependence (Pierre 1994: 163f). Looking at networking as a strategic activity implies that there is a dubious relationship between networks, networking, and cooperation. While some people in a specific policy area keep in touch to learn from each other about new problem-solving techniques, or to join in concerted political action, the networks discussed by community power students could equally be seen as competitive, with each network trying to outdo the others in the drive to influence and run local affairs.

As Peters outlines in his chapter to this volume, there are certain preconditions which must be met before political actors – be they individual policy makers or existing policy networks – actually find it advantageous to cooperate. There must be a perceived mutuality of interests; potential cooperators must realize that they share among them an area of common concern. Exchanges must be possible; prospective collaborators must perceive each other as providing valuable complementary resources to the solution of the problem in common. The non-existence of alternatives is also important: cooperation among the principals sharing the problem should stand out as the most – or only – feasible solution. Cooperation may thus be expected to occur among actors with similar, parallel or contrary interests, where each actor perceives the others as possessing, controlling or using resources crucial to his or her own goal achievement.

When does such cooperation actually pass as a partnership? As pointed out by Peters, there should be a continuing relationship with recurrent collaboration among the joining actors. These actors must be principals, i.e. they should be capable of bargaining on their own behalf rather than being forced into cooperating by others. The cooperation must also be reasonably formalized and regulated in terms of purpose, distribution of rights and duties, benefits and costs, contact frequencies, etc. Such recurrent, 'contractarian' cooperative designs we define here as *partnerships*. This chapter looks at local-to-local partnerships among Swedish municipalities as 'instruments of governance'; the perspective of 'rational institutionalism' (cf. Peters, this volume) is used to gain some insights into the problems of partnership formation and partnership formalization. In particular, I look at the structure of the resource problems facing individual municipalities and the kind of incentives these problems provide for cooperation through partnerships.

LOCAL-TO-LOCAL COOPERATION: RESOURCE PROBLEMS AND PROPENSITIES FOR COOPERATION

As pointed out earlier, local politicians are faced with the challenge to establish good relations with individual and collective resource holders over which they have limited political leverage. In this way they can gain influence over structural factors in the local government's environment which may alleviate the eternal problem of scarcity and resource dependence. Other local governments constitute a crucial part of that environment. They have an impact on the resource base of a local government in at least three respects. One has to do with *resource mobilization*. New firms and enterprises mean more jobs and opportunities for business, and a broader municipal tax base. Local governments therefore try to woo outside enterprises to settle within the municipality. The fact that enterprises and job opportunities can be viewed as a form of private goods, i.e. as divisible among potential users or benefactors, creates a specific structure of incentives for municipal action. It is strategically sound for municipalities to try to be on their own in hunting for new enterprises. Securing a stronger resource base thus very often involves local governments in tough competition with other municipalities. This in turn indicates that local-to-local government partnerships around this resource problem may not be very common (cf. Pierre 1994: 156).

When it comes to *resource utilization*, i.e. the efficient use of available resources, a totally different set of incentives are at work. Some local governments may simply be too small or too poor to afford some of the investments necessitated by, e.g., national legislation. They may not in and of themselves be able to achieve an efficient use of these investments as well as of other resources. In their search for solutions, they will find that the costs of providing a service or making an investment would be less for each side through a cooperative arrangement than it would if they were to do it on their own. There are thus strong incentives in favour of formalized local-to-local cooperation to solve problems of efficient resource use. Infrastructure investments such as water and sewage facilities, garbage collection and waste management, services such as fire brigades and rescue teams, as well as communication and transportation facilities are all examples of areas where cooperation among several actors in building up and sharing the resources in common provides for economies of scale.

Third, there is the problem of *resource sustainability*. Local governments are here to stay for a long time. There is thus a long-term problem of protecting and managing the quality of the natural environment to make possible the continuous flow and use of available natural resources within the municipality. However, local governments are far from independent in this endeavour. Dependence on other local governments may be quite obvious – like the case of communities downstream from polluting industries – or less distinguishable, like acidification caused by long-range transports of air pollutants. Municipalities are thus experiencing externalities, which are often linked to *common pool resources*. Such resources function as 'natural commons' providing a direct physical link for the transmission of interferences among individual utility and production functions, regardless of laws, boundaries, or property titles. All problems of use or misuse of common pool resources are by definition also instances of external economies, although not all externalities are confined to common pool resources (cf. Baumol and Oates 1975: 20f).

With common pool resources, it is usually assumed that only arrangements designed to give individual actors an incentive to curb individual behaviour detracting from the common interest in the resource can bring about rational collective outcomes. Theory holds that they will be induced to engage in collective action only if and when the resulting gain in benefits from the collective good – or the resulting cut in costs of avoiding the collective bad – is deemed more desirable than the increase in decision-making costs occurring when individuals join in collective action (Olson 1965: 1ff, 61ff; Buchanan and Tullock 1962: 43ff).

However, arrangements conducive to collective action and to the provision of a collective good are also dependent on certain exogenous variables, such as *group size* and *member characteristics*. Mancur Olson argues that the larger the group, the more rational it is for the individual member to become a 'free rider', since his or her behaviour will make very little marginal difference to the group as a whole. The incentives for cooperation, and the chances of success, seem to be greater in small groups simply because of the higher visibility of individual members and their actions (Olson 1965: 33f; cf. Libecap 1995: 189).

This reasoning leads to the following propositions about what we might reasonably expect in terms of the occurrence and frequency of local-to-local partnerships as a policy instrument to alleviate different types of resource constraints. First of all, the competitive atmosphere surrounding local government's efforts at *resource mobilization* actually provides disincentives for local-to-local partnerships; we may expect little intermunicipal cooperation in such areas as local industrial development and labour market policy. Secondly, local governments continuously find themselves forced to save money, and the obvious economies of scale to be gained from joint *resource utilization* provide strong incentives for cooperation. This makes us believe there will be substantial local-to-local cooperation in such fields as infrastructure and technical services, collective transportation, rescue services, and even higher-level education. Third, the need for *resource sustainability* provides both incentives and disincentives for intermunicipal cooperation. Where actors using common resources are highly visible to each other, there may be more of purely local-to-local cooperation than when actors' relations to a common resource are more diffuse and geographically long-range. In this latter case, intermunicipal cooperation may be hierarchically induced rather than initiated and formed by local-level principals (cf. Ostrom 1990: 40 ff).

LOCAL-TO-LOCAL COOPERATION: RESOURCE PROBLEMS AND PARTNERSHIP FORMS

As defined earlier, *partnerships* connote a more firm and formalized local-to-local cooperation arrangement than do *networks*. If Swedish local governments want to cooperate in policy areas regulated by national law and involving such use of public authority as would otherwise be the prerogative of the individual municipality, they are legally required to join in a *municipal association*. Such associations are thoroughly regulated by public law and organized very much like the joining municipalities themselves. Thus, there is a Council, elected by the municipal councils, and an Executive Board, elected among the Association Councillors. There are Committees for policy preparation and implementation, and for administration of the Association's affairs. However, Municipal Associations have no right to tax municipalities or citizens. They can only charge the joining municipalities for the costs of the activities of the Association, and the municipalities are legally required to make these contributions (Swedish Code of Statutes 1985 #894).

For municipal activities regulated only in general terms under the 1991 Municipal Government Act, local governments have far greater latitude in choosing the forms of cooperation. They may form joint-stock corporations (municipal companies), trading companies, economic associations or foundations, all of which are regulated by contract law and private law. Municipalities may also get together in non-profit associations. It is, of course, also possible for municipalities to negotiate mutual agreements, which means they cooperate in forms totally regulated by the principals themselves. This type of partnership is here labelled 'intermunicipal cooperation in other forms' (cf. Swedish Association of Local Authorities 1993: 2). Finally, there are what is here seen as networks 'proper', involving cooperation among specific groups of actors which is neither seen as continuous nor as based on contracted intermunicipal agreements.

If we juxtapose these forms to the three resource problems discussed earlier, what patterns could be expected? In resource *mobilization*, municipalities face a situation where potentially in-migrating firms and job opportunities appear as almost perfect private goods. There is very little incentive for the individual muncipalities to bind themselves through formal cooperation with other municipalities. If there is cooperation in fields connected to resource mobilization, it will most probably be arranged so that local governments may get out of it rather easily. In other words, we should expect the partnerships to be negotiated within the category 'municipal cooperation in other forms' (cf. Pierre 1994: 162). It may also be that the cooperation actually found is *symbolic*. Municipalities join in activities to promote a certain geographical area or a culturally distinctive profile or self-image of their whole region, with a somewhat limited concern for more tangible benefits (cf. Peters, this volume).

Solutions to the problem of efficient *resource utilization* provide municipalities with strong incentives to cooperate, and they may build up common resources in different policy fields. We should expect municipalities to join in strictly formalized partnerships around such resources, both under mandatory public law requirements and in other cases. The reason for this is that, for many of the resources of relevance here, there are obvious benchmarks for judgement of individual contributions and quota of provision: number of inhabitants, age and health profile of the population, geographical size, just to mention a few possibilities. In short, this is where we should find the most elaborated and formalized local-to-local *partnerships*.

When we turn to problems of *resource sustainability*, there is much more cause for variation in the forms of cooperation. National law forces municipalities to collect and handle waste. Since resource loads or appropriations are easy to assess here, we may expect such formalized partnerships as municipal associations or joint-stock corporations in this environment-related policy field (which at another stage in the ecocycle is also a problem of efficient resource utilization). When resource loads or appropriations are less easily assessed and national legislation is less specific about municipal responsibilities, local governments may be expected to engage in various forms of mutual, self-regulatory cooperation.

LOCAL-TO-LOCAL COOPERATION: WHAT PARTNERS SHOULD WE LOOK FOR?

It is common wisdom among students of Swedish local government that intermunicipal cooperation is predominantly an affair between neighbouring local governments. After studying the dispersion of policy innovations across municipal borders, Schmidt (1986: 62) concludes that the exchange of new policy ideas can be explained by 'the neighboring municipality's activities, especially if the neighboring municipality is also situated within the same county'. A more recent study finds that the most common pattern is multi-municipal cooperation, with at least two of the municipalities being neighbours. Second comes bilateral cooperation between two neighbours. In neither of these instances does cooperation cross county borders. If county borders *are* crossed in local-to-local cooperation it usually involves neighbouring municipalities where county and municipal borders coincide (Pierre 1994: 160f).

At least some variation to this pattern ought to be found. First of all, there might be cooperation around certain infrastructures or certain huge investments, which come to function as common pool resources. In particular, one might expect long-range intermunicipal cooperation around such things as capacious energy plants and facilities, waterworks, and waste and sewage treatment facilities. The same should hold for certain types of advanced, and thus very expensive, rescue services. Second, there may be long-range cooperation on resource sustainability issues, e.g. along river basins or great lakes. The same should be true for cooperation on air quality management (cf. Lundqvist 1994).

LOCAL-TO-LOCAL PARTNERSHIPS IN SWEDEN: AREAS AND FORMS AND THEIR RELATION TO MUNICIPAL RESOURCE PROBLEMS

A 1993 study of the existence, purposes and forms of intermunicipal cooperation found that Sweden's then 286 municipalities had joined in 624 cases of local-to-local cooperative arrangements sufficiently formalized to be counted as *partnerships* in the meaning given above. Such partnerships spanned ten general policy categories and involved eight different forms (see Table 6.1).

The individual policy *area* involving most partnerships is that of infrastructure, technical services and communications. Almost one out

Table 6.1   Local-to-Local Partnerships Among Swedish Municipalities in 1993: Area and Forms of Cooperation

Area of cooperation	Forms of cooperation								Total
	Municipal associations	Inter-municipal joint stock companies	Economic associations	Foundations	Non-profit organizations	Within county	'Other forms' across counties	International	
Resource mobilization									
Culture, leisure, tourism		6	1	26	5	20	6	8	72
Industrial & labour market development		7		9	1	5	2	4	28
Resource utilization									
Economy, administration, equipment						27		2	29
Technical services, collective transportation	7	112		1	1	24	27	5	177
Education, R&D	5	4		3	1	38	19		70
Rescue services, animal protection	7	1		4		67	19	2	100
Health & social care	6	2		2		19	4		33
Resource sustainability									
Environmental management				6	43	5			54
Physical planning & housing	9	2	2			3	1		17
'Other' & 'general'		2	6	1	1	10	6	18	44
Total	34	136	9	52	52	218	84	39	624

Source: Swedish Association of Local Authorities 1993, *passim.*

of three local-to-local partnerships are directed towards such issues. In second place in terms of occurrence we find rescue services (emergency vehicles, ambulances, fire brigades, etc.): such partnerships represent one-sixth of total formal cooperation. Other areas with fairly lively local-to-local cooperation are tourism/leisure/culture, education, and R&D (research and development). Just about one-tenth of all partnerships occur around issues of environmental management. As can be seen from Table 6.1, local-to-local partnerships on industrial policy and labour market issues are not very common, accounting for less than 5 per cent of all formalized cooperation.

The most common *form* of local-to-local partnership is that of 'cooperation in other forms'. This category involves partnerships established and regulated by way of mutual agreements between municipalities, and not regulated by public or civil law as are the other forms of cooperation. Such intermunicipal agreements in fact comprise 55 per cent of all formal cooperation among Swedish municipalities. Intermunicipal joint-stock corporations are found in more than 20 per cent of all local-to-local partnerships. Foundations and non-profit associations are also quite frequent.

The form most resembling the political organization of municipalities, i.e. *municipal associations*, is used quite sparingly and accounts for only 5 per cent of all partnerships. This has not always been the case. Before responsibility for the police force was fully taken over by the state in 1965, there were in excess of 200 municipal associations. As many as 167 of the 247 associations existing in 1960 concerned police force cooperation. Municipal associations in the field of primary education were dissolved following the 1973–74 municipal reform. This meant that only 16 municipal associations existed in 1974 (Klason 1974: 33). The increase to the present figure came during the latter half of the 1980s, and there are now discussions among some municipalities about establishing this form of partnership in the areas of higher education and rescue services (Swedish Association of Local Authorities 1993: 7).

How, then, do these patterns relate to the three resource problems facing municipal governments? We can see that just as predicted, there are few partnerships for *resource mobilization* 'proper': cooperation across municipal boundaries in order to jointly develop local industry or give boosts to labour markets accounts for only 5 per cent of all partnerships. On the other hand it may seem surprising that so much of this cooperation is firmly organized in joint-stock corporations or foundations rather than as less binding mutual agreements regulated only by the municipalities themselves. It should, however, be noted that some of the 'development centres' and similar arrangements set up or run as foundations or corporations seem as much directed towards the efficient resource utilizations as towards mobilization of new resources.

To a considerable extent, the partnerships developed in the fields of tourism, leisure activities and cultural affairs fall under the heading of resource mobilization. They often concern efforts by the cooperating municipalities to exploit and promote a common cultural or geographical identity, which in turn may create an interest in the area and in the cooperating municipalities. The *symbolic* character of such cooperation is indicated by the fanciful names of the partnerships. The forms usually chosen for this type of partnership may also be seen as an indication: mutual agreements, non-profit associations and foundations dominate.

We may thus conclude that on issues of *resource mobilization*, municipalities are reluctant to cooperate in partnerships regulated by public law. They tend to choose forms by which they can retain municipal control, such as private law foundations or mutual agreements where they can influence the terms of cooperation. A partnership based on mutual agreement is easier to change or dissolve should a municipality find such a course of action advantageous when competing with its partners for new resources.

Swedish municipalities do indeed join in partnerships to solve problems of *resource utilization* and to achieve economies of scale. The policy areas of economy and administration, infrastructure, technical services and communications, rescue services, as well as education and health and social affairs, together accounted for two-thirds of all formalized local-to-local partnerships in Sweden in 1993. A predominant form is intermunicipal joint-stock corporations. They are particularly found in energy production and distribution, collective transportation, waste collection and treatment.

However, much of the partnership activity in other resource utilization areas than infrastructure, technical services and communications is carried out through mutual agreements. This has to do with the fact that some of these areas have only recently become a municipal responsibility.

The responsibility for elderly health care was transferred to local government from the county councils (*landstingen*) as late as the early 1990s, and municipalities are still experimenting also with their *internal* organization in this field. Much the same situation prevails in the educational sector after the marked increase in municipal responsibilities following the 1989 reform. Also rescue services have been subject to reorganization in later years. On balance, then, the predicted pattern of lively and mostly quite formalized partnership activity does appear in the policy areas subsumed under what is here labelled *resource utilization*.

The problem of *resource sustainability* is represented in Table 6.1 by the areas of environmental management, and planning and housing. Two patterns are discernible. The highly formalized municipal associations dominate in (land use) planning and housing. That such issues concern resource sustainability is revealed by the fact that several of the municipal associations found here are established in urban conglomerations, where resource quality – and quantity – may be a bigger problem than elsewhere. This geographic pattern also illustrates why there is such a high degree of formalization of partnerships in this area: it is important for the administratively divided but functionally interdependent municipalities to have a clear distribution of duties and responsibilities within the partnership. The fact that physical planning also involves the use of public authority against property owners also necessitates a very formal organization. Environmental management partnerships usually take the form of non-profit associations. This may partly be explained by the problems of establishing the exact costs of externalities as well as the exact benefits from management measures befalling individual municipalities. In the Swedish case, there is also a historical explanation. As early as the 1950s, municipalities bordering on the same lake or situated in the same river basin, began to join in water quality associations, committees or boards. Theirs is thus a truly 'principal'-induced form of regime to achieve resource sustainability. When it comes to air quality associations, these are mostly induced from above by the Environmental Units of the State County Administrations (*länsstyrelserna*). We may thus conclude that local-to-local partnerships on problems of *resource sustainability* have developed very much along the lines theory would have us predict (cf. Ostrom 1990: 38ff).

LOCAL-TO-LOCAL PARTNERSHIPS IN SWEDEN:
COOPERATING MUNICIPALITIES

As pointed out earlier, students of Swedish local government have found intermunicipal cooperation to be mainly a relation between neighbours. Cooperation between two neighbours is very common, and where several municipalities cooperate, there are always at least two which are neighbours. Local-to-local government cooperation seldom crosses county borders. If such 'cross county' cooperation does appear, it usually involves neighbouring municipalities where county and municipal borders coincide.

If one looks at the question of *which* municipalities cooperate in partnerships in terms of the resource problems identified above, would this lead us to believe in specific variations to this general pattern? Two of these problems were said to induce a cooperative strategy, i.e. resource *utilization* and resource *sustainability*. Along one line of reasoning, totally rational local governments aiming at efficient resource utilization would look for partners among municipalities with the same characteristics and the same problems, and with a record of implementing seemingly successful solutions. This might not necessarily lead to partnerships with local governments in the neighbourhood.

On the other hand, there are strong incentives to look for partners in the immediate vicinity. Economies of scale are most probably much easier to achieve when municipalities are close to each other geographically, regardless of their similarities/differences in other respects. In terms of resource sustainability, cooperation is subject to variation because of the size of the resource area. Air and water quality management may thus involve municipalities which are not direct neighbours, but where they all depend on the particular resource. Housing and planning issues have led to cooperation mostly in the larger urban conglomerates with many municipalities, which means that also non-neighbours are engaged in the partnerships.

Table 6.2 Types of Cooperating Municipalities in Different Policy Sectors

Type of 'partner' municipality within the partnership	Share of partnerships in resource problem-solving activity, %		
	Resource mobilization	Resource utilization	Resource sustainabiity
One in-county neighbour	10	37	15
Several in the same county, of which one is a neighbour	74	53	66
Non-neighbour(s) in the same county	3	2	2
Non-county neighbour(s)	3	7	6
Non-neighbour(s) in another county	–	1	3
Other municipality*	13	–	8
Total percentage	100	100	100
(N)	(61)	(171)	(65)

(Adapted from Pierre 1994: 161). * Includes neighbours/non-neighbours in another county.

Table 6.2 indicates that when searching for partners in resource *utilization*, Swedish municipalities look first and foremost to their immediate neighbours; bilateral partnerships are most common in this field. The probability of finding such partnerships between non-neighbours in the same county is actually lower than that of finding partnerships between neighbours across county borders. The power of the 360-year-old county borders is in fact quite astonishing. Only higher-level education partnerships seem to genuinely break the 'in-county-neighbour' principle in resource *utilization;* municipalities try to get economies of scale by joining forces with their counterparts across the county border.

Municipal cooperation in resource *mobilization* has the smallest share of bilateral partnerships. This is in line with the 'internal resource logic': municipalities here compete with each other for external resources having the character of private goods. The possibilities of being beaten to the line by your neighbour when running for the same company to locate within your borders is thus *a priori* a strong disincentive for bilateralism. The multilateral partnerships in this area are mostly those which promote tourism and the cultural image of whole regions, and such partnerships are often of a more 'symbolic' and non-committal character. Such partnerships even involve municipalities in a neighbouring *country*. In fact, local-to-local partnerships for resource mobilization of a *regional* character and scale seem to be on the increase. This reflects the changing conditions of the resource mobilization 'game'. Politically, the need to promote regional 'images' through widened local-to-local cooperation has increased with the growing importance of the European Union, and its emphasis on regions rather than municipalities as the base for economic development. Economically, the ongoing concentration of industrial activities in ever larger companies and enterprises necessitates regional local-to-local cooperation just in order to muster equal strength in the negotiations over possible (re)locations. So, while the competitive logic of resource mobilization is still at work, its *level* of operation has changed. The competition for resources increasingly takes place between regions; but for a region to win, its local governments have to join in concerted action (cf. Pierre 1994).

As predicted, long-distance partnerships are more common in the area of resource *sustainability*. Environmental quality management of, e.g. river basins, may necessitate cooperation across vast geographical areas, something that automatically widens the circle of potential partners involved.

So far, we have restricted the analysis of local-to-local partnership formation to the 'internal logic' of each of the three resource problems. But what can be said about the role of 'internal municipal features' – and its interplay with resource logics – for the propensity to join in local-to-local partnerships? When looking at the characteristics of municipalities joining in partnerships for resource *mobilization* ('industrial and labour market development'), we found that they tend to (a) be more sparsely populated, (b) have a more negative population trend, (c) have a higher rate of unemployment, and (d) have higher gross expenditures per capita than municipalities not participating in such partnerships. Furthermore, they tend to have a Left political majority in their municipal councils. When we looked at resource *utilization* ('economy, administration, and equipment'), we found a tendency that participating municipalities (a) are sparsely populated, (b) have a somewhat smaller tax base than non-participating municipalities, and (c) have a Centre-Right political majority. Municipalities cooperating in resource *sustainability* ('environmental management') tend to (a) be densely populated, (b) have a positive population trend, (c) have low rates of unemployment, (d) have a broader tax base and lower per capita expenditures than non-partners, and (e) have a larger share of Centre-Right representatives in their municipal councils. Furthermore, they tend to spend less on, and have less personnel for, environmental management than non-participating municipalities.

Several of these tendencies seem consistent with what could be expected given the 'internal logic' of the specific resource problem. It comes as no surprise that population-wise small and shrinking municipalities with shaky economic resources are the ones who tend to overcome the urge to compete alone for new firms and new employment, and instead join others in resource mobilization partnerships. They may simply not be able to afford to enter the mobilization race on their own. It is furthermore logical that such municipalities are more prone to cooperate in resource mobilization if they have a Left majority, because of the non-individualist ideology of collective cooperation of the Social Democrats.

It also seems logical that municipalities joining in partnerships on resource utilization are those with little resources of their own. It comes as no surprise that they have Centre-Right majorities: Swedish 'bourgeois' parties have a tradition of thrift with respect to public spending. As for partnerships on resource sustainability issues, a predictable pattern is implied. Rich, low-spending municipalities in densely populated areas with an increasing population and bustling economic development are forced to act collectively given the visibility of the problems they have in common with other surrounding municipalities. They furthermore display an important condition for collective action: they can afford to join.

LOCAL-TO-LOCAL PARTNERSHIPS AS POLICY INSTRUMENTS: A 'RATIONAL INSTITUTIONALIST' ANALYSIS

It is clear from this presentation that Swedish local governments do indeed engage in intermunicipal, continuing partnerships, which show a reasonable degree of formalization. The 1993 data from the Swedish Association of Local Authorities imply that the average municipality is engaged in at least two local-to-local partnerships. But how can we relate these empirical findings to the introductory theoretical discussion of the reasons why local-to-local partnerships are established and why they get their specific forms? Furthermore, could the empirical evidence be used to elaborate further the theoretical framework of partnership formation and formalization?

The point of departure is that partnerships should be seen as policy instruments. They are perceived as strategies or means to be used by local policy makers to cope with ever-present resource problems. A central assumption is that the resource challenge can be divided into three aspects, each with its distinctive set of incentives or 'logics' of cooperation. *Mobilization* normally concerns resources which are seen in economic theory as private goods, i.e. they are divisible among individual members of a group of, e.g. municipalities. Such resources are thus also exclusive: a particular municipality can exclude the others from sharing the resource. There is thus, in a strict rational sense, no incentive for municipalities to join in cooperative efforts of resource mobilization. Municipal boundaries function as a perfect property title: they make it possible to exclude others from enjoying the benefits of a firm locating in the 'winning' municipality. Resource *utilization* provides an almost diametrically opposed logic. Once facilities such as railways, urban transportation systems or water supply systems are produced, they become available to all potential users. It is thus not rational for an actor to provide such public goods on his own. On the contrary, he has an incentive to try to get all potential users or benefactors to contribute. There are also economies of scale in coordinating such systems over a large number of users; the incentives for cooperation are thus very strong here. Problems of resource *sustainability* are problems of externalities. Many of the natural resources municipalities rely upon are common pool resources: they provide a direct physical link between users, transmitting interferences among individual utility and production functions. Since this interdependence cannot be overcome by any single actor, the solution lies in cooperation among all resource users. The clearer the visibility of the actors' interdependence, the stronger is the incentive to take joint action. The only complicating factor is the number of principals; it is commonly assumed that the smaller the number, the more visible each and everyone's behaviour, and the stronger the probability of cooperation.

This rationalist perspective on why cooperative institutions like partnerships occur as a solution to resource problems is to a large extent borne out by the empirical data from Sweden. Intermunicipal partnerships to *mobilize* resource bases *are rare;* the majority are symbolic in the sense that immaterial rather than material outcomes are seen as positive. Cooperation by way of partnerships to *utilize* resources *are frequent*, particularly in fields where substantial economies of scale can be enjoyed. Finally, local-to-local partnerships on resource *sustainability do occur where expected*, i.e. in areas where the actors and their interdependencies on common resources are highly visible.

The Swedish data may also be used to go beyond this somewhat coarse rationalistic interpretation, and help deepen our analysis of why intermunicipal partnerships occur. Resource mobilization partnerships do occur despite the strong disincentives and the non-mutuality of interests pointed out by rational choice theories. At work here is a factor mentioned by Peters in this volume, i.e. the availability of feasible alternatives to cooperation. Evidence of this is the tendency for cooperating municipalities to be poorer, and suffering from a shrinking tax base; the initial resource status of the actors is thus a crucial determinant. A local government already low on resources may see no other alternative than to cooperate with others, despite the risks of losing out to these partners by such a strategy. As was pointed out above, political and economic trends are pushing the competitive logic of resource mobilization to the regional level, necessitating local-to-local partnerships of a wider and firmer character for the municipalities to ever enable them to widen their resource base.

Another precondition for the choice of local-to-local partnerships as policy instruments is the leadership within the prospective partners, i.e. the local governments. Objective conditions of mutual interest are not enough: the mutuality must be recognized by the leaders of the possible collaborators for a partnership to emerge as an alternative (cf.

Peters, this volume). The Swedish data illustrate this by implying that the ideological inclinations of the political leaders play an important role in determining whether local policy makers recognize partnerships as a possible strategy for the alleviation of resource constraints. With an ideological heritage emphasizing the value of collective rather than individual endeavour, politicians on the Left seem more inclined than those on the Right to take the risk of teaming up with other municipalities in resource mobilization. Politicians to the Right have an ideological bias in favour of thrift in public expenditures, and this may explain why they seem more inclined than their colleagues on the Left to engage in partnerships on resource utilization.

The data on partnerships in resource sustainability point to the necessity of looking at the interplay between objective conditions of mutual interest on the one hand, and leadership recognition of those conditions on the other. Theoretically speaking, a common air shed or water basin should suffice as an objective condition of mutual interest. But how are we to interpret the fact that while sustainability partnerships are frequent in large urban agglomerations there are just about no partnerships whatsoever on environmental management in the northernmost one-third of Sweden? It seems reasonable to conclude that the externalities caused by others using the common pool resource must reach a critical mass before actors team up in joint action. The non-existence of resource sustainability partnerships in the northern river basins is thus probably best explained by the still relatively minor externalities experienced among local governments sharing those common resources.

We started out by defining partnerships as local-to-local cooperative arrangements characterized by a reasonable degree of contracted formalization. Looking back at the empirical evidence of local-to-local cooperation in Sweden, are there any generalizable lessons to be drawn as to the interplay between different incentive configurations and the *forms* partnerships are given?

We found a variety of forms running from the strictly regulated, public law 'municipal associations' all the way to negotiated contract arrangements. The perspective of rational institutionalism makes us aware of the very specific nature of Swedish 'municipal associations'. The purposes for which these associations are formed are thoroughly regulated by national law; they concern issues and actions where local government must take action in ways and forms specified by statutory rule. Strictly speaking, these associations thus do not involve local governments as 'principals'; local governments cannot choose to cooperate through contracts worked out among themselves. The fact that

Swedish municipal associations mainly concerned local-to-local cooperation around common police forces (cf. Klason 1974), strengthens the impression that when cooperation involves the use of public authority against individuals, local governments cannot act as partnership principals, and cooperation is *hierarchically imposed.*

When it comes to problems of resource *utilization,* i.e. efficient service production and efficient use of service facilities, the principals' freedom of choice among partnership forms is much larger. The same is true for cooperation on resource *sustainability.* Some of the patterns discernible in Swedish local-to-local partnership cooperation indicate that the visibility and appropriability of costs and benefits among the prospective partners are crucial factors for determining the choice of partnership form. Where costs and benefits are not very visible and thus difficult to shift out among prospective partners, as in environmental quality management, we do indeed find non-profit associations as the dominant partnership form. Where the cost/benefit distribution is easy to establish, as for water and sewage works, collective transportation, as well as health care and rescue services, joint stock companies are frequent.

However, the majority of the local-to-local health care and rescue service partnerships in Sweden are *not* joint stock companies but arranged by intermunicipal contracts 'in other forms'. This points to the necessity to go beyond a strictly 'rational institutionalist' perspective here. A historical perspective may also be useful; one must not forget that municipal choices whether or not to join in partnerships take place within a specific institutional and political context which may favour or disfavour cooperation in certain areas and of certain forms. On the *institutional* side, some of the possible areas of partnership cooperation may be 'defined away'. The present division of responsibility among levels of government in Sweden gives the regional county councils most of the responsibility for health care. This means that, historically, municipalities have had few responsibilities or possibilities here, even if the recent reform on health care for the elderly allocated more responsibility to the municipalities. As was noted above, this means that the local governments are still struggling to find the adequate forms for their health care and rescue service partnerships.

Along this contextual and historical line of interpretation, one should remember the continuous transfer of responsibilities from the state to the municipalities *without* any corresponding transfer of money. This no doubt necessitates more and more cooperation, not the least to achieve efficient resource *utilization.* It is also notable that the 1991

Municipal Act provides much more room for municipal self-governance than ever before in Sweden. This is probably one of the most important factors explaining the increase and dominance of *mutual agreements* among the forms of local-to-local partnerships. They make up more than one-third of all such partnerships, and they are the only form found across all the three types of resource problems and in all policy areas. In closing, we may conclude that with a political climate in favour of wider municipal responsibility, and with fewer national regulations shackling the municipalities, there is indeed a structure of incentives favouring 'mutual agreements' as a form for local-to-local partnership formation.

REFERENCES

Baumol, W. J. and W. E. Oates (1975), *The Theory of Environmental Policy* (Englewood Cliffs: Prentice-Hall).
Buchanan, J. M. and G. Tullock (1962), *The Calculus of Consent* (Ann Arbor: University of Michigan Press).
Klason, L.-E. (1974), *Kommunalförbund och demokrati* [Municipal Associations and Democracy], Stockholm Studies in Politics, 5 (Stockholm: Department of Political Science).
Knoke, D. (1990), *Political Networks: The Structural Perspective* (Cambridge: Cambridge University Press).
Libecap, G. D. (1995), 'The Conditions for Successful Collective Action', pp. 161–90 in R. O. Keohane and E. Ostrom (eds), *Local Commons and Global Interdependence* (London, Thousand Oaks, CA, and New Delhi: Sage).
Lundqvist, L. J. (1994), 'Environmental Cooperation among Swedish Local Governments: Professional Networks and the Evolution of Institutions for Collective Action', *International Journal of Public Administration* 17: 1733–66.
Olson, M. (1965), *The Logic of Collective Action* (Cambridge, MA: Harvard University Press).
Ostrom, E. (1990), *Governing the Commons* (Cambridge: Cambridge University Press).
Pierre, J. (1994), *Den lokala staten* [The Local State] (Stockholm: Almqvist & Wiksell).
Schmidt, S. (1986), *Pionjärer, efterföljare, avvaktare* [Pioneers, Followers and Hesitators] (Lund: Kommunfakta Förlag).
Swedish Association of Local Authorities (1993), *Kommunernas samverkan hösten 1993* (Stockholm: Svenska Kommunförbundet).
Swedish Code of Statutes (SFS) 1985 #894 *Lag om kommunalförbund*.

7 Local Industrial Partnerships: Exploring the Logics of Public–Private Partnerships

Jon Pierre

One of the most obvious questions concerning public–private partnerships for local economic development is to what extent they essentially make a difference with regard to boosting the local economy. Previous chapters have discussed different rationales of such partnerships. This chapter looks at the actual performance of public–private partnerships for local economic development by testing a couple of hypotheses about the roles of public–private partnerships. The chapter argues that public–private partnerships enhance the capabilities of local authorities to implement their economic development strategies. Also, partnerships tend to make these authorities more inclined to develop networks with other municipalities as well as political institutions at the regional and national levels. In sum, partnerships seem to make a positive difference with respect to how local authorities promote local economic development. The analysis draws on questionnaire data on local economic development policies and actions in the Swedish municipalities (see Appendix).

Much of the current discourse on urban regimes is centred around the leverage of local authorities in the politics of urban governance. A common theme in the literature is that the task of urban governance is too overwhelming and complex for local authorities to be able to handle it alone (Stoker 1995; Stone 1989). Urban governance, in a slightly idealized model, is perceived as evolving through a web of interaction between the local state and the local civil society, fusing public and private resources for the good of the city and its dwellers.

However, this model of urban governance and urban political power cuts both ways: these networks and contacts are gateways for influence and control in both directions across the public–private delineation. In return for their increased influence over private actors, local authorities must give these actors access to the process of urban policy making and political institutions. Put differently, instead of opting for high internal control and low external control, local authorities engaged in public–private partnerships implement a strategy that increases their external control but reduces their internal control.

Thus, while public–private partnerships may be efficient policy instruments for local economic development officials in implementing programmes, they also constitute convenient avenues for private business to the local political elite and urban policy making. From the point of view of local authorities it seems as if what is gained in leverage to encourage local economic development may be lost in autonomy in relationship to private capital (Moore and Pierre 1988; Pierre 1992a). As Keating (this volume) argues, the problems of democracy and accountability in the urban political system seem to have been ignored in much of the current discussion on emerging models of urban governance.

Governing the local and regional economy – particularly local economic development policies – has become a policy area where the interface between the public and the private has become especially institutionalized. Indeed, few other areas display the same favourable preconditions for public–private partnerships as local economic development policies. The idea of stimulating growth by collaborate public–private measures and actions is sustained and legitimized by the prospect of an outcome which is in the interest of both local authorities and private capital. At the same time, this bond of mutual interests between city hall and private business raises questions about urban political democracy and to what extent urban politics will also be able to cater to the interests of those who are not part of the urban growth coalition. Urban politics which mainly caters to business interests has generated questions whether 'the business of government is business' or the interests of all major social and economic groups in the local society (Molotch 1976).

The literature on public–private partnerships is largely divided into two different categories. The first category looks at these partnerships primarily in terms of their basic roles and purposes, their leadership and institutional organization. The Fosler–Berger volume (Fosler and Berger 1982) is a good example of this category. While this approach helps us understand the mechanics and *modus operandi* of the partnerships, it often overlooks the politics of public–private institutionalized interaction. The other category is more focused on the politics and economics of public–private concerted strategies and actions but tends to disregard the organizational and institutional dimensions of this cooperation. This literature, which overlaps significantly with the urban political economy discourse, portrays urban politics as shaped by an urban regime which encompasses the ideology, culture and history of joint public–private interest in growth in the urban economy and the actions implemented to serve this end.

Public–private partnerships for local economic development are located at the very division between the public and the private. As such, we should expect them to be characterized by common as well as conflicting interests. The common interests are related primarily to the spatial dimension of economic development. As Molotch and other scholars in the urban political economy field have argued (cf. e.g. Elkin 1987; Molotch 1976; Swanstrom 1985), public and private actors share a strong interest in growth in the local economy. This joint objective is promoted by actors with such extensive political capabilities that it penetrates – indeed, it often is very political foundation of – the urban regime, its ideology, its political strategy and agenda, and also determines which actors are to be incorporated into the web of policy-making actors and interests and which are not.

The conflicting interests, on the other hand, are derived from the intrinsic differences between the public and private sectors of society. Public actors and institutions – be they elected officials, bureaucrats or public organizations – are driven by incentives other than for-profit organizations, organized interests, or pressure groups in the urban politics. No matter how closely allied political institutions and elected leaders are with private businesses, they have at least a formal political commitment to try to cater for the interests of other segments of society in the urban politics. In order to maintain their political legitimacy senior politicians are strongly induced to argue that the politics of growth is for the benefit of the community as a whole. Thus, in order to accommodate both of these interests, elected officials frequently apply a 'trickle-down' argument for defending their pursuit of growth, arguing that the fruits of growth will – directly or indirectly – become available to all in the community.

For private businesses *per se*, this is of much less importance, albeit not completely without significance. Certainly, in the present context, private capital probably depends on political legitimacy just as much as do elected officials – it is in the nature of growth coalitions that the partners in it tend to swim or sink together – but unlike elected politicians business leaders do not have to cater for any particular constituency to warrant re-election or political support. However, the closer private businesses get to the policy-making institutions and the more strongly they become associated with urban political decision-making, the more important it becomes that their presence there is perceived as legitimate and in the interest of not just private businesses themselves.

It might deserve mentioning that public–private partnerships for local economic development should be seen not as *the* urban regime but rather as one of several possible manifestations of this regime. That said, there is a very strong connection between the support for the urban regime and the internal coherence of this regime on the one hand and public–private partnerships as manifestations of this regime on the other. Politically weak, fragmented and disintegrated urban regimes have major problems in developing strong and powerful private–public partnerships. Similarly, we would expect strong and coherent urban regimes to manifest themselves in equally viable public–private partnerships. This is because the actual leverage of urban regimes – defined both as coalitions between public and private interests and also the ideology legitimizing such coalitions – depends not only on the degree to which public and private interests overlap. It is also contingent on political stability, some degree of popular support for concrete actions and policies and – since this is often one of the key political and economic objectives of the urban regime – growth in the local economy. Growth coalitions who fail to bring about growth in the local economy may find their political support being gradually undercut. Actors who are not part of the growth coalition can be kept out of the policy-making network as long as there is growth in the local economy; as long as the coalition delivers on its promises to boost the local economy, its hegemonical position is difficult to challenge. For these reasons, growth coalitions to a significant extent prosper and decline along with the overall state of the local economy.

Studying public–private partnerships should offer some valuable insights into the politics and institutionalization of the urban regime. This approach, it must be remembered, cannot take into account the ideological dimension of urban regimes; nor can it help us understand other manifestations of the urban regime. What this approach has to offer is rather another piece in the jigsaw puzzle of urban regimes and urban growth politics, a piece which looks at both the institutional and political dimensions of urban public–private partnerships. The research reported here has an even narrower focus and looks only at to what extent such partnerships make a difference in terms of urban politics for local economic development.

THREE CONCEIVABLE ROLES OF PUBLIC–PRIVATE PARTNERSHIPS

Public–private partnerships are among the key instruments in the urban governance. They should be perceived not as alternative instruments but rather as complements to the traditional arsenal of political and administrative instruments available to local authorities. In a political perspective, partnerships can be said to open up new channels for local government through which the local civil society can be governed; channels which, as mentioned earlier, also help civil society penetrate the local government apparatus and processes.

Generating Internal and External Synergy

We can identify a number of different political and administrative roles for partnerships for local economic development. First, public–private partnerships may be assumed to create synergy in the urban political economy; both parties come out more powerful by forming a partnership than they would have been had they chosen to act alone. For local authorities, partnerships offer access to at least some of the capabilities and power bases controlled by private business. Similarly, for private industry, entering a partnership with political institutions opens a gateway to political decision making and eventually also to the powers and capabilities controlled by political institutions. Thus, by fusing their capabilities, public and private actors generate instruments and resources to be added to the already existing ones (Bailey 1984).

The leverage generated by the partnership is not confined to mutual control over the other actors in the partnership. On the contrary: by forging these coalitions, local authorities and private business increase their capabilities to influence actors outside the partnership as well. Such actors include public as well as private actors outside the community, e.g. public institutions at the regional or national level, private corporations and peak interest organizations. The mere fact that local authorities and private businesses work together to develop the local economy is often taken as proof that the locale is a suitable and attractive site for private investment.[1] Similarly, for regional and national political authorities, the existence of viable local partnerships for economic development suggests that public resources given to the locale will be spent on projects which have a high chance of creating positive, long-term outcomes. The leverage and capabilities generated by the forming of public–private partnerships are typically action-oriented capabilities rather than powers and authorities resting with formal institutions. Rather, as Clarence Stone (1989: 229) puts it, it is

> a capacity to act and accomplish goals ... not control and resistance, but gaining and fusing a capacity to act – power to, not power over.

In sum, the synergy generated by public–private partnerships – at least those created to promote local economic development – is presumably both internal and external. It is internal to the extent that it accords more effective influence to local authorities over private businesses and that political and private actors jointly can gain stronger control over the urban political agenda and the urban governance at large. The synergy is external to the extent that partnerships are more capable of attracting public and private resources from the community's external environment, e.g. private investment and resources from the regional and national levels of the political system.

Facilitating and Increasing Public–Private Communication

Another important role of public–private partnerships is to increase communication between the public and the private sectors of the local community. Thus, the communication paths created by a public–private partnership are not confined to the specific actors involved in the partnership. Instead, they presumably give public actors access to networks within the business community and conversely offer private business access to political institutions and elected officials. Thus, partnerships give each party access to the networks developed by the other party: public actors may get access to business organizations and private actors may get access to regional and national authorities.

To a large extent, the increased communication across the public–private border is facilitated by the mere fact that public and private actors work together at the local level. Thus, public actors can approach private organizations in a more legitimate fashion if it is understood that the outcome of the contact is to benefit a local public–private joint venture. Similarly, private businesses can probably make more successful contact with public authorities at higher echelons of government if they do so – directly or indirectly – on behalf of a partnership with local authorities.

These types of contacts are normally informal, non-*ex officio* interactions. In more formal communication, the question whether a partner in a partnership should be allowed to capitalize on the other partner's established network is largely irrelevant. However, since much of the public–private interaction needs to be informal not to get caught up in the bureaucratic machinery of government – at least this is often the case in matters related to local and regional economic development – it is the informal contacts which often are believed to be the most important ones.

Legitimizing Pro-Growth Politics

Finally, public–private partnerships presumably play an important political role in legitimizing pro-growth policies and local authority measures to this end. Policies which have been formulated and implemented in concert with private sector actors will probably enjoy more support and legitimacy among other private actors compared to other policies. At the nation-state level, Katzenstein (1984) found that corporatist models of policy-making – which are sometimes said to stall the policy-process and obstruct the imposition of losses (Olson 1982) – appear to be more efficient in generating support from civil society because of the presence of organized interests in the formulation and implementation of public policy. Thus, contrary to Olson, Katzenstein suggests that corporatist-style policy processes tend to be more, not less, efficient in bringing about political change than other models of public policy making.

The idea of incorporating organized interests into the process of urban governance seems to share many similarities with the corporatist-based models of policy making described by Katzenstein. In this model, public policy derives much of its legitimacy from the participation of sectoral interests in the process of policy formulation and implementation. This strategy of gaining organized interests' approval for public policy at the deliberative stages of the policy process is probably particularly important with regard to local economic development policies. There are two reasons for this: first, these policies are to a higher degree than most other policies contingent on the benevolent participation of private actors in the implementation; and secondly because the concrete measures employed to boost local economic growth often affect private businesses in ways which presuppose their approval of these measures.

Having said that, we must also recognize the inconsistencies between business-driven, pro-growth policies on the one hand and policies which cater to the interests of the larger community on the other. Public–private partnerships in effect legitimize not just the political institutions and processes in the local political system but also political pressures from private business and an urban political agenda biased in favour of pro-growth politics.

As most readers will probably recognize, this is the essence of Molotch's 'growth machine' model of urban politics (Molotch 1976; 1990). According to Molotch, cities tend to develop into 'growth machines' because of the strong coalition between public and private actors sharing an interest in growth. However, unlike Peterson (1981) Molotch suggests that this is not a structurally determined development; as far as the public actors are concerned they employ the urban institutional machinery to promote growth because they choose to do so. Moreover, since nearly all groups in the community directly or indirectly benefit from economic growth – or can at least be made to believe that they do so – these growth coalitions are capable of incorporating all the major interests into the coalition. As a result, urban governance becomes largely a matter of catering to the interests of private capital within an ideological framework that legitimizes and sustains this regime.

Thus, while public–private partnerships may help legitimize urban governance, they do so in a very selective way. For a number of different reasons, they can only give legitimacy to those policies which express the common policy preferences within the partnership. The partnership can help legitimize urban governance and urban pro-growth policies only as long as the losses imposed on other groups in society by such policies are compensated by equivalent returns from the economic growth.

The Economic Dynamics of Public–Private Partnerships

We could easily formulate an additional number of purposes and roles of public–private partnerships, but these three might be seen as clusters of functions which are among the most important. However, we also need to put this analysis in a dynamic framework. In order to better understand the role of public–private partnerships in the politics of economic growth and urban governance we also need to take into account the overall state of the economy. The growth rate in the economy defines a number of key parameters within which public–private partnerships operate.

Needless to say, the issues on the urban agenda differ tremendously between boom and recession, as do the objectives and strategies of private businesses. Previous studies on the role of growth coalitions suggest that in recession these coalitions keep a low profile and wait for better times to come around (Pierre 1995). Private businesses may become less inclined to enter partnerships with local authorities in recession because the measures and changes necessary to help take the economy out of a recession are way beyond the formal and effective powers of local authorities. Services which local political actors can provide private businesses are typically associated with facilitating expansion, like, for instance, infrastructural development. Put differently, the 'fit' between the objectives of local authorities and those of private businesses appear to be stronger in a growth economy than in a recession.

Thus, governing the local economy in times of recession is a very different type of task from handling a growing local economy. Therefore, we want to compare the roles of public–private partnerships in economic boom and recession in order to learn more about the economic and political underpinnings of local public–private partnerships for economic development.

The data

The paper draws on two questionnaire studies on all the 286 municipalities in Sweden. The first was conducted in 1989 when Sweden was still enjoying the economic boom of the 1980s. The second study was undertaken in 1993, in the midst of a major global recession. This worldwide recession had a major impact on the Swedish economy, causing the highest unemployment levels since the depression of the 1930s, and a dramatically increasing budget deficit.

The two studies shared the same overall objective: to try and investigate the occurrence of different models of public–private interaction in the local economic development area, and also what were the consequences of these arrangements. A large number of items were included in both of the two studies, enabling us to make a systematic comparison between a growth economy and a recession. Thus, this chapter will make comparisons both between municipalities with and without public–private partnerships and also within a longitudinal analysis to see what were the effects of the economic downturn on the models of governance of the local economy.

LOCAL ECONOMIC DEVELOPMENT PUBLIC–PRIVATE PARTNERSHIPS IN SWEDEN

Local public–private partnerships for economic development are very common in Swedish municipalities. In 1989, 65 per cent of the municipalities reported that they had some kind of institutionalized cooperation with the local business community. By 1993 this figure had increased to 77 per cent. Thus, public–private partnerships have quickly become a very popular policy instrument in the Swedish municipalities, indeed so popular that one might ask whether those municipalities who have created partnerships recently did so mainly because everyone else seemed to have one, without assessing what concrete strategies and objectives the partnership could enhance. The increase in the occurrence of public–private partnerships is mainly explained by rural and agrarian areas catching up with regions dominated by manufacturing industry where such partnerships have often existed for a long period of time (Pierre 1995). It could well be that these municipalities institutionalized their cooperation with private businesses in the hope that this would propel the development towards industrialization of the local economy.

From the point of view of local authorities, forming public–private partnerships with private business is probably encouraged if there exist local business organizations. If so, local authorities can forge a coalition with peak representatives for organized business interests. Should local business organizations not exist, on the other hand, creating a partnership becomes more complicated. For both local authorities and private businesses it is probably seen as instrumental that the partner is represented by officials who carry some weight within their respective organization. In this perspective, local business organizations help provide legitimate representatives for the private business community and thus give the partnership a stronger overall leverage.

Table 7.1 looks at the occurrence of public–private partnerships for economic development and of local business organizations. The table indicates that local public–private partnerships for economic development are much more common in municipalities that have local business organizations, compared to municipalities without such organizations. Local business organizations have been created in a very large number of municipalities. In 1989, such organizations existed in 83 per cent of the municipalities; by 1993, this figure had increased to 94 per cent. Some of these organizations have a long history and were created primarily as craft organizations, not so much organizations representing the entire local business community. Thus, a large number of municipalities display more than one such organization; indeed, in 1989 one municipality reported as many as seven different local business organizations.

Table 7.1   Public–Private Partnerships and Local Business Organizations:
Percentage Municipalities with Public–Private Partnerships (%)

	Percentage municipalities with public–private partnership for local economic development	
	1989	*1993*
Municipalities without local business organization	49	54
Municipalities with local business organization	69	78
All municipalities	65	77
N	253	229

Source: Questionnaire study among local economic development officials in all
municipalities, 1989 and 1993 (see Appendix).

The data in Table 7.1 do not say anything about the direction of causality, i.e. to what extent it is local business organizations who help create public–private partnerships, or if conversely cities where such organizations exist find it more meaningful than other municipalities to create partnerships with private industry. While both of these patterns of development are probably important, we suggest that the existence of local business organizations is a more important factor for the creation of public–private partnerships than the opposite pattern of development: that is, that partnerships *per se* should be conducive to the formation of local business organizations. This hypothesis is sustained by observations that municipalities often play a triggering role in the formation of organizations for local businesses. Interestingly, organizing the local business community has become an important strategic economic development objective for the municipalities; a large number of the recently created organizations were formed at the initiative of the municipality, the private businesses themselves (Kroksmark 1983; Pierre 1992b).

It is clear, however, that these two variables are both influenced by systemic factors as well as contextual circumstances related to the urban political economy. A more complete – albeit also more complex – description of the parallel processes of business organizations and that of creating public–private partnerships for local economic development should depart from a large number of factors, including the history and political culture of public–private interaction in the community, the nature and orientation of private businesses, as well as the stability and quality of political and corporate leadership in the city.

To sum up so far, the process of private interest organization continued at high pace between 1989 and 1993. Today, virtually all municipalities have at least one organization to promote corporate special interests and to represent these interests before local authorities. Governing the economy and promoting local economic development becomes a less complicated task if private businesses are internally organized. In municipalities with local business organizations local authorities will not be confronted by a large number of individual requests and demands from private industry but more likely by a consistent set of demands which are easier for the city to respond to. Also, since local economic development strategies by necessity will have to be implemented in concert with private actors, operating through business organizations helps to ensure an efficient implementation of the municipality's strategy. Thus, together with the local authorities, local business organizations become the pillars which sustain a public–private partnership and provide it with the leverage necessary to implement its decisions.

We now have at least some ideas about the political economy terrain for public–private partnerships for local economic development. Let us therefore proceed to look more closely at these partnerships.

DO PARTNERSHIPS MAKE A DIFFERENCE?

We will now look more closely at the three different roles of public–private partnerships in local economic development: creating synergy in the urban political economy, increasing communication between the private and public spheres of society, and generating legitimacy for the local economic development strategies and the politics of growth. Evidently, data generated in questionnaire studies are only capable of providing a very limited account of these roles of partnerships; indeed, some of these aspects of public–private partnerships are not susceptible to quantitative research at all. With these caveats borne in mind, let us now turn to our data.

Creating Synergy

Synergy in the present context refers to the capacity of public–private partnerships to enhance the leverage of local authorities and local businesses, the hypothesis being that by forging a partnership these actors create an organization which enjoys not only some of the capabilities of the individual parties but also capabilities which are derived from the very fusion of public and private organizational leverage. To put it in simpler terms, it is the notion of the whole being bigger than the sum of the parts.

There are a couple of prerequisites for public–private partnerships to be able to develop such a synergy. First, synergy presupposes consensus among the involved parties. Without an overall understanding of the role of the partnership, this joint operation will not be able to formulate a coherent, long-term strategy, let alone implement it.

Secondly, this type of synergy presupposes some institutional autonomy of the partnership; it must not be too dependent either on private businesses or on local authorities, but has to have some institutional capabilities of its own and enjoy substantial institutional discretion. Both parties must be prepared to give the partnership some say within their respective jurisdictions. Thus, if the partnership is going to be able to implement its strategies, local authorities must be prepared to let decisions and actions from the partnership have some influence. Similarly, private businesses may have to make the necessary concessions on their autonomy to give the partnership necessary support and leverage.

A final important prerequisite for local public–private partnerships to acquire the necessary leverage and also for them to be able to generate and capitalize on the public-private synergy is a strong dependency between public and private actors. If any of the two actors do not see any gains from creating a partnership they will be reluctant to make any financial or personal investments in the operation and will be disinclined to participate in the implementation of the partnership's programmes.

Let us first look at how the local economic development officials perceive the dependency between the municipality and the local business community.

The dramatic economic downturn between 1989 and 1993 appears to have exacerbated most municipalities' local economic development problems as well as their dependency on private business. The number of municipalities who believe that the future of the private business is bleak has almost doubled, from 34 to 62 per cent. Moreover, more than 80 per cent of local economic development officials think that the city's service level is completely dependent on the future of private companies. Together these responses highlight the plight of many municipalities: they are becoming increasingly dependent on private businesses whose future is increasingly uncertain.

Table 7.2 Perceptions of the Municipality's Dependency on the Local Business Community, 1989 and 1993: Percentage Agreeing to Items

Questionnaire items	1989	1993	Change
The municipality has good cooperation with private businesses	96	95	–1
Private businesses have gained too much influence over the municipality's politics	10	7	–3
The municipality's service is completely dependent on the positive development of local businesses	72	83	+11
There is not very much the municipality can do alone to promote local businesses	52	60	+8
There exist no major disagreements between the municipality and local businesses	90	91	+1
The private businesses in the municipality face an uncertain future	34	62	+28

Source: 1989 and 1993 questionnaire studies (see Appendix).

As Table 7.2 also tells us, however, this change has not affected the relationship between the public and private spheres of the local society. As will be shown almost consistently throughout this chapter, there have been only very marginal changes between 1989 and 1993 with regard to the municipalities' perceptions of their relationship to private companies. This would suggest that although partnerships – as most local economic development instruments – appear to perform better in growth economies compared to recessions, the general assessment of the relationship appears to be immune to changes in the economy.

Table 7.3 looks more closely at the municipalities' perception of their dependency on the business community and compares municipalities without public–private partnerships with municipalities which have such partnerships.

The only noticeable case of frustration with private companies' influence on urban politics – and even here the change between 1989 and

1993 is quite insignificant – can be found among municipalities without a public–private partnership for local economic development. Obviously, this could be both a cause and an effect of the non-existence of such a partnership. The data show, however, that municipalities with partnerships perceive the local business community as less influential and more cooperative than do municipalities without a partnership. This is not to suggest that municipalities with partnerships should be less subjected to political pressures from corporate special interests – indeed, from the point of view of private businesses a key reason for joining a partnership is that it provides a gateway to city hall – but rather that municipalities with a public–private partnership seem to think that this influence is more manageable and easier to integrate in the city's political agenda.

Table 7.3 Perceptions of the Municipality's Dependency towards the Local Business Community in Municipalities without and with Public–Private Partnerships for Local Economic Development (1993): Percentage Agreeing to Items

Questionnaire items	*Municipalities without partnership*	*Municipalities with partnership*
The municipality has good cooperation with private businesses	87	98
Private businesses have gained too much influence over the municipality's politics	12	6
The municipality's service is completely dependent on the positive development of local businesses	80	83
There is not very much the municipality can do alone to promote local business	52	62
There exist no major disagreements between the municipality and local businesses	90	91
The private businesses in the municipality face an uncertain future	64	61

Source: 1989 and 1993 questionnaire studies (see Appendix).

More importantly, however, Table 7.3 informs us about the local economic development officials' perception of the synergy of public–private partnerships. The fact that a higher percentage of municipalities with public–private partnerships think that there is very little they can do alone to promote local economic development can probably be explained by the fact that they derive these capabilities first and foremost from acting in concert with private businesses. Thus, municipalities with a partnership perceive themselves – via the partnership – as more apt to attack local economic development problems than municipalities lacking such partnerships.

Let us now look at these patterns in a dynamic perspective and see how they are affected by the state of the economy. Table 7.4 presents, for 1989 and 1993 respectively, the differences in responses between municipalities with and without public–private partnerships for local economic development.

Table 7.4 Perceptions of the Municipality's Dependency on the Local Business Community in Municipalities without and with Public–Private Partnerships for Local Economic Development. Comparison between Differences Related to the Existence of Public–Private Partnerships 1989 and 1993. Change in Percentage Agreeing to Items

Questionnaire items	Municipalities without partnership	Municipalities with partnership
The municipality has good cooperation with private businesses	–6	0
Private businesses have gained too much influence over the muncipality's politics	+4	–5
The municipality's service is completely dependent on the positive development of local businesses	+10	+9
There is not very much the municipality can do alone to promote local businesses	+7	+5
There exist no major disagreements between the municipality and local businesses	0	+1
The private businesses in the municipality face an uncertain future	+26	+29

Source: 1989 and 1993 questionnaire studies (see Appendix).

Table 7.4 provides a more elaborate and complete picture of the role of public–private partnerships in boom and recession. First, we see that that the decrease between 1989 and 1993 in the percentage of municipalities saying that they enjoy a good cooperation with the local business community is largely explained by the existence of public–private partnerships; there is no change in the data on this item among municipalities with such partnerships. Similarly, it is to a very significant extent municipalities without a public–private partnership who think that private business has gained too strong a say in the city's politics. Among the municipalities with a partnership, we see the reversed pattern. Here, a decreasing number of municipalities think that private business has acquired too much political influence.

Thus, the economic crisis appears to have strengthened the political support for the public–private partnerships for local economic development. Municipalities without such partnerships find themselves increasingly frustrated by private businesses' political influence. Meanwhile, municipalities with partnerships with private business report the opposite development between 1989 and 1993. Partnerships clearly help place corporate special interests on the urban political agenda and strategy – which as a result of the partnership is more likely to cater for these interests than if no partnership had existed – with less political friction.

Increasing Communication

The second hypothesis we wish to test states that public–private partnerships increase communication with public and private actors outside the partnership. More specifically, we assume that partnerships provide gateways for public and private actors to institutions and interests closer to the partner; public actors get better access to private interests, and private businesses develop stronger networks with public institutions. Also, we assume that municipalities with public–private partnerships for local economic development have more elaborated and frequent networks, compared to municipalities lacking such partnerships.

Obviously, the data which this paper draws on do not enable us to measure private business networks, only the municipalities' contacts with other actors. Thus, we will conduct this analysis by systematically comparing municipalities with local economic development partnerships with municipalities without such partnerships. Also, we will compare the data from the 1989 economic boom with the 1993 recession.

In order to use space as efficiently as possible, we present network activity as an index. The index is constructed in such a way that it ranges from 0 to 100, where 0 indicates no contacts and 100 indicates that all contacts between the local industrial official and another actor were conducted on a daily basis.[2]

Let us first look at the overall changes in network activity between 1989 and 1993. Tables 7.5 and 7.6 present these developments. We want to separate local, horizontal networks from vertical networks, including contacts with regional development funds, the state county administration, state agencies and the Ministry of Industry.

The horizontal networks highlight two dimensions of local economic development. First, there seems to be a tension between intermunicipal competition for business investment on the one hand and regional (or local-to-local) cooperation for economic development on the other. The second dimension concerns public–private interaction and contacts between the municipality and private companies. These contacts and interactions tend to be characterized more by informality than formal exchange and more by dialogue than by command. Horizontal networks typically serve to bring together local efforts into concerted actions.

Vertical networks, by contrast, are to a much greater extent characterized by formal exchange and resource mobilization. In these networks, municipalities can either create their own contacts or do so together with the local business community. For many vertical contacts, the latter strategy often appears to be more efficient. Thus, there exist theoretical and empirical connections between horizontal and vertical networking: municipalities with strong horizontal networks tend to have more frequent and elaborated vertical networks (Pierre 1992a).

Tables 7.5 and 7.6 give an overall presentation of the horizontal and vertical networks in 1989 and 1993.

The horizontal networks show a high degree of stability despite the dramatic change in the economic climate. The only significant change between 1989 and 1993 is the increasing contacts between the municipalities and private companies within their jurisdiction.

Let us now turn to the vertical networks. As mentioned earlier, if the horizontal networks serve the function of building up intermunicipal contacts, vertical networks are primarily oriented towards resource mobilization.

Table 7.5 Horizontal Networks 1989 and 1993: Network Indexes

	1989	*1993*
Private companies in the municipality	66	87
Staff, other municipalities, same county	53	57
Private companies in other municipalities	50	51
Economic development officials in other municipalities	47	50
Staff, other municipalities, other counties	30	32
Politicians, other municipalities, same county	27	28
Politicians, other municipalities, other counties	12	13

Source: Questionnaire studies, 1989 and 1993 (see Appendix).

These data suggest that the recession has encouraged the municipalities to increase their contacts with most of the key institutions at the regional and state levels. The main exception to this rule is the network with the Ministry of Industry. However, given the policy of the current government never to support declining industries or regions, the decline in network intensity with the Ministry is not very surprising.

Table 7.6 Vertical Networks 1989 and 1993: Network Indexes

	1989	*1993*
Regional development funds	51	56
Regional economic development section at the state county administration	46	50
Swedish Association of Local Authorities	23	28
Industrial policy agency (SIND/NUTEK)	16	21
Ministry of Industry	12	9

Source: Questionnaire studies 1989 and 1993 (see Appendix).

Let us now look at the horizontal and vertical networks and see to what extent public–private partnerships make a difference in these regards.

Table 7.7 Horizontal Networks 1989 and 1993 in Municipalities with and without Public–Private Partnerships for Local Economic Development: Network Indexes

| | 1989 | | 1993 | |
	Without public–private partnerships	With public–private partnerships	Without public–private partnerships	With public–private partnerships
Private companies in the municipality	84	87	77	90
Private companies in other muncipalities	51	50	45	47
Economic development officials in other municipalities	43	49	40	48
Staff, other municipalities, same county	54	52	57	57
Staff, other municipalities, other counties	30	31	31	33
Politicians, other municipalities, same county	28	27	31	28
Politicians, other municipalities, other counties	13	12	14	12

Source: Questionnaire studies, 1989 and 1993.

Perhaps the most striking overall result reported in Table 7.7 is the tremendous stability in the municipalities' horizontal economic development networks. The data suggest that the economic downturn seems to have marginally strengthened the relationships between the municipalities, at least as far as the contacts between local economic development officials are concerned. However, other data sets in these studies indicate that these attitudes have been gradually changing during the past few years and that an increasing number of municipalities seem to agree that regional cooperation between local authorities might be an efficient strategy to ameliorate the problems generated by the slow economy.

The most significant change between the two observations is the network intensity between municipalities with public–private partnerships and private businesses. Thus, the general observation made earlier that the recession had increased contacts between the municipalities and private business is mainly explained by the existence of public–private partnerships.

Finally, Table 7.7 shows that public–private partnerships tend to make more of a difference in the 1993 recession economy compared to the 1989 boom.

Table 7.8   Vertical Networks 1989 and 1993 in Municipalities with and without Public–Private Partnerships for Local Economic Development: Network Indexes

	1989		1993	
	Without public–private partnerships	*With public–private partnerships*	*Without public–private partnerships*	*With public–private partnerships*
Regional development funds	49	53	53	57
Regional economic development section, state county administration	45	59	45	52
Swedish Association of Local Authorities	23	25	31	26
Industrial policy agency	15	16	14	23
Ministry of Industry	11	11	5	10

Source: Questionnaire studies 1989 and 1993 (See Appendix)

The vertical networks do not seem to be characterized by the pattern found in the horizontal networks that public–private partnerships make more of a difference in 1993 than they did in 1989. Rather, here we find the opposite pattern: for most items differences between municipalities with and without partnerships were bigger during the boom of 1989. The difference between the two types of networks reflects the different functions they play. Horizontal networks are instruments for local coordination whereas the vertical networks are mainly channels for resource mobilization. Ironically, such mobilization of resources was probably more important in 1989 than in 1993 because of the strong pressures from private businesses for infrastructural development of the local economies triggered by corporate expansion and investment.

True, resource mobilization is extremely important also during a recession. However, given the fiscal crisis of the state which was dramatically exacerbated in the early 1990s, municipalities could not hope for much help from these institutions. In addition, national government repeatedly made it absolutely clear that it would not support declining cities, regions or industries.

Tables 7.7 and 7.8 both suggest that cities with public–private partnerships are more active networkers than other cities. A more elaborated analysis of the 1989 data (Pierre 1992a) indicated that municipalities with strong horizontal networks also tend to be more active vertical networkers than other municipalities, something which is reflected also in the present data. Thus, networking is essentially an organizational propensity: local governments which have strong networks at the local level also tend to develop good contacts with higher echelons of government. This suggests that to some extent the results reported here are not caused by the mere existence of public–private partnerships but are rather reflecting different local government organizational cultures and strategies.

Generating Legitimacy

We suggested earlier that one of the key roles played by public–private partnerships is to generate legitimacy for urban pro-growth politics. Given their nature as partly private, partly public organizations, public–private partnerships for economic growth are extremely dependent on support from different segments of society; from the private business community, from the political sphere of society and among the public at large. Political institutions need to be convinced that public resources are not spent on private business without some political objective and control. Private businesses, on the other hand, probably do not object to the spending of public funds on industrial development as long as they are not spent on projects and in ways which violate free market principles. For the public, finally, it needs to be demonstrated that the pro-growth policies implemented by the partnership generate growth which the entire community will benefit from in one way or another.

The political legitimacy of public–private partnerships is probably the aspect of these organizations which is most difficult to measure. In order to study systematically the legitimacy of public–private partnerships we would need survey data on citizens, and also assessments of the partnerships from elected politicians and private businesses. Such data, unfortunately, do not exist. Therefore, we will look at a couple of cases of large-scale financial operations implemented in part by public–private partnerships.

The idea of public–private partnerships giving legitimacy to local economic development policies both in city politics and in relationship to national and regional political institutions is well illustrated by a couple of cases of state support to industries and cities in crisis in Sweden. In conjunction with the closure of three shipyards in the mid- and late 1980s, state financial support was offered on condition that this money was allocated through a local public–private network and that local and regional authorities put in the same amount of money as the state in the operation (Pierre 1989). This strategy probably helped generate legitimacy for the project both among political institutions and among private business. For political institutions, the state made it clear that it did not assume the sole financial responsibility for the project. This helped fend off potential claims for similar support from other distressed locales and also justified the money spent on the project by indicating that the state was only one of several sponsors. The strategy also helped legitimize the project among private businesses; since private actors had an input on how the money was spent, this ensured that the project would not distort market mechanisms. Finally, by bringing in a number of sponsors – public and private – the strategy could help pre-empt critique for spending public resources on private industry.

From these examples we might conclude that while public–private partnerships – by virtue of their strong connections with both the business community and local government – are extraordinarily apt to implement strategies for local economic development, they are also extremely vulnerable creatures. They need continuous economic and political support in order not to lose leverage and capability. This support is contingent on a number of factors related to how they organize their actions, their *modus operandi* and, not least, how successful they are. Partnerships for industrial development are normally funded mainly by public funds, something which increases expectations and demands for rapid pay-off in terms of new jobs created.

In the final analysis, how you assess the success of a partnership depends to a great extent on how you perceive the role of the partnership. First, it is important to recognize that partnerships do not depoliticize local economic development policies; they merely constitute additional channels for the implementation of public policy programmes (Moore and Pierre 1988). Therefore, public–private partnerships are – at least partially – politically accountable. Also, as Moore *et al.* (1985: 32) show in their case study on the Neath Partnership in Merseyside, these partnerships help 'dispel the myth that enterprise agencies are creatures of private enterprise'. Thus, to find out to what extent the legitimacy of the partnerships is contingent on their success we must first decide whether their performance should be assessed according to criteria for public organizations or for private organizations.

We conclude this discussion by making two general points. First, public–private partnerships can probably help legitimize local economic development policies, at least as long as they can show positive results. However, given their special nature as partly public, partly private organizations, assessing their performance in these respects is a complicated task. They cannot be evaluated strictly according to private standards because their investment decisions are not based strictly on business critera; neither can their expenditures be evaluated according to public sector standards because they operate in markets and under market conditions. Partnerships may do well according to one set of standards but not by the other; for instance, they may be successful in generating new jobs but may come under attack for violating the local job market mechanisms. Therefore, the connection between performance and legitimacy is a very complex one and one which can easily become politicized.

Secondly, much of the legitimacy of public–private partnerships stems from the fact that both 'politics' and 'the market' have input on the partnership's programmes and actions. The inclusion of a variety of interests warrants that neither 'politics' nor 'the market' is allowed to gain exclusive control over the organization and its actions.

CONCLUDING DISCUSSION

Public–private partnerships for economic development must be understood in the urban political economy context in which they are embedded. Their capabilities and their legitimacy are to a large extent derived from the legitimacy of the urban regime which sustains the philosophy of joint public–private organized action. The occurrence and actions of the partnerships reflect the urban political economy in which the partnership is embedded. Obviously, the data presented in this chapter do not take into account the myriad of contextual circumstances which are of major importance when we try to understand these partnerships.

One important aspect of the synergy created by public–private partnerships is the ability of public and private actors to jointly develop more extensive networks than they would probably have been able to do on their own. Municipalities with highly developed horizontal networks – especially those municipalities which institutionalize their cooperation with private capital – tend to have more developed vertical networks (Pierre 1992a).

The analysis presented here clearly shows that public–private partnerships for local economic development have a significant effect on the performance of the municipality in the local development policy area. While the recession indirectly appears to have generated some tension between municipalities and private companies where no such partnerships exist, municipalities with public–private partnerships report no such change. While this in itself is no warranty that municipalities with partnerships are more apt to attack the economic problems, these data do suggest that partnerships are conducive to joint strategic action and perhaps also that municipalities with partnerships are better equipped to govern the local economy through tough times.

Furthermore, our data show that municipalities with public–private partnerships have more elaborate networks, not least with political institutions at the regional and national level. These contacts are of immense importance for the municipality's resource mobilization. As discussed earlier, we have good reason to believe that state and regional institutions are more inclined to allocate funds through public–private partnerships than directly to the municipality, because such partnerships should ensure that the funds are properly employed to ameliorate economic and industrial problems.

Having said that, we also need to look critically at these patterns in our data. One of the problems in interpreting the data presented in this article is to ascertain to what extent the difference between municipalities with and without public–private partnerships is explained by the institutionalized cooperation *per se* or if instead these differences can be attributed to different models of urban political economy and urban governance. The development and institutionalization of partnerships for local economic development is more likely in some urban political economy milieux than in others. Institutional theory helps us understand this process by highlighting institutions as carriers of fundamental norms and values. These values – which very well may be derived from the locale's historical economic development – are embedded in the local political economy and as such they are also conducive to the formation of public–private partnerships. Conversely, in municipalities where there have not been any incentives for political involvement in the local economic development we are not very likely to see any partnerships be created. In both cases values and norms on the one hand and institutions on the other tend to reinforce one another.

Although our data do not tell us to what extent our findings reflect different models of urban political economy or merely that between municipalities with and without public–private partnerships, it seems plausible that the observed patterns are indications of larger differences between different types of urban political economy. We know, for instance, that municipalities with a strong commitment to developing the local economy combined with an assertive local business community tend to foster a model of urban political economy which is highly conducive to the creation of public–private partnerships (Pierre 1992a).

This 'cumulative' explanation of what seems to be a chicken–egg problem is also helpful when we look at partnership as a policy instrument. For municipalities that have made local economic development a political priority, creating a public–private partnership is but one of a number of measures to expand the municipality's arsenal of policy instruments to promote growth in the local economy.

We are, in the Swedish local government context at least, likely to see various forms of public–private partnerships become more common in a variety of policy areas. There are several different forces pulling in this direction. First, central government seems to be eager to open up for increased participation of civil society in the delivery of public services, and this in turn will require some institutional model of public–private interaction and exchange. Secondly, after Sweden's joining the European Union (EU) forging public–private partnerships for local economic development has become necessary for municipalities to be eligible for financial resources from EU's structure funds. Thus, we are likely to see partnerships being created also in muncipalities which so far have been reluctant to form such institutions. What Harding calls 'shotgun partnerships', i.e. local public–private partnerships created in response to central government directives (see Harding, this volume), seem to become a British export product. The long-term consequences and performance of these partnerships will have to be addressed in the years to come.

APPENDIX: The Questionnaire Studies

	1989	1993
Technical data		
Data collection dates	May–June	June–August
No. of respondents	284	286
Response rate	90.3	82.2
No. of reminders	2	3
Groups of questionnaire items		
Description of local business community	Yes	Yes
Networks	Yes	Yes
Institutionalized forms of cooperation	Yes	Yes
Local business organization structure	Yes	Yes
Programme development	Yes	Yes
Programme objectives	Yes	Yes
Demands from local businesses	Yes	Yes
Legal competence issues	Yes	Yes
Regional institutional reform	No	Yes
Regional cooperation	No	Yes

Questionnaires were mailed to the local economic development officials in the municipalities.

NOTES

1   This becomes obvious when business magazines rate cities in terms of their overall 'business climate'. An important variable in most of these ratings, next to the policies of the city, is to what extent political actors work together with private capital.
2   The response alternatives were 'daily', 'once a week', 'once a month', 'once a year', and 'rarely/never'. To calculate the network index, the response alternatives were multiplied by 100, 75, 50, 25 and 0 respectively.

REFERENCES

Bailey, N. (1984), 'Towards A Research Agenda for Public–Private Partnerships in the 1990s', *Local Economy* 8: 292–306.
Elkin, S. L. (1987), *City and Regime in the American Republic* (Chicago: University of Chicago Press).
Fosler, R. S. and R. A. Berger (eds) (1982), *Public–Private Partnership in American Cities* (Lexington, MA: D.C. Heath).

Katzenstein, P. J. (1984), *Corporatism and Change* (Ithaca, NY and London: Cornell University Press).

Kroksmark, M. (1983), 'Beroende mellan företag och kommuner' [Dependencies between private businesses and municipalities], pp. 165–74 in N. Brunsson and B. Johannisson (eds), *Lokal mobilisering* [Local Mobilization] (Lund: Doxa).

Molotch, H. L. (1976), 'The City as a Growth Machine', *American Journal of Sociology* 82: 309–30.

Molotch, H. L. (1990), 'Urban Deals in Comparative Perspective', pp. 175–98 in J. R. Logan and T. Swanstrom (eds), *Beyond the City Limits* (Philadelphia, PA: Temple University Press).

Moore, C. and J. Pierre (1988), 'Partnership or Privatisation?: The Political Economy of Local Economic Restructuring', *Policy and Politics* 16: 169–78.

Moore, C., J. J. Richardson and J. Moon (1985), 'New Partnerships in Local Economic Development', *Local Government Studies* (September/October) 19–33.

Olson, M. (1982), *The Rise and Decline of Nations* (New Haven: Yale University Press).

Peterson, P. E. (1981), *City Limits* (Chicago: University of Chicago Press).

Pierre, J. (1989), 'Public–Private Partnerships in Industrial Structural Change: The Case of Shipyard Closures in Sweden', *Statsvetenskaplig Tidskrift* 92: 200–9.

Pierre, J. (1992a), *Kommunerna, Näringslivet och Näringspolitiken: Sveriges Lokala Politiska Ekonomier* [Municipalities, Private Business, and Local Industrial Policy: Urban Political Economies in Sweden] (Stockholm: SNS Förlag).

Pierre, J. (1992b), 'Organized Capital and Local Politics: Local Business Organizations, Public–Private Committees, and Local Government in Sweden', *Urban Affairs Quarterly* 28: 236–57.

Pierre, J. (1995), 'When The Going Gets Tough: Changing Local Economic Development Strategies in Sweden', pp. 53–72 in N. Walzer (ed.), *Local Economic Development: Incentives and International Trends* (Boulder, CO: Westview).

Stoker, G. (1995), 'The Comparative Study of Urban Regimes', pp. 384–99 in J. Pierre (ed.), *Urban and Regional Policy* (Cheltenham: Edward Elgar).

Stone, C. N. (1989), *Regime Politics: Governing Atlanta 1946–1988* (Lawrence, KS: University Press of Kansas).

Swanstrom, T. (1985), *The Crisis of Growth Politics* (Philadelphia, PA: Temple University Press).

8 Bridging Multiple Worlds: Central, Regional and Local Partners in Rural Development

Beryl A. Radin

From the founding days of the US to today, federalism has been an essential characteristic of the American political culture. As Daniel Elazar has noted, American federalism is closely intertwined with the nation's democratic ideals of individual liberties and group pluralism (Elazar 1987). It is embedded in the structure of the US political system and institutions, codified in its Constitution and legal framework, and integrated into its basic decisionmaking processes. Elazar (1987: 185) has commented:

> In any federal system, it is likely that there will be continued tension between the federal government and the constituent polities over the years and that different 'balances' between them will develop at different times. The existence of this tension is an integral part of the federal relationship, and its character does much to determine the future of federalism in each system. The questions of intergovernmental relations which it produces are perennially a matter of public concern because virtually all other political issues arising in a federal system are phrased in terms of their implication for federalism as part of the public discussion surrounding them. In this way, federalism imposes a way of looking at problems that stands apart from the substantive issues raised by the problems themselves.

American political institutions, wherever they are found and whatever they are called, are constructed to minimize or, if possible, avoid the exertion of concentrated power. Power and authority are separated and shared across all aspects of the political landscape. This occurs horizontally through the delineation of separate institutions charged with executive, legislative and judicial functions as well as vertically through the assumption of shared or separate powers between the national, state and sometimes local levels of government. The principle of fragmentation is carried on within institutions (e.g. bicameral legislatures and separation of authorizing and appropriations functions within the legislative branch) as well as across most levels of government (e.g. shared powers between a state governor and a state legislature or between a city mayor and a city council).

As a result, unlike a parliamentary system, there is no institutional actor with authority to look at the government as a whole. Except in emergency situations such as wartime, the American system would not create a national planning commission such as that in India or even a body such as the Australian Commonwealth Grants Commission, charged with allocating funds within programme areas to the separate states. Indeed, it is not possible to define 'the government' of the United States. Disparities between states and cities are considered through the process of designing specific policies or programmes, rather than a comprehensive approach to relationships between or among levels of government.

This paper focuses on one policy area – rural development – and the experience of the Rural Development Partnership, an effort of approximately 30 State Rural Development Councils attempting to work through the complex US federal system. These Councils have been established to coordinate rural development efforts and establish collaborative relationships between national (federal), regional (state), and local government partners as well as non-profit and for-profit groups in the private sector. In addition, efforts have been undertaken by the national government to support the activities of the state-level Councils.[1] The collaborative relationships that are discussed in these pages have elements of both 'value institutionalism' and 'rational institutionalism' discussed in Guy Peters' chapter. Once created, these relationships were defined with their own strong internal logic, were able (at least in their formative period) to insulate themselves from external control, and contained a strong symbolic element of concern about rural issues in general. At the same time, the rules of the effort were negotiated between the players and were not imposed by some external actor.

These relationships also had strong motivation as instruments of policy change. They were designed – albeit in a low-visibility fashion – to assist in a redefinition of rural policy, moving it away from a definition that was strongly linked to agriculture policy to a broader approach. The effort also acknowledged that it was not possible to design a strategy based on traditional command and control directives from Washington. The diversity of settings and the need to ensure support from independent institutions at state and local levels supported the development of a partnership strategy. In this sense, the experience can be viewed as an example of Peters' lens of partnerships as instruments of governance. In addition, they exhibit what Peters has described as constitutive elements – e.g. the problem and solution were constructed simultaneously.

The chapter is organized in five parts. First, the policy background of rural development is discussed. Second, the origins of the Partnership are described. Third, attention is given to the strategies utilized to create bridges between the various entities involved, particularly network strategies. The fourth part of the chapter discusses the special issues involved in developing relationships between regional and local partners. Finally, the chapter considers the special problems involved in assessing an effort that has multiple players and diverse expectations.

THE POLICY BACKGROUND

There are two generalizations that can be made about the context of rural development in the United States in the early 1990s. First, rural areas in the country do exhibit certain common social and economic problems. Second, and conversely, the causes and contexts of these economic and social conditions, political cultures, and political institutions are idiosyncratic to specific geographic areas and population groups.

Whatever the political agenda, wherever the speaker, a profile of rural America has emerged that paints a picture of problems 'hidden in the hollows of mountains, out-of-the-way towns, and declining farms' (Norman and Kincaid 1984: 1). Declining and ageing populations, weakening economies and decreased reliance on agriculture are the point of departure for this policy area. Many rural citizens have moved away from their homes, leaving behind the ageing and more poorly educated; rural employment and income growth continues to lag behind other populations in the country. With few exceptions, rural Americans face poor health, inadequate education, inferior services and limited life chances. At other times, one might have expected the federal government to play an active role in addressing these problems. However, during the past decade and a half, this has not been possible. Whether by choice or default, leadership for rural development has been handed to state governments.

But at the same time that these aggregate patterns can be discerned, they emerged from very different realities. The rural populations of Iowa, Mississippi and North Dakota, for example, are descendants of an agricultural economy and lifestyle. By contrast, Oregon's rural population relates to timber and Wyoming's to energy and minerals. North Carolina's small town population pattern represents still another basis for problems. Some states, such as Iowa and North Dakota, can be characterized as entirely rural while others, such as Oregon, have pockets of rural population in otherwise urban jurisdictions. In some states, such as North Carolina and Mississippi, rural issues are closely intertwined with questions of race and the inheritance of racial discrimination. Others states, such as Wyoming, have more homogeneous population patterns.

Another element that makes it difficult to discuss problems of rural citizens lies with the problem of actually defining 'rural'. At one level, it is a relatively simple task for any state to define the dimensions and boundaries of its rural areas. The federally defined Metropolitan Statistical Area (MSA) classification provides a point of departure for the state; those areas that do not fall into the MSA categorization are – by definition – viewed as rural.

While many states do use this definition (or some variant on it) as the point of departure, many of them find the population-based data source to be a necessary but not sufficient way to define 'rural' within the state context. Rather, states tend to take ownership of the definitions and apply issues and realities within their specific economy and political culture to the definition. States impose their own operating assumptions on the definition and look at more than population patterns to keep idea of rural alive. In many states, it is not possible to devise a definition of 'rural' that effectively differentiates between rural and non-rural areas. There is a strikingly different set of problems and opportunities for those rural areas which are located in urban corridors, providing them access to commerce and services, from those rural areas found in isolated areas of the state.

Those states which have economically distressed, isolated and service-poor areas may have difficulty targeting those areas for support if the state as a whole is in economic duress. Within that environment, it is difficult to support redistributive policies. Similarly, if urban areas within the state are also in need, the focus on rural issues may be divisive. Traditions of independence in some states also lead the decision-makers to avoid targeting areas of abject poverty because they believe that labelling an area as poor means dependency. While few of these elements will be explicitly acknowledged by the state, they may play a part in the way that the state defines 'rural'.

Given the diverse contexts in which policy change is placed, it would be erroneous – indeed foolhardy – to attempt to fit rural development into a single unified mould. It is clear that these contextual differences create definitions and meanings that have very different constructions in the multifold settings across the United States.

Beyond this, however, are further definitional traps. The array of voices that have been heard over the past years expressing some level of interest in the rural development policy issue serves as the source for a greater understanding of the nature of the issue at hand. Over this period, it has become obvious that the boundaries for rural development are neither firm nor precise. While many states acknowledge the importance of providing new economic opportunities for their rural citizens, few are sure about the means to achieve this goal. In some settings, the term 'rural development' has become a subset of broader economic development activities and emphasizes issues of loans, grants, infrastructure issues and forms of entrepreneurship development. Value-added approaches to existing agricultural production are also emphasized in this approach. In other settings, the term is closely linked to community development activities, particularly leadership development and efforts to mobilize hitherto disenfranchised citizens. Still other states focus on areas of human investment, particularly education.

THE ORIGINS OF THE RURAL DEVELOPMENT PARTNERSHIP

Since the Kennedy Administration, there have been a series of initiatives undertaken by successive presidents to focus on the problems of citizens who live in rural America.[2] Problems of poverty, access, and education have been among the issues highlighted by these efforts. A part of the federal strategy over these years was, thus, to create mechanisms to target rural development assistance outside of the US Department of Agriculture (USDA) (see Effland 1994). These mechanisms focused on community development, human resource development and economic development. In the 1960s, programmes included the Appalachian Regional Commission, the Economic Development Administration as well as various efforts within the Office of Economic Opportunity. But another part of the strategy was targeted at USDA itself and approaches within the Department that would support a shift from a purely agricultural agency to one with a broader rural focus. This focus, by definition, reached beyond the federal government to involve a range of other intergovernmental actors. The Rural Development Act of 1972 attempted such an effort as did activities during the Carter Administration (including the creation of 13 State Rural Development Councils).

By 1990, despite disagreements about the form of an initiative, it was clear that various elements could agree that something had to be done about rural America. The limitations of past efforts suggested that it was time to devise new ways to address rural problems.

Attention to these problems emerged from both the Congress and the White House as a divided government sought to claim its attention to the problems of rural Americans. The 1990 Farm Bill largely crafted by Democratic members of Congress included provisions authorizing the creation of a separate Rural Development Administration in USDA. And in January 1990, President Bush announced the steps his administration would take in rural development.

In this sense, the backdrop to the Partnership was linked to a policy approach. It was acknowledged that no single federal agency had authority or interest in addressing the needs of rural residents, that there was not a single mould that could be used across the United States, and that rural issues required a concerted intergovernmental, interagency strategy.

The six elements within the initiative included the creation of a President's Council on Rural America; establishment of a Working Group on Rural Development as a subgroup of the cabinet-level White House Economic Policy Council; creation of a Rural Development Technical Assistance Center and Hot Line; introduction of a rural development demonstration programme; and an effort to target rural development programmes on specific activities. In addition to these federal-level activities, the initiative also envisioned the creation of state-level Rural Development Councils that would coordinate rural development efforts among federal departments and agencies and establish collaborative relationships with states, local governments, and the private sector.

Initially called the President's Rural Development Initiative, by 1993 this effort was renamed the National Rural Development Partnership (called the Partnership). The changes that took place over this period reflected the need to wrestle with a classical dilemma of intergovernmental relations: pursuit of national goals through induced compliance with federal government directives (usually issued by a single lead agency), while preserving local, state and other federal agencies' autonomy to pursue (or ignore) national goals using self-selected strategies. Although the trial-and-error learning methods that characterized this process did produce some inconsistencies, the initiative has emphasized collaboration among independent and – at least in theory – co-equal agencies rather than the federal government's traditional top-down way of doing business through imposed programme requirements backed with grant dollars.

The federal role in this endeavour has two different dynamics: one that is top-down and another that is responsive to initiatives from the states. Federal actors in Washington, DC, especially the National Partnership Office and the National Rural Development Council, have adopted a top-down approach to facilitating the various bottom-up initiatives. Inside Washington, DC and particularly within federal agencies, a top-down approach was used to announce the programme direction and communicate the expectation that federal agencies would participate. Federal actors within the states participate in collaborative activities within the State Rural Development Councils (SRDCs) as one-among-equals. The bottom-up aspect of the partnership derives from the fact that collaboration among rural development actors within the SRDCs has been the primary source of ideas and initiatives. DC-based federal actors play a facilitative role in response to these SRDC-originated ideas. This process became institutionalized in a procedure known as the Impediments Process, a strategy that assumed that SRDCs would identify the federal rules and requirements that were impediments to achieving rural development goals within individual states.

Over the years, the Washington-based activities took different forms. During the Bush Administration, the President's Economic Policy Council (subsequently renamed the Policy Coordinating Group) established a standing committee devoted to rural economic development, known as the Working Group on Rural Development. These policy level decision-makers represented virtually all federal departments, free-standing agencies, and commissions that had 'rural' policies in their missions. The Working Group was designed as a White House mechanism to provide policy supervision of the Rural Partnership at the federal level, opportunities for joint rural development planning and policy implementation, and a way to eliminate what were viewed as unnecessary governmental barriers to economic development. However, this mechanism was neither active nor effective.

The National Council on Rural Development (NRDC), (earlier known as the 'MMG' – the Monday Management Group) became a key element in the management support structure of the effort early in its life. The NRDC is a group of senior career and appointed federal officials from a range of departments and agencies with some interest or direct involvement in rural issues. Their role is to resolve operational problems, monitor SRDC outcomes, and coordinate between participating federal agencies, the National Partnership Office, and the SRDCs. The activity of Washington-based groups is organized around a series of teams and task forces to focus on functions that were deemed most crucial to the effort. Federal agencies were also expected to contribute to the Partnership through contributions to the effort's budget. These contributions were variable and many departments and agencies seemed more willing to send staff rather than dollars to the endeavour.

The day-to-day operational aspect of the Partnership is provided by the National Partnership Office (NPO) (originally the National Initiative Office, NIO). Operating with a small staff that is largely borrowed from other organizations, it has attempted to provide support to the SRDCs in both their organizational and operational phases. Three issues have been paramount for the Rural Partnership's management support structure: (1) how to maintain flexibility as the SRDCs and their tasks became more complex; (2) how to divide leadership responsibility among the federal-level agencies and support structures and between Washington, DC, and the SRDCs; and, (3) how the support structure could respond to external pressures.

The early stages of implementation of the effort followed a familiar pattern. States were invited by the President to establish SRDCs. Once states accepted the invitations, the federal government convened the initial SRDC organizing meetings. Speakers and many of the participants at the organizing meetings were federal officials and state actors who were known to be interested in or knowledgeable about rural issues by the meeting organizers.

The organizing meetings for the pilot SRDCs were held in the autumn of 1990. The US Department of Agriculture (USDA) appointed organizers in each of the pilot states; in most instances, the organizer was the highest ranking in-state official in the Farmers Home Administration (FmHA). Representatives from Washington, led by the USDA Deputy Under Secretary of Agriculture for Small Community and Rural Development, flew to the pilot states to join with governors, locally based federal officials, and other in-state notables from the private and public sectors to announce the launching of the Rural Initiative and SRDCs. The original agenda for the effort emphasized rural *economic* development, was consistent with Bush's deregulation domestic policy approach, and accentuated the role of the federal officials in the organizing effort.

As one might expect, scepticism abounded at the organizing meetings. Few if any participants truly believed that the federal government would ever let go of its top-down powers to join SRDCs as equal partners. The experienced, in-state federal government agency managers who had established careers under a more traditional model of federalism were among the most sceptical. Some participants had been directed to participate by their superiors, particularly in-state federal government officials. Others were there to protect turf, to be sure that their own agencies and agendas were not adversely affected by any SRDC initiatives. For many of the first participants, a primary motivation for involvement was their belief that future federal money to states for rural economic development would require participation in an SRDC. It soon became clear that this expectation would not materialize. Indeed, the only funding available to the Councils was a modest stipend that allowed the SRDCs to hire staff and support activities (the average yearly payment to each Council was $125,000).

During 1991, the original SRDCs struggled to establish themselves. The historical patterns of federal–state domination were in evidence during the first year of SRDC operations. The pilot SRDCs were instructed to develop mission statements, assess the economic development needs of rural areas in their states, develop an inventory of available rural development resources, and create a strategic plan. Some members of the pilot SRDCs interpreted these suggestions as evidence of continued federal control. Some Councils adopted a minimal compliance mode to conform with the requirements; others took the requirement seriously. Still others decided to ignore the substance of the requirements.

In October 1991, President Bush invited the governors of all other states and territories (45 in total) to participate in an expansion of the effort. After the change of administration in January 1993, despite vacancies in many Washington positions, the Partnership continued to operate. By spring 1994, 29 Councils had chosen an Executive Director and were active. Other states were in the process of organizing and several others were considering establishing a Council.

The change of administration signalled a new set of expectations for the effort. The Rural Partnership has been cloaked in the language, concepts and symbols of 'New Governance' since the arrival of the Clinton administration. While these were not present during the formative days of the initiative, many of the guiding principles in this approach had evolved during the years.

STRATEGIES EMPLOYED[3]

Few initiatives at the national level in the United States have been designed to facilitate collaborative intergovernmental relationships. This effort, by contrast, has emphasized the development of shared relationships between diverse players. In this sense, the effort's administrative arrangements appear to be closer to those of a voluntary mutual-aid organization than of a market or a hierarchical structure. At the same time, the SRDCs are clearly state-focused; state government agencies are focal actors in every Council, either by their action and degree of participation or non-action or non-participation. State interest in the Council effort can determine whether the SRDC is a central part of an important policy network, a support network for broader strategies, or marginalized from major state development activities.

The structure of organizational interdependencies in a policy sector is often dependent on the distribution of resources within the network (for a literature on networks see especially Agranoff 1986; Alter and Hage 1993; Benson 1982; Hanf *et al.* 1978; and Mandell 1988). The SRDCs were formed because of this recognition of resource interdependency. This is based on the assumption that each organization in a sector acts solely as an independent entity, but has the *potential* to contribute. Networking activity, such as SRDC efforts, enhance resource exchanges. Moreover, networks are necessary in policy sectors like rural development because the individual members cannot achieve their goals operating alone. Formally autonomous but functionally interdependent organizations require mechanisms for implementing tasks, as is the case with virtually every effort undertaken by rural development networks. An argument can thus be made that SRDCs have smoothed the process of programme implementation.

The focus of power in the SRDC networks is reflected in the various players in the effort. Federal officials, who in many cases have been quite passive or reactive to specific requests, have largely played a supportive role. Key state and interest group members, and in a few cases active citizens, have played important coordinating and administrative roles. Rural communities, or their representative organizations, and some state agency heads have been able to make specific demands on the SRDC. However, many of these players have been reluctant to share policy development with SRDCs and their turf has to be respected.

The SRDC represents an emergent type of network: the players represent governmental (and non-profit) organizations that work on rural development. They are intergovernmental bodies, comprising sectoral elements involved in the chain of programming (grants, loans, regulatory) that cross governmental sectors. Their inter-organizational activities almost never involve the core activities of the 'home' agencies, but involve problem-solving or demonstrations, or cooperative ventures that are at the periphery of the work of the participating agencies. Rather than being part of some comprehensive strategy or policy effort, the type of issues and problems undertaken by the networks are highly segmented. Indeed, the work of the SRDCs is an integral part of some comprehensive rural policy strategy in only a few cases. The issues they deal with come up one at a time or at least not in a systematic fashion.

For the most part the resources of the SRDCs are pooled when a problem is being solved or a project is being tackled. Participating organizations, particularly federal agencies, have actually committed funds for grants, waived rules and requirements, or approved new managerial procedures. Moreover, the SRDCs have created some new efforts through demonstration and developmental projects, databases and resource guides. In a few cases, new cooperative ventures involving two or more agencies have been undertaken.

Generally speaking, the SRDCs as networks have worked on those systemic problems brought to them by member organizations or by individual communities. Inter-sector problems – such as the need for a change of a grant requirement, a new way to deal with a regulation, or a demonstration of a new approach in the rural economy – involve the network in problems that the individual member agencies cannot solve or deal with themselves. Individual organizations involve other organizations in the network. Although perhaps the SRDCs as networks may have been originally designed to deal with broader rural problems, in fact they have not really attacked rural development in such a fashion, but have limited their actions to selected problems generated by member organizations or from communities within the states.

The initial months and even years of the SRDCs' existence have been spent in establishing themselves as networks. They were contrived networks in that they did not spontaneously rise out of mutually perceived needs; rather the federal government stimulated them. On the other hand, they were not mandated in law, and states were not required to form SRDCs. No doubt because they came about through federal stimulation they took some time in building. Nevertheless, the rapidity with which most SRDCs found a niche and began to work on rural problems suggests that these networks fulfilled a need.

One stage of network-building involved creating the Councils themselves. In some states a small nucleus of core, rural-serving agencies and organizations formed interim Councils and new members were gradually added. The FmHA served as the nominally designated starter agency, but Councils emerged beyond this shadow quickly. Some states emerged out of the principal state agency having to do with rural development, often the department of economic development or its equivalent. Other states began with large representational bodies.

Most agencies built their networks by designating agencies and positions within organizations (e.g. specifying membership for an agency's commissioner or Executive Director). Some states built on previous network activities, primarily choosing activists and working members. In many cases this meant organization members and agency programme heads rather than directors of organizations. In every state the process of network definition – who is to be included – was gradual, as SRDCs expanded. Network-building by membership expansion appears to be an ongoing process, even in the eight pilot Councils; it changes in form over time.

Another network-building activity is through selection of Council scope of work. What the group chooses to do obviously defines the parameters of the network. Some states appear to have encouraged communities within the state to largely determine their work and define the network. Some have selected their targets of effort as a Council. Whichever route may have been chosen, it is clear that network-building activities and emerging Council strategies were linked. What an SRDC chooses to do and who was active in defining Council activity cannot easily be separated.

In most cases network actors are not people who are coming together for the first time. They do not need to establish their agency or interest turf and already know how to work together. This is not to say that new linkages are not established or relationships are not improved. Networks of individuals found within the Council may not be new, although the structured forum provided by the Council allows for greater and more productive interaction among individuals. Even so, in several of the states, federal officials in particular report meeting new individuals and establishing working relationships with them. A number of the SRDCs are, in fact, creating new networks to advance rural development, often focusing on participants defined by specific projects.

The networking that has been conducted by the Councils to date can be characterized as primarily inter-organizational problem-solving and brokering. Most project efforts in statutory and regulatory relief, demonstrations and developmental projects involve bridging the gaps and acquiring resources from the different organizations. There have been some technical assistance aspects to the database and resource directory efforts and, no doubt, a great deal of informal advice has been given on intergovernmental matters. Information such as how to contact agencies, how to secure grants, or how to make regulatory adjustments has been provided. A great deal of brokering activity has obviously followed these activities. The SRDCs have not generally been called upon to mediate interagency or intergovernmental disputes, or to otherwise resolve conflicts. It is possible that some have been approached informally but have chosen to avoid such a course of action.

Federal network participants appear to be less concerned than many state actors about matters of power or power sharing. They appear to have a more circumscribed understanding of their agency's limited and legally defined role. They will always act within these limits. More importantly, since they view themselves more passively as reacting to state or private sector requests for action, and do not see the Councils as policy actors, sharing of power is not an issue. Their influence on most Councils is minimal by choice except where the force of personality or technical knowledge prevails. Power does not appear to loom large as a concern.

Overall, SRDCs have been shown to be mechanisms of intergovernmental policy development. They clearly are dynamic entities which exhibit changing membership and leadership patterns. That this change is incremental is also clear, and that makes it no less significant. The SRDCs represent experiments in processes which cross traditional boundaries (both horizontally and vertically) and serve to bring together seemingly diverse interests in a search for common ground in the quest to improve the quality of life in rural America. Building and maintaining networks serves to facilitate collaborative problem-solving. Doing so also serves to make all those who choose to participate actively equal partners in the endeavour.

At the same time, the SRDCs have been shown to be peripheral to state policy efforts. This marginal role aside, the partnership has effectively highlighted the breadth of the rural policy arena. Given the types of organizations involved in the effort, it would be difficult for any of them to ever again conceive of rural policy meaning farm or agriculture policy. Certainly, it involves those arenas, and it also involves community and economic development, health and human services, transportation, housing, environmental protection, land-use planning and education to name just a few.

The activities and networks undertaken by the SRDCs reflect a range of actions taken, as well as the partnerships forged in accomplishing these activities. While the specific activities may vary, each Council is meeting the challenge of partnering to handle the complexity of inter-governmental programmes. The need to engage in such intergovernmental problem resolution through partnerships has emerged from the growth, complexity and growing interdependency of policy systems that rely on multiple governments for policy determination and execution.

Most essential of the SRDC roles is that of convening the actors. Convening is an initial and often essential task or step – to get the right persons involved in a problem arena or course of action to meet. In rural development, clearly there are multiple stakeholders: the community/communities affected, local governments, and the private sector; statewide non-profits and interest groups; state and federal government. The SRDC has been a forum for bringing these actors together, often serving as a venue for 'show and tell' activities. Past contact between officials tended to be limited in scope and effort. Prior to the formation of the Councils a number of these officials, particularly small groups of federal and state officials had worked together on specific projects.

This convening of the actors has also had important spin-off effects. As people on the Councils came to know one other, they felt more comfortable approaching new officials to solve non-Council related problems. Officials who had worked together before were able to use the SRDC meetings as a convenient place to conduct additional project-oriented intergovernmental business. In addition, occasionally an individual issue would be 'generalized' in the sense that the major actors involved felt that a specific issue could really be generalized to a large group of communities, and thus it would 'bubble up' to the Council agenda. This was the case in regard to regulation management. For example, individual community problems of wastewater treatment in a number of states led to broader Council attention and attempts to solve the problem generically. This, in turn, was elevated to consideration by the NRDC for a more generic resolution of this problem.

REGIONAL/LOCAL RELATIONSHIPS

During the first stages of the Partnership, few of the original pilot Councils emphasized the involvement of local officials or others who could serve as surrogates for local concerns. By 1994, however, both the original and new Councils developed methods for reaching beyond state level concerns to focus on rural communities. The challenge for the Councils was to find ways to bridge state and local relationships without devolving authority to them or involving all the localities within the state. Most Councils wanted to reach beyond the state capitol but do it in a way that did not raise local expectations that the Council could 'solve' their immediate problems. SRDCs did not want to have responsibility for 'case work' although some behaved somewhat like ombudsmen.

Several approaches were used to create these bridges: through membership on the Council, through contacts with local groups (such as non-profit groups, councils of government, development and conservation groups who might be involved in the delivery of activities that were identified by the Council), and through meetings held around the state that could help state and federal representatives understand the problems experienced by rural citizens. Representatives of local government, substate entities, community-based organizations, and statewide organizations representing local government (such as Leagues of Cities and Associations of County Officials) became members of many of the Councils.

The Partnership has been successful in casting the net broadly to bring a great variety of organizations and players into the rural development policy discussion. This approach acknowledges the legitimacy of taking a broad definition of the field, reaching beyond traditional intergovernmental dimensions (federal, state and local government) to include the for-profit private sector as well as an array of non-profit groups at all levels. Depending on the way that the rural development is defined, different actors come onto centre stage. For example, when economic development aspects are emphasized, the private sector, regional development actors and organizations concerned about state fiscal policy appear. When community development is the focus, non-profit community-based organizations and players with links to other social policy issues are emphasized. The scope of these organizations also varies – some focus on the entire state, others on substate regions, and still others emphasize local activity.

At the same time that they are important resources, many of these players have institutional, ideological and historical 'baggage' to carry to the enterprise. It is clear that one cannot expect them to shift course dramatically to meet any externally defined set of expectations. Each of the types of players has strengths – and each has limitations. Each also has to worry about its own survival. The trick, of course, is to determine the appropriate set of expectations for each.

Two types of groups are found within the Councils that emphasize activity at the local level: elected local officials (either operating as separate jurisdictions or through groups such as substate regional entities) and non-profit or advocacy organizations. Advocacy organizations in this policy area focus on the improvement of conditions for those without power in the society. While these groups have traditionally focused on issues of race or ethnicity, they are increasingly concerned about problems related to income; hence rural citizens are a natural point of concern. Some of the advocacy organizations involved with rural development operate at the policy or management level, attempting to influence the allocation of economic and political resources to those underserved; others operate at the grassroots level, focusing on the specific problems and perceptions of a geographically defined group.

Although these two types of advocacy organizations frequently share a common set of values, the differing contexts in which they work contribute to different sorts of emphases. Grassroots activities are often a variation on community organizing – thus an emphasis on processes of leadership development and community involvement and a focus on solutions that deal with specific situations. Grassroots advocates may look for collegial support from other similarly situated individuals, but they are likely to emphasize the uniqueness and idiosyncrasies of their context. While they may be concerned about 'the big picture' (e.g. whether their efforts can ever go 'to scale'), those questions are peripheral to their day-to-day operations. When they go to the government, it is to get resources for specific projects within the community.

Local-level activities within the SRDCs have been encouraged in a number of ways. Local community participation involves Council efforts at involving rural communities in bringing real-world problems to the Council. This type has been manifested in different ways. Many Councils rotate their meetings around the state and allow any local person or local official to address problems and issues of *their* choice. Other Councils are more specific in focus, allowing input on specific agenda topics, for example environmental regulation. Councils that emphasize impediments removal usually create some mechanism for communities to bring forth issues that they wish to address. Some Councils have experimented with sending Strengths, Weaknesses, Opportunities, Threats (SWOT) teams into communities, helping them to identify problems and areas of action.

As the activities within states are played out, it is not at all clear how community-based activities will be balanced with a strong state role.

The 'bottoms-up' community assessment approach looks to state government as a facilitator of local efforts, packaging existing resources or playing a largely passive role that responds to local government, the for-profit private sector or non-profits. There is a competing perspective that looks to state government to play a more proactive role, either through the encouragement of horizontal linkages at the state level or as the major point of contact for federal efforts. While both approaches are defensible and appropriate in individual state settings, there is tension between them. There is an usually unspoken assumption about the importance of the local or community level in the change process. Certain aspects of policy change do require specific, localized strategies in both community development and in economic development. However, if one is attempting to focus on the role of states in this effort, one cannot expect the state to play a secondary or passive role. The challenge is to find ways to integrate the micro-realities of the community or grassroots activities (e.g. leadership development and community assessment) into other levels of decision-making in a way that respects the realities and imperatives of those levels.

In addition, it has been difficult for some of the Councils to find a way to represent the interests of local elected government on a statewide body. Some of the Councils have utilized statewide organizations of local elected officials (e.g. the state League of Cities, Association of County Officials, or the state organization of substate planning officials) to 'speak for' the local governments. However, because these groups often focus on state-level issues, they do not represent a perspective that emphasizes the hands-on orientation of the local level.

Ironically, the tendency of the Councils to minimize the participation of the traditional agricultural actors has almost eliminated a role for the cooperative extension service and its array of county-level groups. Potentially these groups could provide access to local activities; however, they bring with them a sense of independence as well as a history of working almost entirely on agriculture issues, not on broader rural questions.

PROBLEMS OF ASSESSMENT

The seeming intractability of rural problems and the complexity that surrounds possible solutions make it difficult to evaluate the contribution of a single intervention in terms that focus only on a single measure. Although the real goal of this effort is to change the life conditions of rural Americans (particularly those who live in isolated and poverty-stricken areas), it is unrealistic to expect an initiative that focuses on changes in resource allocation, organizational and policy shifts (and at this writing is only four years old) to be assessed in terms of its ability to provide new opportunities or services to rural residents. In addition, given the shifts in expectations that characterize the life of the Partnership, there has not been a focused strategy for change that has emerged over these years. At the same time, however, it is possible to assess this Partnership in terms of incremental changes that move states (and perhaps the country) towards these eventual goals.

When assessing the outcomes of the Council activity, at least two levels of analysis are possible. One can look at the contribution of the Council in its direct role as a player in the policy-making process; this would involve an assessment of the specific activities undertaken by the organization. However, one can also conceptualize the contribution of the Council in its role as a venue for development of relationships between players, focusing on indirect ways in which the Council contributes to the state process. This would accentuate its role as a behind-the-scenes player, raising the visibility of issues that are actually formally considered in different settings.

Within the states themselves, the Councils vary in terms of the processes used to make strategic choices of programmes (e.g. goals, objectives, plan of action, definition of mission). These are explained by a number of factors, some of which (such as political shifts) are not under the control of the Councils. Some choices are dictated by the type of rural setting within a state; others are a function of personalities and past relationships between Council participants.

A clear set of attributes does not emerge that seems to be associated with particular outcomes. This is not surprising, given the variability within the states. What appears to have facilitated the activity of the Council in one state can surface as a blocking attribute in another. Several elements, however, appear to be important: the impact of past and ongoing efforts in the state, generational differences between Councils, membership strategies, relationships with the local level, leadership patterns, agenda development, determinations of degree of visibility, and demographic characteristics of the state.

The National Rural Development Partnership is a very different initiative in 1994 than was envisaged at its inception four years ago. The road that was travelled over this period by a wide range of participants in states as well as in Washington, DC, was not the path that they expected to traverse. During these four years, the participants learned many things. Most of all they learned that there was no consensus on what could be accomplished through these efforts and that expectations about uniform and consistent performance were unrealistic.

Instead, there are multiple criteria and diverse points of view throughout the process. What is clear and obvious for one set of participants – whether in Washington, DC, or within the SRDCs – is controversial and murky for another. As this discussion has indicated, performance through the Partnership is not uniform throughout. Some SRDCs have been more effective in achieving their own goals than have others. Yet, overall, the process has been useful and has made some significant or noticeable contributions throughout.

There are a number of indicators of success involving the Partnership. A relatively small and lean budget produced visible and often useful activity. Participants were willing to spend time and energy on the effort. It was able to deal with a broad range of issues related to rural development, working with a definition of the field that include both the traditional aspects (e.g. agriculture) as well as human services and environmental concerns. The initiative produced a number of demonstrations and projects that provided evidence of new ways of doing things. Mechanisms were developed to identify rural issues and utilize community input in the process. The networks that were created through the SRDCs allowed opportunities to share information, to devise spin-offs, to develop new or improved personal relationships, and to provide the setting for collaboration. For the most part, the process was inclusive and developed ways to bring relevant actors to the table. The Partnership provided the venue for attitude change involving the multiple players, particularly in terms of federal–state relationships. Evidence of attitude change comes from the willingness of participants to talk about new ways of carrying out their work, even if they do not actually perform them. The shared leadership model that emerged in most SRDCs provided evidence that more than the paid staff member cared about the process.

At the same time, one must acknowledge the limitations of the effort. The changes in the external environment over the four years of the effort meant it was difficult to define the Partnership's overall purpose. The SRDCs generally adopted a low visibility posture and were not designed to be major policy actors. As a result, they operated in a way that was tangential to the core state and federal rural policy system. Relationships that were developed were often at the individual – not the institutional – level. Although traditional accountability relationships did not appear to be appropriate for the effort, it was difficult to define and measure accountability expectations for the various segments of the Partnership. Most of all, the experience of the Partnership indicates that efforts at shared leadership and new modes of behavior are extremely fragile and vulnerable.

Seven themes emerge from this experience.

1. *Change:* This effort has operated in an environment characterized by turbulence and constant change. Participants in the process cannot assume that what works today will be effective tomorrow. Change comes from multiple levels: the churning that occurs through the political environment at both the national and state levels, economic issues and disasters (e.g. the midwest flood). It develops from the idiosyncrasies that emerge from the individuals who participate in such an effort. It requires policy designers to be modest in their efforts.

2. *Diversity:* The Partnership provides evidence that it is possible to create a policy design that acknowledges that 'one size doesn't fit all' and yet, at the same time, provides the structure for a learning system where participants can learn from one another. The construct of the effort allowed states to respond differently, in ways that reflected the idiosyncrasies of their state populations, institutions and processes. Many of the specific changes that took form in the Councils were developed as a result of opportunities to share information, to develop common norms, and create a sense of a collective enterprise.

3. *Flexibility:* Unlike most federal initiatives, the Partnership has worked to institutionalize itself in non-rigid, non-bureaucratic ways. It has been adaptable, has provided opportunities for participants to think in new ways and stimulated their receptivity to engage in new behaviours. While a feature of the effort, flexibility is difficult to protect in traditional governmental systems. As such, flexibility hangs as a slender thread in the Partnership.

4. *New modes of intergovernmental relationships:* The design of the Partnership provided an unusual opportunity to combine both bottom-up and top-down strategies. Unlike most intergovernmental forms (which choose between one or another), this effort provided for the legitimate involvement at both a vertical (federal, state, local) as well as a horizontal (inter-agency, inter-organizational) level. The focus of these relationships was on

agenda-setting and policy formulation; the SRDCs were specifically designed to leave policy implementation to others.

5. *Collaboration:* The creation of an ethic of collaboration was pervasive throughout the Partnership and involved a wide array of constituent groups. It took several forms – it created forums that provided venues for communication between players and it moved into the creation of arenas that provided a setting for collaborative policy-making and implementation. Collaborative environments were found in the SRDCs as well as in Washington, DC. While conflicts and disagreements continued in those settings, the Partnership provided a way for participants to manage their points of tension and to appreciate – if not always agree with – the perspectives of other players. Care was taken to avoid turf battles both in the states and in Washington.

6. *Process and product:* The experience with the Partnership indicates that there is a close relationship between investment in process issues and ability to move towards product outcomes. The complex environment that surrounds the effort makes it difficult to move into a simple task orientation. SRDCs, for example, provided a way for participants to change attitudes and identify problems that crossed traditional agency or organizational lines. Without investing in the development of the organizations, the Councils would not be able to reach toward specific product outcomes. At the same time, however, the focus on process issues sometimes made accountability relationships within the Partnership very difficult. Participants in the process had multiple sources of accountability that were based on their roles within their 'home agencies' as well as new sources of accountability that emerged from the Partnership itself. In addition, conflicts sometimes occurred as a result of the different perspectives from the SRDCS and from the NRDC.

7. *Energy:* Despite the ups and downs of relationships and uncertainties surrounding the Partnership, participants in all aspects of the effort were willing to spend one of their scarcest resources – their time and energy – on the activities. The Partnership evokes unusually sustained and high levels of time and commitment from the participants. SRDC members and others invested heavily in the effort and were willing to fight for its continuation. At this writing, although the outcomes of the effort are modest (one might even describe them as symbolic in nature), there is a sense that the Partnership is moving in a direction that will continue to sustain this high level of energy.

CONCLUSIONS

The National Rural Development Partnership, while exhibiting certain characteristics that are unique to the rural policy area, provides a rich set of experiences about partnerships in general and intergovernmental partnerships in particular. The complexity of the relationships that were developed in the Partnership is striking. At both the national and state level, relationships were devised between very diverse actors, cutting horizontally across different tiers of government and public and private organizations. Vertical relationships were also developed in the effort, particularly between actors in Washington and those involved in the State Councils. Both sets of relationships required time, trust and care in development, providing evidence that – while practicable – intergovernmental, inter-agency partnerships are not easy to create or cultivate.

Thus one of the most important findings in this experience is that partnerships often require detailed attention to process issues and ability (as well as willingness) to respond to changing circumstances in the political, social and economic environment. The original motivating force for the creation of a partnership may bear little resemblance to what actually develops. A one-time set of agreements may move into a longer-lasting set of relationships. Conversely, a partnership that is conceptualized as a permanent institution may actually turn into a shorter-term transitional form. At the same time, if the partnership is created with multiple nodes (as was found in the Partnership with the State Councils), the maintenance of any type of partnership requires organizational and staff support.

The NRDP also illustrates the difficulty in developing partnerships as instruments of governance. This is true for several reasons. At least in the US, partners – particularly governmental partners – have minimal control over their authority base and resources. Attention to process issues – while important – can move the effort away from a clear substantive focus. Concern about maintaining the partnership and keeping all players within the fold skews outcomes to modest or even marginal proportions.

Despite these caveats, it is clear that the partnership concept provides the framework for a set of intergovernmental, inter-agency relationships in a number of settings across the globe.

NOTES

1. This paper draws on work that has been developed by a research team of eight individuals who have been involved in a multi-year documentation and assessment of the National Rural Development Partnership. Members of the team are Beryl A. Radin, Principal Investigator; Robert Agranoff, Ann Bowman, Gregory Buntz, Steven Ott, Barbara Romzek, Tom Sykes and Robert Wilson.
2. Much of this discussion is taken from Radin, 1992.
3. This section of the paper draws heavily on the work of Robert Agranoff within the project.

REFERENCES

Agranoff, R. A. (1986), *Intergovernmental Management: Human Services Problem-solving in Six Metropolitan Areas* (Albany, NY: State University of New York Press).

Alter, C. and J. Hage (1993), *Organizations Working Together* (Newbury Park, CA.: Sage).

Benson, J. K., (1982), 'A Framework for Policy Analysis', pp. 137–76 in D. L. Rogers and D. A. Whetten (eds), *Interorganizational Coordination: Theory, Research, and Implementation* (Ames, IA: Iowa State University Press).

Effland, A. B. W. (1994), 'Federal Rural Development Policy Since 1972', *Rural Development Perspectives* 9: 8–14.

Elazar, D. J. (1987), *Exploring Federalism* (Tuscaloosa: University of Alabama Press).

Cornman, J. N. and B. K. Kincaid (1984), *Lessons from Rural America* (Washington, DC: Seven Locks).

Hanf, K., B. Hjern and D. O. Porter (1978), 'Local Networks of Manpower Training in the Federal Republic of Germany and Sweden', pp. 303–41 in K. Hanf and F. W. Scharpf (eds), *Interorganizational Policy-Making* (London: Sage Publications).

Mandell, M. P. (1988) 'Intergovernmental Management in Interorganizational Networks: A Revised Perspective', *International Journal of Public Administration* 11: 393–416.

Radin, B. A. (1992), 'Rural Development Councils: An Intergovernmental Coordination Experiment', *Publius: The Journal of Federalism* 22: 111–27.

9 Commentary: Public–Private Partnerships in the United States from a European Perspective

Michael Keating[1]

Public–private partnership has become an almost universal theme in urban policy and government on both sides of the Atlantic. Apparently offering low-cost solutions to urgent problems and transcending the ideological divides, it has become widely popular and accepted almost uncritically. Yet there are serious issues at stake in the merging of the public and the private, both analytical issues for the social scientist and normative issues for those concerned with democratic choice and accountability. Some of these issues can be highlighted by comparing American and west European experiences of partnership and by examining the assumptions behind them as well as their effects.

Many of the causes of the move to partnership are common to both continents. The fiscal crisis of the public sector leads governments to seek other sources of funding, either to reduce the burden on the taxpayer or, through creative accounting, to hide it. Levering private capital is one way of making public investment go further. Another common theme is the changing relationship between the state and capital, with power shifting to the latter. This leads to an increased role for private capital interests in determining and managing major public investments. The increased mobility of capital, within and across national boundaries, both enhances the power of capital and makes it more difficult for governments to tie it down in one place. Implicating private investors in fixed public infrastructure projects or providing attractive rates of return through publicly guaranteed co-investment schemes enables local and regional governments to trap investment flows and keep them in place. The complexity of government tasks also leads the public sector to look to private partners, especially in fields where private cooperation is required, or the private sector has the necessary skills and contacts. As economic development has become one of the prime concerns of local governments, the need to have private interlocutors and an opening to the world of business has accentuated. There is also an ideological dimension. The dominance of neo-liberal ideas has given increased legitimacy to the private sector and encouraged the idea that private sector management is necessarily more efficient. The New Public Management, vulgarized in 'pop management' texts like Osborne and Gaebler's *Reinventing Government*, encourages a reliance on market mechanisms and incentives, preaches debureaucratization and advocates new and flexible management forms. One such form is the public–private partnership, freed from the traditional hierarchical management of public administration.

ANALYSING PARTNERSHIP

Analyses of the rise of public–private partnerships have focused on the erosion of the public–private divide as public administration is redefined by task rather than by actor. Some have gone so far as to destroy the analytical boundary between state, market and civil society. I say the analytical boundary, because the categories of state, market and civil society are no more than theoretical constructs which enable us both to make sense of the world and evaluate it. The market category focuses our attention on issues of efficiency and competition; the state category draws attention to issues of legitimacy, authority and accountability; the civil society category invites us to consider questions of cooperation, voluntarism and citizenship. If we are to do away with these categories then we are in need of some new normative principles. These the 'new public management' has signally failed to provide. Analyses of the new configurations of power in social science rely on more or less nebulous concepts like 'policy networks' or 'governance'. These often lose the object of enquiry in the complexity, confound the independent and dependent variable and fail to provide the Archimedean point from which to appreciate the phenomenon under observation. We are reduced, Crozier (1964: 295) notes, to the 'complacent approbation of uncovered interdependencies'. As Stoker notes in this volume, governance may have two distinct meanings, which he calls the 'managerial' and the 'systemic'. At one time, governance is presented at a means by which the state can achieve its policy goals in a more complex environment. Yet, in this case, it is surely a mere extension of government, and not a novel one, since the hierarchical, centralized state with its Weberian bureaucracy was never more than an ideal type. Elsewhere, governance is presented as a diffusion of the policy process as a whole, beyond the state, to encompass a wide range of social and economic actors. In this case, it looks a lot like American pluralism, another familiar category.

A third possibility is to examine governance as a self-regulating system with its own internal logic. Such logic can be derived either from systems theory or from the work of the Crozier and Frieberg (1977) approach to organizational analysis. Perhaps the problem here is that, in a rapidly changing world in which national and local systems are penetrated by supranational and sectoral forces, we are not yet in a position to appreciate the logic of the new order. Hence the recourse to atheoretical and loosely pluralist ideas like networks and governance. In the absence of grand theory, however, analysis of the phenomenon of public–private partnership must make do with middle-range concepts and with comparative studies. Such comparative analysis can help us disentangle causal and dependent variables, appreciate the impact of globalization, and specify the role of politics, thus allowing for some normative evaluation.

TRANSATLANTIC COMPARISON

The focus here is on transatlantic comparison and contrasts in public–private partnerships. These involve relationships between the state and capital and it is important at the outset to note that both take different forms on either side of the Atlantic, as do the interactions between the two. The main contrasts are between the United States and continental Europe, with the United Kingdom (and in some respects Canada) constituting an intermediary case.

In the United States, the concept of the state is virtually unknown (except of course to refer to the federated units). Instead, government is conceived as a matter of brokerage among interests in a fragmented and pluralist system. On the other hand, this pluralist interaction occurs within a narrowly defined ideological framework in which the values of liberal capitalism are unquestioned. Government is limited by constitution and convention and private property rights are constitutionally entrenched; economic activity is in theory consigned to the market. Were government truly limited to regulation and basic welfare provision, this clear distinction between state and market could be sustained and government could retain a degree of autonomy. Since in practice private economic interests are heavily involved in the political process and government is involved in the economy, the boundary is blurred. In these circumstances, government is continually at risk of capture by private economic interests and, lacking a concept of the broad public interest to put against private interest, is often disarmed. The European state, by contrast, is conceived as a policy actor, custodian of a broad 'public interest' which is more than a mere aggregation of private interests and compromises among them. At the same time, the prerogatives of private capital are not unchallenged but have historically been contested by politicized labour movements. It may well be that both types of state are now deeply engaged in partnership arrangements with the private sector, but their different starting points do suggest a different quality to the relationship. Other factors reinforce the contrast. One is the role of money in elections, much greater in the United States than in European systems. Another is the role of the professional bureaucracy. European states have large, professionalized and rather unitary bureaucracies at both central and local level, with linkages between the levels. The United States has a fragmented bureaucracy, in which sections of the bureaucracy align themselves with private interests against other parts of the bureaucracy. Certainly, this tendency is sometimes observable in Europe, but to a markedly lesser degree.

Territorial government is also organized very differently. In the USA, states have a high degree of political and functional independence from the federal government and local governments have a high degree of autonomy within the individual states. Within local government, there is often great fragmentation. Reform-type structures provide extensive autonomy for individual agencies, weaken political control and discourage the aggregation of social interests. Party systems are weak and fragmented. In Europe, by contrast, government is much more unitary. Even in a federal state like Germany there is an organic unity between the Bund and the Länder, which both form part of the 'state'. Political parties in Europe tend to be strong and operate at all levels of government simultaneously. Of course, there are strong patterns of territorial politics and many conflicts among levels of government, but these are worked out within the limits of a unitary political system.

Many observers have commented on the difference between two styles of capitalism, which Michel Albert (1991) calls the American and the Rhineland model. Anglo-American capitalism is short term in outlook, seeks high rates of return and is governed by stock-market speculation. Rhineland capitalism is long term in outlook, seeks growth in output and market share rather than high dividends or share values and is less dependent on the stock market and more on internal decisions in firms. American speculative capital played a large role in opening up the west, as Beauregard's chapter reminds us. It continues its process of creative destruction today, repeating the old patterns of boom and bust. In Europe, by contrast, change is slower and large investors are perhaps less prepared to write off sunk capital and start again. At national level, relationships between state and capital are often very stable, especially in those systems to which the label 'corporatist' has been applied. In other parts of Europe, the private sector has historically been weak and dependent on a modernizing state – France being the obvious example. A final variable is the existence or otherwise of an organized local business elite. The consolidation of national and European capitalism has deprived many European countries of their provincial business elites, Germany being an exception here. In the United States, by contrast, cities do continue to have locally based business leaders who may take an active part in local policy initiatives.

These differences in turn condition the nature of state–capital relationships on either side of the Atlantic and shape the form of local public–private partnerships. In the USA, relationships between local governments and business interests tend to be direct. In Europe, they are usually mediated by national government or, where national governments are inadequate, by the European Union. This enhances the power of capital in the United States, since it can play off localities against each other, extracting bonuses in the process. In Europe, bonuses are regulated by national governments and, with varying degrees of success, the European Commission. There is a trade-off here. European local governments are more dependent on national government but thereby less dependent on capital. American local governments are less dependent on senior governments, but more dependent on capital. Perhaps the clearest illustration of this is provided by the extreme case – surprisingly not mentioned in the other chapters in this volume – of corruption. In the United States, money can be used to buy political influence and to win elections. City governments are frequently beholden to developer interests, since they are a key source of campaign funding. In reform cities, especially, it is difficult to mobilize non-business interests or to finance them electorally. This is by and large legal but, arguably, constitutes a form of corruption. In much of Europe, by contrast, the influence in the corrupt financial transaction is the other way. Politicians and parties are able to extort financial contributions from businesses merely as the condition for processing their routine applications for planning consent and other permits. This is the French and Italian model of local corruption, also found in Spain. It was also perhaps a feature of the old US machine politics, before the reform era.

THE NEW PARTNERSHIPS

There has been much uncritical acclaim in Europe for the American tradition of partnership (e.g. Greffe 1989). Much of this ignores the European tradition of partnership under state leadership and takes the form of a naïve adulation of American privatism. I have never really understood why Europeans should think that they have anything to learn from the United States about the management of cities, but there is no doubt that the American model of capitalism has established an ideological hegemony in large parts of the globe (Albert 1991) and it is the American model of partnership which has been most imitated, starting with the United Kingdom (Barnekov *et al.* 1989). Partnerships can take the form of co-ventures in capital-intensive schemes, contracting-out of service delivery, or community-based schemes. Following the other chapters, I will focus on the first.

There has been a drive in many cities to renew infrastructures and engage in proactive economic development policies, a drive which stems in large part from the growing competition among localities for investment. The United States, with its long experience of a continental, integrated market, provides the leading example of place-based competition and its effects. Europeans, as the single market is completed there, have much to learn from this experience. A focus on economic development as a policy priority is bound to bring local governments into contact and new relationships with the private sector since, in a capitalist economy, it is the private sector which controls the key knowledge and resources. Yet these new relationships in turn mould political patterns and opportunity structures. So we have an example of the old idea of Lowi (1969), that policy or policy arenas structure politics. A perceived policy imperative, to compete for investment in an open market, leads to a series of measures which in turn reshape the political arena and close it to certain social interests while opening it to others. This produces both a policy bias in the allocation of public resources, and a political bias.

POLICY BIAS

The easiest way to tie down mobile capital to localities is to concentrate on capital-intensive projects, and there is a tendency for the partnership format to drive policy in this direction. In particular, there is a bias towards land and property transactions as a form of economic development, an approach which may do little for employment or to increase the value-added in local output. This bias is enhanced in the British/American model of stock-market capitalism, which requires very high rates of return over short periods; hence the focus on convention centres, sports arenas and the infrastructure for high-income consumption activities. Further bias is created by the use of the 'leverage ratio' as a criterion of success in partnerships. The more private dollars mobilized for each public dollar, the more successful the partnership is said to be. This may prove to be regressive, since it directs public dollars into precisely those activities where there is least need for them, and to activities capable of attracting private capital, and to activities with a rapid and high rate of return. Since the allocation of public money is a zero-sum activity, this means that funds are diverted from activities which may be socially desirable but which have lower chances of attracting private finance and offer lower rates of return – yet these are precisely the activities which justify state intervention in the first place. Often public money is merely substituted for private investment (Barnekov *et al.* 1991). 'Reverse leverage' occurs when the private sector is able to divert public moneys to its own ends.

More concretely, money is diverted from socially needed interventions which cannot survive in the market place, to the subsidization of the consumption habits of the rich – from low-income housing to waterfront condominiums. Once local governments enter into this type of activity in the context of territorial competition for capital, then all are trapped in it, for fear of losing investments: hence the subsidy wars which are an ironic feature of American free enterprise. Investments which do not need any subsidy to make them viable are routinely subsidized, since the investor can threaten to go elsewhere. The power of the local government is further reduced by the disparity in knowledge. The private partner has complete access to the local government's accounts, but the local government has no inside knowledge of its partner's financial situation. This permits the private partner to play a game of bluff or merely manipulate the uncertainty about its intentions to force up the rate of subsidy beyond what it would minimally accept. Often, the private partner is able to force the public sector to assume the investment risk which, in an ideal capitalist economy, ought to be its own. Even where there is no formal agreement – and it is difficult to tell because the agreements are typically confidential – there is an implicit guarantee. This is because the government would find it politically difficult to abandon the project and write off taxpayers' money. Where the public sector does not bail out a failed project, it may nonetheless pump in public money in ancillary works to rescue it. It seems clear that the promoters of Canary Wharf and the Channel Tunnel knew that government would, at the end of the day, finance the Jubilee Underground extension and the rail connection to London respectively, rather than see these projects go down.

It is not clear that public–private partnerships constitute an efficient mechanism for achieving projects, despite the widespread assumption that the private sector is inherently more efficient. Many large-scale infrastructure projects are natural monopolies and partnership may even be used to establish an effective private monopoly by the use of public powers. So the private builders of the second Severn Bridge between England and Wales are being given the right to collect the tolls on the first bridge, built with public money, as well. On the day the privately financed Skye Bridge in Scotland was opened, the profitable publicly owned Caledonian MacBrayne ferry service was closed (*The Economist*, 28 Oct.–3 Nov. 1995). Private investors in leisure facilities in American urban regeneration schemes will often insist on a monopoly to preserve their investment. While levering private capital appears on the surface to provide additional money, over and above public expenditure, it is often no more than a very expensive way for governments to borrow money. This is because, given their creditworthiness and stability, they could borrow the capital costs themselves at a lower rate than the return required by the private investors. In the United States and Britain, local governments' powers to borrow are tightly circumscribed by statute and procedure, so that they are forced to go to the private sector for matching finance, but this can be very costly to the taxpayer. The plans of both British Conservative and Labour parties to introduce private finance into public infrastructure projects have been criticized by no less a paragon of financial orthodoxy and neo-liberalism than *The Economist* magazine (28 Oct.–3 Nov. 1995).

It may be that, where local government has a weak resource base and a problematic bond rating, and faces mobile capital, it will have no choice but to go aggressively into public–private partnership. This is the case of many American jurisdictions. The European state, however, is more autonomous of private capital and potentially better able to define investment priorities. It has less need to rush into American-style partnerships and, where it does enter into partnership, should be more able to define its terms.

POLITICAL BIAS

The very expression 'partnership' has positive connotations, but only if, as often, it is emptied of power relationships. Any partnership is a reflection of the resources and endowments of each side, as well as of the extent of common purpose. As explained above, a common purpose between public and private sectors cannot simply be assumed, and the policy content of a partnership will be a reflection of the differences in power. In the process of inducing private partners to come in, governments will make concessions, so shifting the political balance in their favour. Another political bias arises from the difference between the assumptive worlds of government, grounded in openness and account-ability, and those of business, grounded in secrecy and competition. This is not to say that governments always in practice live up to expec-tations in the matter of openness and accountability, but these are their founding principles and normative guides. Businesses, on the other hand, would be highly imprudent were they to make their deliberations and financial plans open to their competitors. In a partnership, they will insist on their own standards of confidentiality, removing decisions from the domain of public debate. Government also carries expecta-tions of equity and universality which would be a liability to a private company, and in partnerships these too are put at risk.

The composition of partnerships also insinuates a political bias into local government. Since the aim is to lever investment resources, the owners of capital are given a privileged position. Labour interests, together with social advocates, tend to be excluded as the dominant development coalition is reconstituted (Keating 1993). Partnerships may formally be under either public or private leadership. Generally, in declining US cities, the local government takes the lead, seeking to bring in private partners where possible. In expanding cities and those undergoing rapid transition, the lead has often been taken by organized business elites who have been able to impose their visions of change. Even where it is the local government that takes the lead, however, its weak position forces it to tailor strategies to the needs of private capital. The weakness of many American cities in bureaucratic and technical resources, including urban planners, further undercuts the power of the public sector and increases its dependence.

A more subtle process is the infiltration of business assumptions and practices into the public sector and the tendency to regard business as the depository of all wisdom. This has been taken to an extreme degree by Britain's Conservative government, which regarded business people as uniquely qualified to run most aspects of public life, from universities, through cultural organizations, to the very bodies which are supposed to check on business probity. Self-professed disciples of Adam Smith, they have not heeded Smith's warnings about the dangers of allowing 'merchants' to become 'sovereigns' since they naturally 'regard the character of the sovereign as an appendix to that of the merchant, as something which ought to made subservient to it' and so use it to establish monopoly (Smith 1993: 368).

Logan and Molotch (1987) have described a process whereby local 'growth machines' in the United States are able to impose a conception of the public interest which in reality reflects the narrow interests of property developers and certain types of booster, such as newspapers or sports teams. This 'value-free' development then distorts local political priorities. More generally, Pierre (this volume) mentions the problem of legitimacy in development policy. Political scientists have given extensive attention to the manner in which the state legitimizes itself, whether through public expenditures, regulation or socialization. Less attention has been paid to the need for capitalism to legitimate itself in a world where its success in generating wealth is equalled only by its capacity to promote social disintegration. By implicating private firms in the management of public policy, while helping and underwriting them financially, the state can enhance the prestige of the private sector and identify it more clearly with the public interest at large. This is an important task for politicians of the neo-liberal school (or neo-conservatives as they are known in America), and they have not hesitated to use the power and money of government to perform it. So projects largely financed and underwritten by government and undertaken using government powers of eminent domain and zoning, can be proclaimed as triumphs for free enterprise.

THE PUBLIC–PRIVATE DISTINCTION

Partnerships in urban government are part of a wider trend to erode the distinction between the public and the private, the state and the market. This may reflect powerful trends in the contemporary economy as well as the effects of new technologies. Yet it is also a political movement, with strong normative implications. The New Public Management, by largely dissolving the public–private distinction and doing away with the concept of the state, also does away with accountability, transparency and democratic choice, as they have evolved in the modern era. Certainly, all the relevant works dutifully mention the need for these and often concede that there is a normative dimension; but this is almost invariably as an afterthought or add-on. The New Public Management does not encompass a model of democracy and accountability as an integral part of its design in the manner of traditional theories. The best it can do is to offer competition and marketization as substitutes. Now this might have some application in the United States, where interest group pluralism and competition are long-standing features of the political system. Even there, however, there are limitations. Pluralism in the United States is possible only because interaction occurs within tightly defined limits encompassed by a national ideology and a dominant private sector whose prerogatives are never seriously questioned. In any case, partnerships, as noted above, are often sought by the private sector precisely to control competition and enlist public powers behind sectional ends. In Europe, the competition answer to the accountability and democracy problems is even less convincing. Politics there is more than brokerage among private interests and the absolute prerogatives of capital have historically been questioned, not only by the left but by traditional conservatives. Equity has always been more highly valued as a principle of public policy than in the United States. The gap between traditional conceptions of the state and administration on one hand, and the New Public Management on the other, is all the greater. The autonomy of the state is an important principle in Europe. Its origins may lie in absolutist and Napoleonic conditions, but it has survived the transition to democracy to give a powerful instrument for public purpose. It may have been appropriated by bureaucratic elites, it may be under pressure in the new political economy; but it remains a vital principle of action in a truly liberal democracy. Without it, society becomes nothing more than a market place; or, even worse, becomes the object of private monopolies. We may, in Europe, be witnessing a globalization of the economy and an Americanization of social relations, but we should at least be aware of the implications of this.

NOTE

1   I am grateful to Andrew Sancton for comments on this chapter.

REFERENCES

Albert, M. (1991), *Capitalisme contre capitalisme* (Paris: Seuil).

Barnekov, T., R. Boyle and D. Rich (1989), *Privatism and Urban Policy in Britain and the United States* (Oxford: Oxford University Press).

Crozier, M. (1964), *The Bureaucratic Phenomenon* (London: Tavistock).

Crozier, M. and E. Frieberg (1977), *L'acteur et le système* (Paris: Seuil).

Greffe, X. (1989), *Décentraliser pour l'emploi* (Paris: Economica).

Keating, M. (1993), 'The Politics of Economic Development: Political Change and Local Development Policies in the United States, Britain and France', *Urban Affairs Quarterly*, 28: 373-96.

Logan, J. R. and H. Molotch (1987), *Urban Fortunes: The Political Economy of Place* (Berkeley: University of California Press).

Lowi, T. (1969), *The End of Liberalism?* (New York: W. W. Norton).

Smith, A. (1993), *The Wealth of Nations* (Oxford: Oxford University Press).

10 The Ecology of Public–Private Partnerships: Europe

H. V. Savitch

OLD AND NEW ECOLOGIES

It may be useful to view public–private partnerships as part of a context in which they take root and continually interact. A fuller use of the term ecology refers to cultural, social, political and economic factors that nourish institutions and channel their evolution. Ecology encompasses intangible as well as tangible relationships – from the historical pattern of national institutions and attitudes to the possession of hard resources, assets and money. These factors go into the creation of an ecology that forms and continually shapes all kinds of institutions. Like armies, public–private partnerships are made from local, national and even global factors. They incorporate attitudes, institutions and resources and they rarely escape their constraints and opportunities.

We tend to think that public–private partnerships may be unique to a national culture or a particular national invention. These days, America is regarded as the world's incubator of innovation and public–private partnerships are closely associated with efforts to 'privatize' or 'reinvent government' (Savas 1987; Osborne and Gaebler 1992; Beauregard 1995). The fact is, public–private partnerships are neither national inventions nor are they particularly new. Almost every industrial nation employs public–private partnerships to expedite policy, and they have done so since sixteenth-century mercantilism.

Italian city states and the Hanseatic League used privateers to advance public interests and extend trading spheres. Great Britain's imperial prongs were extended through the English East India Company, and Holland used the Dutch East India Company (Fieldhouse 1965). Closer to the domestic front, strong states like France relied on public–private partnerships. Louis Napoleon launched the rebuilding of Paris by enlisting business. Led by the Pereire brothers and Credit Mobilier, a group of audacious bankers joined with the government to plan, develop and execute the grandest urban renewal project known at the time (Pinkney 1958). Not until a half-century later were similar ventures undertaken in New York, when public and private funds were used to construct a massive transit system below ground and unprecedented construction took place above ground.

A modern extension of public–private partnerships can be found in the corporatist state, where private organizations become 'incorporated' into the formal processes of governance. These organizations are granted prerogative, licence and privileged access to carry out public functions. Organizations of business people, farmers, professionals or union workers are granted concessions to produce or regulate activities. The corporatist idea is no mere abstraction and has a solid base in Austria, Finland and Scandinavia (Schmitter 1977; Berger 1981). Corporatism finds expression in a formalized partnership between industry and government, and has made substantial strides since the 1970s.

What then is new about public–private partnerships? To start, public–private partnerships are now progressively embedded in government policy. In earlier times these partnerships were *ad hoc* ventures, mostly used for overseas expansion (Great Britain, Holland) or for national development (France, the United States). Nowadays, government has come to espouse public–private partnerships systematically and as an integral part of national purpose. Indeed, public–private partnerships are now written into urban policy legislation (United Kingdom, United States), into national industrial policies (Germany, France) and into economic development (Italy, Holland).

In and of itself the maturation of public–private partnerships might constitute a nuance – a mere augmentation in scope and usage. These arrangements however, go much further. The private sector is not just seen as an appendage to government (as was Britain's East India Company or France's Credit Mobilier), but in tandem with public agencies as a substitute for it. Public–private partnerships have taken on a new and exalted status, and are in the process of achieving an unprecedented role in governance and economic development. The meaning of those roles may change from state to state, but the direction is quite clear. We can best understand these meanings by exploring a still broader ecology that propels partnerships.

GLOBAL ECOLOGY AND ECONOMIC COMPETITION

Chapters in this volume point out that public–private partnerships are initiated in order to utilize, expand and mobilize additional resources (see the chapters in this volume by Harding, Pierre, Lundqvist, and Keating). Partnerships create synergies between different resource bases and generate a result that is greater than the sum of its parts. Partnerships also optimize knowledge and allow for a more efficient implementation of public policy. In the language of economists they provide a means for principal and agent to leverage each other's resources in the interests of a mutually beneficial end (Perrow 1972). Just as much, public–private partnerships hold promise for an exchange of economic and political benefits. Business wants to invest, but requires outlets for that investment and political permission (legitimacy). Politicians can offer those outlets and legitimacy, and need additional sources of capital. Each sector then can lend and apply resources to engage in what Stone calls 'social production' (Stone 1989).

Economic development is perhaps the foremost policy arena where such benefits are supposed to be optimized. The public sector employs its ability to acquire and condemn property, underwrite loans and secure public approval; for its part, the private sector furnishes capital, flexible building and know how. At least in principle, both sides benefit from a partnership which converts undeveloped land into profitable enterprise, yielding more jobs and higher tax revenues.

Today qualitative and quantitative shifts in the global ecology give an added stimulus and ultimately a new dimension to public–private partnership. As we approach the next millennium the driving forces of globalism have heightened, become more complex and pushed all sectors to fiercer levels of competition.

At the global level, increased trade, foreign investment and capital mobility have exerted enormous pressures. Much of this comes from common markets and free trade zones. The European Union (EU) and, more recently, the North American Free Trade Zone (NAFTA) manifest these currents. Overall, national productivity has surged beyond anything imagined, and decades of prosperity have given rise to the welfare state and higher public expenditures. East Asia has now come to the ranks of prosperous economies, promoting globalism and driving the competition. Japan and small city-states like Hong Kong and Singapore, lead the pack and are now being joined by larger states like South Korea, China and India.

Prosperity drives free trade and competition. Paradoxically, amidst the abundance, governments are faced with scarcities and budget deficits. Abundance generates expectations, over-expenditures and an economic dynamic that is beyond the capacity of governments to control (*The Economist*, 7 October 1995). This is all too evident in the inability of government to manage volatile currency markets. Despite the expectations of the Cassandra theorists, the private sector is in no better position. Companies compete with each other, just as nations do, and strive to attain a market edge.

No wonder that public and private sectors should seek each other out. On the public side, competition to attract industry and investment has resulted in mounting 'place wars' (Haider 1992). On the private side, pressures to reduce costs and improve products have brought companies to seek lower taxes and a better trained workforce. Synergies are not just for venture, but for mutual survival in an age where organizations must grow or die.

The ecology of economics is also compounded by an ecology of technology and mutual vulnerability. Electronic communication, the storage, retrieval and use of information have brought everything closer together. Organizations are now joined in elaborate matrices and boundaries are permeable. As information and ultimately people are shared, the distinctions between state and market are fading. How can such distinctions be meaningful when state education depends upon apprenticeships that are carried out by private companies (Germany); or when private industry relies upon state investment (France); or when the value of national currency is threatened by market speculators.

We live in a faster world that is increasingly interdependent and ultimately more vulnerable. The collapse of Barings bank was heard instantaneously, causing shudders through stock markets around the globe and worry among national leaders. A crisis in Mexican currency brings down the value of the American dollar. Budget deficits now affect a major portion of industrial states, and sooner or later they are bound to adopt massive cost-cutting. In doing so, public and private sectors will be driven more closely into each other's arms.

We should then understand the increasing reliance on public partnerships as part of a larger set of circumstances – as an ecology in which the players are motivated by the dynamics of the circumstances to seek alliances. Each alliance contains its own needs, prescriptions and strategies for dealing with a set of pressures. Taken together, the ecology of these alliances is composed of national characteristics, global-wide economic networks and technological innovation.

The question is not so much whether we ought or ought not to have public–private partnerships, but what form and content they take. Are such partnerships subordinate to the state or dependent upon private industry? Is the state revitalized or hollowed out by public–private partnerships?

TYPES OF PARTNERSHIP

Global conditions and economic competition accelerate the need for partnerships, but they do not determine their form and rarely do they decide their content. Rather, form and content are shaped by national ecologies. The chapters in this volume show a considerable range in partnerships – from those that are entirely between local governments (Sweden) to public–private organizations that are managed by government (Great Britain) and finally to public–private organizations that are mostly in the hands of business (United States).

Some types of partnerships are more prevalent in some nations than others. Generally, strong states with weak voluntary traditions produce partnerships dominated by the public sector. Obversely, limited states with a tradition of vigorous voluntary action, produce partnerships dominated by the private sector. Between these two points, hybrid types of partnerships are likely to arise.

Figure 10.1 illustrates these relationships and points up the prevalence of partnerships in a given nation.

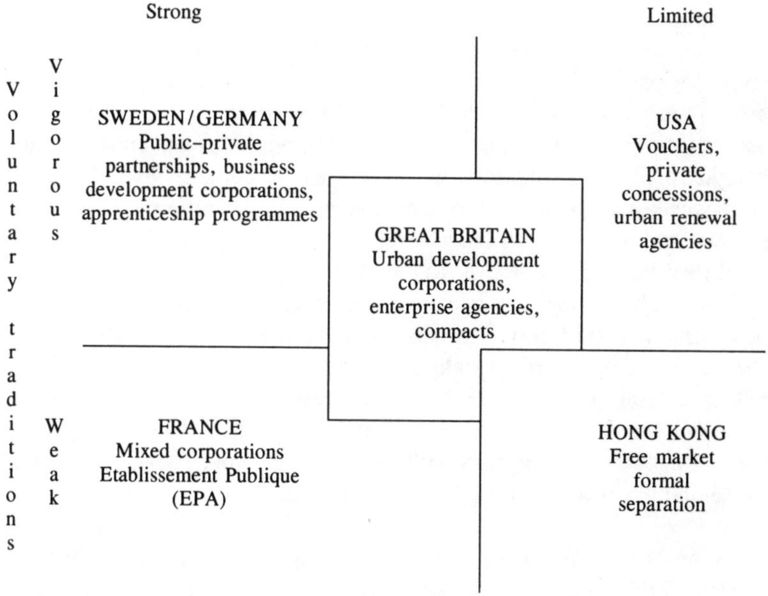

Strong   Limited

Voluntary traditions

Vigorous

SWEDEN/GERMANY
Public–private
partnerships, business
development corporations,
apprenticeship programmes

GREAT BRITAIN
Urban development
corporations,
enterprise agencies,
compacts

USA
Vouchers,
private
concessions,
urban renewal
agencies

Weak

FRANCE
Mixed corporations
Etablissement Publique
(EPA)

HONG KONG
Free market
formal
separation

Figure 10.1 State, Society and Partnerships

Beginning with the model of strong state/weak voluntary tradition, France utilizes 'mixed corporations' and the Etablissement Publique (EPA) to channel development and build housing. While 'mixed corporations' have private shareholders, the majority of shares are owned by the public sector and direction is led by public sector needs. EPAs undertake contracts with private business and allow them concessions to operate, but they are entirely run by publicly appointed managers and controlled by boards, whose appointees are often public officials. In addition, a major portion of industrial investments are gleaned from public sources and pension funds.

As a polar type to the French example we find the United States, characterized as a limited state/vigorous voluntary tradition. America typically relies on subsidizing the private provision of services through public subsidies (vouchers), whereby private organizations have substantial discretion in implementing public policies. Vouchers are widely used in the provision of low and moderate rental housing (Section 8 Programs) and are now popular among advocates of school reform. The idea is to offer consumers of education the choice of either using a tax-supported public school or providing a voucher to the taxpayer, which could then be applied toward the purchase of private education.

As mentioned, urban development is a particularly popular policy arena for partnerships. Among the first candidates were urban renewal programmes, begun after the Second World War. These programmes used public funds to acquire and clear land, while private entrepreneurs bought, built and maintained the structures (Anderson 1964). Once the land was turned over to private developers, discretion lay with the private sector. Various successors to urban renewal programmes continued through the 1970s and abound today.

Still another model can be seen in the strong state matched by vigorous voluntary traditions (Sweden and Germany). As Lundqvist and Pierre show, Sweden's localities have particularly rich networks of public collaboration – most of which revolve around infrastructure, technical services and economic stimulation. Also, Swedish localities enjoy frequent collaboration with business, and its central government pioneered a national industrial policy through close relationships with business.

As another example of this model, Germany is renowned for its apprenticeship programmes, whereby public schools collaborate with business or craftsmen's guilds for workforce training. One German city, Hamburg, is particularly energetic in recruiting private capital to advance economic interests. It utilizes a non-profit business development corporation to channel investment, increase international trade and modernize industrial capacity. This semi-public corporation combines roughly equal amounts of shares from public, non-profit and private organizations to enhance and promote international trade, modernize equipment and recruit capital investment (Hamburg Business Development Corporation 1992).

The model of both a limited state/weak voluntary sector is exemplified in a non-European location, perhaps because it occupies a unique place in the world of capitalism. Hong Kong is one of the most unregulated places in the advanced world, and has a highly differentiated and powerful private sector. The private sector is quite powerful, but is oriented towards foreign capital whose voluntary traditions are minimal. While the public sector has undertaken a considerable infrastructure, including an ultra modern airport and harbour, it too has kept a formal distance from these businesses. Hong Kong's limited governance is largely due to its status as a leased territory to Great Britain, and its unique character may end when it reverts to China in 1997.

Great Britain is an example of a hybrid case, combining aspects of three models. On the one hand Britain is closer to Europe and has a strong central government. On the other, it is culturally and ideologically close to the United States and shares similar values concerning the worth of private enterprise. This is compounded by the sharp differences in approaches that Labour and Conservative Parties take towards public policy.

Prior to 1979, when Labour was in power, partnerships were initiated by government (local or central) and business was given a subordinate stake. The development of London's Docklands is a case in point, where a Docklands Joint Committee (DJC) took charge of remaking part of East London. The DJC was led by public officials from London's East End boroughs and held a minority of representatives from small business and labour unions. Once the Conservatives came to power they replaced the DJC with the London Development Corporation (LDDC), modelled on its American cousins. The LDDC conceived its role as an expediter for private investment. It soon lived up to this role by building a vast infrastructure and working with property developers to sell off the docklands for market-rate housing (Savitch 1988).

The Scottish Development Agency (SDA) followed in much the same direction. During the 1970s SDA was a publicly dominated organization, but two decades later it established strong links with private investors (Kantor *et al.* 1995). Similar events have changed the content of public partnerships throughout Great Britain. Under Conservative rule Enterprise Agencies were established to conduct partnerships with private developers. These agencies are supposed to devise schemes, so that public money leverages business investment in depressed areas. In education Conservatives initiated Compacts, allowing local business to enter agreements with secondary schools to train and provide employment for students (Harding, no date).

For the moment, and at first glance, Great Britain appears closer to a limited state/vigorous voluntary model. We should, however, recognize that British central government is unlike the American federal government. Whitehall has a powerful bureaucracy with an able and independent civil service, while Washington's bureaucracy is unwieldy and vulnerable to interest groups. Though Britain's central government is willing to give business a good deal of latitude, it can expand or contract private discretion. As Harding points out in this volume, British business is not nearly as powerful at the local level as its American counterpart. Since most partnerships take root, flourish or die in the localities, the British case contains important differences.

We should then appreciate the considerable range of public partnerships, their relationship to national governments as well as to particular kinds of ecologies. In some cases those ecologies will be similar, but in other instances quite different. They will always, however, be mediated by national and local institutions.

PUBLIC-PRIVATE PARTNERSHIPS FOR WHAT?

Partnerships vary in their bases and respond differently to ecological forces. In Europe partnerships are typically in the hands of government, or controlled, one way or another, by the public sector. While that control may have waned in the last decade, it has deep historic precedent and institutional force. Most European states have a unitary form of governance and strong intergovernmental support, so that financial aid is passed easily along from central to local authorities. These characteristics enable public officials to withstand private pressure and take the lead in formulating partnership models. Given the pressures of globalization and competition, European partnerships are likely to take a corporatist form, where public officials orchestrate the action and apply the resources.

America and, to a lesser extent, Canada pose a different situation. Going back to de Tocqueville, both nations have strong voluntarist roots. America's public sector is especially permeable to private influence (McConnell 1966). Once the United States entered the industrial age, its business class took hold, especially in burgeoning cities (Warner 1968). Federalism, and a system where local government was responsible for its own finances, assured a reliance on commerce, and partnerships were bound to reflect that relationship. In America's case, the pressures of globalization and competition are likely to yield polyarchical or oligarchical relationships, where either 'dispersed inequalities' are the norm or an economic elite rules outright (Dahl 1961; Hunter 1953).

Canada is more inclined than its southern neighbour to intervene in the market place. Much of this is carried out by the provinces, which have a history of guiding, supporting and intervening in local affairs. Canadian business is more likely to be held at bay than its American counterpart and Canadians have a stronger tradition of publicly owned enterprise (Friskin 1991; 1993). Canada, then, is likely to respond to ecological pressures through mixed or pluralist partnerships.

Figure 10.2 shows partnerships as a continuum, ranging from public to private sector dominance. In its most extreme form, private dominance can result in an absence of public sector regulation, as demonstrated by Hong Kong under British rule (prior to 1997). At the other extreme, suppression of a private sector might theoretically occur, but since we are examining capitalist systems the point is moot.

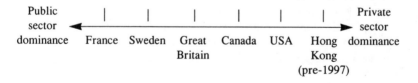

Figure 10.2 Public and private sector dominance

Several related questions stem from the foregoing observations. Who rules partnerships, what are the implications and finally, what difference does it make?

Obviously, those partnerships closer to the public end of the continuum are controlled by government. Their resources and membership are largely public and their policy direction is often (though not always) geared toward collective benefits (low and moderate income housing

and employment programmes). Partnerships closer to the private end of
the continuum have a mixed array of resources, membership is drawn
from the business sector, and their policy direction is oriented towards
the maximization of profit and possible tax revenues (market-rate
housing and commercial development).

Clearly, partnerships closer to the public end pose no threat to state
sovereignty. What counts most is not so much the presence of private
partners, but the capacity of the state to control policy direction.
Private partners may, in fact, strengthen state capacity by embellishing
public coffers with additional capital, and enhancing administration
with knowledge and flexibility.

Those partnerships closer to the private end do pose questions for
state sovereignty. Should the state cede too many functions to private
partners, it could be faced with a crisis of authority. The so-called
'hollow state' is not just speculation, but has its adherents who promote
a cessation of most public activities – from schools and libraries to
garbage collection and the administration of justice. Under the guise of
public–private partnerships some American states already allow private
corporations to run prison systems. We should, however, be careful
about drawing hasty conclusions. America's public sector is not about
to go under. Rather, the issue is one of balance and how such an equi-
librium can be worked out. It remains to be seen just how far
public–private partnerships will be taken and whether the public role
will attenuate.

The last question is more problematic. One might suppose that, by
definition, publicly dominated partnerships serve a collective
constituency, and that constituency benefits from its activities.
Extending the logic we might suppose that privately dominated partnerships would not produce benefits for the larger public. These
conclusions are not entirely borne out. For one, even publicly dominated partnerships respond to market incentives and, in order to
stimulate development, have resulted in considerable profits for private
investors.

Second, the desire to promote collective benefits does not always
translate into effective public policy. Many publicly directed low- and
moderate-income housing complexes have been disastrous. It matters
little whether they are located in La Courneuve (France) or Pruitt Igoe
(USA). In the end they have turned out poorly for ostensible benefi-
ciaries. Much the same could be said for publicly dominated
'anti-poverty' programmes in the United States. Social expenditures do
not always have their intended effect, and often wind up in higher

payrolls for public functionaries and calamitous results for the poor (Moynihan 1969; Murray 1984; Mead 1986).

Last, it is not clear that privately dominated partnerships do not produce collective benefits. Many of those benefits can be seen in rebuilt harbour areas, cultural centres, and commercial development. Certainly, a larger public has been able to access these amenities and enjoy their fruits – whether in New York's South Street Seaport or London's Covent Garden. Whether appreciable benefits are transferred to the poorest populations is still debatable, but it certainly is not clear that privately dominated partnerships do worse (Levine 1987; Berkowitz 1987).

All this tells us that we may be asking too much of public–private partnerships. While we can expect results, we should be careful about overblown expectations, and especially careful about categorizing one type or another as 'good' or 'bad'. Partnerships are organic institutions and their success depends upon ecology, habits and existing institutions.

REFERENCES

Anderson, M. (1964), *The Federal Bulldozer: A Critical Analysis of Urban Renewal, 1949-1962* (Cambridge, MA: MIT Press).

Beauregard, R. A. (1997), 'Public–Private Partnerships as Historical Chameleons: The Case of the United States', this volume.

Berger, S. (ed.) (1981), *Organizing Interests in Western Europe* (New York: Cambridge University Press).

Berkowitz, B. L. (1987), 'Rejoinder to Downtown Redevelopment as an Urban Growth Strategy: A Critical Appraisal of the Baltimore Renaissance', *Journal of Urban Affairs* 9: 125-32.

Dahl, R. A. (1961), *Who Governs? Democracy and Power in an American City* (New Haven, CT: Yale University Press).

Fieldhouse, D. K. (1965), *The Colonial Empires* (New York: Delta).

Friskin, F. (1991), 'The Contributions of Metropolitan Government to the Success of Toronto's Public Transit System: An Empirical Dissent from the Public-Choice Paradigm', *Urban Affairs Quarterly* 27: 268-95.

Friskin, F. (1993), 'Politics of Urban Policy-Making: Provincial and Municipal', paper prepared for a Symposium on Toronto Region in the World Economy, York University Urban Studies Program, North York, Ontario, 24-26 June.

Haider, D. (1992), 'Place Wars: New Realities of the 1990s', *Economic Development Quarterly* 6: 127-34.

Hamburg Business Development Corporation (1992), *Hamburg News*, 18 February.

Harding, A. (no date) 'Public–Private Partnerships in Urban Regeneration', John Moores University, Liverpool.

Hunter, F. (1953), *Community Power Structure: A Study of Decision Makers* (Garden City, NY: Anchor Books Doubleday).

Kantor, P., H. V. Savitch and V. Serena, (1995), 'The Political Economy of Regime Politics: A Comparative Perspective on Urban Development', paper presented to the 1995 Meeting of the Urban Affairs Association in Portland, OR, 4 May.

Levine, M. V. (1987), 'Downtown Redevelopment as an Urban Growth Strategy: A Critical Appraisal of the Baltimore Renaissance', *Journal of Urban Affairs* 9: 103–24.

Levine, M. V. (1987), 'Response to Berkowitz's "Economic Development in Baltimore": Some Additional Perspectives', *Journal of Urban Affairs* 9: 133–8.

McConnell, G. (1966), *Private Power and American Democracy* (New York: Alfred A. Knopf).

Mead, L. (1986), *Beyond Entitlement: The Social Obligations of Citizenship* (New York: Free Press).

Moynihan, D. P. (1969), *Maximum Feasible Misunderstanding: Community Action in the War on Poverty* (New York: Free Press).

Murray, C. (1984), *Losing Ground: American Social Policy 1950–1980* (New York: Basic).

Osborne, D. and Gaebler, T. (1992), *Reinventing Government: How the Entrepreneurial Spirit is Transforming the Public Sector* (Reading, MA: Addison-Wesley).

Perrow, C. (1972), *Complex Organizations: A Critical Essay* (New York: Random House).

Pinkney, D. H. (1958), *Napoleon III and the Rebuilding of Paris* (Princeton: Princeton University Press).

Savas, E. S. (1987), *Privatization: The Key to Better Government* (Chatham: Chatham House).

Savitch, H. V. (1988), *Post Industrial Cities* (Princeton, NJ: Princeton University Press).

Schmitter, P. (1977), 'Modes of Interest Intermediation and Models of Societal Change in Western Europe', *Comparative Political Studies* 10: 7–38.

Squires, G. D. (1989), *Unequal Partnerships: The Political Economy of Urban Redevelopment in Postwar America* (New Brunswick: Rutgers University Press).

Stone, C. N. (1989), *Regime Politics: Governing Atlanta 1946–1988* (Lawrence: University Press of Kansas).

Warner, Jr, S. B. (1968), *The Private City: Philadelphia in Three Periods of its Growth* (Philadelphia: University of Pennsylvania Press).

11 Conclusions
Jon Pierre

In order to understand the development and performance of public–private (and other) partnerships for local economic development, we need to take our point of departure in understanding the nature of the problems which these partnerships are created to address. Local economic development issues are today ranked at the very top of the urban political agendas in most advanced capitalist democracies (for an overview, see Walzer 1995). Few (if any) industrial cities have been spared the challenges of local economic restructuring and regeneration of the local economy. A very large number of locales have seen their tax base gradually eroding, people abandoning the city centre for the suburbs, skilled labour and professionals moving from traditional industrial towns and cities to post-industrial environments to find jobs that match their education and training; and while some regions prosper and look ahead to a bright future, other regions see little hope of regaining their previously prosperous situation.

These developments are, in turn, reflections of changes on a larger scale beyond control by the cities or, for that matter, by the nation-state. Such changes include industrial structural change and the relocation of growth centres leaving previously prosperous cities and regions in distress; the increasing mobility of private businesses and their decreasing dependence on place, or what Logan and Molotch (1987: 202) refer to as the 'delocalization' of private capital; and a rapidly increasing internationalization of private enterprise, labour markets, trade, and capital flows.

Evidently, forging a public–private partnership will not solve any of these problems. But what this brief inventory of the causes and effects of local economic change tells us is that cities have a growing interest in maintaining and strengthening their relationships and exchanges with private business (Jones and Bachelor 1986). The nature of cities' dependence on private capital has been dealt with extensively elsewhere (see, e.g. Beauregard 1989; Friedland 1982; Kantor, 1988; 1995; McKenzie 1984; Peterson 1981). What is of more interest in the present context is to what extent these long-term developments defining the parameters for local economic development strategies encourage institutionalized, concerted action by local governments and private business.

187

The chapters in this volume have dealt with three general themes pertaining to public–private partnerships and urban governance. The first theme is the notion that public–private partnership for local economic development is of interest not simply in its own right but because it is a manifestation of institutionalized cooperation between the public and private in a policy area where public actors are not always seen as legitimate actors. Also, the contributors to this volume are intrigued by partnerships because they can be seen as typical to the urban governance of the 1990s in most advanced democracies. While partnerships have a long history in many countries, like for instance the United States, current urban governance with its emphasis on fusing public and private resources to leverage public institutions has become fertile ground for a wide variety of models of public–private exchange and collaborative efforts. Since we are not likely to see the trend towards this model of urban governance reversed within the next decade or so, we should expect to see a large number of different continuous forms of public–private exchange emerging during the remainder of this millennium.

The second theme deals with alternative perceptions, conceptualizations and theories of public–private partnerships. Throughout the volume, public–private partnerships are conceived of as institutions or as policy instruments. These two perspectives highlight different aspects of the partnerships. Thus, institutional theory helps us understand the value dimension of partnerships, particularly how they relate to the urban political economy and the urban regime. The institutional approach also helps bring out the significance of partnerships in urban governance. Given the increasingly important role of different contextual organizational and inter-organizational arrangements in local governance we should see partnerships between public and private organizations becoming a key feature of such governance.

We have also looked at public–private partnerships as a particular policy instrument. Here, one of the key questions is why local governments – given a desire to address local economic development as a policy problem – decide to create a partnership with private business. True, symbolic elements may play an important role but equally (or more) important is probably the additional leverage which a partnership generates. Given local authorities' limited jurisdiction over private capital, fusing powers and capabilities is necessary if local economic development policies are to be implemented.

One of the problems with this strategy is that it tends to give private capital privileged access to the urban political process. To the extent that partnerships leverage local authorities, they also – as Peters points out in his chapter – leverage private business *vis-à-vis* city hall. While this mutual leverage provides the basis for the synergy often accorded public–private partnerships (see Pierre, this volume), some might see similarities between this argument and Molotch's seminal 'growth machine' model of urban politics. However, as Harding (1991, 1995) argues, Molotch's theory is derived from the US urban political economy and cannot be transplanted very easily to that of the western European jurisdictions. That said, the policy bias and political bias indigenous to the politics of growth seem to have become a universal feature, as Keating argues in his chapter.

Thus, institutional theory and policy instrument theory essentially look at partnerships from different vantage points and are complementary rather than mutually exclusive. Institutional theory helps us understand the ideological and normative foundation of public–private partnerships and is also – as Harding argues in his chapter – an effective approach in that it clearly defines the various interests that promote and sustain partnerships. The policy instrument approach, on the other hand, relates partnerships to other instruments in the local economic development officers' toolbox and asks questions about why this particular instrument has been selected and under which circumstances it is effective.

A third theme, finally, is centred around the issue of assessing public–private partnerships with regard to how they relate to urban democratic theory and our traditional understanding of the organization of urban political affairs. The volume reflects a debate on the values and consequences of partnerships. The main values associated with partnerships include a local mobilization and pooling of financial and organizational resources and institutional synergy and leverage in addressing local economic development problems. The most important negative consequences of public–private partnerships are that they blur the boundaries between the political jurisdiction and markets. This, in turn, causes two types of problems; first, it displaces political accountability, and secondly it allows for market-based actors to penetrate the domain of the political (see below). While some see the basic idea of partnerships – a policy instrument operating under less democratic control but which enables local authorities to do things in ways which would otherwise not have been available to them – as something which is, on the whole, positive to local government, others see exactly this argument as one of the major downsides to partnerships.

We will summarize and conclude the volume by briefly looking at the main findings within these three themes.

PARTNERSHIPS AND URBAN GOVERNANCE

As the chapters in this volume all seem to demonstrate, public–private partnerships in the local economic development area reflect – and are embedded in – a myriad of national and local factors related to the political, economic and social historical development. Also, since different phases in economic development define different roles for public actors, so will the meaning and nature of public–private partnerships change, over time as well as between different models of political economy. Therefore, the occurrence and nature of public–private partnerships vary over time and between countries.

Several chapters in this volume address the issue of why partnerships are formed and what are the driving forces in this process. The emergence of public–private partnerships can be conceived of in different theoretical perspectives. In a rational choice-based perspective, partnerships come about because both public and private actors see material and other incentives for joining which are greater than the costs involved in doing so.

To a large extent, partnerships can be thought of as reflecting organizational needs among private and public actors which neither party can resolve by itself. From the point of view of public actors, such needs typically include an increased leverage in implementing their programmes and policies. By creating a partnership, local authorities can operate in more task-oriented ways, move financial resources more freely, and are also able to operate in a continuous way in concert with private businesses. For private actors, forging a partnership with local authorities is a way of gaining access to the local political elite and the urban political process, something which in and by itself may be thought of as extremely valuable. By the same token, rational models of organizational choice would argue that a partnership exists only as long as the partners see material or other advantages of remaining in the partnership. This logic of public–private partnerships also applies to local-to-local partnerships (see Lundqvist, this volume).

To the extent that institutional theory allows us to incorporate the value dimension of public–private partnerships which in turn can be a basis for explaining their endurance and sustenance, rational choice theory might help explain the creation of public–private partnerships. However, even a quick glance at the previous chapters suggests that the rational choice model of institutional development does not tell the whole story about why public–private partnerships have become so popular in different jurisdictions during the past decade. One important factor is what Peters in his chapter calls 'the constitutive element' of partnerships: such coalitions, he suggests, may be less the result of carefully made decisions concerning the optimal strategy to attack a particular problem, but more a measure taken in order to show a general political concern with these problems. Sometimes public–private partnerships evolve not primarily in order to generate additional institutional leverage but rather in order to establish a channel of communication between local authorities and private capital. Here, the general idea is that the partnership will not serve mainly as a task-oriented organization but rather as a continuous meeting place for the urban political elite and downtown leaders.

Another factor which does not easily fall into the rationalistic model of organizational choice is the role of central government. This factor can produce different outcomes in different national settings and under different political circumstances. In Britain, many local authorities entered institutionalized cooperation with private businesses not because they believed it to be in their institutional interest, but because central government exerted tremendous influence on them to do so (Harding, this volume).[1] To be sure, for the European Union membership states the significance of multi-level governance will become increasingly important in the future, since cities and regions applying for funds from the EU's structure funds must be able to show that they operate in partnership with local businesses. In the United States, on the other hand, it was the opposite pattern – a lessened role of the federal government – which, according to Beauregard (this volume), was a triggering factor in many locales to the creation of partnerships. These two examples clearly show how actions or non-actions at the national level may have significant repercussions on public–private exchange at the local level.

Part of the conceptual confusion which seems to exist with regard to the development of public–private partnerships – especially in the local economic development area – seems to be culturally related. In the United States, partnerships are portrayed in different ways. According to Beauregard (this volume), public–private partnerships in the United States assume many different appearances depending on their purpose, configuration and degree of institutionalization. In some policy areas, public–private partnerships have existed for a very long period of time; in others – such as neigbourhood development and urban renewal – they are mainly a creature of the 1970s onwards. Sometimes partnerships in the United States seem to be seen as short-term, *ad hoc* phenomena: they are forged to resolve a particular problem or to carry out a specific project, and once this goal is attained the partnership is dissolved. Other partnerships seem to be deliberately long-term, continuous structures which can be assigned a number of different tasks.

In most European countries, on the other hand, public–private partnerships are assumed to have both instrumental and symbolic qualities. Indeed, creating a partnership with private business can be a first step towards concerted action rather than such action in itself. In the Scandinavian countries, partnerships are sometimes created as a means of enhancing contacts, exchange of information, and developing a sense of understanding for the process of government or, conversely, the nature of private enterprise. These partnerships may – or may not – develop into task-oriented organizations over time, but, in the early phases of their existence, accomplishing joint projects is not a primary goal.

Public–private partnerships will most likely become increasingly common, in the local economic development sector as well as in several other policy areas. Urban governance in most national settings will to a decreasing extent be defined by the jurisdiction of local authorities. Instead, we are likely to see urban governance be more concerned with results than with maintaining a clear boundary between the public and private spheres of the local community. Indeed, partnerships or other models of joint public–private action may well be the trademark of urban governance of the next decade. The roles of local government in this model of urban governance will primarily be coordinating, regulating and monitoring rather than simply enforcing rules and delivering services. Thus, to some extent it seems as if European local governments will assume some of the roles historically played by their US counterparts.

PARTNERSHIPS AS INSTITUTIONS AND POLICY INSTRUMENTS

One of the arguments advanced in the introductory section and which we now should be in a better position to assess is the fruitfulness of looking at public–private partnerships as institutions and as policy instruments. Since neither of these perspectives is derived from discourses which do not draw empirically on urban politics or urban political economy, we should practise some caution as we assess the values of introducing these frameworks in a new empirical environment. So – what have we gained from applying these two perspectives?

Partnerships as Institutions: For Better or Worse?

The institutional perspective on public–private partnerships tells us much about the relationship between institutions and fundamental values, norms and practices. More precisely, partnerships – as a special type of organization incorporating public and private interests – have to be sustained by support and legitimacy in order to achieve the additional leverage which is their main organizational *raison d'être* (see Pierre, this volume).

The extent to which they enjoy such support depends on how consistent the idea of public–private partnership is with the ideology characterizing the political, economic, and social history of the country. These transcendent dimensions of values, norms and expectations are instrumental to an understanding of the development of public–private partnerships. As Savitch (this volume) points out in his comparative assessment of partnerships, the character and objectives of these organizations relate closely to the traditions typical to different national contexts. The viability of institutional mechanisms for political control and democratic accountability of public–private partnerships depends to a large extent on the strength of the public actors in the partnerships. Savitch shows that this strength is closely related to the *étatist* tradition of the country. Thus, in countries like Germany, France, the UK and the Scandinavian countries, there tends to be a strong political presence in the partnerships which warrants at least some political control and accountability. By contrast, in the United States, partnerships have traditionally been dominated by private interests and so the mechanisms for democratic control are much more limited there. Again, this is proof of the importance of seeing partnerships as embedded in a larger political, economic and historic context.

Moreover, institutional theory helps bring out the significance of institutions as carriers of interests as well as value systems above and beyond immediate political control. Institutional theory suggests that institutions structure political action, or 'constrain behavior', as March and Olsen (1995) put it. Sometimes real world events indicate that policy-makers are very much aware of these connections between institutions and values. Thus, as Harding shows in his chapter, the Thatcher Government forced local authorities to engage in formal partnerships with private businesses. Over time, these partnerships – especially those which turned out to be successful – could serve as examples of the different values of such public–private concerted action and could thus help promote similar developments throughout the country.

Finally, the institutional approach to public–private partnerships highlights the inter-organizational nature, not just of the partnerships but also of urban governance and the relationship between local government and higher echelons of government. If – as we suggest is the case – public–private partnerships epitomize the dominant model of current urban governance in most western advanced democracies, then clearly such governance is to a large extent a matter of managing inter-organizational exchange and coordination. As this volume has repeatedly shown, the nature of such exchange is strongly influenced by state institutions and state policies. The state maintains strong interests in what cities do and do not do, both in a general sense (Gurr and King 1987) as in the economic development field (King 1987). Thus, how much leverage partnerships will be able to generate and how effectively they can promote local economic development is to a large extent controlled by the institutions of the state.

The basic idea of partnership is that of endurance and continuity. Public–private partnerships need to overcome a large number of problems derived from different organizational cultures and *modus operandi* before they become operative. What makes institutional theory relevant in the context of public–private partnerships is that they can be seen as the institutionalization of interests and values shared by local authorities and private capital (Stephenson 1991). Once institutionalized in this way, these values and practices are promoted and sustained by the partnerships.

This perspective reveals both positive and negative sides of partnerships. The positive side includes the aforementioned synergy and organizational leverage. With regard to the negative aspects, several observers portray public–private partnerships as coalitions bringing together powerful business interests with the urban political establishment (Knox 1988; Langton 1983). Since this aspect of the partnerships should be assessed in the context of the democratic control of partnerships we will return to this issue in the next section.

Partnerships as Policy Instruments: Sleeping With the Enemy?

Public–private partnerships are a special type of policy instrument. On the one hand, they need substantial legitimacy and support in order to develop organizational capacity. On the other hand, what makes partnerships so attractive in the eyes of political officials and bureaucrats is that they enable local government to do other things than it would have been able to without the partnerships, or to do things with less control, procedural obstacles and public monitoring. Thus, somewhat paradoxically, they require support and marketing at the same time as they want seclusion and privacy.

Another peculiar aspect of public–private partnerships is that by working closely with private businesses they tend to embrace the problem as well as the solution. Private actors and interests will not be inclined to support actions by the partnership which are not in the interests of the business community, perhaps not even if it can be shown that it might be in their long-term interest.

Looking at public–private partnerships as a policy instrument relates these creatures to other local economic development instruments, e.g. strategic urban planning, tax abatements (in the United States), place marketing, constructing industrial facilities, attracting research and development facilities, offering access to networks of suppliers or customers, etc. What sets partnerships apart from these other policy instruments, however, is that with partnerships organization precedes objective: a partnership is first and foremost a configuration of actors, not an instrument tailored to resolve a particular problem. Once created, the partnership can be utilized as an instrument to resolve a large number of different problems.

However, we must not isolate partnerships as a policy instrument from its political context. Choices concerning which policy instruments to apply to any given policy problem are political choices, and the evaluation of policy instruments is a political process, too: 'the empirical record of the successes and failures of a given instrument across problem situations becomes far less important than decisionmakers' perceptions of that performance' (Linder and Peters 1989: 36). Thus, policy instruments which might not be very effective in attacking a policy problem but which play other important roles, like for instance generating a sense of joint direction and cooperation between public and private actors, may still be preferred to other and more appropriate instruments. The 'constitutive element' (Peters, this volume) of public–private partnerships might induce policy makers to employ this instrument to problems it was not intended to solve, because any activity by the partnership sustains the notion of political concern.

PARTNERSHIPS AND URBAN DEMOCRACY

One of the apparent paradoxes of public–private partnerships which comes out in a comparative analysis is their apparent ability to depoliticize public-private exchange. In countries whose political culture is firmly based in market ideologies, like the United States, public-private partnerships have been accepted to an extent which probably strikes most Europeans as counter-intuitive. Given the fact that these partnerships give legitimacy to some political presence in the market – which may go beyond the regulatory role normally accorded political institutions in the United States – one might have expected them to stir up more controversy than seems to have been the case. Similarly, in countries where political decisions and actions are seen as the only legitimate exercise of control and authority, as in the Scandinavian countries and Britain (at least up to 1980), the absence of political opposition to forging partnerships with private capital is striking. The privileged access to the political elite which public-private partnerships frequently entail does not blend very well with the participatory democratic ideals typical to these national contexts.

However, if partnerships help depoliticize public-private exchange, then to some that is just another way of saying that partnerships are also a means for private actors to gain political influence via direct access to city hall. It is certainly the case that an important incentive for private capital to forge a partnership – alongside various material incentives – may be to generate an understanding among the political elite of the nature of market competition and the need for discretion from political institutions. Partnerships, in this perspective, epitomize cities' dependence on private actors, and the price they pay for forging an alliance with them is that they have to bring them into the sphere of urban policy making. In other words, increasing the city's leverage in the economic development area is achieved at the price of reduced autonomy in relationship to private businesses.

Another critique against public-private partnerships argues that they are a means for elected officials to evade democratic control. Indeed, a key problem associated with public-private partnerships – as with all forms of institutionalized cooperation between the public and private – is that of democratic accountability. Much of the complexity of this issue is derived from the rationale of such cooperation. The additional leverage generated by the partnerships is directly related to the specific institutional nature of the partnerships: operating at arm's length from political institutions, they can move capital more freely and engage in other types of projects than traditional institutions. Indeed, as Peters points out in his chapter, this is a major reason why local governments have become interested in public-private partnerships in the first place.

Notwithstanding the validity of Keating's (this volume) arguments on this issue, the problems of political control and accountability are not confined to public–private partnerships. Indeed, within the next few years these issues will become exacerbated as the public and private spheres at the local level will become increasingly intertwined. Much of the urban governance during the next decade or so will occur as processes through webs of public and private interests with all the problems of accountability this entails. In this perspective, public–private partnerships are not the cause but rather the effect of underlying changes and developments in society.

IN CLOSING

In some cases public–private partnerships seem to be mainly symbolic manifestations of the local government's commitment to work closely with private businesses or as the epitome of the confluence of public and private interests. This aspect of partnerships is probably most salient in the early stages of the development of partnerships as a sociopolitical phenomenon. Over time, however, we expect them to be created in a more purposeful way and evaluated more in terms of their achievements than in terms of what they represent. Partnerships are first and foremost action-oriented organizations, created in order to leverage local authorities in the local economic development area.

There is much to suggest that they have been successful in this respect. The chapters by Harding and Pierre show that – with substantial variation – partnerships seem to make a positive difference with regard to local authorities' institutional capabilities in the local economic development area. However, there is a complex problem involved in the interpretation of these results. In Sweden, public–private partnerships can very well be assumed to be a policy instrument developed by cities which are active in a wide variety of different local economic development strategies. Thus, comparing municipalities that have set up partnerships with those that have not done so may to some extent be a comparison between highly active municipalities and less active municipalities. Also, the more confident view which municipalities with partnerships seem to have of their capabilities to address local economic development problems may not be a result of the partnership *per se* but rather an indication of local governments with a strong institutional ego.

Secondly, the instrumental, almost task-oriented nature of most public–private partnerships means that as long as they can show that they make a positive difference with regard to the development of the local economy, they will be able to fend off critics urging that they be put under tighter political control. Several chapters have addressed the issue of legitimacy for public–private partnerships. Much of this legitimacy is probably performance-related.

Thirdly, although public–private partnerships have a long history in many countries, like for instance the United States, they are mainly creatures of the period from 1980 onwards. What makes them particularly intriguing in current urban studies is that they are in many ways the archetype of the predominant model of urban governance of this decade: they transcend the public–private demarcation, they are action- and performance-oriented, and rather than being interventionist they operate within the rules of the market.

Finally, the national context – broadly defined – is extremely important in understanding the nature and leverage of public–private partnerships for local economic development. Almost regardless of how autonomous local governments are in constitutional and legal terms, the political economy of the nation-state seems to effectively define the parameters of public–private partnership (Savitch, this volume). States with strong *étatist* traditions tend to generate local public–private partnerships which are dominated by public actors, and, conversely, in countries where there is a weak *étatist* sentiment private actors will dominate the partnership. In addition to the fact that national culture, value systems and traditions seem to be so resilient towards change, the endurance of these values also tells us something about the need to incorporate institutional theory into the study of public–private exchange.

NOTE

1   Some might argue that for these authorities the decision to join a partnership with local businesses was also based on a rational calculus. Notwithstanding that hypothesis, what we are primarily interested in, in the present context, is the rational choices made by local authorities and private businesses regarding how their exchange should be organized.

REFERENCES

Beauregard, R. A. (ed.) (1989), *Economic Restructuring and Political Response*, Urban Affairs Annual Review, vol. 34 (Beverly Hills and London: Sage).

Friedland, R. (1982), *Power and Crisis in the City: Corporations, Unions and Urban Policy* (London: Macmillan).

Gurr, T. R. and D. S. King (1987), *The State and the City* (London: Macmillan).

Harding, A. (1991), 'The Rise of Urban Growth Coalitions, UK-style?', *Environment and Planning C: Government and Policy* 9: 295–317.

Harding, A. (1995), 'Elite Theories and Growth Machines', pp. 35–53 in D. Judge, G. Stoker and H. Wolman (eds), *Theories of Urban Politics* (Thousand Oaks, CA, and London: Sage).

Jones, B. D. and L. W. Bachelor (1986), *The Sustaining Hand: Community Leadership and Corporate Power* (Lawrence, KS: University Press of Kansas).

Kantor, P. (with S. David) (1988), *The Dependent City* (Glenview, IL: Scott, Foresman).

Kantor, P. (1995), *The Dependent City Revisited* (Boulder, CO: Westview).

King, D. S. (1987), 'The State, Capital and Urban Change in Britain', pp. 215–36 in M. P. Smith and J. R. Feagin (eds), *The Capitalist City* (London: Basil Blackwell).

Knox, P. L. (1988), 'Public–Private Cooperation: A Review of the Experience in the US', *Cities* 4: 340–6.

Langton, S. (1983), 'Public–Private Partnerships: Hope or Hoax?', *National Civic Review* 72: 256–61.

Linder, S. H. and B. G. Peters (1989), 'Instruments of Government: Perceptions and Contexts', *Journal of Public Policy* 9: 35–58.

Logan, J. R. and H. Molotch (1987), *Urban Fortunes: The Political Economy of Place* (Berkeley: University of California Press).

McKenzie, R. B. (1984), *Fugitive Industry: The Economics and Politics of Deindustrialization* (Cambridge, MA: Ballinger).

March, J. G. and J. P. Olsen (1995), *Democratic Governance* (New York: Free Press).

Molotch, H. L. (1976), 'The City as a Growth Machine: Towards A Political Economy of Place', *American Journal of Sociology* 82: 309–30.

Peterson, P. E. (1981), *City Limits* (Chicago: University of Chicago Press).

Stephenson, M. O. (1991), 'Whither the Public–Private Partnership: A Critical Overview', *Urban Affairs Quarterly* 27: 109–27.

Swanstrom, T. (1988), 'Semisovereign Cities: The Politics of Urban Development', *Polity* 21: 83–110.

Walzer, N. (ed.) (1995), *Local Economic Development: Incentives and International Trends* (Boulder, CO: Westview).

Index

accountability 1, 30, 31, 113, 134, 160, 172, 173, 189, 193, 196
Agranoff, R. 54, 68, 149, 162
agriculture 142
Albany (NY) 60
Albert, M. 166, 168, 174
Alter, C. 149, 162
Anderson, J. 9
Anderson, M. 180, 185
Appalachian Regional Commission 144
Ashford, D. A. 18, 32
Association of County Officials 154, 156
Atkinson, M. 42, 46, 49
Atlanta 61
Australian Commonwealth Grants Commission 141
Austria 176
Autopoesis 23
Axelrod, R. M. 24, 32
Axford, N. 79, 90

Bachelor, L. W. 187, 199
Bailey, N. 7, 9, 71, 80, 86, 90, 91, 116, 138
Baldersheim, H. 3, 9
Baltimore 61
Barings Bank 178
Barker, A. 91
Barnekov, T. R. 54, 68, 76, 91, 168, 174
Barnes, M. 40, 51
Bartlett, W. 41, 50
Bassett, K. 79, 91
Baumol, W. J. 96, 111
Beauregard, R. A. 4, 52, 61, 63, 64, 68, 70, 166, 175, 185, 187, 191, 199
Benington, J. 76, 91
Bennett, R. J. 71, 79, 91
Benson, J. K. 149, 162

Berger, R. A. 52, 60, 68, 69, 113, 138
Berger, S. 176, 185
Berkowitz, B. L. 185
Beyer, D. 63, 68
Birch, A. H. 1, 9
Boston 60, 61, 63
Boyer, M. C. 59, 68
Boyle, R. 68, 91, 174
Bratton, M. 9
Britain (United Kingdom) 3, 4, 8, 38, 71, 72, 73, 74, 75, 76, 78, 80, 81, 82, 83, 84, 88, 89, 90, 165, 168, 169, 170, 171, 175, 176, 179, 181, 182, 183, 184, 191, 193, 196
Brunsson, N. 139
Buchanan, J. M. 96, 111
Buencker, J. C. 57, 58, 68
Bush administration 145, 146, 147, 148

Cadbury Committee 49
Calista, D. 17, 32
Callow, Jr, A. B. 58, 68, 70
Campbell, J. L. 3, 9
Campbell, M. 76, 91
Canada 165, 183
Canary Wharf 170
Carter administration 52, 145
Channel Tunnel 170
Cherney, R. W. 59, 69
Chicago 59, 60
China 177, 181
CIPFA 49
City Challenge 40, 76
'civic boosterism' 55, 56, 58
Civic Trust Regeneration Unit 82, 91
civil society 4, 5, 34, 35, 36, 46, 54, 112, 116, 118, 137, 164
Cleveland 61, 63

Cobb, R. W. 22
Cochrane, A. 39, 40, 49, 76, 91
Clinton administration 148
Coleman, W. 42, 46, 49
'common pool problems' 8, 42, 96
community power 48
Community Support Frameworks 77
Confederation of British Industry (CBI) 81
consumer choice 5
Cooke, P. 79, 91
Coopers and Lybrand 82, 91
Cornman, J. N. 142, 162
corporatist model of interest representation 1, 35, 118, 176
Councils of Governments (US) 14
Cox, K. 68
Credit Mobilier 175, 176
Crosslin, R. L. 86, 91
Crozier, M. 1, 9, 164, 165, 174
cybernetics 39
Czempiel, E-O. 3, 10

Dahl, R. A. 33, 183, 185
Davis, P. 54, 60, 68, 69
Davis, K. 18, 32
de Groot, L. 76, 91
de Tocqueville, A. 183
Deakin, N. 76, 80, 91
Deitrick, S. 68
Department of Agriculture (USDA) 144, 145, 147
Detroit 61
DiGaetano, A. 7, 9, 57, 58, 68
DiMaggio, P. 15, 32, 49
Doern, G. B. 20, 33
Donahue, J. D. 52, 68
Dowding, K. 48, 49
Dunleavy, P. 41, 46, 49
Dunsire, A. 38, 39, 49
Durenberger, D. 6, 9

economic development 4, 7, 11, 89, 168, 176, 177
Economic Development Administration 144
Edwards, J. 76, 80, 91
Effland, A. B. W. 144, 162

Elazar, D. J. 140, 162
Elkin, S. L. 1, 9, 114, 138
empowerment 5, 35
Enterprise Agencies 81
environmental protection 8
Environmental Units of the State County Administration 103
Etzioni, A. 27, 28, 32
Europe 8, 163, 165, 166, 167, 168, 170, 173, 182, 189, 192, 196
European Commission 76, 82
European Regional Development Fund 77
European Union (EU) 105, 137, 167, 177, 191
Evans, P. B. 4, 9

Fainstein, N. I. 54, 68
Fainstein, S. S. 54, 63, 68, 69
Feagin, J. R. 69, 199
federalism 140
Fieldhouse, D. K. 175, 185
Finland 176
Fleischmann, A. 69
Fogelsong, R. E. 59, 60, 68
Fordism 39
Fosler, R. S. 52, 60, 69, 113, 138
France 167, 175, 176, 178, 179, 180, 183, 184, 193
Frey, B. S. 23, 32
Frieberg, E. 174
Friedland, R. 187, 199
Friskin, F. 183, 185

Gaebler, T. 34, 37, 39, 164, 175, 186
Galambos, L. 33
Germany 81, 166, 176, 178, 179, 180, 193
Gieben, B. 9
Gluck, P. R. 55, 69
Goodin, R. E. 32
Gottdiener, M. 70
governance 3–7, 34–42, 45–9, 142, 164, 165, 175, 176, 182, 191
urban 4–7, 36, 41, 52, 88, 89, 112, 117, 119, 187, 190, 192, 194, 197

Grafstein, R. 25, 32

Granovetter, M. 16, 32

Green, D. 35, 49

Greffe, X. 168, 174

'growth coalitions' 78, 84, 114,
119

'growth machines' 78, 119, 189

Gurr, T. R. 52, 69, 194, 199

Gyford, J. 75, 91

Hage, J. 149, 162

Haider, D. 178, 185

Hall, P. 3, 9

Halliday, F. 37, 50

Hanf, K. 149, 162

Harding, A. 7, 40, 50, 71, 73, 76,
78, 91, 92, 137, 177, 182, 185,
189, 191, 193, 197, 199

Harloe, M. 79, 91

Hawkesworth, M. 23, 32

Heisler, M. O. 23, 32

Held, D. 4, 9, 35, 36, 50

Hill, D. M. 2, 9

Hirsch, A. R. 69

Hirst, P. 35, 40, 50

Hoffman, S. 9, 32

Hofstadter, R. 58, 69

Hogwood, B. W. 76, 91

Holcomb, H. B. 63, 68

Hollingsworth J. R. 3, 9

Hong Kong 177, 179, 181, 183

Hood, C. 20, 32, 37, 50

Hunter, F. 183, 185

Hyden, G. 3, 9

Immergut, E. 18, 32

India 141, 177

Industrial policy agency 130, 132

information technology 39

In t'Veld, R. J. 23

institutions, political 1–7, 11,
15–19, 25, 29, 31, 42, 44, 46,
48, 54, 65, 71, 72, 73, 80, 86,
88, 93, 110, 112–18, 130, 133,
134, 136, 137, 140, 141, 142,
175, 185, 187, 189, 190, 192,
193, 194, 196, 198

Iowa 143

Issel, W. 59, 69

Italy 167, 176

Jacobs, B. D. 76, 91

Jessop, R. 34, 35, 50

Jezierski, L. 69

Johannisson, B. 139

Jones, B. D. 187, 199

Jones, C. O. 24

Judd, D. R. 57, 58, 60, 63, 69

Judge, D. 51, 199

Kantor, P. 55–8, 60, 62, 69, 182,
185, 187, 199

Katzenstein, P. J. 1, 9, 118, 139

Keating, M. 2, 7, 8, 9, 113, 163,
171, 174, 189, 197

Kennedy administration 144

Keohane, R. O. 3, 9, 32, 111

Kernagahan, K. 11, 32

King, A. 1, 9

King, D. S. 35, 40, 49, 50, 51,
52, 69, 194, 199

Kincaid, B. K. 142, 162

Kirschen, E. 20, 32

Klason, L-E. 101, 110, 111

Klemanski, J. S. 7, 9

Klingemann, H-D. 33

Knoke, D. 46, 50, 93, 111

Knox, P. L. 194, 199

Kooiman, J. 4, 9, 38, 50

Krebs, G. 71, 91

Kroksmark, M. 122, 139

Langton, S. 194, 199

Lansley, S. 75, 91

Lamb, B. 54, 70

Laumann, E. 46, 50
Lawless, P. 68
Lawson, R. 40, 51
League of Cities 154, 156
legitimacy 16, 114, 118, 119, 133,
    134, 135, 172, 177, 194, 196
Le Grand, J. 41, 50
Leftwich, A. 36, 50
Lehmbruch, G. 1, 9
Levine, M. V. 52, 54, 60, 69,
    185, 186
Lewis, P. 9
liberal democracy 2
Liebcap, G. D. 96, 111
Linder, S. H. 25, 32, 195, 199
Lindberg, L. N. 9, 69
Listhaug, O. 23, 32
Lloyd, M. G. 79, 91
local business organizations 121–3
local economic development 5, 8,
    11, 53, 76, 112–15, 118,
    121–8, 131, 134, 136, 137,
    163, 187–91, 194, 197
local government 2, 52, 54, 57,
    59, 64, 65, 66, 76, 78, 79, 85,
    86, 88, 95, 96, 97, 105, 107,
    108, 112, 113, 115, 124, 133,
    166, 167, 168, 171, 187, 188,
    194, 196, 197
Logan, J. R. 78, 92, 139, 172,
    174, 187, 199
London 83, 170, 181, 185
Longstreth, T. 10, 18, 33
Los Angeles 63
Loughlin, J. 30, 33
Lowe, J. R. 69
Lowi, T. J. 1, 10, 29, 32, 168,
    174
Luhmann, N. 23, 32
Lundqvist, L. J. 7, 8, 14, 69, 93,
    99, 111, 177, 180, 190
Lyall, K. C. 69

Mackintosh, M. 76, 92
Mandell, M. P. 149, 162
managerial model of local govern-
    ment 2, 3
March, J. G. 1, 10, 14, 15, 32,
    193, 199

March of Dimes 22
Margetts, H. 49
Marsh, D. 17, 33, 42, 50
Mason, S. 82, 92
Mawson, J. 76, 92
McArthur, A. 80, 92
McConnell, G. 183, 186
McDonald, K. 91
McKenzie, R. B. 187, 199
Mead, L. 185, 186
Meister, R. J. 55, 69
methodological individualism 14
Metzger, J. T. 70
Mexico 178
Mill, J. S. 2
Miller, A. H. 23, 32
Miller, D. 76, 92
Mills, E. 76, 92
Milwaukee 61
Ministry of Industry 129, 130, 132
Mississippi 143
Moe, T. 17, 33
Mohl, R. A. 61, 69
Molotch, H. L. 78, 92, 113, 114,
    119, 139, 172, 174, 187, 189,
    199
Monkkonen, E. H. 56, 69
Moon, J. 139
Moore, C. 113, 134, 139
Mossberger 42, 51
Moynihan, D. P. 185, 186
Municipal Associations 97, 109
Murray, C. 185, 186

National Council for Voluntary
    Organisations 80, 92
National Council on Rural
    Development (NCRD) 146,
    147, 153, 160
National Partnership Office (NPO)
    146, 147
National Rural Development Council
    146
National Rural Development
    Partnership 145, 157, 161
Neath Partnership 134
networks 8, 38, 42, 46, 93, 94,
    97, 112, 115, 117, 128, 129,
    130–3, 136, 148–52, 164, 165

Newman, I. 76, 92
Newlands, D. A. 79, 91
New Brunswick (NJ) 63
New Public Management (NPM) 3, 37, 164, 172, 173
New Right 40
New York City 63, 176, 185
Nixon administration 52
North, D. 17, 33
North American Free Trade Zone (NAFTA) 177
North Dakota 143
Norton, A. 50
Nye, J. S. 9, 32

Oates, W. E. 96, 111
Offe, C. 54, 69
Office of Economic Opportunity 144
O'Leary, B. 46, 49
Olsen, J. P. 1, 10, 14, 15, 32, 193, 199
Olson, M. 96, 111, 118, 139
Oregon 143
Osborne, D. 34, 37, 39, 164, 175, 186
Ostrom, E. 17, 33, 42, 50, 97, 103, 111

Palumbo, D. 32
Panama Pacific International Exposition 59
Parker, N. 9
Parkinson, M. 76, 92
participation 2
participatory model of local government 2, 3
Perrow, C. 177, 186
Peters, B. G. 1, 6, 10, 11, 15, 23–5, 30, 32, 33, 53, 69, 71, 72, 75, 87, 94, 97, 108, 109, 141, 142, 189, 191, 195, 196, 199
Peterson, P. 119, 139, 187, 199
Phidd, R. W. 20, 33
Philadelphia 61
Pickvance, C. G. 70
Pierre, J. 1, 7, 8, 10, 21, 33, 51, 54, 69, 93, 95, 98, 99, 104, 105, 111, 112, 113, 119, 121,

122, 129, 133, 134, 136, 137, 139, 172, 177, 180, 187, 189, 193, 197
Pinch, S. 79, 90
Pinkney, D. H. 176, 186
Pittsburgh 61, 63
Platt, H. L. 56, 69
policy agenda 24, 126
policy communities 35
policy implementation 1, 6, 24, 42, 75, 97, 112, 113, 118, 123, 133, 188
policy instrument 6, 7, 11, 20, 21, 24, 25, 26, 31, 52, 87, 96, 107, 108, 116, 121, 125, 137, 141, 187, 189, 192, 194, 195, 197
policy-making 1
Porter, D. O. 162
Powell, W. 15, 32, 49
President's Council on Rural America 145
Pressman, J. L. 1, 10, 18, 33
Prior, D. 37, 51
professionalism 42
'public interest' 29, 30, 166
public management 35

'quasi-markets' 41

Radin, B. 7, 8, 54, 69, 140, 162
Reagan administration 52
regional development funds 129, 132
'reinvented government' 34, 164
Reps, J. W. 56, 70
Rhodes, R. 17, 33, 34, 37, 38, 42, 50, 51
Rich, D. 68, 91, 174
Richardson, J. J. 139
Roberts, V. 73, 92
Rochefort, D. A. 22, 23
Rogers, D. L. 162
Rokkan, S. 23, 33
Roosevelt administration 60
Rosenau, J. 3, 10
Rosentraub, M. S. 10
Rueschmayer, D. 9
rural development 8, 142, 144,

145, 146, 148, 149, 151, 153, 154
Russel, H. 92

Sagalyn, L. 63, 70
Sanders, H. T. 70
San Francisco 59, 61
Savas, E. S. 175, 186
Savitch, H. V. 8, 175, 185, 186, 193, 198
Scandinavia 2, 4, 176, 192, 193, 196
Scott, M. 59, 70
Scharpf, F. W. 24, 33, 162
Schmidt, S. 99, 111
Schmitter, P. C. 1, 9, 176, 186
Schroeder, L. 50
Scotland 170
Scottish Development Agency (SDA) 181
Sellgren, J. 78, 80, 92
Severn Bridge 170
Serena, V. 185
Seyd, P. 76, 92
Shepsle, K. A. 17, 33
Singapore 177
Single Regeneration Budget 76
Skocpol, T. 9
Skye Bridge 170
Smallbone, D. 81, 92
Smith, A. 172, 174
Smith, M. P. 199
Sopp, L. 82, 92
Sorauf, F. J. 70
Spain 167
Squires, G. D. 53, 54, 60, 62, 69, 70, 186
St Louis 59, 61
state county administration 129, 130, 132
State Rural Development Council (SRDC) 146–55, 158, 160
Steinmo, S. 10, 18, 33
Stephenson, Jr, M. 52, 54, 70, 71, 92, 194, 199
Stewart, J. 49, 51, 75, 92
Stoker, G. 1, 5, 7, 10, 34, 35, 39, 42, 46, 48, 50–3, 70, 75, 77, 92, 112, 139, 164, 199

Stone, C. N. 1, 10, 43, 47, 51, 70, 112, 117, 139, 177, 186
Streek, W. 9
Strömberg, L. 3, 10
Ståhlberg, K. 3, 9
synergy 8, 116, 117, 123, 124, 126, 135, 177, 178, 189
Swanstrom, T. 53, 54, 60, 63, 69, 70, 114, 139
Sweden 8, 94, 97, 99, 100–3, 105–12, 120, 121, 134, 137, 179, 180, 183, 197
Swedish Association of Local Authorities 97, 100, 101, 107, 111, 130, 132

Tang, P. 37, 51
Taylor-Gooby, P. 40, 51
Teaford, J. C. 55, 56, 58, 70
Thelen, K. 1, 10, 18, 33
Thornley, A. 76, 92
Tilton, T. 52, 70
Tullock, G. 96, 111
Turock, B. 9

'ungovernability' 1
United States 3, 4, 7, 8, 12, 38, 52–4, 64, 66, 81, 140–2, 144, 152, 161, 163, 166–73, 175, 176, 179, 180, 181, 183, 187, 189, 191–3, 195, 196, 198
Urban Development Corporations 83
urban management 11
urban regime 1, 42–5, 47, 48, 115, 135, 188
urban renewal 52, 66

voluntary organizations 46

Wade, R. C. 56, 70
Wainwright, H. 40, 51, 76, 92
Walzer, N. 139, 187, 199
Warner, Jr, S. B. 54, 70, 183, 186
Warren, R. 5, 10
Washington, D. C. 141, 146, 147, 148, 158, 160, 161, 182
Watanuki, J. 9
Weaver, R. K. 18, 33

Index

Weck, H. 23, 32
Weiss, M. A. 59, 70
Weschler, L. F. 10
Westerståhl, J. 3, 10
Whetten, D. A. 162
White House Economic Policy
    Council 145
Wildavsky, A. 1, 10, 18, 24, 33
Wilcox, D. 82, 92
Williamson, O. 17, 33, 41, 51
Wise, L. R. 54

Wistow, G. 40, 51
Woodside, K. 22, 33
Wolman, H. 51, 199
Wolmar, C. 91
World Bank 36
Wyoming 143
Wynne, S. 50

YMCA 22
Young, K. 76, 92
Young, S. 48, 51